orgia e compadrio

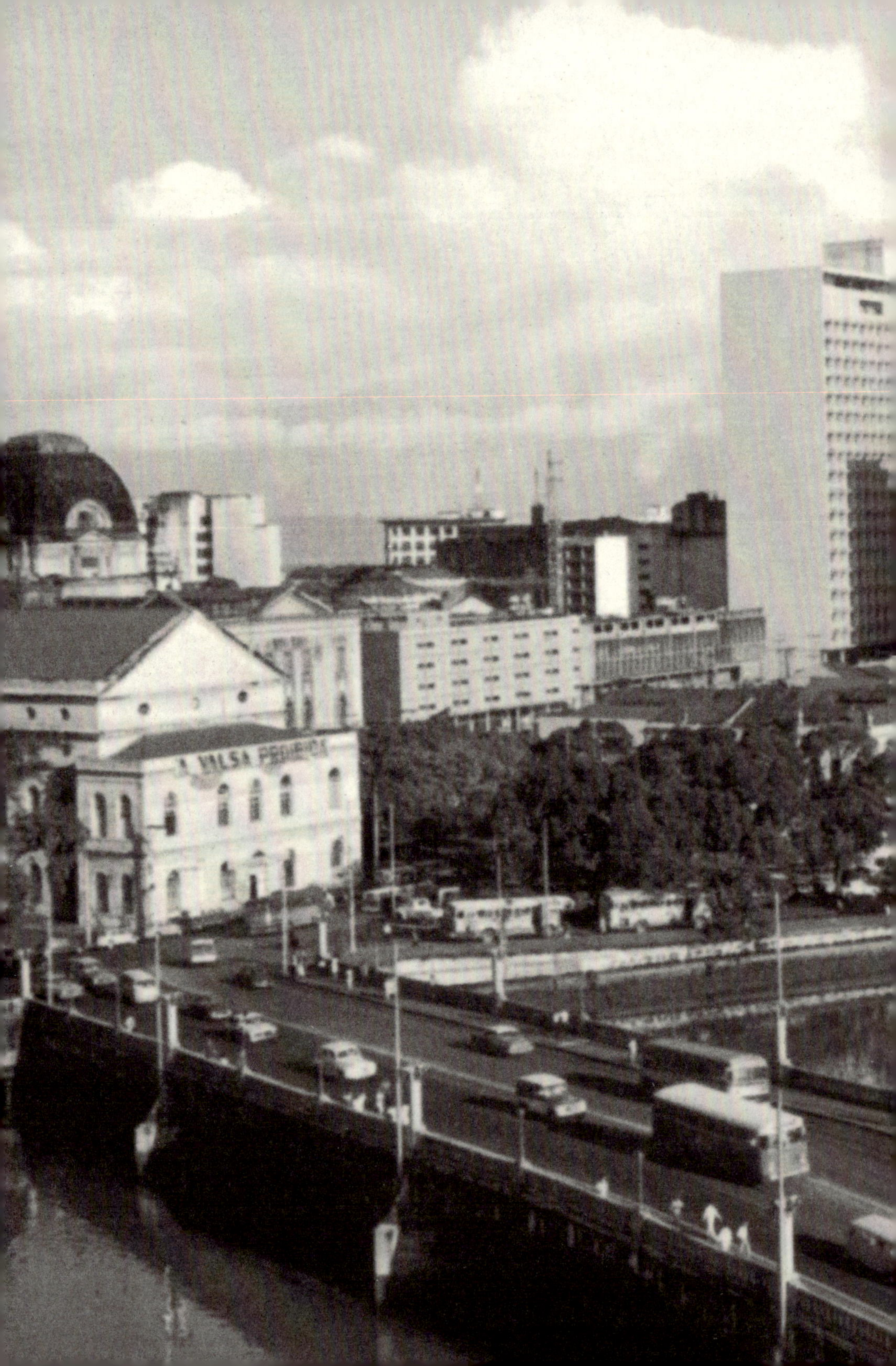
A VALSA

Alvaro Machado

orgia e compadrio

Tulio Carella, drama e
revolução na América Latina

COSAC

Salgo a caminar por la cintura cósmica del sur,
siento al caminar toda la piel de América en mi piel.

"Canción con todos" ("Himno de Latinoamérica")
Armando Tejada Gómez, 1969.

O autor agradece as colaborações ao longo da pesquisa e escritura deste trabalho. Na Argentina, de Mário Tesler, Jorge Dubatti (Universidade de Buenos Aires), Ral Veroni e Federico Barea, bem como da Biblioteca del Congreso de la Nación, Biblioteca de la Legislatura Porteña, Instituto de Literatura Argentina Ricardo Rojas, Sociedad Argentores, Biblioteca de la Ciudad de La Plata e Instituto Nacional del Teatro. Nos Estados Unidos, de Severino J. Albuquerque (Universidade de Wisconsin-Madison). No Brasil, do Conselho Nacional de Desenvolvimento Científico e Tecnológico, Fundação Joaquim Nabuco e Biblioteca Mário de Andrade (SP), bem como de Sérgio de Carvalho, Moacir dos Anjos, Maria Elaine Andreoti e, *in memoriam*, Leda Alves, Antônio Cadengue e Gutemberg Medeiros.

E também as leituras deste texto por Ricardo Cardoso, Leusa Araújo e Joselia Aguiar.

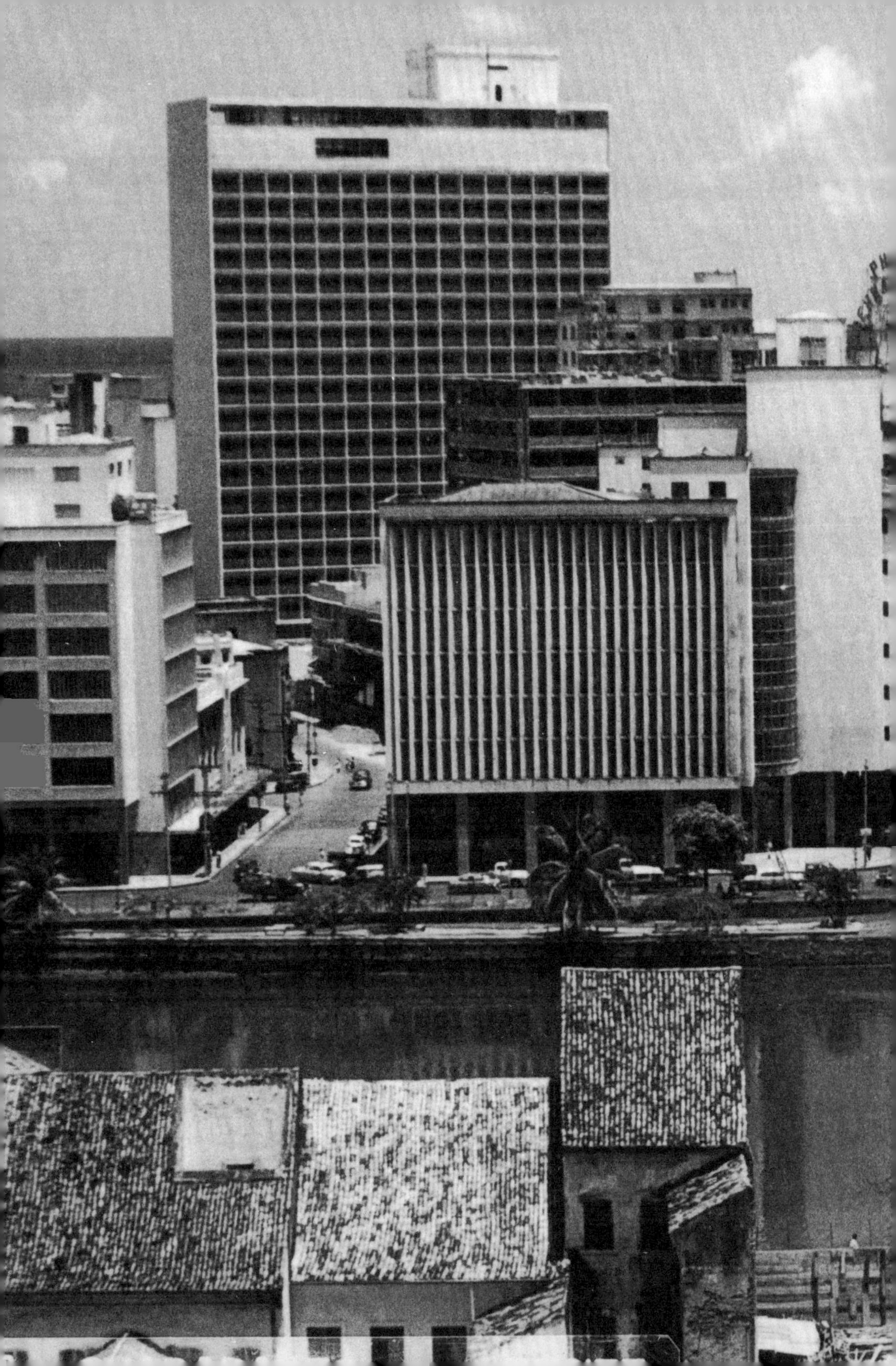

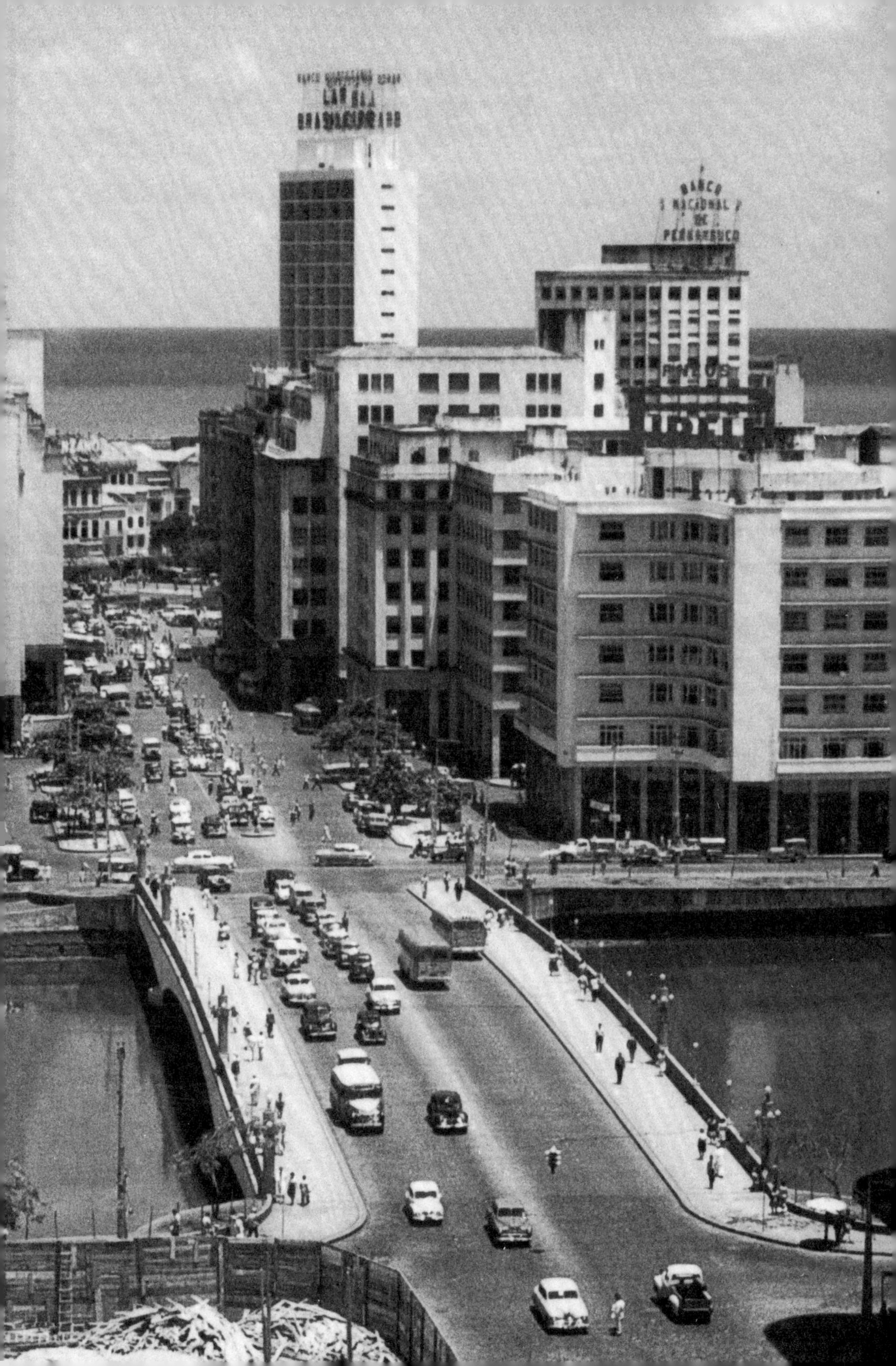
BANCO
NACIONAL
DE
PERNAMBUCO

INTRODUÇÃO O fruto de um diário singular 15

1. As ruas e pontes do Recife 23
2. As portas da vida 71
3. Dieta pampeira e fé cristã 171
4. A intimidade de García Lorca, 1933-34 263
5. Sainete, grande palco e teatro independente 281
6. Literatura e crítica: *recontracagados* 317

POSFÁCIO A laceração Carella, *por Raul Antelo* 345

REFERÊNCIAS 355
CRÉDITOS DAS IMAGENS 364
SOBRE O AUTOR 365

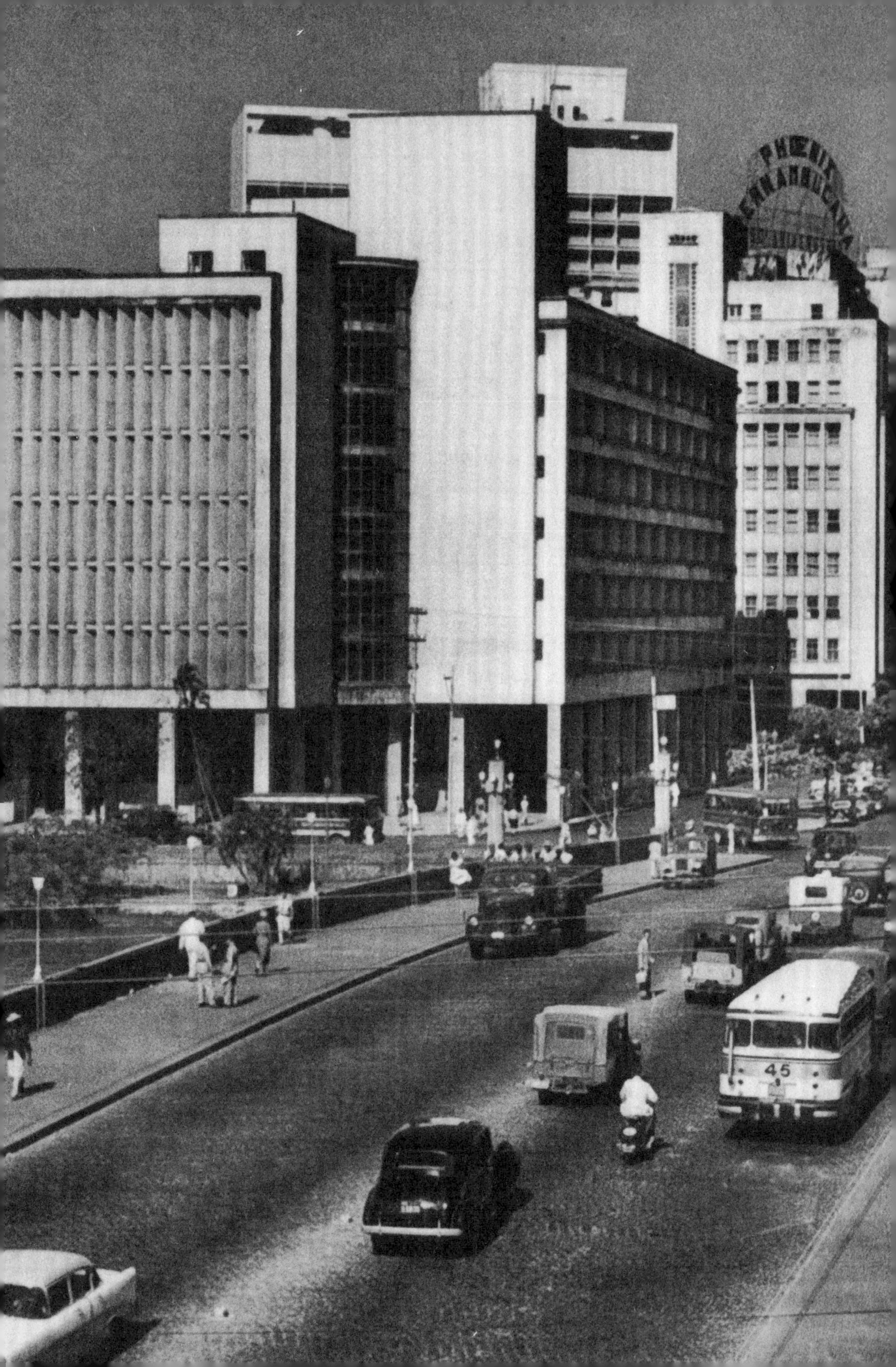
45

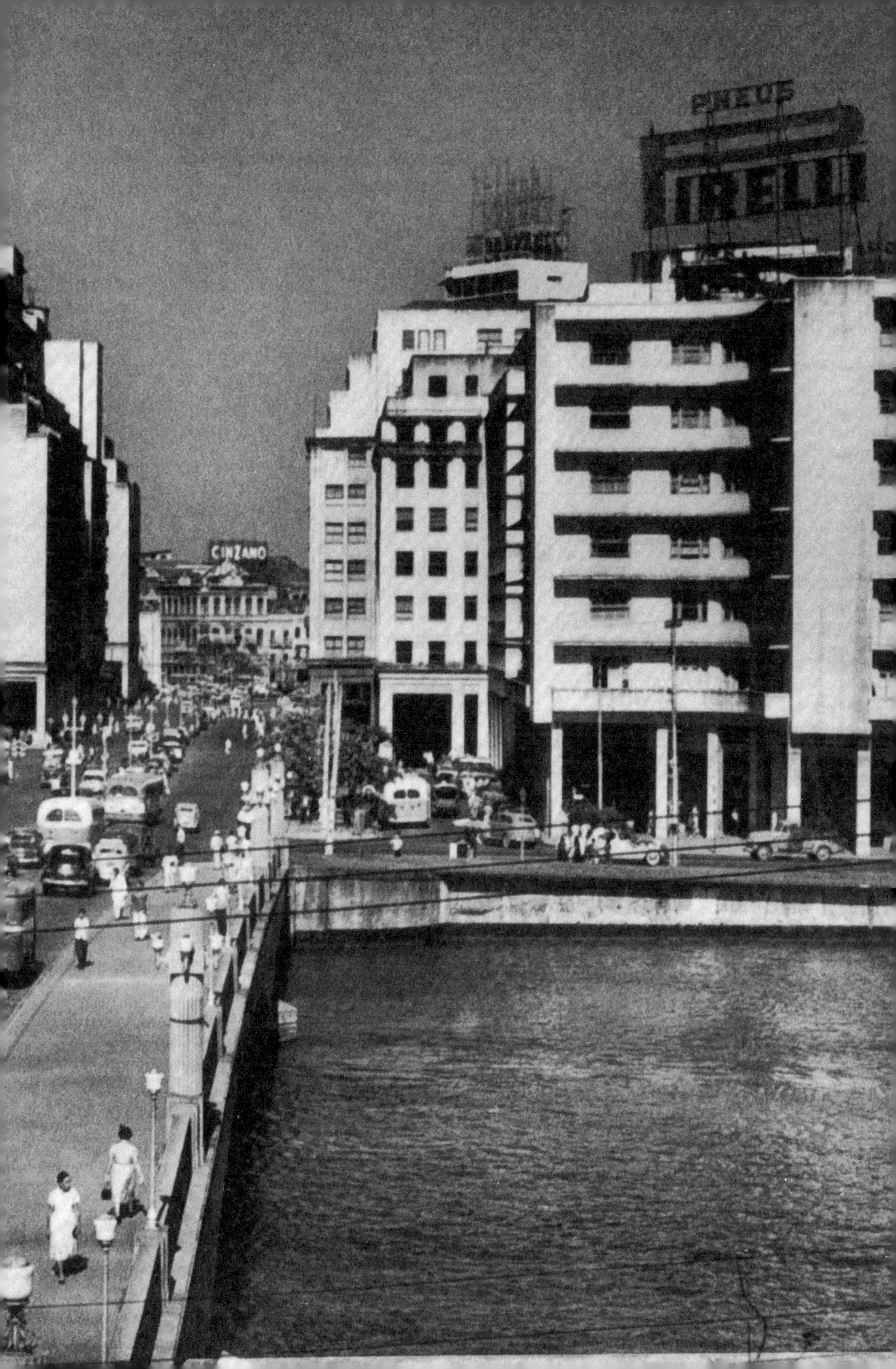
PNEUS
CINZANO

introdução

O fruto de um diário singular

Desde 2011 e até este momento, portanto ao longo de quase quinze anos, minha paixão pela pesquisa sobre o escritor Tulio Carella produziu a reedição de seu memorialístico "brasileiro" *Orgia, diário primeiro* (1968) e uma tese de doutorado, da qual resulta a presente biografia. Aos que nunca ouviram falar dele, uma brevíssima apresentação: filho caçula de emigrantes calabreses, viveu o *boom* econômico, cultural e artístico de Buenos Aires entre as décadas de 1910 e 1940 e consagrou-se como dramaturgo no Teatro Nacional de Comédia (Cervantes), para mais tarde desafiar a sociedade local com livro memorialístico e de crítica a posturas culturais colonizadas, mirada potencializada em sua estada de um ano e meio no Recife, em 1960-61, e já determinante do banimento de seu nome do cânone literário argentino. Faleceu em obscuridade em 1979, aos 66 anos, em meio à mais terrível ditadura militar argentina.

Minha admiração por Carella foi despertada por seis páginas de *Orgia* que registram o cotidiano do portenho no Recife, enquanto ministrava aulas no curso de teatro da Escola de Belas Artes local (depois Universidade Federal de Pernambuco), convidado pelos dramaturgos Hermilo Borba Filho (1917-76) e Ariano Suassuna (1927-2014). Nesse trecho, magistral da chamada *literatura homoerótica* – reproduzido nos anos 1980 em antologias e revistas em português, espanhol e inglês –, o argentino relata um de seus encontros com o boxeador negro chamado por seus colegas de King-Kong. Anos depois, com acesso à obra completa do escritor, somou-se a essa primeira impressão o seu perturbador *crescendo* de percepções sobre perversidades e deformações sociais do Nordeste brasileiro, por quatro séculos sob os tacões de minoria governante de mentalidade escravocrata.

Obstinei-me, então, em viabilizar a reedição de *Orgia*, livro em tudo extraordinário, com novo estabelecimento de texto, incluindo aí o expurgo de equívocos de tipografia e tradução. Em paralelo, deu-se diálogo de alguns anos com a viúva do tradutor Borba Filho, a atriz e gestora cultural Leda Alves (1931-2023), a fim de se obter contrato para a impressão da versão revista. Se há mérito nessa dedicação em publicar e fazer circular, a partir de 2011, a obra "maldita" de Carella – enfrentando indisposições com seus herdeiros e percalços financeiros –, ele reside na frutificação de dezenas de dissertações, teses e artigos acadêmicos, em três países, sobre o argentino e sua estada brasileira. O conjunto desses textos promove, em patamar erudito, a reapreciação crítica de um livro injustamente silenciado, assim como a anulação do "cancelamento" do autor e de sua obra, aliás, não pequena. Uma parte dessas análises é apontada nas referências bibliográficas ao final deste volume.

Tentando entender as motivações da transferência para o Nordeste brasileiro do "portenho de lei" Carella – até os anos 1950 premiado e reverenciado em seu país –, deu-se, também, processo pessoal de aprendizado, a incluir o mencionado doutoramento em Artes Cênicas na Universidade de São Paulo; e, antes disso, uma série de viagens de pesquisa à Argentina e ao Recife, em meio às quais recebi solidariedade e contribuições de personalidades que privaram da amizade de Tulio, em especial Leda e o bibliófilo bonaerense Mário Tesler.

De outro lado, *Orgia* e, por conseguinte, esta biografia devem-se primeiramente à ação e obstinação de Borba Filho, que, em intensa correspondência com o amigo e confidente argentino desde 1961 – cuja porção recebida (passiva) me foi disponibilizada com exclusividade no Recife –, nele insuflou a ideia do registro, até hoje sem paralelo, do cotidiano recifense dos anos pré-ditadura civil-militar. O pernambucano editou-o no Rio de Janeiro em 1968, tornando-se uma espécie de coautor, uma vez que sua tradução é a única versão remanescente do texto. Tem-se, portanto, o caso muito especial, na literatura latino-americana, de um livro escrito em castelhano a sobreviver unicamente em sua versão brasileira; e, assim, esta biografia também registra parte das atividades literárias e teatrais de Hermilo em seu período maduro.

O tempo prolongado de estudos e, sobretudo, meu enredamento com a figura do biografado, a leitura de suas obras e o exame de detalhes de sua trajetória levaram-me a privilegiar neste livro os temas da *coragem* – inextricável do universo do tango (*compadrio*), a corroborar olhar de Jorge Luis Borges – e do "cuidado de si" das filosofias pré-socráticas, ou seja, do cultivo de verdade e liberdade interiores, a implicar postura de franqueza absoluta. Nesse ponto, apoiei-me na minuciosa análise de Michel Foucault em seu último curso na Escola de Paris, "A coragem da verdade", também referido pelo catedrático argentino-brasileiro Raul Antelo no posfácio deste volume.

Por fim, inevitavelmente, e de maneira quase inconsciente, conduzi o presente volume um tanto à maneira do próprio Tulio, assimilando hibridismo de historiografia e ensaio, com resultado próximo à chamada *biografia crítica*, ou, desde outro ângulo, ao *romance histórico*, mesmo que baseado estritamente em coleções de entrevistas, fotografias, cartas, depoimentos, reportagens e críticas de época, bem como em obras de história argentina e brasileira. De maneira semelhante, em *Orgia*, o portenho pretendeu construir obra literária original pela pura acumulação de fatos, ou a partir de olhar escrupuloso lançado ao cotidiano e às suas aparentes reiterações. Como ele mesmo pontuou, *al mirar el ojo ve al que mira* – ao olhar, o olho vê aquele que contempla.

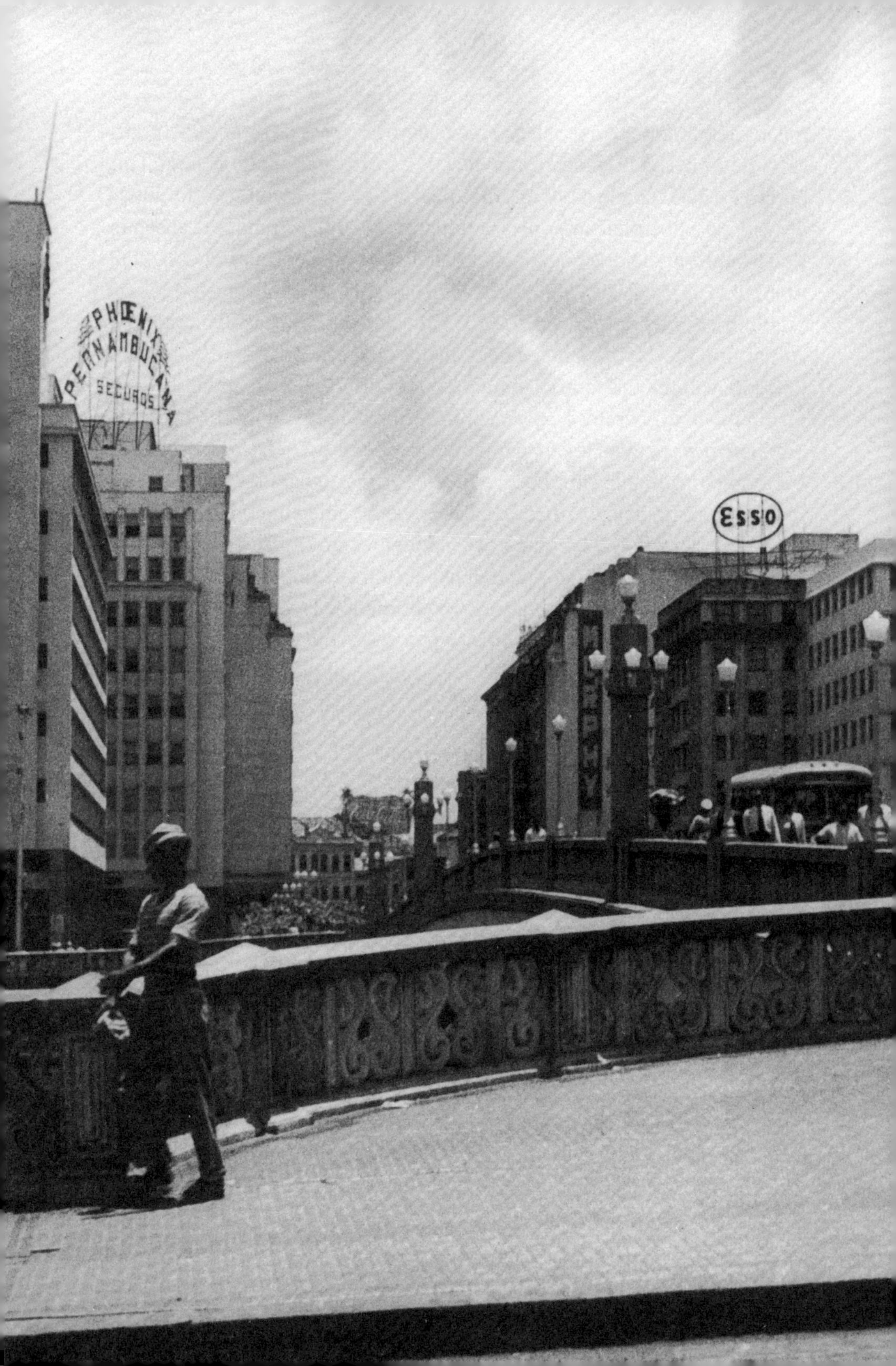
PHOENIX
PERNAMBUCANA
SEGUROS
Esso

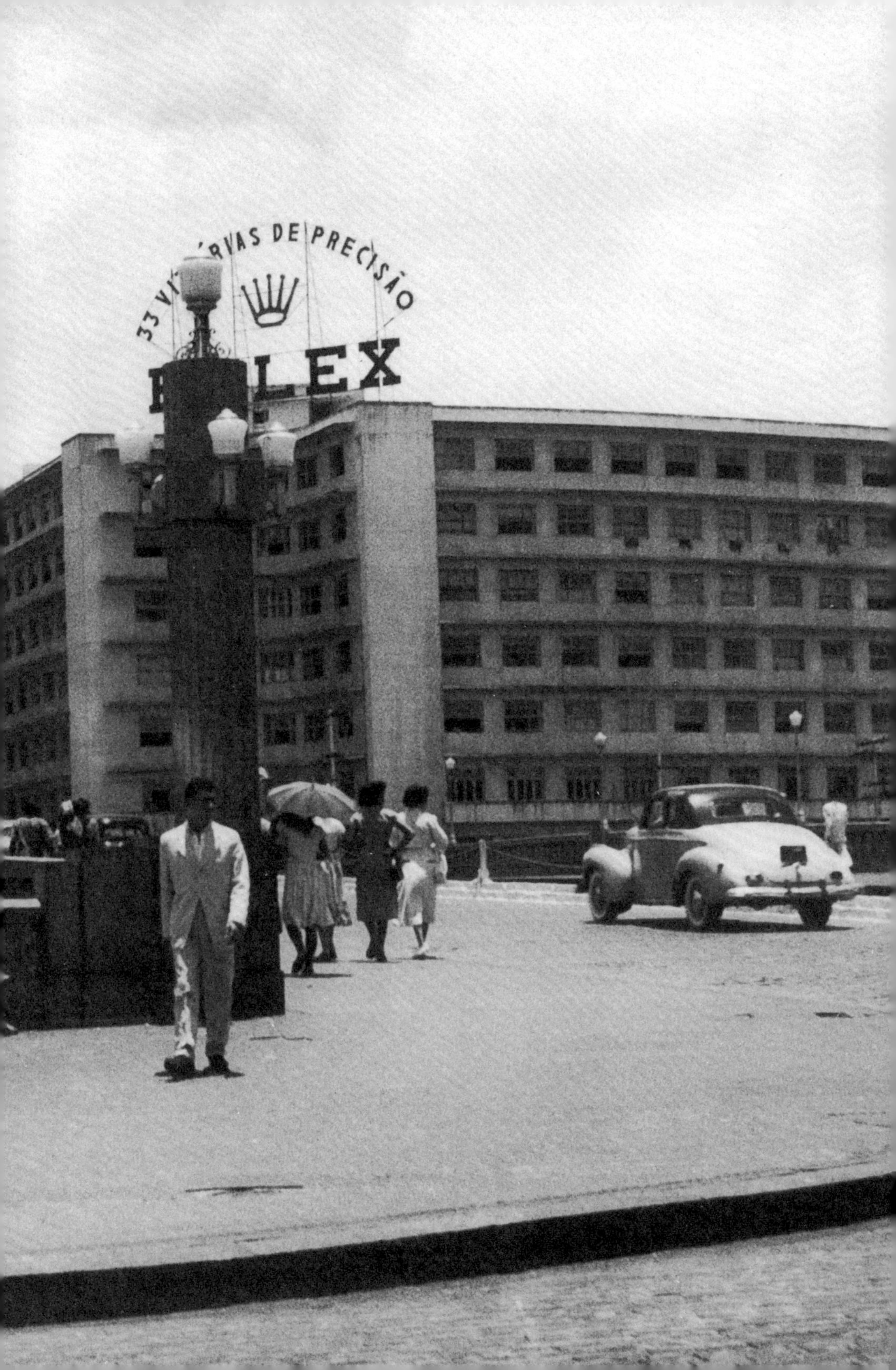
DE PRECISÃO

PÁGINAS ANTERIORES: Cartões-postais com fotos de
autoria desconhecida: o Recife no inicio dos anos 1960.

1
As ruas
e pontes
do Recife

Ó Deus, dá-me castidade e continência, mas não agora.

Santo Agostinho, *Confissões* (c. 400).

Não existe paralelo para tal trajetória na literatura e no teatro latino-americanos. Após a estreia precoce nos principais palcos de Buenos Aires, com farsas filiadas ao Século de Ouro espanhol, a erudição acumulada de modo autodidata é aplicada a estudos de artes e expressões do cotidiano portenho: de um lado, o tango tributário da gíria lunfarda e dos gingados duelos a faca entre *compadritos*, e, de outro, uma forma teatral nascida sob lonas de circo e satírica ao edifício social, o sainete *criollo*. Na maturidade, memorialismo aliado a observação social em formato inovador manifestam com frequência interesse pelas culturas originárias da América do Sul e pela diversidade brasileira.

O arco de quatro décadas de trajetória de Ítalo Tulio Carella (1912-79) é tensionado, numa ponta, por contato direto com o poeta e dramaturgo andaluz Federico García Lorca, em sua passagem de oito meses na capital argentina, em 1933-34, e, noutra, pela relação com os escritores e teatrólogos brasileiros Hermilo Borba Filho (1917-76) e Ariano Suassuna (1927-2014), com os quais o portenho colaborou, em 1960 e 1961, num curso teatral da Universidade do Recife (tornada, em 1967, Universidade Federal de Pernambuco – UFPE), na cidade "das praias negras e áureas", mas também de legiões de destituídos, vetores socialistas em governos recém-eleitos, embates por reforma agrária e reações institucionais a tal politização.

A estada de um ano e meio no Nordeste brasileiro iria sugerir ao autor, ainda ao longo dos anos 1960, obras de acentuada nostalgia e, ao mesmo tempo, de observação incisiva das condições sociais locais: a plaquete lírica *Preta* (Buenos Aires, 1963), o livro de poemas *Roteiro recifense* (Recife, 1965) e, finalmente, as bombásticas confissões de *Orgia, diário primeiro* (Rio de Janeiro, 1968; São Paulo, 2011), além de alimentar correspondência de quinze anos com Borba Filho.

Dramaturgo, poeta, contista, ensaísta, teatrólogo, roteirista de cinema, diretor teatral, tradutor do italiano e do francês, professor universitário de Teatro e Belas Artes, crítico literário, cinematográfico e teatral em diversos jornais e revistas, Carella expandiu nessa múltipla atividade um perfil humanista no sentido renascentista do termo, embora sua obra também responda à fragmentação existencial instalada entre a Primeira e a Segunda Guerras Mundiais.

Apesar da produção profícua em todos os gêneros literários, iniciada na capital argentina em 1934, dos prêmios conferidos a seus livros e do sucesso notável das duas farsas de estreia no grande circuito teatral – *Don Basilio mal casado* (Teatro Cervantes, 1940) e *Doña Clorinda, la descontenta* (Teatro San Martin, 1941) –, ao decidir trabalhar no Brasil, o escritor passou a ser eclipsado nos anais literários e teatrais argentinos, de forma a merecer, *post mortem*, apenas verbetes abreviados. Os conterrâneos não lhe perdoaram o autoexílio, determinado sobretudo por sua oposição aos rumos da cultura bonaerense na segunda metade dos anos 1950, e muito menos as consequências da estada brasileira, ou seja, sua atração, tornada pública em 1968, por indivíduos pobres do Recife – grupo a evidenciar, em sua percepção, "uma unidade básica racial negra"[1] –, por sua vez causadora de imputação de comunismo revolucionário e de sua prisão na mesma cidade, a desembocar em oito dias de torturas físicas e psicológicas, destituição da cátedra universitária e retorno à Argentina.

Ao mesmo tempo, atravessada pela experiência brasileira, sua produção poética e memorialística passou a propor um pan-latino-americanismo de fundo contracolonial e de desmontagem de "identidades raciais", processo deslanchado em particular episteme sensualista ao longo do cotidiano recifense de quatorze meses.

O olhar crítico sobre a condição latino-americana, percebida como politicamente subalterna e culturalmente imitativa, já havia sido introduzido pelo seu primeiro experimento em memorialismo, *Cuaderno del delirio* (1959), em torno de uma viagem de três meses à Europa, em 1956; porém,

---

[1] *Orgia, diário primeiro*. São Paulo: Opera Prima, 2011, p. 102. Todos os trechos desta obra reproduzidos neste livro são traduções do castelhano de Hermilo Borba Filho.

Capa de publicação especial da Sociedad General de Autores de la Argentina (de profissionais de teatro, cinema, rádio e TV), com foto de Carella em 1940 na capa e o texto integral de sua peça de estreia no grande circuito.

tornou-se fundamento em *Orgia* (1968), o registro do cotidiano do professor de pele alva e tipo mediterrâneo em núcleo urbano predominantemente negro e miscigenado. O diário esmiuça a atividade pansexual do docente na cidade, isto é, a aceitação da maioria dos convites e a satisfação de quase todas as curiosidades dessa natureza no central e já decadente Recife Antigo – atitude a colocar em xeque circunscrições de cor, gênero sexual e classe social –, não obstante a discrição e regularidade das aulas de teatro sob sua responsabilidade. A mesma comunhão com espírito de latino-americanidade embasa, ainda, os capítulos ensaísticos de *Picaresca porteña* (1966) e outras produções do escritor nos anos 1960 e 1970, porém não publicadas.

Ainda que as proposições pan-latino-americanas de Carella, compartilhadas por Hermilo e referendadas por Ariano, permaneçam incipientes – com "união continental" efetivada apenas para repressão militar, como na Operação Condor (1975-83), e em efêmeros acordos comerciais –, a experiência pansexual do autor no Recife atraiu atenções de pesquisadores acadêmicos de Brasil, Argentina e Estados Unidos especialmente após a reedição de *Orgia* em 2011, garantindo-lhe dessa maneira a posteridade. Na cultura nordestina, três gerações de artistas foram marcadas pela "obra brasileira" do escritor e pelos insucessos que o alcançaram, registrados também na imprensa brasileira e nos livros *Deus no pasto* (1972), de Hermilo, e *Devassos no paraíso* (1986), de João Silvério Trevisan. A partir de trechos de *Orgia*, o cineasta cearense Karim Aïnouz realizou, em 1994, o curta-metragem *Paixão nacional*, além de alimentar projeto de longa, enquanto o diretor e pesquisador recifense Jura Capela avalia: "A passagem desse revolucionário foi como a de um cometa: breve, mas de brilho marcante".

De outro lado, o banimento do escritor do cânone literário argentino, em intervalo de mais de quatro décadas, deve-se não só ao rompimento com a intelectualidade local a partir de 1959, ano do lançamento de seu *Cuaderno* de denúncias de posturas colonizadas, mas também a perseguições de ditaduras civis-militares, na maioria dos países da América do Sul a partir de 1930, à literatura e às artes, em especial nas décadas de 1960 e 1970.

De 1930 em diante, sucederam-se na Argentina seis *putsche* militares, diversas deposições presidenciais e até mesmo golpes em série, ou golpes dentro de golpes (autogolpes) – de maneira semelhante ao Brasil a partir do Estado Novo de Getúlio Vargas (1937-45). No introito em terceira pessoa de seu diário brasileiro, Carella recordou percalços vividos ao lado de sua companheira, a pianista Margarita "Tita" Durán (1919-2004): "Durante quase trinta anos compartilharam a pobreza, a abundância, a necessidade, [...] as revoluções artísticas e políticas, os golpes de Estado e a marcha do país".

Embora se houvesse constituído, desde 1940, referência em temas argentinos e crítico de artes do primeiro *rang* de Buenos Aires – a colaborar em *Sur*, revista na qual pontificaram Jorge Luis Borges e Adolfo Bioy Casares –, sua mirada cultural passou a alcançar horizontes extranacionais a partir do segundo semestre de 1955, período do golpe militar contra o líder populista Juan Domingo Perón, antecedido em três meses por chacina de civis na qual ele próprio tornou-se alvo de metralhamento da Força Aérea: o Massacre da Plaza de Mayo, abordado no terceiro capítulo deste livro.

À "Revolução Libertadora" – golpe militar estourado em setembro de 1955 e prolongado até maio de 1958 com "presidências" dos generais Eduardo Lonardi e Pedro Aramburu – sobreveio na Argentina a contradição nomeada "eleições presidenciais limitadas", com partidos peronistas impedidos e a consequente vitória do deputado Arturo Frondizi, que exerceu até 1962, pelo partido União Cívica Radical, um governo "liberal" manipulado militarmente e coalhado de crises parlamentares, de par com traições a promessas eleitorais de liberdades de expressão partidária e cultural.[2]

Após dois anos de governo Frondizi, Carella sentia sua paciência esgotar-se diante de protecionismos e "panelas" que amesquinhavam o meio cultural portenho, bem como com a censura de modelo franquista cada vez mais severa à literatura e às artes, a incluir apreensões de edições de livros e processos criminais contra autores, editores e artistas, além de proibições de filmes nacionais e estrangeiros.[3] Numa escalada de perseguições moralistas, no início de 1958 o próprio dramaturgo sofreu um ataque, desfechado desde a imprensa por um prócer da esquerda decidido a especular sobre suas preferências sexuais e a questionar a legitimidade de seu casamento, em retaliação rancorosa a uma crítica teatral – episódio examinado no próximo capítulo.

Assim, no ano seguinte de 1959, aceitou convite para assumir cátedra teatral no Recife – a valer-se de sua experiência docente na Universidad Nacional de Cuyo (Mendoza), no centro-oeste argentino, e em instituições da

---

[2] Em *Orgia* (op. cit., p. 222), Carella registra, sobre uma escala do avião deste presidente no Recife, rumo à Europa, no segundo semestre de 1960, quando os argentinos estabelecidos na cidade foram convocados por seu consulado ao aeroporto de Guararapes: "O presidente tem o aspecto de uma ave de rapina envelhecida".

[3] Veja-se, por exemplo, editorial de protesto contra censuras em *Talía* (Buenos Aires, ano 3, n. 16, jul. 1956), revista que também comercializava textos integrais de peças como *Casa de bonecas*, de Ibsen, e *Doña Clorinda, la descontenta* (1941), de Carella. A publicação era dirigida por Emílio Stevanovich, crítico teatral e musical, locutor e criador de ciclos teatrais radiofônicos, que, no editorial citado, afirmou: "A 'Revolução' de setembro [de 1955] descobre imoralidades em qualquer lugar, tendo chegado inclusive a queimar livros, quando não declara que determinado autor é pornográfico". Na área cinematográfica, denunciou as interdições dos filmes *Paisà* e *O milagre*, ambos de Roberto Rossellini. Em teatro protestou, por exemplo, contra múltiplos cortes impostos a uma versão local de *Gata em teto de zinco quente*, de Tennessee Williams, já proibida a menores de 18 anos: "Até quando se abusará de nossa paciência? Por que Buenos Aires deve seguir os passos de Madri e tornar-se a cidade em que se queimam livros e se proíbem películas?".

capital federal – e "congelou" tanto a união com Tita como sua trajetória literária no país, iniciada em 1937 com poemas de luto pelo assassinato de García Lorca, no volume *Ceniza heroica* [Cinza heroica]. Tornou-se, no Nordeste brasileiro, professor de interpretação e cenografia, recomendado a Borba Filho e a Suassuna pelo diretor italiano emigrado Alberto D'Aversa (1920-69), ex-parceiro de Carella em roteiro cinematográfico e noitadas teatrais portenhas, e a essa época bem-sucedido professor na Escola de Arte Dramática de São Paulo (EAD) – o modelo para o curso teatral da universidade pública do Recife –, bem como encenador no prestigioso Teatro Brasileiro de Comédia (TBC), também na capital paulista.

Manifestações de insubmissão a ditames culturais exógenos e exaltação das sabedorias de povos autóctones subjugados na América Latina persistiram na obra do argentino após sua saída do Recife, em meados de 1961, e no intercâmbio epistolar com Hermilo Borba Filho até 1975. Em dezembro de 1968, por exemplo, o dramaturgo reafirmava seu pan-latino-americanismo, de par com observações severas sobre mentalidades colonizadas no meio teatral de Buenos Aires:

> Chama-me a atenção a estupidez dos produtores teatrais que rechaçam cegamente a obra de Ariano Suassuna. Parece mentira. E, no entanto, consta-me que é assim até mesmo aqui. E uma das razões pelas quais decidi instalar-me no Recife foi precisamente essa: que

Anúncio do I Festival de Teatro do Recife, organizado pelo Movimento de Cultura Popular, Serviço Nacional de Teatro e Departamento de Documentação e Cultura da prefeitura local em 1960. Fundos do Teatro de Santa Isabel.

os críticos, os produtores e os empresários teatrais dão preferência a quaisquer merdas estrangeiras e as antepõem às obras autóctones. Mesmo na Comedia Argentina [Teatro Nacional Cervantes], que teria a missão de dedicar-se ao teatro local, faz-se o mesmo, e as representações de obras nacionais são muito escassas. Como a maioria dos governantes que nos tocou têm sido militares ou cérebros frios, importa-lhes um nada a arte, e ainda menos o teatro. [...] Além do mais, me parece muito engraçada tua sátira às noites de estreia, nas quais as pessoas se disfarçam de ingleses (o gênero masculino), e as mulheres de francesas. [...] Aqui acontece o mesmo; [...] os autores fracassados e maledicentes, as atrizes sem trabalho, os atores que dariam não só o seu cu, mas os de sua mãe e de seu pai, para aparecerem um milímetro maiores na tipografia dos anúncios.[4]

Deslumbramentos como os denunciados na carta e o conformismo de artistas e intelectuais aos limites cada vez mais estreitos no governo Frondizi determinaram em grande medida a ida do escritor para o Nordeste, tal como fizera D'Aversa três anos antes, ao emigrar pela segunda vez, então para ensinar teatro em São Paulo. Em biografia do italiano editada em sua região natal, Apúlia, sublinha-se que "não pensou duas vezes ao receber convite, e no início de 1957 transferiu-se para o Brasil, país que somente conhecia por alguma literatura regional", afirmação sustentada em trabalho do pesquisador teatral Antônio Mercado Neto apresentado à Universidade de São Paulo: "Com o ambiente sufocante e sem perspectiva da época na Argentina, não é de admirar que D'Aversa tenha aceitado imediatamente o convite que lhe fez o diretor da EAD, Alfredo Mesquita, por sugestão de Adolfo Celi e Ruggero Jacobbi [diretores italianos também emigrados ao

---

[4] A correspondência ativa de Tulio Carella a Hermilo Borba Filho, com mais de duzentas cartas remetidas ao longo de quinze anos após o retorno do argentino a seu país (1961-76), foi cedida para consultas pela viúva do teatrólogo pernambucano, Leda Alves (Leocádia Alves da Silva, 1931-2023), gestora à frente de órgãos culturais desde os anos 1990, entre os quais a Companhia Editora de Pernambuco e a Secretaria Municipal da Cultura do Recife. Já a família de Carella tem negado sistematicamente acesso à documentação e aos originais do autor conservados na cidade de Mercedes (província de Buenos Aires), acervo que pode incluir as cartas de Hermilo recebidas. Neste livro, todas as traduções das cartas e trechos de poemas são minhas.

Retrato de Tulio tomado pelo *Diário de Pernambuco* em 28 de março, dois dias após a sua chegada ao Recife, publicado em 30 do mesmo mês na coluna "Diário Artístico", de Joel Pontes.

Brasil], para que viesse lecionar, com um salário bom para a época e a possibilidade de dirigir espetáculos em nosso florescente teatro profissional", ou seja, no TBC. A penúria econômica do pós-guerra e o governo republicano promovendo boicotes e perseguições às esquerdas já haviam determinado que o encenador abandonasse a Itália em 1950.

Já Carella, em sua transferência ao Brasil, após passagem pela capital paulista justamente para se avistar com D'Aversa, instalou-se num Recife em tudo diverso da São Paulo ou do Rio Janeiro que já conhecia. Haviam transcorrido apenas três anos de encontros em Buenos Aires, mas o descaso do ocupadíssimo professor italiano com sua visita contribuiu para consolidar em Tulio repulsa à eurofilia despertada após sua viagem ao Velho Continente em 1956. A decepção com o colega foi registrada em seus diários, para mais tarde ser transportada a *Orgia*, livro no qual o diretor ganha outro nome e nacionalidade francesa: "Faenza: os móveis ou suas roupas exalam um odor de coisa velha, murcha, úmida. Cheiro de morto. [...] O dia nasce em São Paulo com seus ruídos: carros, pregões próximos e longínquos. De repente, percebe com nitidez a solidão em que se move. A solidão que o aguarda".

De fato, inédito estágio de solidão e uma surpresa extraordinária aguardavam o portenho no desconhecido Nordeste, distante mais de 4 700 quilômetros de sua terra natal. Após ter notado trabalhadores negros na primeira escala aérea em Porto Alegre, deparou-se em Salvador, na parada forçada por avaria do avião, com a população afrodescendente majoritária da maior cidade da diáspora atlântica, "a Roma negra", na expressão cunhada por autoridade do candomblé nos anos 1920.[5] Então anota em seu caderno, à maneira da criança apresentada a novo elemento: "Agora o mar é visível, sempre com algo de sagrado, como acreditavam os gregos. A extensa praia está coberta de pontos escuros: são banhistas. Miríades de negros transitam pelas ruas".

À parte o choque de surpresa perante a composição étnica, as divisões sociais, os costumes, os acentos prosódicos e as gírias, bem como frente a peculiaridades do clima e da geografia no grande delta, uma vez instalado no Recife, Tulio Carella confrontou-se com um meio intelectual de difícil penetração, fomentador de intrigas e vassalagens parecidas às que o mortificavam às margens do rio da Prata. Como se verá adiante, o olhar aguçado sobre essa nova "corte" cultural constituiria material para seu livro de 1968, no qual adotou a tática ineficaz de jogos de encriptação para prenomes e sobrenomes reais.

Com o primeiro prefeito socialista numa capital brasileira, o recém-eleito deputado Miguel Arraes (1916-2005), a cidade tentava reverter o quadro de meritocracia cartorial na administração e de favorecimentos legais à estrutura latifundiária. Ao mesmo tempo, a fim de neutralizar atos da nova governança, acirrava-se no estado de Pernambuco a vigilância policial sobre centros progressistas de produção científica e artística, entre eles a universidade pública do Recife, criada em 1946, e o recém-fundado Movimento de Cultura Popular (MCP). Ao estimularem clivagens sociais abissais e polarização política, incluindo confrontos de rua, as elites locais atuaram como ponta de lança para o golpe civil-militar de abril de 1964 no país.

Nessa conjuntura, e como sempre alheio a engajamentos partidários, o gregário Carella buscou atenuar a solidão no centro histórico da cidade – evitado por seus pares acadêmicos – em múltiplos contatos com trabalhadores

---

[5] A babalorixá de candomblé Mãe Aninha, fundadora do Terreiro Ilê Axé Apó Afonjá, centro difusor da religião de matriz africana no Brasil. Cf. Maria P. da Silva, "Salvador-Roma Negra: cidade diaspórica". Comunicação ao X Congresso Brasileiro de Pesquisadores Negros (Uberlândia, Minas Gerais, out. 2018).

de baixa renda para os quais as elites em épocas de palanques afirmavam governar, e mesmo com lumpens que sobreviviam ali de pequenos expedientes. "A solidão não é a falta de relações, mas de um contato afetivo que vivifica porque é profundo e reanima as fibras necessárias para que permaneçamos de pé", registra em *Orgia*. No entanto, ao cabo de um ano e meio de residência brasileira, tornou-se alvo de violência militar – identificado como "agente cubano" encarregado de "tráfico de armas e entorpecentes" para os negros e mestiços com os quais costumava encontrar-se –, no curso de uma investigação policial exemplar de racismo estrutural. À época, era de praxe das autoridades policiais associar maconha, "entorpecentes" e prostituição a alvos políticos, como atestam inúmeras manchetes dos jornais locais.

Assim, uma operação que rastreou por uma semana os trajetos do professor redundou, na manhã de 20 de abril de 1961, em seu sequestro em via pública seguido de encarceramento por oito dias. A ação incluiu transporte

ACIMA: Registro de cerimônia de inauguração de escola municipal do bairro de Santo Amaro, vizinho de Olinda, promovida pelo MCP em 1 de maio de 1960.

AO LADO: Faixa da Escola de Samba Duvidoso homenageia o MCP e representantes do poder Legislativo em inauguração de escola municipal no subúrbio de Água Fria, em 19 de junho de 1960.

em avião à ilha de Fernando de Noronha, interrogatórios sob torturas aplicadas por oficiais do Exército e, finalmente – apesar de já constatada sua inocência na acusação de contrabando de armas –, demissão da universidade e retorno à Argentina.

À sombra das mangueiras

O docente recomendado por D'Aversa, assim como ele senhor de ampla erudição, desembarcou em 26 de março de 1960 no aeroporto Guararapes, após cinco dias de escalas aéreas em Porto Alegre, São Paulo e Salvador. Como mencionado, a motivação principal de sua viagem teria sido a rara possibilidade de parceria binacional, tanto em pedagogia como em encenações teatrais no Nordeste, com perspectivas de fomentar, ao lado de seus anfitriões Hermilo e Ariano, um novo pan-latino-americanismo de exaltação às raízes étnicas do continente, que considerasse tanto os povos originários como os homens e as mulheres trazidos cativos ao país, a partir de 1539, para trabalhar até a morte na cultura canavieira na então Capitania de Pernambuco, "a nova Lusitânia", segundo o Império Português.

Em vez das zonas de classe média eleitas por seus colegas docentes, Tulio Carella instalou-se no núcleo central próximo ao porto, conhecido como Recife Antigo, e aos bairros de Boa Vista e São José, de ruas muitas vezes sombreadas de mangueiras odorantes e pontuadas de imponentes (embora arruinados) sobrados coloniais, bem como de pequenos hotéis e prédios comerciais, que as empresas começavam a abandonar, em fluxo de capitais para outras áreas urbanas. Sua quitinete alugada, após passar quase dois meses em hotéis, situava-se à rua Sete de Setembro, n. 345, quinto andar, apartamento 404 – a quatro quadras da ponte Princesa Isabel e da foz do rio Capibaribe –, e os almoços com "misturas" de pescados, fartos para suprir um físico de dois metros de altura, eram realizados em pensões da redondeza. Sobre esses espaços urbanos, chega a perguntar a Borba Filho, em carta de setembro de 1968: "Reconheces o Recife em meu diário? Se bem que é um Recife estranho às tuas vivências. Porém: há pontos de contato entre o que eu escrevo e a realidade que conheces?". E em junho de 1966, angustiado com os efeitos de uma enchente devastadora nessa cidade, explica a seu correspondente: "Algumas das pessoas minhas amigas viviam em bairros pobres, em casas modestas".

De fato, além de apresentar maioria negra e miscigenada, tal como já testemunhara em sua escala em Salvador, as ruas da área central na qual o dramaturgo viveu por um ano e meio guardavam códigos próprios de comunicação, operados por empregados e desempregados do pequeno comércio, servidores públicos de baixo *rang*, vendedores ambulantes, marinheiros e portuários, bem como por "gente descalça ou em chinelos": jornaleiros, carregadores, mendigos e uma legião de menores abandonados, "a compartilharem um destino infra-humano que beira o destino animal", como registra em *Orgia*.

Em especial nos fins de semana, esse contingente era incrementado por *flâneurs* vindos de todos os bairros, e mesmo de municípios do interior, a vaguearem e consumirem refrescos, cerveja e cachaça em botequins; ou

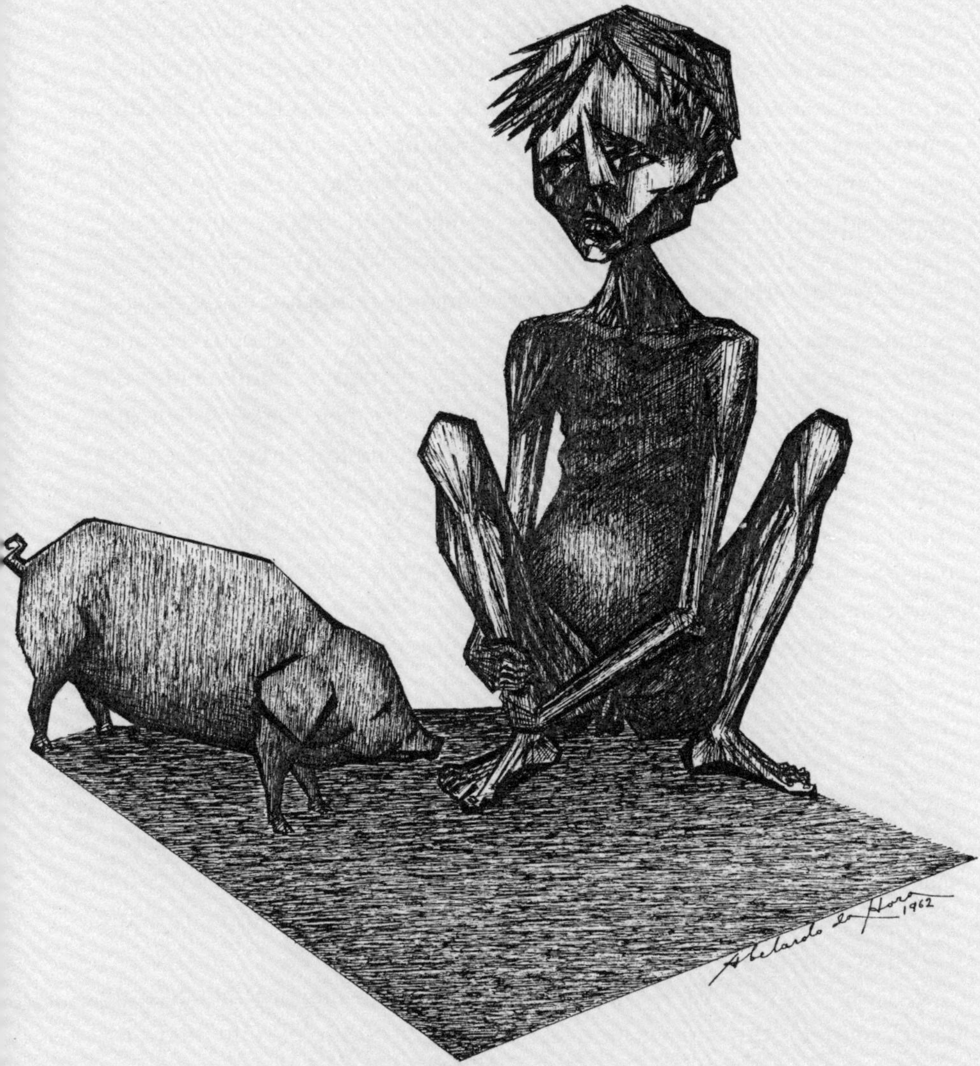
Abelardo da Hora
1962

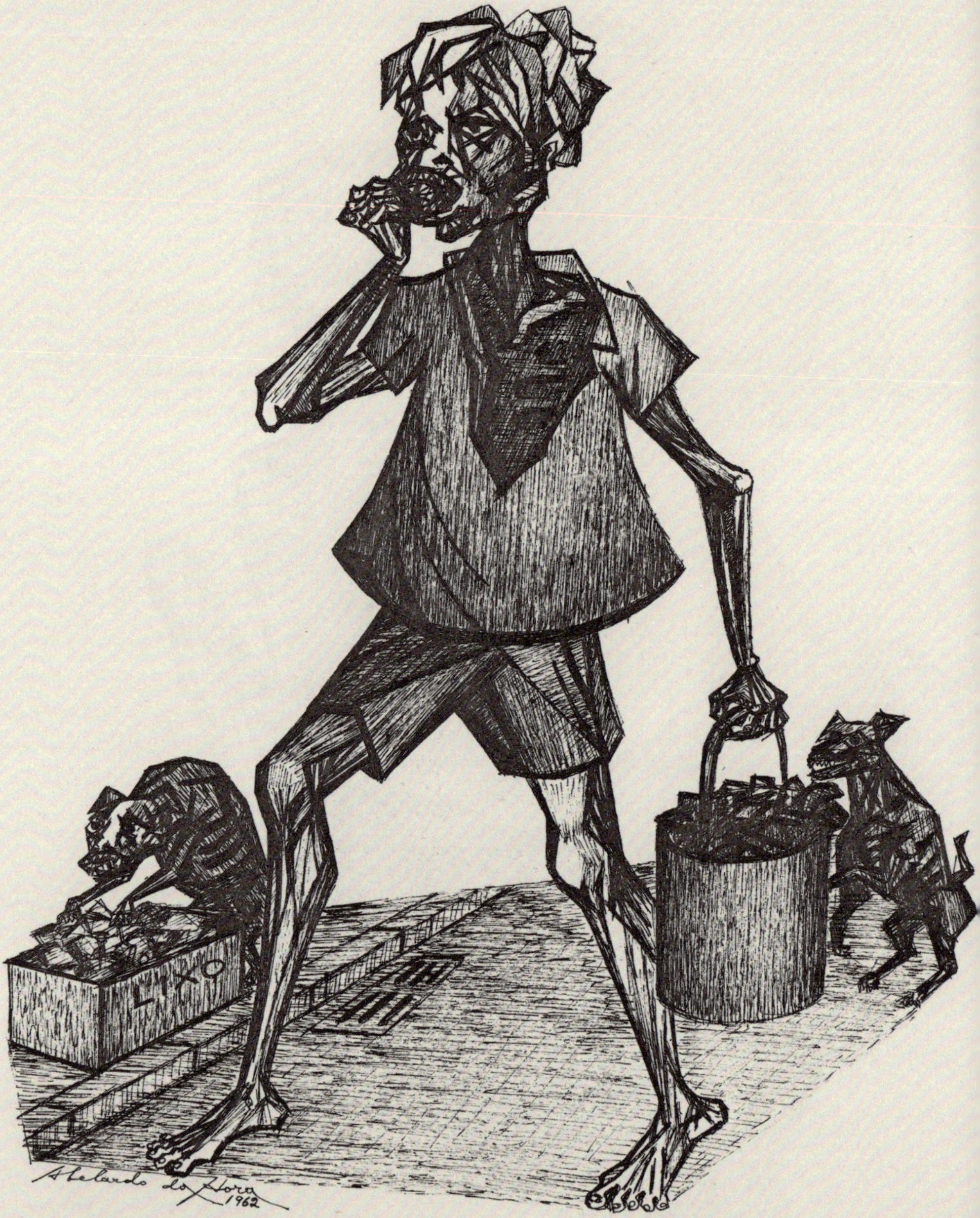
LIXO
Abelardo da Hora
1962

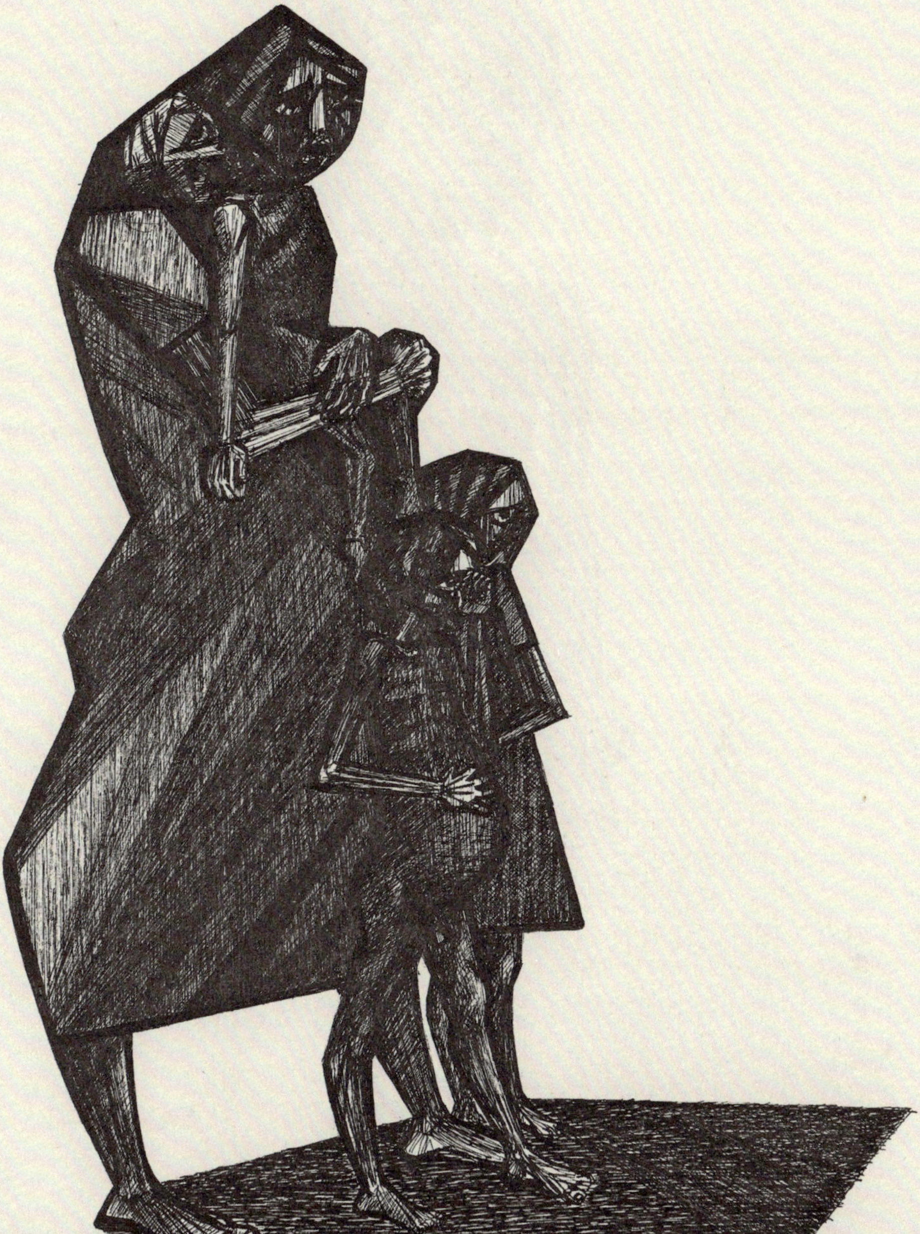

Abelardo da Hora
1962

a examinarem vitrines, mercadorias de ambulantes e prostitutas em condição de miséria. De outro lado, parcela masculina desse estrato aventurava-se no chamado *cruising*, buscando prazeres fugazes em ruas, praças, bares, cinemas e sorveterias, bem como nas pontes entre as diversas ilhas que compõem a cidade e na orlas do rio Capibaribe próximo de sua foz. Um quadro que guarda pontos de contato com o centro bonaerense de cinemas, teatros e cafés frequentados por homossexuais, retratados por Tulio de maneira a um só tempo familial e cruel em seu poema de tintas decadentistas *Los mendigos* (1954), título alusivo à mendicância de sexo.

Para assimilar a linguagem de olhares, gestos e palavras das ruas do Recife Antigo, o argentino valeu-se de domínio de aspectos psicológicos – pedra angular em sua produção literária –, bem como de experiência do *bas-fond* portenho e do universo do tango. Embora à época em franca retração econômica, a cidade ainda se orgulhava de traços cosmopolitas e da classificação de "capital regional nordestina" remanescente do Império, em razão de deter, naquela região central, a primeira faculdade de direito (1827) e a sede do *Diário de Pernambuco* (1825), mais antigo jornal em circulação na América Latina, além do Teatro de Santa Isabel (1850), visitado pelo imperador Pedro II e palco de campanhas do abolicionista Joaquim Nabuco.

Desse modo, apesar de ser comemorado por Borba Filho como arauto de uma boa nova, Carella conheceu o Recife sem guias, uma vez que os mais aptos a apresentá-lo à cidade e o próprio Hermilo encontravam-se, desde aquele janeiro de 1960, engajados em iniciativas político-culturais da administração municipal recém-empossada.

Páginas **37-40**: desenhos em nanquim da série *Meninos do Recife*, de Abelardo da Hora, em impressão do editor Massao Ohno realizada em São Paulo, em 1962, sob encomenda da Prefeitura do Recife e do MCP. Segundo relatório da Secretaria de Segurança Pública de Pernambuco, "o álbum aborda o problema das crianças desamparadas dos morros e dos córregos, [é] prefaciado pelo sr. Miguel Arraes de Alencar e terá como ilustração na capa um costumeiro triângulo sexual que as crianças costumam desenhar nos muros e paredes das casas e [que] é tido como imoral" (17 jul. 1962, in dossiê "Brasil Nunca Mais"). Metade da tiragem do álbum foi queimada no início de abril de 1964 por forças policiais a serviço da ditadura civil-militar que invadiram a sede do MCP no Recife.

Para não configurar ostentação perante sua modesta vizinhança, o novo professor dispensou o carro oficial com motorista disponibilizado por Hermilo para chegar à escola no bairro de Madalena, e, em roteiros pedestres por ele próprio traçados com auxílio de mapas, travou contato com o que chamou de "o duplo aspecto da cidade", conforme apontamentos mais tarde retrabalhados para *Orgia*.[6] Assim, em sua experiência, o Recife surge como a amante que exige ser cortejada antes de entregar-se:

> O centro da cidade não é muito grande. É formado por duas ruas paralelas e muitas transversais. [...] Um ar calmo, provinciano, parece envolver tudo. O que mais me chama atenção é o duplo aspecto da cidade, pois até aqui já chegou o horrível progresso, com seus arranha-céus de cimento, metal e vidro.
> [...] Este é um mundo provinciano, lento e aparentemente simples, estranhamente misturado com um mundo cosmopolita. Não é fácil penetrar nele. Ouço novidades que assimilo com lentidão. É um processo árduo. [...] O Recife, como certas cidades, não se entrega à primeira vista. [...] Seu encanto está oculto e talvez por isto se torne mais penetrante quando encontrado.

A partir de tais impressões, aplica à urbe o adjetivo "proteico", ou seja, ente polimorfo, capaz de gerar ou revelar novas formas continuamente: "Teu Recife é diferente do meu, claro, porque eu e você somos diferentes e a cidade é proteica", observa a Hermilo. Para ele, a metrópole guardava pontos de contato com a egipciana cidade do *Quarteto de Alexandria*, o romance tetralógico do britânico Lawrence Durrell, em especial a do primeiro volume, *Justine* (1957), como escreve na mesma carta: "Vejo Afro-América ou Ameráfrica no Recife (e o digo)" (maio 1968); e repete em *Orgia*: "O notável nesta cidade é a mistura de metropolitano e selvagem, de progressista e arcaico. Os habitantes são assim também. Isto é a África na América; Ameráfrica ou Afro-América".

---

[6] Primeira edição em 1968, por José Alvaro Editor, Rio de Janeiro, com tradução e edição de Hermilo Borba Filho, a integrar a Coleção Erótica dirigida pelo pernambucano. Segunda edição com estudo introdutório e notas de Alvaro Machado. São Paulo: Opera Prima Editorial, 2011.

Anúncio do I Festival de Cinema do Recife na fachada do edifício Trianon, evento promovido pela Prefeitura, com a Universidade do Recife, em 1961.

Logo descobriria que, nesse Recife socialmente à margem, seu talhe avantajado, à beira dos 50 anos, assim como a pele alva e as roupas e maneiras diferentes atraíam como ímã os homossexuais e bissexuais – ou mesmo "curiosos sexuais" –, originando atrás de si uma procissão de admiradores, séquito espontâneo de *habitués* do lugar, alguns mestiços "aloirados" – herança de três décadas de dominação holandesa da região no século XVII –, porém na maioria negros, os descendentes dos escravizados, nominalmente libertados apenas setenta anos atrás: "Assim como as grandes caudas seguem os vestidos das noivas, forma-se aqui uma grande cauda de jovens e homens que me seguem", anotou com orgulho.

Sobre tal assédio, recupera oito anos mais tarde, em carta a Hermilo, uma de suas impressões da chegada ao Recife. Parecia-lhe ter-se instalado então no episódio bíblico de Sodoma, exemplar de excesso sensual:

E tive uma espécie de susto, porque havia esquecido esses detalhes secundários de minha chegada ao Recife, que depois se tornaram primários e absorventes. Na noite da primeira segunda-feira, depois de passar pelo centro, voltava ao hotel e vi que começavam a seguir-me. Já o haviam feito, mas com maior dissimulação. Agora o faziam livremente, sem pudor, sem temor; e havia jovens aloirados, cabras, mulatos e negros;[7] e dois deles começaram a discutir para ver a quem pertencia a presa – a presa era eu. Invadiu-me uma impressão estranha e me pareceu estar em Sodoma; recordei a cena em que Lot protege os hóspedes [forasteiros objetos de desejo] oferecendo-se, e às suas filhas, ao apetite dos sodomitas, ou sodômicos. Todavia eu ainda tivesse o dom do raciocínio, que não tardei em perder...

Escrita em março de 1968, a carta exemplifica, de outro lado, o quanto o autor valeu-se do intercâmbio epistolar binacional para sua composição literária dos "diários brasileiros" de 1960-61, que em diversas passagens expõe sua percepção de condutas de dominação e submissão no circuito homossexual do Recife, pontuadas, em seu caso de estrangeiro, pela alternância entre os papéis de "conquistador civilizado" e "conquistado selvagem". Ao mesmo tempo, tanto o paralelo sodômico como os desenvolvimentos sobre a psicologia de interlocutores recifenses remetem a comportamentos de personagens de *Nossa Senhora das Flores* e de outras obras do francês Jean Genet, autor que o portenho admirava e também temia, como se verá adiante. Em seu livro, ressalvou, todavia, que tais códigos emulavam comportamentos machistas próprios do *status quo* pernambucano, e colecionou ilustrações desse mecanismo, numerosas a ponto de indicarem condição normativa:

Deita-se, apaga a luz. E de repente surge uma nítida imagem em sua mente. Dois forasteiros chegam a Sodoma e pedem hospedagem a Lot.

---

[7] A designação "mulato", que pode ser de origem árabe (*mowallad*), significando mistura étnica, ou derivar da palavra latina "mula" (o animal resultante de cruzamento de espécies), foi utilizada até os anos 1970 de maneira corrente no Brasil, mesmo na produção científico-acadêmica, para designar o mestiço de negro africano e branco europeu. Já "cabra" particulariza, no Nordeste, o mestiço de negro, indígena ou branco que apresenta pele morena clara, porém também designa "indivíduo corajoso" e o capanga de qualquer bando criminoso.

Acossados pela luxúria, os sodomitas querem gozar dos viajantes. É em vão que Lot lhes oferece suas filhas. Eles querem a carne nova, desconhecida, que lhes proporcionará um prazer raro. Lúcio Ginarte [*alter ego* do autor] pensa, com melancolia, que ele não é um Mensageiro [visitante angélico recebido por Lot]. [...] Eduardo convence-me com carícias suaves e peritas. Vou compreendendo que os sodomitas tratam suas vítimas como se elas fossem mulheres. Admira-me esse ardor súbito que os incita e que precisam satisfazer imediatamente. O ritual parece instituído.[8]

Porém, em março de 1960, Carella havia chegado não à mítica cidade às margens do mar Morto cujos habitantes, adeptos de promiscuidade sexual, viram chover fogo e enxofre sobre suas cabeças, mas no Recife, varrido por brisas marinhas despoluídas e "revigorantes", e no Nordeste, paradoxalmente na região em que, segundo o historiador paraibano Durval Muniz de Albuquerque, "seja por motivos eugênicos ou histórico-culturais, o homem é definido como 'cabra macho', um 'cabra da peste', homem de fibra, reserva de virilidade nacional, [...] um homem rústico, viril, violento, rude, imagem de ampla circulação social em todo o país, sendo, muitas vezes, ponto de partida para uma visão preconceituosa e estigmatizante do habitante".[9] *Orgia* retrata o pernambucano com fleugma de litorâneo temperado, expansivo e transbordante de humores, em oposição ao fascismo antropológico, ou darwinismo social, que identifica no nordestino em geral o "condenado à decadência pela tropicalidade do clima e do caráter mestiço de sua raça",[10] e atribui-lhe estereótipos de dureza e "macheza", bem como de "telurismo", ou seja, o indivíduo concorde ao clima semiárido e fechado sobre si mesmo, como a própria terra sertaneja.

O trecho reproduzido em seguida exemplifica a percepção do autor de vetores de dominação e submissão que conformavam rotinas homossexuais na cidade e, em especial, as interações do argentino com os afrodescendentes

---

8 *Orgia*, op. cit., p. 69 e 180.

9 Cf. Durval Muniz de Albuquerque Jr., *Nordestino: uma invenção do "falo"*. São Paulo: Ed. Catavento, 2003, p. 153.

10 Ibidem, p. 160.

que o buscavam, e que ele também passou a procurar com regularidade, ampliando seu fascínio pelo "pluralismo étnico" local, conforme sua expressão. Para além da justificativa de constituição de uma literatura donjuanesca, o parágrafo é concluído com a constatação de seu gradual alheamento espiritual e rendição ao império dos sentidos, sob a influência de certo feitiço ("filtro") próprio do ar e do sol do Recife, obstrutivo da razão de seus habitantes:

> Gozo mais com um homem. Mais? [A aluna da Escola de Teatro] Anforita pensava o contrário. Cheguei a... sou... o que sou. Para que continuar me enganando? O pluralismo étnico foi um fator desencadeante dessa paixão que eu trazia dentro de mim e supunha dominada, eliminada. Mas por que não voltar-me para as mulheres, que também têm a cor da terra? Aqui, como entre os pássaros, o macho é o mais atraente. Os negros têm crânios espelhantes como aço lustroso, são lascivos e cruéis porque o clima é um filtro de amor que os vitima. O ar afrodisíaco que chega do mar os faz ternos e ao mesmo tempo sanguinários. Ar esplêndido para as glândulas sexuais. E nos trituramos uns aos outros em alegre anarquia, certos de que tudo parece prometer a felicidade, a voluptuosidade e o esquecimento. Eis-me aqui, vítima deste obelisco – espírito penetrante – que substitui o fogo divino, iluminador e renovador, o fogo sagrado que é a inteligência do homem. É um prazer equivocado, já que é uma dor. [...] Misturam-se, de modo confuso, desejos de imortalidade literária, espiritual e corporal. O Céu, a Literatura, as Façanhas Eróticas me darão tal coisa... Não, não amo a vida, mas a morte, quer dizer, a vida interior, o sossego, a paz, a eternidade. Obter o prazer por meio da imobilidade requer mais sabedoria que esse cansaço imoderado de dois corpos se amando. Mas, embriagado pela beleza carnal, sinto que os corpos substituem as ideias; os homens, as mulheres; e o número, a qualidade do prazer. Eu parecia um homem criado para pôr as bocetas em combustão, mas eis que faço arder as picas como tochas.[11]

De outro lado, examinava-se e refletia sobre incorrer espetacularização racista: "A cor escura dos nordestinos me atrai como um abismo. Seria uma

---

[11] *Orgia*, op. cit., p. 296.

perversão de tipo fetichista? Não: há muitos indivíduos negros que não me atraem", além de identificar nos pobres ou "remediados" em seu caminho um prazer de viver próximo ao dos epicuristas do século I romano, que adotaram a máxima "Goza enquanto viveres, pois o amanhã é incerto".[12]

Como se pode inferir do trecho, não obstante a bagagem erudita literária e filosófica acumulada desde a primeira juventude e latência de vocação contemplativa, no autor prevalecia, na maturidade e no autoexílio, naturismo de fundo rousseauniano – herdado de seu pai, como se verá adiante –, reforçado por certo *telurismo* alquímico-medieval, ou seja, crença na influência, sobre corpo e mente, de *forças terrestres* ou subterrâneas, *energias* profundas e variegadas emanadas do magma.

Telúrica ou não, a passagem pelo Recife e os comportamentos do "gigante" (como o chamavam na cidade) marcaram a memória de quantos o conheceram. É o caso da atriz e gestora cultural Leda Alves – companheira de Hermilo Borba Filho a partir de 1960, assumida socialmente em 1969 –, que recorda, já em 2023, quando a idade e a distância dos fatos desprenderam-na de julgamentos morais: "Carella tinha bons tecidos corporais e saúde mental, e não identificava desejo sexual com o pecado: viveu na duplicidade a verdade dele, e, apesar de 'gigante', tinha o olhar sonhador e ingênuo de quem está sempre à procura".[13]

Ex machina

À parte interesses em vantagens materiais e ânsias de possessão física e afetiva – ou ambos os aspectos combinados –, os homens em circulação pelo Recife Antigo impressionavam-se, para além do exotismo e do sotaque do argentino, com a brancura de sua pele recoberta de tecidos desconhecidos, em cortes folgados a ressaltarem opulência carnal, estimulando projeções de um *deus ex machina*, ou seja, um ser incomum descido dos céus e capaz de alterar destinos, como nas tragédias gregas: "Cada vez que Lúcio sai, põe-se em movimento uma multidão de pederastas que o segue: jovens, velhos, ho-

---

12 Ibidem, p. 195.
13 Entrevista telefônica com Leda Alves, jan. 2023.

mens maduros e adolescentes. Entre eles há estudantes, pais de família, maridos, artistas, operários, vagabundos, talvez ladrões", registra o argentino, utilizando vocábulo de uso corrente nos anos 1950 para "homossexuais". No livro, o *alter ego* Lúcio Ginarte empresta contornos de confrontação étnica para tais encontros, além de ritualização teatral: "De alguma maneira, consideram o estrangeiro como a um deus ao qual se chegam sem temor ou vergonha; um deus tangível que lhes pode dar um momento de prazer e um pouco de dinheiro. E sentem-se poderosos, pois venceram o deus".

Não era preciso o memorialista, plenamente consciente da violência do regime escravocrata, explicitar "o deus *branco*". Atônito e desarmado com a atenção que despertava à sua passagem, maravilhava-se com a "paisagem humana" de tantas variantes tipológicas e evitava decepcionar qualquer iniciativa, correspondendo tanto a diálogos inocentes, de curiosidade antropológica ou cultural, como a toques corporais que dispensavam mediação verbal. E uma vez dominado minimamente o jargão local, cultivou estágios de amizade e intimidade com dezenas de interlocutores, inventariando-os sistematicamente nos diários, hábito de escrita iniciado na primeira juventude.

Ao fixar-se no centro da cidade, os giros pedestres tornaram-se rotina, provocando contatos nos quais o professor passou a comprometer cerca de metade de seu salário universitário. Atendia sobretudo solicitações de pequenos presentes – roupas, objetos de higiene pessoal, doces, bebidas e revistas –, além de doar quantias módicas "para a condução" ou lanches, refeições, itens de higiene pessoal etc., como exemplificado no seguinte trecho de diário:

> 15, quarta-feira. – [...] Anacleto, com voz desalentada, pede-me um par de sapatos. Sua voz toca-me nessa zona quase material da compaixão. Meus sapatos não serviriam para ele. Dou-lhe dinheiro. Quer pentear-se. Sua nuca está cheia de fios brancos; não posso adivinhar onde reclinou a cabeça. Ao abraçá-lo na despedida sinto as suas costas cheias de areia. O pobre dormiu ao relento. Vai embora com o guarda-chuva.

Em abril de 1960, a experiência das ruas progrediu de circunvoluções características da *flânerie* baudelaireana – o "conhecimento pela errância" – para percursos previamente estabelecidos, a fim de gravar a localização de praças, igrejas, mercados e pontes. O restante do tempo era reservado às aulas de teatro, ministradas cinco noites por semana sem faltas e em nível de excelência inédito na cidade, dedicação reconhecida, mas que despertava, ao mesmo tempo, os ciúmes de colegas docentes.

No final do mesmo ano já experimentara relações sexuais plenas, em seu apartamento alugado, com pelo menos três indivíduos, gerando "fixações" como a do boxeador sarará King-Kong – mestiço com dominância de características brancas, como cabelos loiros ou ruivos –, cuja alcunha fora dada por seus companheiros: "Praticou o halterofilismo e adquiriu um corpo considerado perfeito entre os entendidos. Devido a isso, à sua força e à sua estatura, apelidaram-no King-Kong". Já no segundo ano de sua permanência surgem inclinações amorosas sugestivas de relações estáveis, com um ex-camponês potiguar e uma jovem estudante de artes da elite local, esta destinada no entanto a casamento de conveniência.

Quanto à circulação no perímetro urbano, as entradas de seu diário sugerem que os passeios "seguiam itinerários fixos, com um padrão de repetição e autocitação", segundo o pesquisador Severino J. Albuquerque. Para esse ensaísta, tais percursos constituíram *performance* de gênero, "contribuição precoce ao significado em evolução de *espaço dramático*, que nas décadas seguintes migrou da fisicalidade e dos espaços confinados de edifícios tradicionais (teatros) e dos palcos para áreas e conceitos mais afeitos ao teatro pós-dramático":

> Como todas as *performances*, esta se origina desde o corpo e através dele e é caracterizada pela insistência por visibilidade mais pronunciada do corpo homossexual no espaço público e na arena política. Inicialmente em forma de texto, [...] e depois já performaticamente, com um corpo e uma plateia, Lúcio poderá explorar possibilidades de uma autotransformação e lançar-se à expressão de sua visão estética e política – o que constituía a sua *performance*.[14]

---

[14] Artigo apresentado por este professor emérito de literatura da Universidade de Wisconsin-Madison ao Institute for Research in the Humanities, em abril de 2015: "Queering Pan-Americanism: Sexuality, Performance and Politics in Tulio Carella's Recife Diaries, 1960-1961".

No entanto, a visibilidade performática guardava contraparte de inevitáveis ocultamentos. Segundo Borba Filho, em narrativa memorialística repetida oralmente com poucas variações por Leda: "Em bares e sorveterias, o argentino costumava entregar presentinhos por baixo das mesas".[15]

Em 1960, as leis brasileiras cercavam de interditos qualquer expansividade homossexual, bem como vedava-se a um estrangeiro não naturalizado promover encontros e reuniões, sobretudo no quadro de vigilâncias políticas anterior ao Golpe de 1964, e em especial no estado de Pernambuco, estritamente controlado devido à atuação das Ligas Camponesas, criadas em 1955 com finalidades assistenciais e depois reivindicatórias de reforma agrária. Na viagem de ida a seu destino, o escritor detinha a seguinte informação, segundo *Orgia*: "O Nordeste é o berço do Brasil. Ali está a mais antiga nobreza, a nobreza da cana-de-açúcar, e ali está incubada a revolução comunista. Pelo menos é o lugar do país onde há mais comunistas e onde a miséria alcança um nível desastroso". Ressalve-se que Lúcio-Tulio não se confrontará exatamente com tal realidade, porém, até o desfecho desastroso de sua história, esses aspectos vão se impor a seu entendimento.

Se, assim como em Buenos Aires, não havia compromisso político explícito em sua interação com a cidade, a *performance* recifense a céu aberto ecoava em outro patamar o "homem de teatro" de comunicação libertária das décadas de 1940 e 1950 a se comportar como "um autêntico portenho de lei", na linhagem dos *compadritos* e *valientes* do tango, como observou o historiador Osvaldo Bazán.[16] Alguém capaz de ensaiar passos de tango em plena avenida Corrientes, já conforme um dos memorialísticos de Borba Filho. De qualquer maneira, no Recife a rotina *callejera* desembocou em prática *pansexual* desafiadora de limites entre público e privado e dos papéis

---

15 Cf. nota 13.

16 Cf. Osvaldo Bazán, *Historia de la homosexualidad en la Argentina*. Buenos Aires: Marea Editorial, 2004, p. 212. A palavra *compadrito* deriva de *compadreo* (camaradagem ou companheirismo), ou aquele que pratica a *compadrada* (título de um poema tardio de Carella). Conforme o estudioso argentino José Gobello, surgido em meados do século XIX, o tipo do *compadrito*, também chamado *compadrón* e *guapo* (bonito, astucioso), "era o jovem de condição social modesta que habitava as margens da cidade... algo assim como um *gaucho* que tivesse desencilhado" (*Breve historia crítica del tango*. Buenos Aires: Corregidor, 1999, p. 18).

reservados a cada gênero.¹⁷ Como reiterado nos diários escritos na cidade, além de contatos com todas as "desviantes" da homossexualidade em sua mutabilidade de fundo hermético – do mitológico Hermes andrógino –, o professor também buscou mulheres ou atendeu a seus convites – apesar das severas restrições locais à expansão sensual feminina – como no caso da jovem aluna de teatro por ele alcunhada Anforita ou, muito eventualmente, de prostitutas do centro da cidade: "*Carmen, la putita que una vez me levó a su cuarto*", como lembra a Hermilo em carta de junho de 1966.

Ensinamento torto

Se no "Recife antigo" de ruas entregues à própria sorte e comércios em grande parte irregulares a polícia não se ocupava especialmente da natureza de encontros sexuais, ela encontrava-se atenta a ações desestabilizadoras da sociedade patriarcal. O novo governo comunista cubano e as tentativas de exportação de seu movimento revolucionário alarmavam os grão-senhores do Nordeste e, consequentemente, os contingentes militares, zeladores do *establishment* profundamente ancorado no antigo regime escravocrata. Assim, a paranoia dos latifundiários após as medidas do deputado socialista eleito como prefeito da capital pernambucana e fatos como a reação cubana à invasão norte-americana da baía dos Porcos, já em abril de 1961, conduziram à identificação do homenzarrão de acento hispânico e interlocutor de negros e mestiços no centro da cidade como agente de Havana e contrabandista de armamentos soviéticos para a revolução local; e então, à sua prisão.

O Recife governado pelo cearense Miguel Arraes desde agosto de 1959 – com 57% dos votos, ao lado de 39% dados a candidato trabalhista – apoiava abertamente o regime monopartidário cubano alinhado a Moscou, sobretudo após a intervenção norte-americana na ilha caribenha, três dias antes

---

17 Utiliza-se neste livro o termo "pansexualidade" enquanto *prática*, diferentemente do conceito "pansexualismo" que informou a concepção de mundo e de civilização do poeta e filósofo alemão Friedrich von Schiller no final do século XVIII, sendo retomado por Sigmund Freud e seguidores, nas décadas de 1900 e 1910, já para indicar o papel fundamental do instinto sexual na formação da personalidade.

da prisão de Carella. Tal apoio traduzia-se em mensagens de solidariedade à embaixada cubana e participação na organização de comícios pró-Fidel Castro, bem como em passeatas que desfilavam enormes cartazes com os rostos do comandante cubano, de Arraes e Francisco Julião, advogado e líder dos camponeses nordestinos pró-reforma agrária (*Jornal do Commercio*, 18 abr. 1961). O mês da prisão de Carella registrou, ainda, arregimentação de mil estudantes e camponeses, voluntários para colaborar em Cuba na "luta anti-imperialista" (19 abr. 1961); organização de excursão aérea de noventa pessoas "para assistir ao Primeiro de Maio e ver a reforma agrária cubana" (23 abr. 1961); e pichação de paredes e muros do Recife com protestos às ameaças ianques (25 abr. 1961) etc. Em 27 de abril, o mesmo *Jornal do Commercio* noticiava a prisão do professor argentino pelo IV Exército, enquanto o responsável pela coluna "Arte e Artistas" do diário, José Medeiros Cavalcanti, saía em defesa do amigo, opinando que ele somente poderia ter remetido a seu país, como "contrabando", bonecos de barro de Mestre Vitalino, prevendo que tudo não passaria de "um engano", sobre o qual o portenho escreveria, no futuro, "um livro ainda mais febril que *Cuaderno del delirio*".

De outro lado, o equívoco policial de associar atividade de contrabando às *performances callejeras* redundou, após uma semana de vigilância, em sequestro do professor à luz do dia, em plena via central, por agentes à paisana num jipe militar. Não obstante, apesar da tortura e da humilhação sofridas, ao retornar compulsoriamente a seu país, Tulio Carella passaria a considerar o episódio como divisor de águas para si, e até mesmo como *ensinamento* definitivo aplicado por caminhos tortos: não se pode fruir impunemente prazer no mesmo lugar da mais flagrante injustiça social, como se lerá adiante em excertos de cartas a Borba Filho.

A detenção sem mandado deu-se no bairro central da Boa Vista, após visita do argentino à loja dos pais de seu aluno Germano Haiut, que se tornaria, anos mais tarde, um ator de destaque na cena teatral pernambucana:

> Na época tínhamos festivais de estudantes e estávamos para montar, com o antigo Teatro de Arena aqui do Recife, *As moscas*, de Sartre [com direção de Carella]. Havíamos marcado um ensaio. Ele era muito conhecido pela seriedade, pela pontualidade. Eu tinha um comércio na rua do Aragão e ele passou por lá. Entrou, confirmou

NO ALTO: Teatro do Povo, criado pelo MCP com tenda circense, no Recife, início da década de 1960. Fotografia de autoria desconhecida.

ABAIXO: Apresentação teatral do MCP em palco aberto (anfiteatro) no Sítio da Trindade, bairro Casa Amarela, no Recife, com figuras de Pierrô e Colombina no palco. Ao fundo vê-se o casario da rua Redentor.

PROFESSOR DA U. R. NÃO DESAPARECEU: FOI PRÊSO PELO EXÉRCITO E ESTÁ INCOMUNICÁVEL

Notícia em página de 26 de abril de 1961 do *Jornal do Commercio*.

comigo o horário e saiu. Logo após, passaram dois senhores e perguntaram: "Carella está aqui?". E eu disse: "Ele acabou de sair". Naquele momento eles devem tê-lo pegado e colocado dentro de um carro. Eu não vi, mas depois entendi o que tinha acontecido.[18]

Após uma semana de ausências do professor, os alunos saíram em sua busca, indagando até mesmo em hospitais e morgues. Quando afinal o Comando do IV Exército confirmou à imprensa sua prisão – "incomunicável por determinação de altas autoridades federais" –, eles cogitaram uma passeata pela sua liberação, no entanto "morta no nascedouro", conforme Leda Alves: "Foi descartada por aconselhamento dos professores, para evitar o ridículo de uma deportação", sinalizando dessa maneira que nem todos os mestres partilhavam da preocupação dos alunos.

No dia seguinte ao do "esclarecimento" oficial, que, no entanto, nem sequer admitia o erro da acusação de tráfico de armas, o caso ganhou vulto nacional em nota de primeira página do carioca *Jornal do Brasil* de 27 de abril de 1961 – "Professor de teatro no contrabando internacional" – e, também na mesma data, na página 6 de *O Estado de S. Paulo*, na qual, em notícia sob o título "Professor argentino detido", reproduziu-se a nota oficial do Comando do Exército que afirmava, mentirosamente: "O senhor Carella está sendo bem tratado, nada lhe faltando em matéria de alimentação e de conforto", quando na realidade era torturado.

---

18 "Sob a luz de *Devassos*". *Diário de Pernambuco*, 29 maio 2011, p. E4-E5.

Não obstante a surpresa de quantos o conheciam, um ano antes do sequestro em viatura civil – *modus operandi* militar "normatizado" na ditadura de 1964-85 –, o portenho antevira as consequências, em nível pessoal e político, de sua proximidade com negros e mestiços pobres, conforme anotação de seu diário a valer-se da palavra "heroísmo" para qualificar a decisão de instalar-se sozinho no Recife. O trecho sublinha a natureza "transformadora" de sua interação com a cidade, comparada, surpreendentemente, ao desenvolvimento interno de um vegetal, em harmonia com o interesse do autor pelas ciências biológicas e antropológicas inauguradoras do conceito de alteridade na modernidade:

> Sexta-feira – 3 de junho de 1960. [...] É preciso certo heroísmo para mergulhar com tanta exclusividade no sexo, desprezando dinheiro, posição e uma obra que poderia realizar. Sinto-me distante do passado. Desprendi-me de meu país, de meus costumes, como a casca de um fruto que acaba de amadurecer. Creio que está nascendo outro eu – mais um – que ainda não conheço e quem sabe me agradará, será ele meu amigo?

Seis anos depois, em junho de 1966, após o Recife sofrer nova inundação catastrófica dos rios Beberibe e Capibaribe, com mais de setenta mortos e oito mil desabrigados, em carta a Hermilo o portenho une numa única percepção as tragédias políticas e naturais latentes sob o quase sempre prazeroso clima subequatorial, bem como a falsa cordialidade no contato intersocial, óbices dos quais tomou plena consciência somente após ser confrontado pelos militares:

> Se prestares atenção, em *Sombra do sol* [a série de poemas escrita em Buenos Aires e publicada em espanhol por Hermilo como *Roteiro recifense*] há também a intenção de explicar por que existem os brancos, uma vez que Adão e Eva eram negros (ou pelo menos da cor da terra: morenos). Há as festas pernambucanas, os tipos que vivem – desde o grão-senhor até o mendigo; mostra-se o que fazem, como vivem. Pelo final se descrevem alguns tipos conhecidos, em forma de sátira. E a última visão da Boa Viagem, quando me vou; essa linda

Faixa com anúncio da peça *Revolução na América do Sul*, de Augusto Boal, com o Teatro de Arena de São Paulo, montagem apresentada no Teatro de Santa Isabel, em 1960, com apoio da Prefeitura do Recife e do MCP.

praia na qual fui tão feliz, e onde se atiravam os cadáveres dos negros e dos cães.

[...] Te envio o poema ["Maremoto"] como uma curiosidade psicológica, para que compreendas até que ponto eu estava identificado com o destino do Recife. Lamento não poder fazer nada em favor da cidade, das suas gentes. Eu me perguntava, angustiado, quantos de meus amigos não teriam ficado sem lugar, ou sem vida nessas repentinas inundações. Alguns dentre eles – das pessoas que eu estimava – viviam em bairros pobres, em casas modestas. E já sabemos que esses são os mais afetados em qualquer acidente telúrico. [...] Resignei-me a rememorar uma cidade povoada de possíveis cadáveres. O que foi feito daquele Sansão, daquele futebolista que aspirava ser famoso e rico; desse jovem que queria escrever os versos mais bonitos do mundo; daquele negro com sorriso de açúcar que me saudava cerimoniosamente quando me via passar todas as manhãs ao sair do hotel? Que foi feito desse salva-vidas do Posto 2, Zé Pedro, que era tão gentil e conversador e que estava doente do fígado; o que aconteceu a Carmen, a putinha que uma noite me levou a seu quarto; o que terá sido de tanta gente que conheci por um instante, por uma hora, por um dia, por um ano?

Em 1968, o dramaturgo ainda pinça na memória detalhes pungentes do cotidiano do Recife, entre eles o seguinte episódio, "impressionante", segundo o autor, porém não incluído em *Orgia*. O quadro advém de, à época, a estação ferroviária central receber dezenas de famílias de desempregados, trabalhadores sazonais das plantações e engenhos de cana-de-açúcar decadentes da Zona da Mata pernambucana, desembarcados ali sem emprego ou moradia, munidos apenas de seus pertences pessoais e muitas esperanças:

> Fui uma noite urinar no mictório da Estação Central, e era um momento muito incômodo, porque acabava de chegar um trem e as pessoas faziam fila em frente aos mijadouros. Eu estava perto de uma latrina, que nesse momento se desocupou, e me coloquei a urinar na privada, e ao mesmo tempo introduziu-se um negro humilde, de rosto sorridente, acompanhado de seu filhinho de 8 a 10 anos. Ambos rodearam a latrina em posição adequada, sacaram as rolas e começaram a mijar. O que me impressionou – e creio que mencionei a ti uma vez – foi ver que o membro do pai, largo, negro, grosso, mole, ficava exatamente à altura dos olhos do garoto. Não posso esquecer o olhar do menino para o pênis do pai, de onde saiu a semente que lhe deu a vida. (6 jan. 1968)

Profano e sagrado

Naquele início de 1968, ao reportar a Hermilo consultas a seus diários manuscritos para montar a estrutura de *Orgia*, e percebendo que seria obrigado a reproduzir "intimidades brutais e sexuais" –, pois, se as subtraísse,

Cartaz para a festa pública do Natal de 1963 no Recife, promovida pelo MCP, com o governo estadual de Miguel Arraes. Autoria desconhecida.

"seria uma mera expedição turística ao Nordeste brasileiro" –, associa sua imagem no livro à do transgressor por excelência na literatura mundial nos anos 1950 e 1960, o francês Jean Genet, também autor de um "diário", o de um ladrão – ele próprio na adolescência e juventude, além de ex-prostituto e presidiário, ou seja, a epítome do marginal, porém mais tarde consagrado no mundo literário: "E assim estou, sofrendo como um animal há quinze dias, desde que, oficiando de Tentador, me fizeste a proposta de editar meu diário. Recordei em seguida o *Journal du voleur* [Diário de um ladrão, 1949], de Jean Genet. Leste as suas novelas, que vão além de tudo quanto se tem escrito até agora em matéria de perversão sexual?", pergunta ao pernambucano. Aqui, entretanto, não considera a análise em profundidade da portentosa biografia de Jean-Paul Sartre dedicada ao criador de *Querelle de Brest*, com paralelos cabíveis à sua trajetória recifense: *Saint Genet, ator e mártir* (1952). Com tradução publicada na Argentina pela Editorial Losada em fins de 1967, a obra reconstitui a saga do indivíduo em busca do sagrado e do absoluto, porém com valores trocados, a alçar o socialmente execrável a bem supremo e a devotar adoração religiosa ao mais abjeto e imoral, segundo cânones sociais, em dramática construção de autolegitimação num mundo que o condenara ao reformatório, ainda na adolescência, como reles ladrão de prataria doméstica, indigno de reeducação familiar em sua condição de filho adotivo de progenitura incerta.

Na carta a Hermilo, Carella prossegue em considerações escandalizadas sobre o *Diário* do francês; porém, noutra missiva retorna a Genet, dessa vez para conexão direta com seu diário em reescritura e com a perversão donjuanesca desenvolvida no Recife. Avalia, ainda, que, por meio de trechos de *Orgia* enviados para apreciação do editor e das impressões retornadas, o pernambucano finalmente perceberá a real dimensão de seu périplo sexual na cidade, dessa vez ilustrado por antítese com declaração recente de um futebolista famoso:

> Não relatarei as inúmeras aventuras amorosas, que escapam a todo cálculo, mas somente uma ou outra essencial. Ser como se é: essa é a questão. Até agora ninguém, que eu saiba, se atreveu a chegar à verdade última, a confessar tudo com claros detalhes. Apenas se aproximou um pouco Jean Genet no *Diário de um ladrão*; e mesmo assim

> ele dissimula, adultera, oculta a verdade essencial: que a natureza, a vida, Deus, vá saber-se com qual propósito, produzem seres como eu. [...] A verdade sobre si não pode estar nunca em si mesmo. São sempre os outros que têm razão ao julgar-nos, por mais que nos doa. Faz uns dias um futebolista, que percorreu todo o continente, espantou-se pela abundância de homossexuais que encontrou na Venezuela e acrescentou que nunca pensou que houvesse tantos, sobretudo depois que no Rio de Janeiro viu uma quantidade enorme. E confessa que a primeira vez que viu um teve desejos de vomitar e não pôde comer por vários dias. Por ter alterado o seu sistema hormonal, eu pensaria, de outro modo. [...] Tua carta me deixou pensativo, melancólico, pois pela primeira vez percebes a realidade espantosa, a mais secreta de um ser humano. Não é um privilégio comum. Deus esconde com a carne o fedor das almas. E, por sorte, lhes dá, às vezes, um pouco de remorsos e arrependimento e de bons propósitos. (set. 1968)

Ironicamente, o presídio romanceado por Genet também foi o destino final do argentino no Nordeste, com a diferença de este ter permanecido incomunicável nas celas dos três locais aos quais foi transportado e, ainda, experimentado espancamentos para que confirmasse a estapafúrdia história de contrabando de armas provenientes de Cuba e delatasse supostas atividades de seus anfitriões acadêmicos junto ao Partido Comunista do Brasil, conforme registrado por Hermilo em *Deus no pasto* – último volume de sua tetralogia memorialística *Um cavalheiro da Segunda Decadência* (as duas derrocadas dos ciclos de produção de açúcar na região, implantados sobretudo com trabalho escravizado africano e de seus descendentes) –, bem como pelo próprio Carella em cartas ao pernambucano ao longo dos anos 1960:

> Essas três mil páginas manuscritas [os diários de 1960-61] [...] contêm segredos vitais, insultos, declarações de loucura e de amor, enfim o meu próprio sangue derramado, e ao dizer "o próprio sangue" não minto, pois podes entender isso como verdade metafísica e como verdade concreta, material. (fev. 1968)

A soltura do argentino, após oito dias de encarceramento, deu-se somente após uma segunda revista à sua quitinete alugada, visto que ali foram encontrados, numa gaveta trancada, os diários com registros de encontros sexuais, em vez de planos e contatos para levantar a revolução.

O desastroso episódio vivido pelo amigo tornou-se, dez anos depois, motivo central do citado livro de Hermilo, tendo provocado contenda epistolar, uma vez que, em 1969, ao mesmo tempo que lhe pedia detalhes da prisão para inclusão na obra, tratava da publicação de *Orgia: diário segundo*, continuação que destacaria a narrativa da detenção. Assim, em mais de trinta páginas da obra do pernambucano, lê-se a sua versão da história, que inclui a despedida do argentino, quando o encontrou em tristes condições físicas e morais em seu apartamento, a empacotar seus pertences, ajudado silenciosamente por duas moças e um rapaz, seus alunos.

Em *Deus no pasto*, o memorialista atesta que as mãos do argentino, espancadas para parecer que reagira com socos à prisão, exibiam feridas nos nós dos dedos. As solas dos pés estavam marcadas por golpes de cassetete, e as costas tinham vergões de açoitamento. Registra ainda que, já ao chegar no primeiro dos locais pelos quais passou no período de prisão, Carella experimentou um "corredor polonês", de agentes enfileirados a lhe desferirem socos, para ser então submetido a mais de uma hora de interrogatório em pé, a fim de revelar "o paradeiro das armas, dos pacotinhos que entregava no porto a pessoas suspeitas, nas sombras, em praças afastadas etc.".[19] Foi vendado e embarcado no dia seguinte numa aeronave militar e, ao sobrevoar o Atlântico, sofreu ameaças de ser lançado ao mar para pasto de tubarões, caso não revelasse a participação de Borba Filho em "plano subversivo", já conforme Leda Alves em meados dos anos 2000.

Em instalações militares entre as ruínas do presídio da paradisíaca ilha de Fernando de Noronha – a 540 quilômetros do Recife –, o portenho dormiu no chão de uma cela e defecou numa lata. De volta ao continente, já na cadeia de um forte militar, ouvia alto-falantes anunciarem os fuzilamentos de outros participantes do "complô comunista" e, em seguida, rajadas de metralhadoras, um terrorismo psicológico tornado corrente três anos de-

---

19 Hermilo Borba Filho, *Um cavalheiro da Segunda Decadência: Deus no pasto*. Rio de Janeiro: Ed. Civilização Brasileira, 1972, p. 180.

pois, na ditadura civil-militar brasileira. Carella jamais confessou o que não havia para ser confessado. Ao ser finalmente liberado, disseram-lhe, ainda conforme Hermilo, que "todos podem cometer um engano", e que seu diário havia sido fotocopiado para fins de chantagem, ameaçando entregá-lo a autoridades argentinas, caso ele revelasse circunstâncias de sua passagem por mãos militares. No entanto, logo após a soltura, o Exército brasileiro, contrariando o tratado, mandou agentes à Escola de Teatro para "denunciar" sua homossexualidade, conforme lembra Tulio em carta, na qual também recorda contatos anteriores com "fardados", porém de natureza diversa:

> Juraram que manteriam secreto o conteúdo de meu *Diário*. Mas foi outra das manobras deles, pois o doutor Sorett [nome *à clef* do reitor João Alfredo Gonçalves de Costa Lima] proibiu que eu entrasse na escola e desse as minhas aulas, como sempre. Amigos fiéis me contaram isso depois, evitando um momento que teria sido atroz. Quer dizer: o doutor Sorett foi informado em primeira mão pelos uniformizados sobre minhas atividades eróticas, que prejudicavam a moral de uma cidade tão casta como o Recife. E as informações passadas aos jornais falavam da *borra da sociedade* do Recife com a qual eu tratava; deram uns nomes que eram inocentes de toda a inocência e *omitiram* (isto é muito importante) a enorme quantidade de uniformizados venais e até de policiais que passaram pelo apartamento do professor Lúcio. Há detalhes incríveis. (out. 1969)

Médico de filiação lombrosiana (pseudocientificismo para incriminação policial via traços raciais), Gonçalves, alcunhado venalmente por Carella de "Sorett",[20] chamou-o a seu gabinete, pagou-lhe um mês de salário, colocou uma passagem aérea nas mãos e dispensou-o sumariamente – estava, na prática, expulso do país. A autoridade acadêmica convocou em seguida Hermilo e outros dois professores da Escola de Teatro para lhes informar reservadamente sobre a investigação militar: "O homem é um pederasta!", justificou, orientando-os a "manter segredo" sobre o caso. Obstado por Borba Filho quanto à possibili-

---

[20] No espanhol falado na Argentina, e também no português do Rio Grande do Sul, "sorete" significa "matéria fecal dejetada em pedaços secos e duros".

dade de manter em segredo também a bissexualidade do colega e retomar-se a normalidade das aulas, o reitor cortou-lhe rispidamente a palavra: "Mas não é segredo para mim!", confirmando o caráter pessoal da punição.

Em seus relatos sobre o caso em *Deus no pasto*, Hermilo lança mão de diálogos ocorridos no Recife e trechos de *Orgia* ligeiramente alterados. Para se ter a medida da admiração votada ao amigo, sua tetralogia guarda diversos paralelismos com o estilo adotado pelo argentino, entre eles a alternância entre tipografias, em redondo para narrativas em primeira pessoa e em itálico para páginas em terceira pessoa, e a adoção do mesmo nome, Lúcio Ginarte, para o personagem controverso.

*

Quanto à fantasiosa filiação ao revolucionarismo cubano, o argentino apenas guardava simpatia pela figura do conterrâneo Ernesto Che Guevara, que marcou época por seu idealismo e por sua coragem, esta um valor supremo para Carella, como se verá adiante. Em carta a Hermilo de maio de 1968, meses após o fuzilamento de Che na Bolívia, o dramaturgo mostra-se chocado com a venda aos Estados Unidos, por milhares de dólares, dos direitos autorais de uma biografia argentina do líder *guerrilheiro*:

> E parecia-me um tanto humilhante para Che Guevara (equivocado ou não, o mártir de uma ideia, digno do título de Libertador com o qual é alcunhado), pois só se pensa em ganhar dinheiro à custa de seu sacrifício. [...] Não compartilho as ideias de Che, salvo as ideias de que a humanidade deve abandonar seus egoísmos e nivelar as possibilidades econômicas e facilitar o acesso às riquezas e à cultura para o ser humano – e isso é puro cristianismo. Não compartilho suas ideias, mas sua morte impõe que as respeitemos, e que o respeitemos em sua grandeza. (maio 1968)

Também no extraordinário ano de 1968, em vista de tantos movimentos estudantis de protesto na Europa, Ásia e Américas, Carella tece paralelo entre os conflitos de jovens bonaerenses com tropas policiais e um aspecto macabro de sua passagem pela prisão em 1961:

> Aqui também [os estudantes] tentaram sem conseguir, e creio que o farão de novo de um momento a outro, arriscando suas vidas. A vida não importa: o pior é cair nas mãos dos torturadores sádicos, que gozam observando a dor dos jovens; Lawrence da Arábia [T. E. Lawrence] contava, em *El troquel* [*The Mint*, 1955], que alguns oficiais do exército alcançavam o orgasmo dominando os recrutas ou soldados inferiores. Quando li, me pareceu um exagero. Agora sei que é uma verdade, e mais frequente do que se supõe. (jun. 1968)

Sobre a tortura denunciada nas entrelinhas, revela, ainda, ter sido interrogado por "oficiais das três armas", e especula junto ao pernambucano sobre sua extradição formal do país em 1961, uma vez que se mostraram inconclusivas, ao longo de mais de dez anos, diversas tentativas de retornar ao Brasil para ensinar em outras universidades, mesmo com a intermediação de amigos influentes nos meios teatral e literário, como Alberto D'Aversa e o próprio Hermilo:

> Em sua carta você me escreveu uma frase que me causa estranhamento e me desconcerta: dizes que fui expulso do país. Não sei se o dizes com o destaque final para o personagem [Lúcio Ginarte em *Deus no pasto*] ou porque realmente sabes ou imaginas que assim ocorreu. Eu não fui expulso do país, dado que a acusação de ser castrista e cubano distribuidor de munições e propaganda comunista ficou sem efeito. E isso é o que eu não perdoei ao doutor Sorett [o reitor João Alfredo], que sabia bem que eu era argentino e não interpôs sua influência perante a Polícia Militar. Os uniformizados – das três armas, sem contar as armas complementares – juraram que eu poderia continuar no país e em minha cátedra, pois manteriam secreto o conteúdo de meu diário. (set. 1969)

Solicita ainda ao confidente que indague diretamente aos militares. Pela resposta, toma conhecimento da criação do Serviço Nacional de Informações pela ditadura, com extensas listas de indivíduos politicamente visados. Hermilo informa também não haver, até onde se sabia, registros legais de uma deportação; e, assim, o portenho passa a recriminar uma autoridade que supostamente deveria defendê-lo ante as injúrias sofridas: "O porco inefável que foi o cônsul argentino, que não ousou intervir, porque... 'Quem sabe, vai ver

que os uniformizados tinham razão e é cubano, simplesmente, e comunista'".
De outro lado, Carella enumera motivos para o aceite da repatriação forçada:

> Eu não poderia continuar vivendo no Recife sem a cátedra, e tampouco queria, naquele momento, permanecer num lugar que, como o Éden, estava cheio de serpentes. [...] Por falta de trabalho na Escola de Teatro resolvi voltar. Mas voltaria mesmo se a cátedra não houvesse sido retirada, porque a atmosfera se fazia irrespirável e eu necessitava de um distanciamento para refletir sobre tudo o que ocorreu. (set. 1969)

Quase dez anos após a chegada ao Recife, ainda recorda com amargura a conivência de "três Judas" com a violência policial, nomeando, porém, apenas o reitor João Alfredo: "Ele estava a par das gestões dos uniformizados que me tomavam por cubano e poderia ter me alertado ou chamar para um esclarecimento. Preferiu o silêncio, que limita com a traição" (nov. 1968). No final do ano seguinte, emergem memórias de possíveis denunciantes, em meio a comentários sobre "o deplorável estado das nações latino-americanas":

> No próximo ano se cumprirá uma década de minha chegada ao Recife. É estranho ver as coisas passadas desde longe, à distância. O sentido de uma existência não se compreende de imediato; é necessário que passe o tempo para se entender algo do que nos acontece (nunca compreendemos *tudo*: uma grande zona de nossas existências pertence ao mistério). E ao contemplar o deplorável estado das nações latino-americanas (violência, drogas, ataques à Igreja, a Igreja desvirtuada em sua essência religiosa por sacerdotes que confundem religião com política e em vez de se inspirarem em Jesus Cristo se inspiram em Dom Camilo [padre burlesco de filmes italianos]), vejo mais uma vez que tive o privilégio (triste e doloroso) de inaugurar a vitimização e a injustiça. Foram necessários três Judas para isso. Não conservo nenhuma aversão a eles, nem tenho para com eles sentimento de ódio ou de vingança. Apenas, às vezes, pergunto-me: Por quê? O que levou essas três pessoas honoráveis a comportarem-se como delatores, como Judas? Vivemos em pleno mistério. Por isso, o melhor é colocar-se no mistério da luz. E da amizade. (nov. 1969, grifo do autor)

O caráter conciliador, ou antirradicalismo, e o distanciamento estoico manifestados nessa carta se haviam patenteado em seus últimos dias no Recife, como paradoxal efeito do impacto físico e moral sofrido. Após sua liberação, em 27 de abril de 1961, deu entrevista ao *Diário de Pernambuco* – "Exército libertou prof. Carella: não era comunista nem fazia contrabando" – na qual omitiu parcialmente os fatos, provavelmente com intenções de tranquilizar a família sobre sua saúde e prosseguir mais tarde com a vida pedagógico-artística no Brasil: "Momentos após ser posto em liberdade, [...] o professor revelou importantes detalhes de sua prisão, demonstrando-se bastante calmo, tranquilo e sorridente", afirma a reportagem. Ateve-se à revelação do transporte aéreo a Fernando de Noronha e ocultou a violência sofrida em interrogatórios: "De início com certa austeridade, porém depois com muita cordialidade", mentiu, para finalizar com ironia: "Nenhuma autoridade militar me inquiriu. [...] Motivou minha detenção a circunstância de me haver tornado um homem popular no Recife, estabelecendo relações com pessoas tanto da elite quanto da classe humilde, entre as quais se encontravam algumas ligadas ao contrabando e ao comunismo". Pronunciou, ainda, um perdão: "Prosseguindo, disse o autor de *Cuaderno del delirio* que não alimenta o menor constrangimento contra as autoridades pelo fato de havê-lo detido, porquanto se achavam no cumprimento de seu dever, em defesa das instituições, da sociedade e da segurança nacional".

Acuado, talvez aterrorizado, ante a possibilidade de seus encontros sexuais converterem-se em escândalo internacional, desculpou-se, ainda, por "dar prejuízo ao Brasil", em face de ser pago para ministrar aulas a "apenas cinco alunos, em vez dos cinquenta do ano anterior" – embora se estivesse então no início do ano letivo. Por fim, anunciou o retorno a seu país, reiterando um dos motivos de sua sujeição, tanto à proposta chantagista das Forças Armadas como à decisão da reitoria:

> Temo a sorte de minha mãe, atualmente com 80 anos de idade, bem como a possível intranquilidade e a angústia de minha esposa. Sentir-me-ia muito feliz se esta entrevista pudesse ser publicada, o mais cedo possível, na imprensa argentina. Na eventualidade de ser isso possível, peço-lhe que escreva, para conhecimento de minha família, que estou gozando já de plena liberdade, encontro-me com saúde e esforço-me por regressar imediatamente.

Já nas cartas a Hermilo enviadas em 1968 enquanto organizava *Orgia*, Carella menciona sua gratidão a professores e jornalistas da área cultural que tentaram localizá-lo após a detenção, entre os quais os homens de teatro Alfredo de Oliveira e José de Medeiros Cavalcanti, além de alunos como Ida Korossy e Ivan Soares. Quanto a Ariano Suassuna e a um personagem por ele nomeado "RP Marcelo" – possivelmente o reverendo padre Marcelo Pinto Carvalheira, focalizado mais adiante –, lembra terem eles emitido a opinião de que "ninguém pode intrometer-se na vida privada de outrem".

De outro lado, recriminou os que acreditaram ter sido ele "um criminoso, um contrabandista ou uma espécie de agitador político perigoso", notadamente o suposto amigo e artista plástico Laerte Baldini (1913-90). Filho de argentinos, nascido em Belo Horizonte e educado na Itália, Baldini estabeleceu-se em Buenos Aires aos 19 anos e, nos anos 1940 e 1950, era "inseparável" de Carella e do editor e gravador Raoul Veroni (1913-92), até que, em setembro de 1960, por indicação de Carella, tornou-se professor da Escola de Artes da Universidade do Recife, que passou a dirigir em 1971. Homossexual de comportamento extremamente reservado, aposentou-se em 1983, após ter orientado expoentes como o pintor João Câmara e ilustrado dezenas de livros, inclusive de Hermilo.

> Quanto a Baldini, o que eu lhe poderia dizer? Pareceu-me, então, um tipo disfarçado, malicioso, astuto sob a pele de cordeiro. Ou talvez seja, realmente, um imbecil. Mas um imbecil que não perde de vista

Notícia no alto da página 7 da edição de 28 de abril de 1961 do *Diário de Pernambuco* (Primeiro Caderno). A foto é de sua chegada ao Recife, no ano anterior.

> o proveito próprio. Sua visita [a Buenos Aires, em janeiro de 1968] provocou-me dano, um dano moral. Eu procuro esquecer todo o desagradável, mas a vida é inexorável, e não perdoa os detalhes. O que mais me entristece é que se está perdendo como pintor. Recordo-me de nossas graves discussões dos 25 anos, ou menos, quando somente nos parecia dignos de ser admirados Beethoven, Leonardo, Shakespeare e Michelangelo; todo o demais era lixo. Nós cumpriríamos a missão de dar à Arte a Renovação exigida com o Gênio que fazia falta. O tempo coloca as coisas em seu lugar, ai!, e aqui estamos, cada um num canto, anônimos, desconhecidos, insignificantes. Entre nós existe apenas uma diferença: para mim a luta continua, cada vez mais dura e exigente. Nele, a luta derivou para a ambição: quer chegar a dirigir a Escola de Belas Artes, no Recife. E nem ao menos essa ideia é sua: dei-a em 1960. Quiçá eu seja injusto; não quero sê-lo; mas quando vejo certas atitudes dele, me dão asco. Uma por exemplo: teme que se inteirem no Recife de que mantém correspondência comigo – *eu, um maldito*. Tudo isso me provoca uma grande tristeza. (abr. 1968, grifo do autor)

Em outra missiva a Hermilo, manifesta-se de maneira ainda mais incisiva sobre o personagem:

> O traidorzinho Baldini, que chegou ao Recife graças a mim (e que manifestou agravantes conceitos acerca de alguns judeus, porque além de tudo é antissemita, ainda que o oculte muito bem), ao ver-me depois que me colocaram em liberdade, não se compadeceu, não me ajudou, não teve uma palavra amável. Em tom amargo (pois sentia-se comprometido por mim) perguntou-me: "Em que confusão te meteste?". (out. 1969)

Disparador de tais memórias, o processo de edição de *Orgia* é reportado no intercâmbio entre Carella e Borba Filho, em especial nas cartas de 1968 e 1969, que documentam dúvidas e percalços de trabalho. De outro lado, *Orgia* constitui caso único na literatura latino-americana de obra escrita em castelhano cujos originais perderam-se – queimados após sua morte, como se verá à frente –, passando a existir apenas em língua portuguesa, na tradução de Hermilo.[21] A permanência do texto deve-se, pois, à colaboração entre dois memorialistas de nacionalidades diferentes. A primeira edição, de dois mil exemplares, conforme registrado nas cartas, esgotou-se já em 1970 e tornou-se item raro. Erros tipográficos de montagem e problemas de tradução foram corrigidos para uma reedição em 2011, porém sob contestação de herdeiros do autor, devido a "questões morais".[22]

Exorcização nostálgica

Repetidos clamores de saudades do Recife e o desejo de voltar a ensinar nessa cidade ou em outra capital do cálido litoral nordestino constituem itens centrais das cartas semanais de Carella, para respostas menos assíduas do pernambucano. Finalmente, a nostalgia às raias da depressão – autodiagnosticada como "mania" ou "ideia fixa" – sugeriu a Hermilo solicitar ao amigo a compilação de seus diários brasileiros, para serem editados na Coleção Erótica que criava na editora José Alvaro, do Rio de Janeiro, com assistência do dramaturgo recifense Aldomar Conrado (1936-2018). A coleção acabou por contar com diversos títulos sugeridos e até mesmo emprestados para tradução por Carella, que assim como Borba Filho cultivava literatura erótica e fescenina desde a juventude.

Em março de 1968, Tulio informava estar redigindo trechos de ligação em terceira pessoa para seus diários recifenses em primeira pessoa, de maneira a compor um "livro-mosaico", como fizera em *Cuaderno del delírio*: "Esta manhã observei que as breves anotações vão criando um argumento com apresentação, nó e desenlace, próprio de uma vida que se configura, muitas vezes, como uma ausência". Pretendia, de outro lado, criar "algo di-

---

[21] Uma tradução da versão de Hermilo Borba Filho, assinada por Federico Barea e com notas deste autor, encontrava-se no prelo de editora de Buenos Aires em abril de 2025.

[22] Conforme entrevista do sobrinho-neto Esteban Orestes Carella. *Folha de S. Paulo*, 10 maio 2011, p. E-1. Porém, a publicação da editora Opera Prima continuou a circular pelo fato de não existirem originais em espanhol nem em poder da família, segundo informado em *e-mail* do descendente, nem com a viúva do tradutor, que firmou contrato com o editor baseado apenas na tradução de Hermilo Borba Filho.

ferente" de tudo o que existia no gênero memorial, o seu predileto: "Esse tipo de literatura não é montagem ou colagem, mas constitui uma novela-mosaico. O mosaico é a arte de formar grandes figuras com pedras minúsculas de todas as cores" (mar. 1968). E, a fim de descolar-se das diversas formas do gênero memorialístico – mística, analítico-filosófica etc. –, afirmava natureza de fisicalismo empirista para sua narrativa, em direção a universalidade:

> As experiências dos homens não são jamais iguais. Precisamente porque já existem Santo Agostinho, Borba Filho, Rousseau, Genet e [Henry] Miller, é preciso não fazer como eles, mas tentar algo diferente. Claro que isso é vaidade minha, pois imagino que sairei diminuído na comparação. De outro lado, o material de que disponho não é o da memória, senão o da vida palpitante, o ir e vir, o tocar e ser tocado, o comer, ter prazer, fumar e todos os mínimos problemas da existência cotidiana.
> [...] A graça do *Diário* é documentar tudo, quer dizer, tudo o que vejo, e ao lado do Magnífico Reitor figura um mendigo; e ao lado de um sentimento religioso um exasperado desejo.

No entanto, em vez do "punhado de dólares" que declarou ironicamente em carta esperar com a publicação, em especial para possibilitar seu retorno ao Brasil, o convite de Hermilo acarretou-lhe o dissabor de um calote sistemático da parte da editora José Alvaro, denunciado em diversas missivas a Hermilo, que, nesse assunto, podia funcionar apenas como intermediador. Somente em 1972, após dezenas de rogativas, João Rui de Medeiros, proprietário capitalista da editora – em parte fachada social para negócios de exportação de café –, pagou-lhe uma quantia modesta, ainda conforme cartas. A dívida arrastada anos a fio também impediu a publicação do *Diário segundo*, no qual pretendia narrar a viagem a Brasília para participação no III Festival Nacional do Teatro de Estudantes (1960), bem como relatar as circunstâncias da prisão no Recife em 1961.

2
As portas da vida

> *Era una paica papusa, retrechera y rantifusa.*
>
> Verso de tango no sainete *Tu cuna fue un conventillo*
> [Teu berço foi um cortiço] (1920).

Las puertas de la vida é o último livro de Carella publicado na Argentina, em 1967, doze anos antes de sua morte, e narra "uma épica da infância", conforme explicado em carta de janeiro do mesmo ano a Hermilo Borba Filho, pouco antes de seu lançamento. Como no método histórico-dialético sustentado por Jean-Paul Sartre e utilizado em suas portentosas biografias de Jean Genet e Gustave Flaubert – "uma hierarquia de mediações para apreender o processo que produz uma pessoa, bem como o produto desta no interior de uma classe e de uma sociedade dada" –, nessa obra o autor argentino converge com o filósofo na conclusão de que "vivemos nossa infância como nosso futuro [...], ou seja, que ela determina gestos e papéis dentro de uma perspectiva por vir".[1]

Ítalo Tulio Carella nasceu em Buenos Aires em 14 de maio de 1912, no bairro de San Cristóbal, no qual sua família permaneceu mais três anos, para então "tentar a sorte" – mais uma vez – em outras paragens. No início do século XX, a cercania postava-se à borda da pampa, aonde a luz elétrica não chegava. Era reduto de classes "baixas" da cidade, abrigando parte da população afro-americana prestes a desaparecer no país. Palco dos conflitos entre sindicalistas e a polícia na chamada Semana Trágica de 1919, também foi bairro de tango, acolhendo, por exemplo, a famosa casa de Maria la Vasca.

Os avós e os pais do escritor – tanto os Carella paternos como os Gramuglia maternos – haviam emigrado por volta de 1870 desde Bagnara, no litoral da Calábria, uma pequena *comuna* próxima ao estreito de Messina,

---

[1] Citações de Sartre colhidas no texto *Questions de méthode*. Paris: Éditions Gallimard, 1957.

defronte ao nordeste da Sicília. Ao tempo da colonização grega da região no século VIII a.C., ganharam fama suas vinhas, cultivadas em terraças de montanhas pontuadas de fontes frescas, das quais o patriarca Carmelo Carella bebia e cujo sabor costumava recordar e mencionar ao caçula Tulio e a outros seis filhos nascidos em solo argentino. O próprio nome Tulio significa, em latim, "manancial de água, cascata", como lembra um dos memorialísticos do autor. As parras e outras culturas locais decaíram com a penúria decorrente das lutas pela Unificação Italiana entre 1815 e 1870, o Risorgimento, e com o retardo econômico da quase totalidade dos reinos e ducados itálicos em comparação aos países europeus à testa da Segunda Revolução Industrial. No sul calabrês, esse quadro – aliado à recorrência de catástrofes naturais, como secas e grandes terremotos a soterrarem antigas nascentes – intensificou processos migratórios internos e contribuiu para o maior êxodo transcontinental da história moderna, o dos italianos às Américas a partir de 1850.

Conforme a *História romana* de Apiano (c. 150), a Bagnara (balneário) dos ancestrais de Carella fora uma estação de águas termais para as classes abastadas da República Romana na década compreendida entre 130 e 120 a.C., quando a magistratura mandou pavimentar a Via Popília, a comunicar o Régio Calabrês (Reggio Calabria) com a cidade administrativa de Cápua, ao sul de Roma.

A partir do ano 1870, ao final do Risorgimento, a Calábria sucumbiu ao crime organizado, sobretudo da *famiglia* 'Ndrangheta, que se tornou, em meados do século XX, uma das três grandes associações mafiosas italianas, constituídas no final do Medievo como uniões camponesas contra o esbulho de senhores feudais. Entregue à vontade mafiosa, no século XX a região converteu-se em zona sacrificial na Primeira Guerra Mundial – a provocar novo fluxo migratório interno, para o Norte – e também na Segunda Guerra, como palco de batalhas navais e terrestres.

Já em meados dos anos 1960, a costa do mar Tirreno no litoral de Bagnara adquiriu *status* turístico, enquanto mais ao sul na Reggio Calabria foram instaladas plantas industriais gigantescas, gerando periferias-dormitórios de condições degradantes. Em nomes tradicionais da região, subsiste a língua dos antigos ocupantes gregos: 'Ndrangheta, por exemplo, significa "lugar dos homens (*andros*) bons".

Ancestralidade e tragédia

Em 1956, Carella embarcou numa terceira classe de transatlântico para conhecer Milão, Veneza e Roma, de onde seguiu para Nápoles, Pompeia, Bagnara e Sicília, no que é hoje chamado "turismo das origens", a engendrar assim o primeiro volume de sua trilogia memorialística, *Cuaderno del delirio*. A aldeia dos avós, sob todos os aspectos estagnada, não lhe tocou nenhuma corda espiritual – ao contrário das "cidades-museus" Veneza e Pompeia –, mas na Calábria o visitante inteirou-se de fantásticas narrativas de quando a região integrava a Magna Grécia, ou seja, dos tempos da divulgação das obras de Homero.

Aprendeu, por exemplo, que as fontes mencionadas pelo pai, Carmelo, foram enfeitiçadas um dia pela deidade dos encantamentos Circe para atingirem a ninfa Cila, sua rival. Após banhar-se nelas, Cila começou a parir monstros continuamente, e em desespero atirou-se ao mar, convertendo-se no rochedo que leva o seu nome, causa de incontáveis naufrágios e hoje identificado ao pontal de Scilla, vila ao sul de Bagnara. Já na costa siciliana oposta, separada pelo estreito de Messina, outra ninfa, a voraz Caríbdis, foi convertida por Zeus no conjunto rochoso que teria feito soçobrar em redemoinho a nave de Ulisses, o herói da *Odisseia*.

Com sua subsistência ameaçada a partir da segunda metade do século XIX, os calabreses da região – não só pescadores e agricultores, mas também pedreiros, sapateiros, carpinteiros, alfaiates, granjeiros, tecelões etc. – estariam literal e figuradamente "entre Cila e Caríbdis", as ninfas malditas, ou "entre a cruz e a espada", na expressão alusiva às perseguições da Inquisição.

Com a informação erudita que permeia sua escrita – mesmo em críticas teatrais, cinematográficas e literárias para jornais e revistas, a somar mais de mil textos –, Carella recorda, em *Cuaderno*, ainda outro episódio mítico ligado ao litoral de seus ancestrais: a virtude curativa das águas termais de Bagnara teria dissipado a melancolia que acometeu Orestes após assassinar a própria mãe, Clitemnestra, conforme a *Orestíada* de Ésquilo. "Tentou pela sétima vez a cura de seu mal e obteve-a", cita Tulio em *Puertas*. A tradição sobre esse exílio encontra-se, entre outras fontes, em *La Lucania, discorsi* (1745), do geógrafo Giuseppe Antonini.

Assim, a praia rochosa hoje sob o nome Marinella, na Costa Viola, ao norte de Bagnara, teria abrigado o Portus Orestis (mencionado na *História natural*, de Plínio, o Velho), ou seja, o porto no qual o atrida teria desembarcado, inspirando gerações a adotarem o patronímico Oreste, atribuído a um dos irmãos de Tulio e também a um sobrinho-neto, Esteban Orestes Carella.

Muitas das nascentes de Bagnara foram cegadas no grande terremoto siciliano-calabrês de 361 e em dezenas de outros tremores de grande magnitude a partir do século XIII; e os pescadores do lugar, outrora numerosos e celebrados pela bravura no embate com o peixe-espada, conheceram, a partir do século XIX, privações decorrentes de marginalização no processo de modernização institucional italiano. Nesse sentido, viveram quadro semelhante ao descrito pelo escritor naturalista siciliano – ou seja, *verista* – Giovanni Verga em *I Malavoglia* (1881), romance em torno de família com esse sobrenome em Aci Trezza, na Catânia, 120 quilômetros ao sul de Bagnara.

O diretor de cinema Luchino Visconti, o "conde vermelho" – alcunha para denunciar sua adesão ao comunismo –, imortalizou a obra de Verga em adaptação para a grande tela, com os próprios pescadores atuando em vez de atores profissionais, chamada *La terra trema* (1948), título alusivo nem tanto a terremotos, mas à perda, por dívidas, da casa de pedras seculares da família Malavoglia, ou seja, de seu teto.

O conservadorismo dos povos do sul da Itália, a redundar em fatalismo social e passividade frente à opressão econômica, é lembrado nos três livros memorialísticos de Carella,[2] que, a exemplo de muitos literatos de sua geração, era admirador de Verga, por ele reputado como "o maior artífice literário da língua siciliana". Em seus diários, Tulio recorda a matriz tradicionalista de seus antepassados, inclusive em episódios vividos já na América do Sul, como se verá adiante.

Nesse contexto, consoante padrões de pertencimento coletivo, eternizados em leis não escritas, o destino do indivíduo é fundir-se ao da família, esta por sua vez indissociável do grupo local e de costumes e interdições por vezes milenares. Igualmente nos aponta Antonio Candido no magistral "O mundo-provérbio, ensaio sobre *I Malavoglia*" (1972), análise de "grupo fechado" a partir de seu vocabulário e de sua linguagem: "Aqui o costume é o zelo do nome, união, obediência aos mais velhos, aceitação da sorte, do papel

---

[2] O citado *Cuaderno del delirio* (Buenos Aires: Editorial Goyanarte, 1959); seguido de *Las puertas de la vida* (Buenos Aires: Editorial Luro, 1967); e de *Orgia, diário primeiro*.

e do lugar de cada um".³ O conformismo e a estagnação social em Aci Trezza descritos por Verga e sublinhados pelo crítico poderiam ser aplicados, sem muitas variações, à Bagnara Calabra dos avós de Carella. Segundo Candido:

> Em lugares onde pesava o atraso econômico e a cultura das cidades não predominava, como na Itália do Sul, a ficção se tingiu de regionalismo e o império da rotina suscitou na organização do enredo uma relativa atemporalidade, pela obrigação de representar costumes e modos de ser indefinidamente estáveis. Assim é em *I Malavoglia*, de Giovanni Verga, onde o tempo flui pastoso e as etapas não se diferenciam, fazendo os homens parecerem os mesmos, uma geração após outra, encasulados na fixidez do costume.⁴

Quinze anos antes dessas notações sobre o "mais ilustre romance italiano do século XIX", portanto em 1957 e três anos antes de Carella desembarcar no Recife, o sociólogo estudioso da pobreza que atingia classes trabalhadoras paulistas percorreu o Nordeste para constatar: "Estudei bastante o interior do Brasil, o homem pobre de São Paulo, o caiçara, o negro, o emigrante, o lixeiro, o parceiro rural pobre, enfim: o problema da fome no interior de São Paulo. E no Nordeste fiquei espantado de ver que aquilo que eu considerava miséria em São Paulo era quase abastança, por exemplo, no interior do Ceará".⁵

Ainda sobre *I Malavoglia*, porém em outra perspectiva, o romancista, poeta e ensaísta inglês D. H. Lawrence aponta o "exagero" de Verga quanto à comiseração pelos deserdados da terra, bem como o "carregamento" nas tintas da "tragédia dos humildes"; parecer endossado por Candido. No entanto, a comiseração do autor de *O amante de Lady Chatterley* por

---

3 Antonio Candido, "O mundo-provérbio". In *Os Malavoglia*. São Paulo: Ateliê Editorial, 1993, p. 335. Publicado originalmente na revista *Língua e Literatura*, São Paulo, Faculdade de Filosofia da Universidade de São Paulo, n. 1, 1972.

4 Ibidem.

5 "Antonio Candido: o observador literário". Homenagem (entrevista) a Antonio Candido. Segunda Semana de Estudos Literários da Universidade Federal de Pernambuco, em realização e coordenação do professor Aldo Lima. Vídeo disponibilizado em dezembro de 2023, em You Tube, <https://www.youtube.com/watch?v=L67BV7AeNhs>, porém sem informação da data do registro original, gravado em DVD.

A fome e o brado, escultura em bronze de Abelardo da Hora datada de 1948.

desvalidos na Europa meridional na terceira década do século XX manifesta-se aguda a ponto de lamentações epistolares sobre condições extremas por ele testemunhadas serem associadas, já no século XXI de julgamentos-relâmpago, a eugenismo pré-nazista. De seu lado, em *Orgia*, Carella lança mão do verismo característico de Verga ao equiparar o cotidiano de camponeses contemporâneos nordestinos ao de pescadores e lavradores calabreses no último quarto do século XIX:

> Da Itália, por exemplo, cuja terra, empobrecida e usada por séculos e séculos, conhece essa pobreza. Minha avó tinha de pedir fiado, às vezes, uma bolsa de farinha para fazer pão, que ela mesma amassava e cozia em casa. Minha mãe nunca esqueceu isto e, já num país onde o solo virgem retribuiu com juros o mínimo esforço, quando nos via jogar fora um pedaço de pão, ou se o pedaço de pão estava no solo, obrigava-nos a apanhá-lo, dar-lhe um beijo e colocá-lo num lugar onde alguém menos favorecido pudesse recolhê-lo sem humilhar-se.[6]

O trecho consta de seção do livro sobre o Recife itemizada "9, segunda-feira"; por dedução, o dia 9 de maio de 1960. Em seguida, o autor equipara a penúria vivida por seus ancestrais a carências do Nordeste brasileiro. Embora sem nomeá-las, aponta que as Ligas Camponesas (a cujas marchas esfarrapadas e descalças, porém munidas de facões, assistiu nas ruas do Recife) haviam sido constituídas inicialmente como sociedades funerárias, uma vez que as famílias não podiam pagar caixões e vestes para sepultar dignamente seus mortos, em número alarmantemente crescente – tema do poema *Morte e vida severina* (1955), de João Cabral de Melo Neto, musicado por Chico Buarque de Hollanda. O argentino assinalou, ainda, que em 1960 a prefeitura de Arraes passou a emprestar às famílias ataúdes de madeira que, após cada sepultamento, eram devolvidos e reutilizados.

    O fatalismo dos ancestrais ressurge na voz do memorialista, em carta a Borba Filho. Em julho de 1969, ao comentar ações violentas da ditadura chefiada por Juan Carlos Onganía contra tentativas de reorganização de socialistas e marxistas em seu país, afirma ter previsto a reação do governo

---

[6] *Orgia*, op. cit., p. 174-5.

contra a esquerda, ao contrário das vítimas, que lhe parecem "gente estúpida", ou "suicidas em busca de martírio heroico ou anônimo". Seu raciocínio: "Creio que a História tem desígnios próprios e imprime suas pegadas a seu modo e quando quer. Essa é, igualmente, a opinião do filósofo Crocce e dos estoicos.[7] Também a pobreza e a dor são mistérios (e quase sempre mistérios sagrados), e às vezes somente podemos comprová-los, e não remediá-los. Vida fodida esta, não?" (jul. 1969).

Calabreses em Buenos Aires

Com o depauperamento de classes médias na península itálica, a Argentina, a partir de 1850 e ao longo de mais de um século, recebeu mais de 4 milhões de emigrantes de todas as regiões da "bota", bem como da Sardenha e da

---

[7] Benedeto Crocce (1866-1952), luminar antifascista, também historiador e político italiano, autor de numerosos livros de ensaios, filosóficos, históricos e literários.

ACIMA e PÁG. SEGUINTE: Duas imagens de passeata das Ligas Camponesas no Recife. A primeira na avenida Dantas Barreto, no bairro central de São José, e a segunda na rua dr. José Mariano, bairro da Boa Vista, provavelmente em agosto de 1960. Fotografias de autoria desconhecida.

PÁG. AO LADO: Reunião plenária do movimento Ligas Camponesas, tendo ao fundo painéis móveis desenhados por Abelardo da Hora para integrarem passeata no Recife, com representações dos líderes Fidel Castro, Francisco Julião e Miguel Arraes. O advogado Julião está sentado à mesa, com dirigentes do movimento camponês em pé.

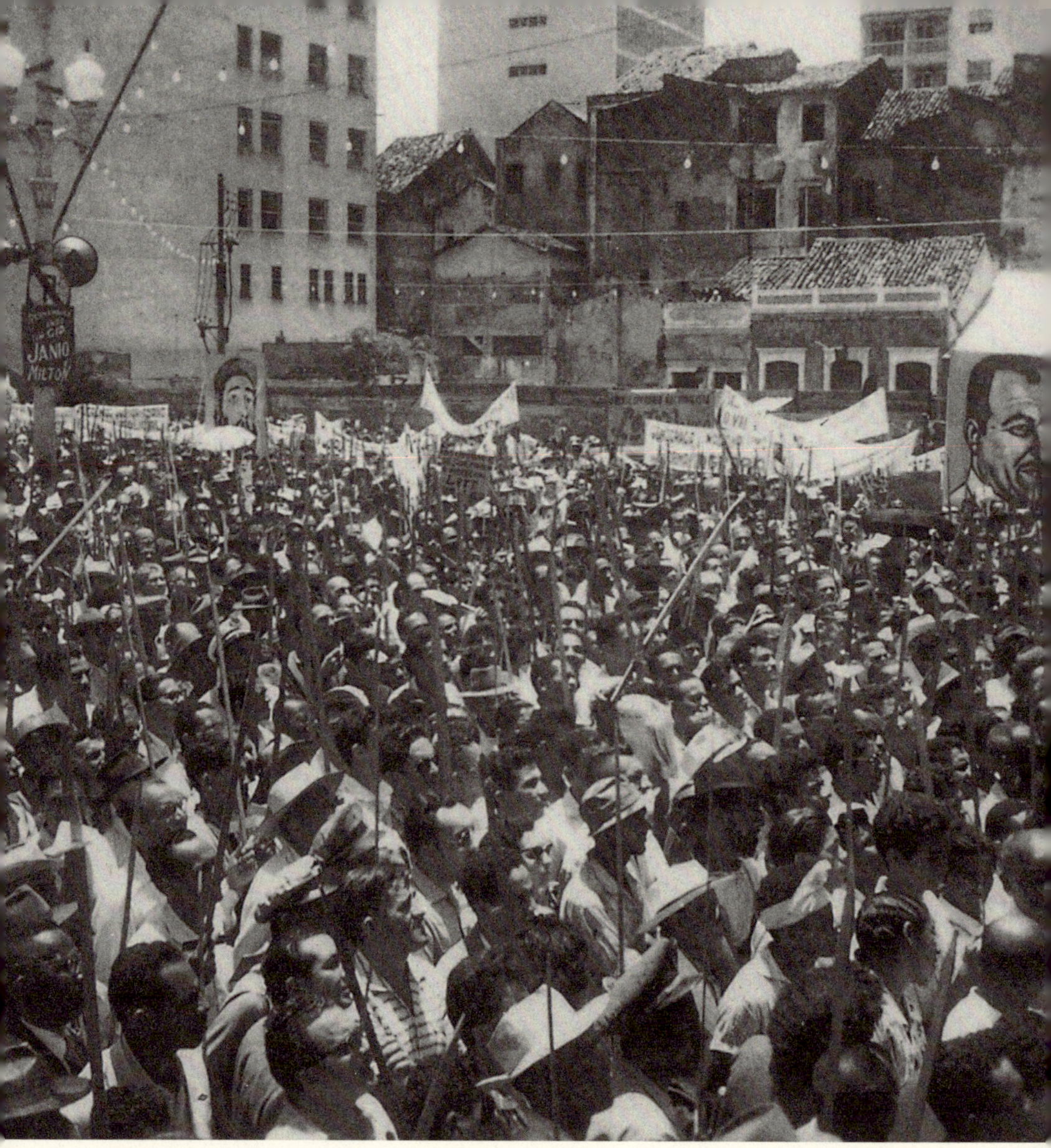
JANIO
MILTON

Sicília – o dobro do número de emigrantes italianos ingressados no Brasil no mesmo período –, atrás apenas dos Estados Unidos, que acolheu 5,6 milhões de indivíduos. Segundo lembrado por Carella em *Las puertas de la vida*, o número de emigrantes italianos foi de 9 milhões na Argentina, porém 5 milhões teriam retornado ao seu país ao confrontarem-se com duras condições de sobrevivência.

A chamada "invasão branca" – o *malón blanco* ou, ainda mais depreciativamente, *la chusma marítima* – foi tolerada pelos descendentes de espanhóis a fim de se substituir a mão de obra negra nos campos após a abolição da escravatura no país, em 1853. O mesmo ocorreu no Brasil, onde o número de ingressos só não foi maior porque situações indignas em fazendas de café e em outras lavouras do Sul e do Sudeste foram denunciadas à imprensa italiana e às próprias famílias, por meio de cartas. Até 1920 os calabreses responderam pela terceira origem de ingressos italianos no Brasil – atrás apenas do Vêneto e da Campanha (Nápoles, Caserta etc.) –, enquanto na Argentina, no mesmo período, a emigração proveniente do sul italiano conheceu fluxo constante.

Profusão prostibular

Os antepassados calabreses de Tulio experimentaram percalços notáveis na saga de emigração à Argentina. Em meados da década de 1860, o alfaiate calabrês Vicente Gramuglia, avô materno do dramaturgo, despediu-se da mulher e de quatro de seus filhos e embarcou ao lado do primogênito Juan, de 15 anos. Buscava o seu quinhão do "novo El Dorado" e tencionava reunir todo o núcleo familiar na terra de promissão de Buenos Aires. Conforme Carella, porém, esse ascendente chegou "durante a desorganização do país", ou seja, no duro período de desordem política-institucional do final do governo do general Juan Manuel de Rosas na província de Buenos Aires, seguido de guerra civil e anarquia.

As mulheres emigradas eram minoria e, segundo memória oral do pai do escritor, até os anos 1910 não podiam transitar à noite em ruas da cidade sem a guarda de um homem, "ou mesmo de dois". Ausência de iluminação a gás e falta de policiamento nos bairros exteriores ao perímetro central ocupado pela elite *criolla* – os descendentes do colonizador espanhol

– constituíam problemas numa cidade ainda distante de tornar-se a "capital de luzes" êmula de Paris. Da mesma forma, o Rio de Janeiro também só veria mulheres sem escolta – e ainda assim durante o dia e em grupos – em 1910, cinco anos após a abertura da avenida Central.[8]

A constituir motivo ainda mais convincente para os emigrantes não trasladarem esposas à América, Buenos Aires assistia, desde o início do novo século, a uma escalada da prostituição, "como mercado, como vício, como destino e como entidade social para todos os efeitos", na definição do teatrólogo argentino Alberto Adellach (1933-96), exilado na Espanha em 1976.

Após o politicamente tumultuado período dos anos 1850-70 e até a década de 1940, a capital argentina evoluiria espetacularmente em estrutura urbana e atividades culturais, conhecendo a partir de então graves retrocessos em matéria de fluxos econômicos e direitos individuais. O ano de nascimento de Carella, 1912, havia augurado a aprovação congressual da Lei de Sufrágio Universal (embora o voto feminino tenha sido garantido apenas em 1947, no governo Juan Domingo Perón) e o país estava em vias de transformar-se numa democracia de massas – conquista dos trabalhadores emigrados, segundo o historiador Norberto Ferraras.[9]

Porém, no biênio 1954-55, ao mesmo tempo que Tulio pesquisava a história da prostituição na Argentina para seu livro sobre o tango, Perón, reeleito em 1952, propunha medidas sociais que contribuiriam decisivamente para a sua deposição à força, tais como legalização do divórcio, igualdade

---

[8] O pesquisador Gutemberg Medeiros coletou registros que sublinham este aspecto durante o processo de "higienização" urbana do Rio de Janeiro no início do século XX (no chamado "bota abaixo"). Entre eles estão a primeira página do jornal *Gazeta de Notícias* de 13 de março de 1910, com seis fotos a festejar o "fenômeno" de grupos de mulheres sem o acompanhamento de homens em calçadas cariocas, e a matéria "Através da avenida", em número da revista *Leitura Para Todos* de junho de 1907, que, sem meias-palavras para o déficit de civilidade até então, narra os primórdios da ocupação do espaço público pelas mulheres: "Deram [à avenida] ar, luz, elegância e a possibilidade de uma vida realmente urbana. As senhoras já podem sair e vagar pelo centro da cidade, sem o desgosto de atravessar a via-sacra da rua do Ouvidor, roçando, de um extremo ao outro, pelos braços e pelas pernas dos malcriados e bolinas que, com esse intuito, ali se apinhavam" (p. 9). Gutemberg Medeiros, *Urbanidade e metajornalismo nas matrizes da modernidade: memória textual nas produções de Lima Barreto e João do Rio no início do século XX*. Tese de Doutorado. Universidade de São Paulo, 2009.

[9] Norberto O. Ferreras, "A formação da sociedade Argentina contemporânea. Sociedade e trabalho entre 1880 e 1920". *Revista História*, São Paulo, v. 25, n. 1, 2006.

jurídica para os sexos e regulamentação dos prostíbulos via legislações trabalhistas e sanitárias, a incentivar a reversão das perseguições a bordéis promovidas pelo presidente Agustín P. Justo em 1936, ano de ascenso de governos moralistas de direita ou fascistas em todo o mundo. O confronto entre o presidente e a Igreja católica, aliada subterraneamente à Marinha e a setores do Exército, desembocou no golpe militar de Estado de setembro de 1955 e no exílio do líder populista na Espanha até 1973.

A respeito de moralidade *versus* prostituição, "Carella definiu engenhosamente como *falocracia*", segundo Adellach, a conjuntura que levou os lupanares a tornarem-se, nas duas últimas décadas do século XIX, "uma verdadeira instituição portenha". O tango teria nascido nas salas de espera dos prostíbulos por volta de 1880, para ser menosprezado pelas elites e, cinquenta anos mais tarde, elevado à *música nacional*. A expressão "falocracia" encontra-se no ensaio "Para hombres" do volume *Picaresca porteña*, segundo o qual a Argentina teria consolidado no século XX uma "sociedade falocrática", em que foram vedados à mulher "meios e esperanças de ganhar a vida", e mesmo os trabalhos de mucama, passadora ou balconista compreendiam a ideia de acesso sexual facilitado. Tulio apontou o índice de 37% das mulheres de Buenos Aires a exercerem prostituição por volta de 1910: "Legião de *pichibirras* [...] de origens e educação muito diferentes entre si, mas de métodos profissionais semelhantes, que as nivelavam". Ante esse quadro, a "ancestral preocupação moral que caracteriza os habitantes da Baixa Itália", como menciona *Cuaderno del delirio*, conflitou com os planos do avô materno de Carella, Vicente Gramuglia, de trazer mulher e filhas a Buenos Aires, e assim o emigrante cogitou retornar a seu país.

Quando o primogênito de Vicente, Juan Gramuglia, completou 17 anos, obedeceu às ordens paternas e embarcou para a Itália, a fim de cumprir o serviço militar. Porém, passados dois anos, permanecia na caserna, uma vez que o país reservava contingentes de prontidão para campanhas militares na África e nas fronteiras da França e do Império Austríaco. A solução para retornar à América foi tornar-se desertor, e assim avançou clandestino até Marselha, de onde finalmente reembarcou para a capital argentina. Ao chegar, declarou ao pai que jamais voltaria à Itália e, a fim de consolidar sua decisão, convenceu-o a chamar a esposa Carmela (avó de Tulio), bem como sua prole: Natalio, José (Pepe), Concepción e Carmen Gramuglia, esta a mãe de Tulio – o sobrenome foi grafado "Gramiglia" na ficha policial de Carella datilografada no Departamento de Ordem Política e Social pernambucano em 1961.

Portanto, ao rebelar-se contra a autoridade paterna e impor a ruptura definitiva da família com o Velho Continente, Juan consolidaria o ciclo migratório dos Gramuglia. Dessa maneira, em Buenos Aires, até o caçula Tulio completar 3 anos, em 1915, *nonna* Carmela e seus filhos exerceram ocupações ligadas à profissão do patriarca Vicente, em empregos como passadeira, ajudante de alfaiataria etc., contribuindo, assim como tantos clãs emigrados, para a definitiva "explosão urbana" da capital argentina iniciada por volta de 1910.

Igualmente atraído pela quimera do enriquecimento fácil, o avô paterno, o camponês Domingo Carella, emigrou para a América do Sul em companhia dos filhos Santa e Carmelo. Porém, após padecer fome e sentir-se fraudado, retornou a Bagnara, acompanhado de Santa. Já o filho, Carmelo, preferiu permanecer na Argentina e elegeu para noiva Carmen, a caçula dos Gramuglia, consolidando assim o "desligamento umbilical" da Itália, numa expressão de Tulio, e inaugurando o ramo argentino da estirpe.[10]

O retorno de Domingo Carella à Itália acarretou uma consequência nefasta para a "honra familiar", uma vez que, chegada a Bagnara, Santa desposou, contra a vontade do pai e da família, um agricultor viúvo e com vários filhos. Lamentavelmente, porém, ela foi a óbito durante seu primeiro parto, bem como seu bebê. Apenas por esse motivo, a menção de Santa tornou-se um interdito na família Carella; logo, quando o jovem Tulio inteirou-se acidentalmente da existência da tia, passou a compará-la, em fantasia de transgressão, a Maria Madalena e à atriz francesa Ève Lavallière, célebre na virada do século XX, mas depois convertida em leiga franciscana – conforme a narrativa "La pecadora" de *Las puertas de la vida*.

Em 1915, Carmelo e Carmen, os pais do menino de 3 anos Tulio, estabeleceram-se na cidade de Mercedes, a cem quilômetros da capital, na pro-

---

[10] Embora os censos migratórios do país registrem mais de uma dezena de indivíduos com o sobrenome Carella aportados no século XIX, como os avós do popular ator, diretor e dirigente sindical peronista Carlos Carella (1925-97), obrigado a exilar-se na Espanha no início da ditadura militar argentina de 1976.

víncia de Buenos Aires. Além dos filhos Domingo, Néstor, Oreste, Carmen, Fantina e Tulio, seguiu com eles o tio materno, Juan Gramuglia, que, assim como Carmelo, passou a trabalhar no comércio mercedino, mas preferiu morar só, tutoreando anualmente o sobrinho e futuro escritor em férias na casa da avó Carmela, em Buenos Aires.

Em Mercedes, os Carella abandonaram gradualmente o hábito de comunicar-se em italiano, enquanto na capital federal a avó e o tio de Tulio dirigiam-se com frequência aos vizinhos em dialeto calabrês. Embora o conhecesse, o escritor não menciona o uso doméstico do *cocoliche*, o espanhol mesclado à língua-mãe dos emigrantes italianos, surgido nas três últimas décadas do século XIX e então transportado ao lunfardo: a gíria rio-platense a embeber o tango e que seria um dos objetos de estudo do escritor nas décadas de 1940 e 1950. Em 1956, entre os italianos com ele embarcados de Barcelona para a Argentina, também se ouvia o *cocoliche*, segundo *Cuaderno del delirio*.

De outro lado, segundo *Puertas*, em Mercedes os ascendentes de Tulio mantiveram costumes e tradições italianas, tais como almoços numa *fonda* (hospedaria campestre) a cada dia 20 de setembro, para celebrar a tomada do Palácio Apostólico e de Roma pelo Exército italiano em 1870, não obstante a miséria de regiões inteiras que marcou o processo de unificação do país, fator determinante para a transferência das famílias à América do Sul. Conforme o memorialista, seu pai, Carmelo Carella, um leitor de Jean-Jacques Rousseau e Victor Hugo, nutria anticlericalismo e ideias de fundo materialista-mecanicista, assimiladas de obras desses autores, que recitava aos filhos para "incutir-lhes cultura literária".

Matrizes de pensamento

O microcosmo interiorano a envolver Carella até a maioridade, propício a estudos solitários, selaria sua personalidade e fundamentaria sua vocação literária, como se conclui da leitura das 241 crônicas de revisitação proustiana da infância, dos 3 aos 12 anos de idade, reunidas em *Las puertas de la vida* e agrupadas segundo temas – livro por ele reputado como seu melhor, com inspiração nos mergulhos sensoriais em infância e adolescência dos irlandeses James Joyce e Dylan Thomas.¹¹ Sem menções a datas, os episódios embaralham-se em prisma caleidoscópico, possibilitando leitura desde qualquer ponto.

Em carta a Borba Filho, o autor assevera, sobre o memorialístico desenvolvido a partir de 1965: "Se algum livro ficar de todos os que escrevi, creio que há de ser esse, que exalta a inocência. Não quero dizer que eu seja inocente, senão que em mim (bem como no mais abjeto ser humano) há uma tendência misteriosa à inocência adâmica, ou, como dizem agora os psicanalistas, *intrauterina*" (jun. 1969). No entanto, em 1968, apenas um ano após o lançamento de *Puertas*, Carella revisitaria o universo sensual vivido na maturidade, no Brasil de 1960-61.

Ao especular sobre a ruptura temática e estilística representada por *Orgia*, o pesquisador argentino da obra carelliana Lucas Mertehikian conclui que, diferentemente da abertura à experiência do "livro brasileiro", a produção anterior do autor teria procurado transmitir "uma identidade forte e sem fissuras", sustentada em ideário nacionalista encobridor de diferenças de qualquer natureza, "incluída a sexual", a exemplo de seu volume de ensaios sobre a cultura portenha.¹² Assim, o pesquisador aponta a omissão deliberada de homossexualidade em *Puertas*, aportando esse livro a uma formulação da escritora e crítica argentina Sylvia Molloy (1938-2022) sobre a natureza narcísica da narrativa autobiográfica: "Para obter a imagem [que deseja projetar, ou aquela exigida por seu público], a autobiografia combina táticas de validação e repressão que determinam o que se pode narrar e o que fica de fora dessas memórias".¹³ No entanto, cabe destacar que o memorialístico de 1967 trata da descoberta do mundo por um garoto introspectivo até apenas os 12 anos de idade, e até então assexuado – como indica, por exemplo, um relato sobre o asco provocado por assédio de um comerciante;

---

11 *Dublinenses* (1914) e *Retrato do artista quando jovem* (1916), de James Joyce; *Diário do artista enquanto jovem cão* (1940), de Dylan Thomas.

12 Cf. Lucas Eduardo Mertehikian, *Tulio Carella, un autor en el* closet *de la crítica*. Dissertação de Mestrado. Universidade Nacional de Tres de Febrero, Buenos Aires, 2015a; e também em seu artigo "Tulio Carella: del *closet* de la nación a la salida latinoamericana". *Chuy – Revista de Estudios Literarios Latinoamericanos*, [s.l.], n. 2, 2015b.

13 Apud Lucas Eduardo Mertehikian, 2015a, op. cit.; Sylvia Molloy, *Acto de presencia. La escritura autobiográfica en Hispanoamérica*. México: Fondo de Cultura Económica, 1996, p. 19.

e, quanto às falas indicadas como "nacionalistas" na narrativa de formatura escolar a concluir a obra, o pesquisador ignora o emprego de ironia, uma vez que o garoto Tulio assume parodicamente chavões empolados de pais e mestres sobre pertencimentos coletivos, por ele sistemática e enfaticamente rejeitados nas crônicas anteriores do volume.

Em outra operação para afirmar o nacionalismo nos livros do autor, o mesmo pesquisador remete *Puertas de la vida* a *Recuerdos de provincia* (1850), do escritor e depois presidente da República Domingo Sarmiento, obra repleta de jactâncias sobre sua posição no quadro das instituições – "Folgo contar em minha família com dois historiadores, quatro membros do Congresso da República Argentina e três altos dignitários da Igreja" – e diametralmente oposta ao mosaico intimista de Carella. No entanto, é provável que *Recuerdos* tenha sido de leitura obrigatória no Colégio Florentino Ameghino no qual Carella completou os primeiros estudos, uma vez que Sarmiento era admirador do cientista evolucionista, paleontólogo e antropólogo mercedino homenageado no nome da escola.

De outro lado, em sua coleta de discursos identitários de escritores argentinos viajantes ao "trópico" brasileiro, Mertehikian recuperou uma surpreendente carta de Sarmiento escrita em fevereiro de 1846, no Rio de Janeiro. Prostrado pelo calor, o político de carreira associou o clima e a natureza locais ao gozo sexual, chegando a empregar a palavra "orgia":

> [...] São apenas as seis da manhã e já estou prostrado e descomposto, como se torna nossa pobre organização quando se aventura para além do limite permitido dos gozos. O sol já está aí, esquadrinhando os mais recônditos recessos desta cratera aberta. [...] Sob os trópicos, a natureza vive em eterna orgia.[14]

Em polo oposto, cem anos após essa exorcização do desregramento dos sentidos, Carella abraçaria sem resistência, no Recife, a "decomposição" caótica da própria "organização" (como Sarmiento nomeara sua estrutura corporal) ao acessar condições latino-americanas antes entrevistas apenas

---

[14] Domingo F. Sarmiento, *Viajes por Europa, África y América: 1845-1851*. Caracas: Biblioteca Ayacucho, 2003, p. 67. Livre tradução minha.

em obras literárias e artísticas. De seu lado, o dramaturgo e professor submeteu-se ao que percebia como "forças telúricas": na alquimia medieval – e mais tarde na geologia –, correntes energéticas profundas afloradas como exterioridade incontrolável, a exemplo da "atmosfera sensual que emerge da terra, chega do mar, brota do rio, flui da selva; embriaga" (*Orgia*). Imperativos de uma Natureza alógica e desbordante, a provocarem, como nos clímax dos romances de D. H. Lawrence, reviravoltas aniquiladoras de raciocínios e moralidades, às vezes manifestadas em aterrorizantes inundações e terremotos: "Recuso pensar na moral; algum dia, em algum momento, me apaziguarei e... E a mente? Aplaca-se a mente ao mesmo tempo que a carne? Agora não posso parar. Estou impelido por uma força telúrica superior à resistência que eu possa opor-lhe", registra em seu livro-diário. A formulação alquímica é repisada na correspondência com Borba Filho: "Conheceu negros e brancos, homens e mulheres, e também experimentou sensações insólitas – por uma espécie de osmose ou de absorção de *forças telúricas*. Pois de outra maneira não poderia explicar" (abr. 1968); "[...] e ademais um contágio (eu o chamo assim), um contágio telúrico que me leva a desejar sensações novas, mais e mais fortes a cada vez" (maio 1968).

Apesar de o gênero feminino constituir minoria entre os "negros e brancos, homens e mulheres" do Recife que "conheceu" – no sentido bíblico –, incluiu-se nesse rol Sylvia Pimentel, uma aluna dos cursos da Escola de Belas Artes, porém não matriculada nas turmas de teatro. De formas calipígias, e assim apelidada Anforita (pequena ânfora) em *Orgia*, a jovem era tratada por sua família como mercadoria social, moeda matrimonial negociada entre clãs: "[...] Na cantina ela me confidenciou que seus pais a destinam a casar-se com um português velho e, claro, rico. Está furiosa mas não ousa rebelar-se". De fato, no final de 1960 o portenho encantou-se, segundo memória de Leda Alves, com a estudante – mais tarde atuante em galerias de arte, museu e jornais recifenses –, a quem dedicou três páginas de seu livro, com narrativa de flerte, seguido de carícias preliminares e defloração. Porém, ainda conforme Leda, a virgem loura "de beleza renascentista, com curvas generosas", mas "um tanto doidivanas, sem inclinação verdadeira ao estudo", não seria "mulher para a seriedade de Carella, apesar de ele estar claramente apaixonado". Contudo, em *Orgia*, o autor afirma não ter se apaixonado pela estudante, embora ao longo do livro recorde com nostalgia esse encontro, episódio-chave na percepção da sociedade recifense e também em sua dinâmica de autopercepção: "O encontro e a perda de Anforita marcam um momento decisivo para ele. Perde toda a esperança e, com a esperança, toda a trava" – ou seja, todos os freios.

*

Quanto ao arcabouço formal, a narrativa de *Las puertas de la vida*, de marchas e contramarchas no tempo, *assemblage* de aventuras de conhecimento de um "bom selvagem" platino, coincide em alguma medida com o caleidoscopismo de *Rayuela* [O jogo da amarelinha] (1963), romance de Julio Cortázar que permite, igualmente, iniciar a leitura desde qualquer ponto. Tulio, entretanto, desaprova a Hermilo a estrutura jazzística do colega: "É um grande contista, mas quando faz malabarismos em *Rayuela* é deplorável". Porém, assim como o portenho autoexilado em Paris, em *Puertas* também se lançou à "tentativa de fazer algo diferente, [...] uma coleção de contos, muitos deles escritos numa prosa perfeita (faz mal que eu o diga?), unidos por um nexo circunstancial", como afiança a Hermilo (ago. 1969).

Dois anos mais novo que Tulio, Cortázar também foi situado pela crítica na Geração Literária de 1940, reunião informal de argentinos despontados no entreguerras e marcados por grande desconfiança frente aos poderes constituídos, inicialmente praticantes de "uma literatura de tom elegíaco [...], expostos às influências decisivas de Rainer Maria Rilke de um lado, e de Pablo Neruda de outro [...], geração presidida pelo sentido de solidão e morte, *pelo prestígio da infância* e por um profundo lirismo dirigido ao fundo melancólico das coisas, [...] numa espécie de romantismo sem explosões verbais".[15]

Características essas a convergirem com a produção da variegada Geração Modernista de 1930 brasileira, cujos expoentes mais próximos de Carella seriam os mineiros Lúcio Cardoso (nascido no mesmo ano em que o argentino) – na fratura culposa entre moral tradicional e exacerbação sensual – e Carlos Drummond de Andrade – enquanto poeta do desencanto,

---

[15] Héctor Lafleur, Sergio Provenzano e Fernando Alonso, *Las revistas literarias argentinas 1893-1967*. Buenos Aires: El 8vo. loco, 2006, p. 174. Grifo meu. O encontro também é mencionado na correspondência a Borba Filho.

Fotografia de divulgação, de autoria desconhecida, de cena da peça *Don Basilio mal casado* (1940), de Carella, estreada no Teatro Cervantes.

sem lugar no mundo –, além dos estandartes da "poesia católica" Murilo Mendes e Jorge de Lima. Este último, igualmente artista plástico, foi visitado por Tulio em seu estúdio-ateliê no bairro carioca da Glória, em 1941, possivelmente em virtude não apenas de admiração literária, mas também pela filiação religiosa em comum: "O autor de versos rítmicos e luminosos vivia no Rio de Janeiro e recebeu-o com uma cortesia refinada, dando-lhe um de seus livros, com dedicatória".[16] Como lembra em carta de janeiro de 1967 a Hermilo, naquele ano afortunado passara quarenta dias em férias sozinho em hotel no bairro do Flamengo, "a cinquenta metros do mar", a "viver como um rei" com o dinheiro recebido pelas temporadas de sucesso de suas farsas de estreia no circuito teatral profissional de Buenos Aires, *Don Basilio mal casado* (1940) e *Doña Clorinda, la descontenta* (1941), esta última inspirada em *Doña Rosita la soltera* (1935), de García Lorca, cuja trama implica um noivo obrigado a emigrar para a Argentina.

---

16 *Orgia*, op. cit., p. 43.

Além de rejeitar o anarquismo narrativo de Cortázar, ao comentar com o amigo pernambucano o lançamento de *Las puertas de la vida*, também desaprova *As palavras* (1964) e o estilo no qual Jean-Paul Sartre vazou autobiografia do período compreendido entre seus 4 e 11 anos de idade – a coincidir, portanto, com a fase das memórias mercedinas de Carella –, que na tradução *Las palabras* obteve êxito crítico e comercial na Argentina: "Não há nada pior que olhar para a infância com olhos de filósofo, numa obra que se pretende artística" (ago. 1968).

De fato, com vocabulário ao largo de conceitos sociológicos e filosóficos, *Puertas* empreende mergulho em bases emocionais e afetivas, a visitar sobretudo percepções em torno de seu desenvolvimento corporal e despertar da consciência e a resgatar olhares primevos lançados à natureza, à família e aos companheiros, bem como à "cidade nutriz". Assim, reconstitui *caminho* ainda não margeado por *flores* de qualquer gênero – para citar o marco memorialístico de Marcel Proust –, mas igualmente pontilhado de *madeleines* de efeitos inebriantes.[17] Em crítica a *Puertas* publicada em revista, a poeta Norma Piñeiro (1914-2007) valeu-se de sua procedência mercedina para sublinhar o olhar intimista do memorialista e, ao mesmo tempo, distinguir a universalidade da obra:

---

17 Os bolinhos de farinha de trigo saboreados na infância, capazes de provocar memória sensorial profunda e involuntária. Além das considerações do autor a Hermilo Borba Filho sobre o episódio da *madeleine* (recuperadas mais adiante neste capítulo), a fim de elogiar o semibiográfico *Paradiso* (1966), de José Lezama Lima, Carella citou Proust e sua especulação sobre a homossexualidade: "Comprei também *Paradiso*, de Lezama Lima, autor cubano revelado para o grande público por Julio Cortázar em *A volta ao dia em oitenta mundos* [1967]: dedica-lhe uma extensa nota em laudatório extremado. [...] Digo-lhe porque é um livro daqueles chamados *fortes* e parece dedicar-se sobretudo à homossexualidade. Há uma curiosidade intensa em torno dessa modalidade, pelo menos neste país; isso é provado por um fato que me parece absurdo: da tradução de *Em busca do tempo perdido* podem ser encontrados exemplares de todos os tomos, exceto de *Sodoma e Gomorra*. Quer dizer: há um numeroso setor do público para o qual não interessa a obra completa, nem a literatura, senão algo que fale de relações homossexuais. E te aviso sobre *Paradiso*, se é que buscas um livro desse tipo, que pode ser *best seller* também no Brasil, pelo erotismo de que está impregnado e pelo ambiente tropical que reflete, [...] e ainda que me pareça excelente, encontro influências de Proust. O que não é uma censura, mas uma análise. Creio que sobram características pessoais em Lezama Lima. Todos somos filhos de alguém. E prefiro a influência civilizadora de Proust, e não a niilista de Faulkner, que arrastou tantos escritores ao desastre do seu... [ilegível]" (10 maio 1968).

> Em *Las puertas de la vida*, de Tulio Carella, uma minuciosa ternura reflete a realidade de maneira tão viva que tacitamente nos incorpora no deleite de sua beleza alcançada. Há nessas páginas aguçada imaginação [...] e um delicioso frescor. O autor circunstancia de maneira surpreendente seu mundo e explica-o [...] num estilo lúcido, transparente. A viver o passado como um "aqui" e "agora" torna-o duplamente vital.[18]

As trajetórias de Carella e Cortázar coincidem, ainda, na distância da agitação bonaerense ao longo da infância e adolescência. Para o primeiro, a vida na província abrangeu de 1915 a 1932, e, para o segundo, de 1918 a 1935, períodos nos quais os futuros escritores percebiam não mais que ecos da agitação metropolitana, via rádio ou imprensa, como de passeatas por direitos trabalhistas e conflitos entre sindicalizados e policiais, muitas vezes com dezenas de vítimas fatais, e, de outro lado, das estreias de grandes musicais teatrais e produções cinematográficas, inclusive em torno do tango.

Segundo o historiador argentino José Luís Romero, entre os anos de 1880 e 1930, ou seja, do início até o apogeu da edificação de grandes obras de engenharia civil na afluente Buenos Aires, o quadro de "acelerado desenvolvimentismo industrial e burguês" compreendeu "constantes conflitos originados pela aglutinação da classe operária", organizada em associações e movimentos operários socialistas, marxistas e anarquistas, como a Alianza Obrera Spartacus e o Partido Socialista Obrero. Entre os mais emblemáticos episódios do período na capital federal, pode ser citada a Semana Trágica, entre 7 e 14 de janeiro de 1919, quando uma greve metalúrgica impulsionada por tendência anarquista foi reprimida por grupos paramilitares. Seu saldo foi de mais de 700 operários metralhados e 4 mil feridos, sobretudo em *pogroms* – assim qualificados porque a repressão também assumiu caráter antissemita –, com torturas infligidas a centenas de presos e o desaparecimento de dezenas de crianças.[19]

---

[18] *Bibliograma*, Boletín del Instituto Amigos del Libro Argentino, n. 39, 1968, p. 26-8.

[19] A Semana Trágica tornou-se tema da peça *Ala de criados* (2009), do diretor e dramaturgo Maurício Kartun, encenada em São Paulo em 2017, com tradução de Cecília Thumim Boal.

De toda maneira, a Semana Trágica e diversos outros conflitos dessa natureza ao longo da década de 1920 em nada afetaram a pacata Mercedes, onde Carella permaneceu até os 21 anos, completados em 1933 (porém, à última época já com largos períodos passados em Buenos Aires). De modo análogo, em seus anos de formação, Cortázar encontrava-se na casa de seus pais no subúrbio de Banfield, que, embora no perímetro da Grande Buenos Aires, respira atmosfera provinciana até os dias atuais, a ponto de ser referido pelo autor de *Rayuela* como "o meta-subúrbio". Assim como Carella, Cortázar passou a maior parte de sua infância a saborear romances na quietude de casa, igualmente provida de grande quintal com horta de milho e tomate, em experiência de tempos e espaços desacelerados, na qual "vivia sonhando [...] eternamente nas nuvens", como declarou em entrevista à escritora mexicana Elena Poniatowska. Nesse aspecto, convergia com Tulio na propensão a mergulhos em mundos imaginários, bem como na predileção por Júlio Verne e outros autores do gênero fantástico.[20]

Assim, as obras de ambos os escritores reciclam com frequência memórias da infância na província – a exemplo dos contos cortazianos magistrais "Comportamento nos velórios" (de *Histórias de cronópios e famas*, 1962) e "Os venenos" (de *Final de jogo*, 1956), que malabarizam percepções inaugurais de mundo ao mesmo tempo que des-situam atos e palavras de familiares e professores, a ponto de torná-los monstruosos, em procedimento coincidente ao de *Las puertas de la vida*.

Na juventude, os dois celebrantes da *porteñidad* convergiram, ainda, em frequência a academias de boxe, tradução de obras clássicas e docência literária na Universidade de Cuyo. Num texto sobre o lunfardo, Tulio elogia a "prosa imitativa da fala popular portenha" do colega, "do mais alto grau de refinamento", só comparável aos "diálogos prototípicos" da novela *Sobre heróis e tumbas* (1961), de Ernesto Sabato, com quem manteve correspondência, como indica a "Carta a [Ernesto] Sabato" (1964), publicada em 1966 em *Picaresca porteña*.

---

20 A obra de Júlio Verne é parafraseada em título de livro de Cortázar: *A volta ao dia em oitenta mundos* (1967).

Teatros moderno e "popular"

Desde sua fundação, no século XVIII, Mercedes permaneceu pacata em atividades culturais, enquanto a capital federal começou a assistir à escalada no setor já nos anos 1860, em especial com o incremento da migração estrangeira. Ao longo de todo o século XIX registraram-se também transferências populacionais internas, como as de *gauchos* e de contingentes indígenas, deslocados do sul à região do rio da Prata.

Na década de 1890, Buenos Aires passou a ostentar salas monumentais de teatro – e, vinte anos mais tarde, cinemas – de expressiva concorrência popular, além de alguns teatros de elite e do Teatro Colón, em sua primeira edificação. Deram-se na cidade as primeiras representações sul-americanas de peças do norueguês Henrik Ibsen, o consolidador do drama burguês moderno, e também do expressionista sueco August Strindberg, sobretudo em montagens italianas, a incluir a diva Eleonora Duse, em *Hedda Glaber* e *Rosmerholm*, ambas de Ibsen, em 1907. Conforme o historiador argentino Jorge Dubatti, Ibsen teve sua primeira montagem em Buenos Aires ainda em 1896, e, "no mundo americano de fala espanhola, mesmo o poeta nicaraguense Rubén Darío dedicou, já em 1905, toda uma seção a esse dramaturgo na segunda edição, ampliada, de seu *Los raros*".[21]

Entretanto, segundo José Luis Romero, nos anos 1910-30 esse fértil panorama cederia lugar à hegemonia cultural reacionária dos investidores capitalistas, que aplicavam fundos na reurbanização do centro da cidade, na abertura de linhas de metrô e na construção da nova e monumental versão do Colón. Nas três primeiras décadas do século XX, até a Grande Depressão econômica, Buenos Aires tornou-se uma das maiores e mais ricas cidades do planeta, mitificada na Europa por seu crescimento vertiginoso, "à maneira de um fungo sobre a pampa deserta", como descreveu em 1909 o francês H. D. Sisson.

Assim, enquanto no interior Carella avançava nas primeiras letras, na metrópole dos anos 1920, "mesmo o teatro, que tanto atraía as burguesias urbanas", ainda conforme Romero, transformava-se em instrumento para a consolidação de nova mentalidade da classe dirigente, que se inspirava no liberalismo desenvolvimentista e "tonificava às vezes suas convicções

---

21 Depoimento ao autor em Buenos Aires, 2007.

Avenida de Mayo, em Buenos Aires, em outubro de 1929, com iluminação especial para as celebrações do Dia da Raça. Foto de autoria desconhecida.

na maçonaria". A fim de ilustrar essa tendência, o historiador lembra um pronunciamento, na imprensa, do político e dramaturgo Gregorio de Laferrère (1867-1913), integrante do cânone teatral de sua geração: "É assim que faremos teatro, o verdadeiro teatro de ideias! [...] Basta de sainetes vazios!". Romero menciona que Laferrère instou um personagem a repetir tal desafio em sua peça *Locos de verano*, estreada na capital federal em 1905 e transformada em filme em 1942.

Na versão cinematográfica, a comédia de Laferrère sobre a bancarrota da elite rio-platense no início do século XX contou com Guillermo Battaglia, protagonista do *Don Basilio* lançador de Carella, e foi dirigida por outro colaborador de Tulio em sua primeira grande montagem, o encenador hispano-argentino Antonio Cunill Cabanellas (1894-1969) – nomeado em 1933 organizador e diretor do Teatro Nacional de Comédia (Teatro Cervantes) e também responsável por uma histórica montagem de *Locos de verano* em

1936, em parceria com Carlos Hugo Christensen, roteirista e diretor transferido ao Brasil em 1955 devido à perseguição censória a seus filmes.[22]

O gênero vituperado pelo veranista de Laferrère, autor de origens aristocráticas e pai latifundiário, era o sainete *criollo*, ou seja, a versão argentina do sainete espanhol, criado por volta de 1780 e a refletir o cotidiano de classes médias e baixas, sobretudo de emigrantes estrangeiros dos séculos XVIII e XIX e seus descendentes, tantas vezes em confronto com a elite *criolla*, porém a incluir, ainda, representações de *gauchos*, negros e indígenas aculturados.

Assim, nas primeiras três décadas do século XX, o sainete *criollo* confrontou-se com a rejeição da intelectualidade oficial a estéticas ditas populares, vistas como símbolo de atraso. Aliás, à mesma época ocorria a repulsa da norma "culta" brasileira ao teatro de revista e ao teatro-circo, bem como a condenação do fascismo italiano às línguas dialetais e expressões regionais, entre outros fenômenos de "cancelamento" cultural para fins de controle ideológico no mundo inteiro nesse período.

O sainete originou, ainda, tanto na capital argentina como em Montevidéu a partir dos anos 1920, uma dramaturgia de contornos tragicômicos – o gênero grotesco –, como, por exemplo, *Babilonia: una hora entre los criados* (1925), de Armando Discépolo, autor entre as relações pessoais de Carella e por ele anunciado no Recife, em 1960, como "o próximo visitante do teatro porteño" à cidade.

Com ventos de modernização literária e teatral a partir de 1930 na Argentina, concomitante ao fortalecimento de legendas políticas de centro e esquerda – em reação à Grande Depressão e à ditadura do general José Félix Uriburu (1930-32) –, sobrevém o chamado *teatro independiente argentino*, inaugurado pelo politizado Teatro del Pueblo e logo engrossado por dezenas de grupos em moldes artísticos e organizacionais semelhantes, alguns deles integrados pelo jovem Carella nas funções de dramaturgo e diretor, ou mesmo como fundador, como se verá no quarto capítulo deste livro.

---

22 Carlos Hugo Christensen (1914-99) dirigiu no Brasil, entre outros filmes, o documentário *O rei Pelé* (1962); o drama *Viagem aos seios de Duília* (1964), baseado em conto de Aníbal Machado e com roteiro de Christensen e de Orígenes Lessa, estrelado por Rodolfo Mayer e Nathalia Timberg; e, em 1974, *Caingangue*, aventura sobre um pistoleiro do Pantanal mato-grossense, mestiço de indígenas da etnia citada no título, estrelada por David Cardoso e Sérgio Britto.

Em pouco mais de uma década, esse novo teatro, alimentado por dezenas de companhias amadoras com diretrizes internas e repertórios bem delineados, também passou a ser visado nas *cartelleras* pelo público frequentador das montagens "profissionais" nos grandes teatros das avenidas, bem como por plateias estudantis. Ao mesmo tempo, o sainete local saía de moda, para conhecer sobrevida em meados dos anos 1950, com cultuadas remontagens de comédias adoradas pelo público, como *Tu cuna fué un conventillo* [Teu berço foi um cortiço] (1920), de Alberto Vacarezza, cujo texto completo seria publicado, em 1957, em *El sainete criollo*, a antologia de treze peças organizada por Carella. Seu texto introdutório nessa obra tornou-se referência para os estudos teatrais argentinos; e, em carta de 23 de junho 1966, o autor falou a Borba Filho sobre o caráter pioneiro de seus livros: "Os temas populares argentinos..., menosprezados por todos até que me ocupei deles: o tango, o sainete, o prostíbulo, a *murga*, as inscrições em latrinas".[23]

Rituais de caramelos

Nem sainete nem qualquer tipo de teatro constavam da primeira experiência cultural de Carella em Mercedes nos anos 1920, mas apenas leituras (abundantes) e projeções de filmes silenciosos. Em contrapartida, com frequência o garoto tornava-se cúmplice dos coleguinhas em emulações dos cerimoniais dos adultos – compenetradas farsas de maquiagens borradas, subtraídas dos toucadores das mães –, e já aos 12 anos começava a familiarizar-se com o universo do tango, apresentado pelo irmão mais velho, como registra *Las puertas de la vida*. De outro lado, as narrativas desse livro destacam sua precoce disposição inquiridora, a investigar as causas e origens de tudo o que lhe era apresentado como *fato natural*, conduzindo-o, em consequência, a um ensimesmamento que era interpretado pelas mestras como desafio às regras de conduta, acarretando punições desde a primeira vida escolar.

---

[23] Conforme o verbete *"murga"* do *Dicionário de la Lengua Española* (Real Academia Española): "Compañía de músicos malos, que en Pascuas, cumpleaños etc., toca a las puertas de las casas acomodadas [abundantes de meios], con la esperanza de recibir algún obsequio. / Grupo de músicos callejeros que interpretan canciones satíricas en los carnavales".

Conforme o memorialístico, Tulio costumava disparar aos pais e às professoras perguntas demasiado complexas, ou mesmo de resposta impossível, relativizando embaraçosamente convenções sociais e fórmulas educacionais. Assim, *Puertas* propõe repetidamente a questão que muito cedo começou a ocupá-lo: "Por que as palavras têm seu efeito transformado conforme o lugar em que se as pronuncia?". Ou seja, por que um vocabulário de livre circulação nas ruas provoca constrangimento e dor se empregado em âmbito domiciliar? Revisita-se, por exemplo, o castigo exemplar recebido por pronunciar expressão chula durante refeição em família, configurando "trauma fundamental" disparador de seu interesse por filologia e linguagem, em episteme de acesso ao mundo pela via da palavra.

A punição é aplicada à mesa de jantar, após o garoto responder ao pai sobre o motivo de solicitar permissão para terminar logo a refeição e dirigir-se à rua, justificando-se por seu desejo inadiável de ir "jogar" com os colegas. Porém, novamente questionado, já sobre a natureza de tais "jogos", Tulio utiliza um termo de duplo sentido assimilado dos colegas de folguedos, explicando que "*jogar* é *embromar*"; e, em resposta a um terceiro pedido de esclarecimento, que "*embromar* é *foder*" (*joder*), no sentido de atingir ou prejudicar alguém. Em consequência, é obrigado a recolher-se em seu quarto, a ouvir ao longe, "no seio da cálida noite azul", os outros a *jugaren y joderen* nas ruas cuja cultura abordaria, mais tarde, em ensaios e palestras sobre a gíria portenha, o tango, as *murgas* e o teatro criado pelos emigrados: "Viver numa cidade provinciana é viver em plenitude, pois nos põe em contato com gente de todas as condições e idades. Diariamente, segundo nossa capacidade, descortina-se o horizonte de uma existência cheia de surpresas", avaliou em suas memórias.

Todavia, o *jugar* do garoto consistia, muitas vezes, em pantomimas ao lado dos companheiros: ágapes de balas e caramelos nos quais debochavam das falas enfatuadas dos adultos e para os quais chegavam a montar cenários de biombos e cortinados. Porém, conforme *Puertas*, tais jogos rituais – contribuintes do desenvolvimento cerebral, conforme as ciências pedagógicas – "eram tomados muito mais em sério" que os próprios almoços dominicais, uma vez que "o instinto do jogo é algo muito sério, e somente a duas coisas ama realmente o ser humano: a Deus e ao jogo"; ou seja, a aventura em direção ao Incognoscível e o prazer de desafiar a sorte, em referência ao universo de Fiódor Dostoiévski.

Em outro momento, inadequação semelhante rende-lhe uma advertência do irmão, embora ninguém jamais o houvesse instruído sobre o "mal" nas expressões *callejeras*. A fim de divertir Oreste, o menino recita-lhe versos paródicos incluídos no sainete *Tu cuna fué un conventillo*: "*Era una paica papusa/ retrechera y rantifusa*", palavras maliciosas de lunfardo "seguidas de outras ainda mais *salaces*" (luxuriosas). A repreensão é imediata: "Não cantes isso! Não percebes que é uma porcaria? Se te ouvem em casa, pobre de ti!".[24]

Entretanto, bem cedo o universo das ruas era vivido por Carella como espaço cognitivo tão ou mais importante que salas de leitura, bibliotecas e livrarias, levando-o a confrontar alteridades muito além do repertório familiar e doméstico, em ampliação do paradigma habitual da criança, uma vez que nas primeiras fases da infância costuma-se eleger, em identificação egoica, personagens-brinquedo parecidos à própria aparência e temperamento, repudiando-se os "diferentes".

De fato, já em sua primeira década de vida, o portenho inclinava-se ao diverso ou ao oposto, a debruçar-se sobre temas não indexados em aulas, como o dos povos pampas, autóctones que sugestionavam fortemente sua fantasia. De maneira análoga, porém já à beira dos 50 anos, "abandonado a si mesmo" no Nordeste brasileiro e tratado com xenofobia pela Polícia de Estrangeiros, onde era obrigado a comparecer periodicamente, ao perceber que seus pares do *establishment* pouco tinham a lhe ensinar ou esquivavam-se dele, abraçou a vida das ruas do centro para amenizar "a terrível solidão, experiência detestável e ignominiosa", como relatou em carta a Borba Filho (out. 1968), assim como nos diários manuscritos, estes "na verdade uma psicanálise", uma vez que "em meio a tanto sexo acessível etc. havia momentos de desespero que incitavam ao suicídio: [era] como um cachorro triste perdido nas ruas do Recife, [...] e o diário um companheiro, um amigo, confidente, e sem ele ficaria louco" (ago. 1969).

---

24 Os versos "*Era una paica papusa/ retrechera y rantifusa*" designam qualidades femininas: "*paica*" era a companheira ou amante do *compadrito*; "*papusa*", mulher muito bonita, esplêndida; "*retrechera*", coquete e sensual; e "*rantifusa*" advém de "rante", forma apocopada de "*atorrante*", que significa "descarada" ou "desavergonhada". O trecho do sainete de Alberto Vacarezza transformou-se em letra de tango, com música de Ernesto Julio Rossi. Existe recitação pelo próprio autor, disponível em: <https://www.youtube.com/watch?v=1C9blK8qzEk>. Acesso em: 5 abr. 2022.

Em outra crônica de *Puertas*, após o traumático castigo aplicado à mesa de refeição, o menino determina-se a não incorrer, quando adulto, "nos disparates que cometem os grandes a cada momento" e a ter "muito cuidado com a maneira de tratar os pequeninos, que sabem de tudo o que acontece". Para Jean Genet, "criar é sempre falar da infância";[25] e, para Jean-Paul Sartre, biógrafo do escritor maldito, "cada um vive seus primeiros anos no desvario e na fascinação, como uma realidade profunda e solitária, sendo a interiorização da exterioridade um fato irredutível"[26], ou seja, não simplificável. Instala-se, desse modo, a "chaga profunda sempre escondida, [...] gerada em algum ponto da infância", como definiu Gustave Flaubert em carta a uma parente. A missiva é citada por Sartre em sua biografia inacabada do autor canônico, cujo título alude, justamente, a um trauma de infância: *O idiota da família* (1971).

Bem cedo, aos 6 anos, o garoto bloqueou-se às noções que tentavam incutir-lhe atrás dos muros escolares, a ponto de sugerir sofrer idiotia. Também mostrou-se incapaz de obedecer a movimentos codificados de entrada e saída de espaços escolares e a uma infinidade de "regras para tornar todos semelhantes". De outro lado, intuía que as ruas e sua diversidade seriam suas verdadeiras mestras, como recuperado na crônica "Primer grado" [Primeiro grau] de *Puertas*.

Assim como para o garoto Gustave Flaubert – cujo retardo na alfabetização levou à especulação de ser ele "o idiota da família", na crença arraigada de toda família possuir um –, o Carella matriculado pela mãe com majoração falsificada de idade era identificado pelas professoras como "o zangão burro", em virtude de seu porte físico e de constante alheamento em dinâmicas coletivas.

A denúncia de castigos físicos e sofrimentos morais impingidos em consequência do descompasso etário ocupa cerca de um quarto das 440 páginas de *Las puertas de la vida*, fato central de uma infância passível de ser interpretada – como todas, segundo Sartre – como "a maneira particular de

---

[25] Rüdige Wischmbart e Leila Shahid Barrada, "Une rencontre avec Jean Genet". *Revue d'Études Palestiniennes*, Paris, v. 21, outono 1986.

[26] "Questão de método", in *Jean-Paul Sartre*. Col. Os Pensadores. São Paulo: Abril Cultural, 1958, p. 145 e 184.

o indivíduo viver os interesses gerais do meio". Pela mesma via analítica, é possível entender, ainda, a inusitada convivência, na trajetória de Carella, de cientificismo ativo, herdado do pai leitor de Jean-Jacques Rousseau, e cordura piedosa, ou seja, o legado da mãe e da avó materna, devotas da Virgem do Carmo. Até o final da vida, os dois caminhos seguiram paralelos – de um lado, estudos filosóficos e científicos e, de outro, fascínio pelo "abismo da fé", ou pela "noite escura da alma", segundo São Paulo e São João da Cruz –, uma vez que, ainda conforme Sartre, "os preconceitos, ideias e crenças experimentadas na infância" são "para a maioria de nós insuperáveis, [...] e vivemos nossa infância como nosso futuro".

De outro lado, se o problema de aprendizado de Gustave deveu-se em parte à acomodação a uma situação extremamente confortável – "Aprender: para quê? O Pai Mignot lê para mim", em alusão ao protetor da casa em frente –, Tulio também escutava, porém da boca de seu progenitor, os parágrafos mais interessantes de livros e jornais. Assim como Mignot, dom Carmelo lia para o caçula episódios dos romances que o comoviam, sobretudo os de Monsenhor Benvindo em *Os miseráveis*, ainda que via de regra o calabrês-argentino manifestasse anticlericalismo. Carella explicou: "Porém, quem relata a vida de Benvindo é Victor Hugo, insuspeitável de beataria, pois conhecido por suas ideias liberais, [...] e a afirmação de um liberal vale mais que a de qualquer outro", parecendo-lhe, ainda, "curioso" que o pai "aceitasse a autoridade [espiritual] de um homem, mas não a da Igreja".

Já a partir de suas próprias leituras do romancista francês na maturidade haviam brotado, em *Cuaderno del delirio*, conclusões em torno de "estrutura egoica *versus* cosmogonia": "Victor Hugo dizia que se o infinito tivesse personalidade, nossa personalidade seria o seu limite, e assim deixaria de ser infinito. Mas hoje quem liga para Victor Hugo, reduzido a argumentista do cinema norte-americano?". O portenho arrisca, então, conclusão no mínimo paradoxal para um aficionado do memorialismo: "O passado é o não ser das coisas transformadas em fantasmas pela recordação. Por isso é preferível esquecer".

Desse ponto em diante, Carella alterna memorialismo com digressão filosófica, à maneira de Santo Agostinho, porém em crescendo vertiginoso. Primeiro a evocar a concepção cristã e latina de finitude do mundo, contrapondo-a à formulação do pré-socrático Anaximandro (por ele não nomeado), que pensou o mundo como "um infinito dentro de infinitos", para concluir iconoclasticamente com a crítica à filosofia pelo comediógrafo Aristófanes. Dessas correlações, emerge especulação sobre alteridade, narcisismo e divindade, sugerida já por poema do espanhol Antonio Machado (1875-1939), perseguido pela falange franquista, como foi García Lorca. O trecho exemplifica a reflexão erudita do portenho:

> Outro filósofo [...] dizia que se o Universo fosse infinito, Deus não poderia criar outro infinito, e portanto não seria Onipotente. Anaximandro opinava que o infinito era o elemento primordial do universo. [...] O mais razoável é Aristófanes: "Absolveremos os filósofos com a condição de renunciarem a filosofar".

Seguem-se os versos de Machado – autor de aforismo muito "carelliano": "Não ter vícios não acrescenta nada à virtude" –, a permitirem leitura em chave homossexual narcísica:

> "Meu corpo e eu/ Teu corpo é um e mil,/ princípio e fim da alma./ Não é o eu fundamental/ o que busca o poeta,/ senão o tu essencial." E se escrevêssemos com maiúscula o "tu" de Machado? Não, não dá nem tempo para isso, pois ele segue falando: "Com o tu de minha canção/ não aludo a ti, companheiro; esse tu sou eu". – Ah, Narciso![27]

Educação punitiva

O segmento de *Las puertas de la vida* em torno de Victor Hugo atesta familiarização com o universo literário clássico ainda em fase pré-escolar e informa, ao mesmo tempo, sobre o racionalismo e liberalismo político do pai, Carmelo Carella, hauridos de Rousseau e do criador de *Os miseráveis*. Paradoxalmente, como já assinalado, esse repertório desenvolve-se de par com a devoção católica assimilada por Tulio das mulheres da família, em

---

[27] Livre tradução do poema de Antonio Machado "Proverbios y cantares", *Nuevas canciones*, editado pela primeira vez em 1924, em Madri.

especial a avó Carmen, a quem ele admira acima de todos, por seu "ar celestial" e por parecer já não pertencer ao mundo material, pois na maior parte do tempo ela se ocupa de "assuntos misteriosos", a manipular objetos de carga simbólica que o atraem mais que tudo numa casa, como uma coleção de estampas religiosas. Em consequência, os contornos físicos de qualquer volume encadernado convertem-se, para Tulio, em "algo sagrado", assim como as pequenas lousas negras escolares individuais (*pizarras*) da fase de pré-alfabetização, como lembrado na seção "Protoescolar" do livro: apenas por apego afetivo, o caçula segue o irmão Oreste à escola de padres irlandeses palotinos, mas entregam também a ele uma lousa de mão, na qual "brinca de escrever", registrando inscrições que ninguém compreende, com exceção dele próprio. Decorre que, mesmo sem ser matriculado, devido a tais garranchos é humilhado em penitência, ajoelhado sobre grãos de milho num canto da sala.

Os voos de imaginação a partir dos romances lidos pelo pai, a adoração pelos "misteriosos" breviários da avó e a invenção hieroglífica em lousas eram, entretanto, experiências fadadas à descontinuação, pelo dever de o garoto ingressar na escola regular, onde não lhe ensinam "com amor", em salas atulhadas de velhos mapas desbotados e pendurados tortos, além de antigos trabalhos escolares já imundos, que lhe causam terror. A educação punitiva permanecerá como ferida jamais cicatrizada, porém exorcizada em sua obra memorialística.

Oito anos antes de *Puertas*, o portenho já lembrara crueldades em seu primeiro dia como matriculado: "Minha irmã Fantina deixa-me sentado num banco e volta para casa. Eu estou na escola e a professora me pergunta se não tenho vergonha de ser *tão* grande e *tão* ignorante. Eu choro. Isso tudo me acontece por eu não saber que minha ignorância era a mesma de Sócrates, e porque Fantina me levou à escola...", lamentou, a evocar ao mesmo tempo o método socrático da busca da verdade.[28] Insolitamente, tais relatos remetem às páginas iniciais da biografia *O idiota da família*, pertinentes à idade pré-escolar de Flaubert, nas quais Sartre citou carta de Caroline de Commanville sobre o temperamento de seu ilustre tio à idade

---

28 Tulio Carella, *Cuaderno del delirio*. Segunda edição a partir da primeira publicação, de 1959. Buenos Aires: Centro Editor de América Latina, 1968, p. 82.

de 6 anos, a mesma de Carella em seu ingresso escolar: "De natureza tranquila, meditativa, e de uma ingenuidade cujos vestígios conservou por toda a vida. Minha avó contou que ele ficava por longas horas com um dedo na boca, absorto". A descrição coincide, ainda, com lembranças de *Puertas* a darem conta do "comportamento bovino" do autor, sempre a ruminar pensamentos, num "mutismo mal-humorado" que lhe censuravam: "Tenho ou demonstro *mau-caráter*, e isso não é bom". Também consigna essa propensão em *Orgia*: "[...] Minha lentidão bovina, que vai penetrando até o núcleo mais secreto de cada pedra, de cada tijolo, de cada pessoa, quando posso".

Nas classes, o aluno propõe relativizações para ensinamentos básicos – como reportado na crônica "Esquerda e direita", sobre assimilação de direções espaciais –, para receber então de uma professora o apodo *"zángano"*, cujo significado ele desconhece, mas que em língua espanhola, além de designar a grande abelha-macho, o zangão meramente reprodutor, conota "indivíduo ocioso e indolente", "de pouca inteligência, bobo".

Se por um lado as fugas do garoto perante rotinas de integração social provocavam via de regra punições, por outro, assim como nos grandes rios, correntes poderosas agitavam-se sob a aparentemente imóvel superfície do alheamento, a conduzirem a futuros transbordamentos de sua personalidade para fora do "leito da normalidade", seguido no entanto sem sobressaltos pelos manos e manas. Estes se converterão, após a escolarização fundamental, em prestadores de serviços e donas de casa responsivos a expectativas sociais médias, sem vínculos com os mundos literário e artístico, porém livres de sobressaltos financeiros, como relatado a Hermilo. Em contrapartida, o escritor foi da fama e quase fortuna súbitas – com as obras teatrais de 1940-41 – à mera subsistência econômica, a depender continuamente da companheira Tita, com quem não chegou a se casar, não obstante relacionamento de mais de quatro décadas: conheceram-se em 1933, uniram-se sob um mesmo teto em novembro de 1943, ficaram estremecidos em 1969, após a publicação de *Orgia*, e separaram-se em 1972, encontrando-se ocasionalmente a partir de então, até a morte do escritor em 1979. Curiosamente, em seu "diário brasileiro", Carella chamou-a "Élida", prenome da segunda esposa de Alberto "Faenza" D'Aversa, a atriz de cinema e roteirista argentina Élida Gay Palmer (1934-95), recurso a acentuar uma semelhança fisionômica.

Incompreensíveis para os de sua convivência, as questões do garoto rememoradas em *Puertas* compreendiam da semiologia – "O que é um sobrenome e o que tem que ver com aquele que o carrega?" – às ciências naturais: "Como sucede que o delicioso chocolate, se deglutido com voracidade, provoque sufocação e morte?", e assim por diante, para exasperação da mestras.

Já na maturidade, aos 48 anos no Recife, apoiado na tradição astrológica, autodenomina-se um "ruminante intelectual": "Nativo de Touro; o Touro é um ruminante. Este analisar-se constantemente não é, acaso, um ruminar?". Nos anos 1960, tais "ruminações" alcançam patamar ontológico, como na pergunta "O que é um negro?", cinco vezes repetida em *Orgia* e também lançada, já em perspectiva inversa, na antologia poética *Roteiro recifense*: "Tudo era negro no princípio/ e continua sendo assim./ De onde, então, vêm os brancos?" ("Mitología"). Conforme narrado em seu diário, o viajante não compreende de imediato a exigência de declaração de cor em registros de hotéis de Salvador e do Recife, e depois de várias indagações aos recepcionistas, atina: "[...] Cor, cor de pele, se sou branco ou preto, ou meio branco ou meio preto. Sente uma espécie de indignação. E se fosse negro? Estaria proibido de hospedar-se nesse hotel?".

Para o argentino, a palavra "preto", então de uso corrente no Brasil em lugar de "negro", tinha "ressonâncias detestáveis", pois em seu país esse adjetivo significava "aflito, miserável, escasso e invejoso", bem como "sem luz". Ao passo que "negro" é percebido por ele "como uma nota musical, um som envolvente". Certa vez, Jean Genet reagiu da mesma maneira neutralizadora de fronteiras à classificação: "Uma noite, um ator pediu-me que escrevesse uma peça para ser representada por pretos. Mas o que é, afinal, um preto? E, para começar, de que cor é?", provocou, antes de começar a compor *Os negros* (1958).

Em oposição à educação familiar recebida pelo jovem Tulio – de modo afável, embora a impor uma infinidade de protocolos não escritos – e inversamente à dinâmica de assimilação de saberes das ruas de seu bairro, a escola mostrou-se castradora em sua perspectiva uniformizadora, com as mestras enxergadas pelo garoto como terríveis "criaturas ululantes", incapazes de relevar ingenuidades próprias de uma criança de 6 anos de idade, embora com aparência de 8. Após elegerem-no para *bullying*, começam as "visitas à diretoria" e os castigos desproporcionais, em revide a perguntas em chave existencial. O aluno esquece seu lápis, e por esse motivo recebe nota zero em aula de ditado. Durante lição de aritmética, suas indagações sinceras – "O que é um ponto no espaço?"; "O que é um ponto?"; "O que é o espaço?" – provocam um segundo zero e repetição do ano escolar, para consternação dos pais.

Ao contrário, as ruas, as *calles,* e suas calçadas admitem pluralidade de comportamentos, a partir de microcosmo composto de estirpes de pequenos comerciantes, em maioria emigrados de várias origens. A par da vivência *callejera*, o caçula absorve experiências de socialização transmitidas pelos irmãos e irmãs e chegará a acompanhar o mais velho ao piano numa apresentação *tanguera*, embora canhestramente. Todos apreciam a participação, mas sua autocrítica impede-o de se integrar ao conjunto musical. Entretanto, Carmelo pai adquire um "enorme fonógrafo marca Pathé, cuidado como uma joia", que ele pode manipular livremente, fazendo soar sobretudo árias de óperas como *Tosca, Pescadores de pérolas* e *Mefistófeles.*

Ao iniciar-se na leitura, ainda em casa, familiarizou-se com clássicos da literatura juvenil, como a extensa saga dos mosqueteiros de Dumas, que inicialmente via em folhetins semanais em revistas e, depois, em volumes completos. Ao mesmo tempo, frequentava o cinema local, apreciando, sobretudo, os filmes silenciosos de Charles Chaplin, Buster Keaton, Ben Turpin e Mary Pickford, citados nessa ordem em *Puertas.*

"De tanto observá-lo a ler, os pais imaginaram que apreciasse os estudos escolares", avalia ironicamente em suas memórias. Assim, concluído com muitos percalços o ciclo fundamental, foi matriculado no ensino médio (*bachillerato*) do Colégio Nacional Florentino Ameghino, imponente edifício inaugurado em Mercedes em 1906 sob a égide do cientista, natural da cidade e falecido em 1911, um ano antes do nascimento de Tulio. O ascenso do patriarca Carmelo à classe média, estabelecendo-se como comerciante por meio de capital poupado em trabalho autônomo, propiciaria novo passo ao caçula, com transferência a Buenos Aires para completar seus estudos de química na Universidade de Buenos Aires.

Como assinala José Luís Romero, que ocupou cargo de reitor na mesma universidade, "[...] uma geração depois [daquela de emigrados no último quarto do século XIX], já havia, na família dos honrados lojistas, um filho licenciado ou doutor",[29] e certamente motivo de orgulho. Em suas conferências sobre o tango, Jorge Luis Borges ilustrou o fenômeno da ascensão social escalonada na Argentina nas primeiras décadas do século XX: "Criei-me num bairro pobre, em extremo da cidade. [...] Frequentei a escola primária e agora, quando me encontro com algum camarada daquela época, e me assombro de vê-lo [...], esse camarada, muitas vezes filho de emigrantes analfabetos, é agora um universitário, um engenheiro, um médico, um advogado, um arquiteto. Quer dizer, todo o país estava crescendo".[30]

O mergulho precoce na ficção, por meio de romances requisitados a adultos e colegas mais velhos, ou mesmo adquiridos diretamente no comércio local, constituiria novo motivo de punição, dessa vez domiciliar. Em rigor de contorno espartano, o pai desconfiou desse entusiasmo pela livre leitura e proibiu-o. Ao flagrar desobediências, rasgava ou queimava os livros ocultados pelo filho sob o uniforme escolar, em especial se o boletim exibisse notas baixas. Tulio recorria, então, a expedientes como levar lanternas para ler na cama ou refugiar-se num vão de mezanino. "Lia em lugares inverossímeis, numa vala, no bosque de eucaliptos, na privada ou enquanto caminhava pelas ruas, tropeçando nas pessoas e nos postes telefônicos. [...] Lia sem ordem, ansiosamente. [...] Lia sem arbítrio, sem aproveitamento", recorda em *El tango: mito y esencia* (1956), a evidenciar vocação memorialística num livro que deveria ser puramente ensaístico.

Na mesma obra lembra, ainda, os "romances" que começou a escrever na infância, "nada curtos", sob os títulos *Façanhas de um criminoso* e *A flor maldita*, além de um memorial sobre a fundação de Mercedes como Forte de Luján, inscrito em concurso promovido pela municipalidade em torno de efeméride local, e que, apesar do gênero histórico cortejado, incluía um fantasma sinalizado por fogos fátuos, a percorrer a pampa para ajudar os protagonistas a "enganar os indígenas" e socorrer os "fracotes" do regimento militar.

---

29 José Luis Romero, *Latinoamérica: las ciudades y las ideas*. México: Siglovinteuno, 1976, p. 271.
30 Jorge Luis Borges, *El tango: cuatro conferencias*. Buenos Aires: Sudamericana, 2016, p. 77.

A alma das ruas

Las puertas de la vida – escrito aos 55 anos graças a extraordinária capacidade de reconstituição mnemônica – desvela as raízes dos interesses desenvolvidos em sua produção literária, crítica e artística, e ao mesmo tempo localiza, segundo a dialética sartreana, "o ponto de inserção [do autor] em sua classe, na família singular como mediação entre a classe universal e o indivíduo: família constituída, de fato, *no* e *pelo* movimento geral da História e vivida, de outro lado, como um absoluto na profundidade e opacidade da infância".[31]

Recompõe-se a perspectiva "inocente" herdeira do *primitivo* rousseauniano, à maneira de página em branco reativa à inscrição de fórmulas. Na mente do menino gravam-se, no entanto, primeiras e indeléveis impressões de Natureza e sociedade, a gerar dilemas precoces, como relatam as crônicas "A cerca", sobre o limite entre o perímetro da casa e o mundo; "Falar", tocante a oposição entre vidas interior e social; e "As galinhas", em torno de identidades zoomórficas.

Em *Puertas*, a recapitulação de experiências cruciais na educação dos sentidos acompanha as fases descritas na epistemologia genética de Jean Piaget, de desenvolvimento do pensamento em três estágios, entre zero e 12 anos de idade. Porém, essa revivescência ocupa-se não apenas da chamada *ferida de escolarização*, mas de extenso número de "fulgurações" da primeira idade, revelações sensórias a gerar *madeleines* proustianas análogas às de *Em busca do tempo perdido*.

Quase dez anos antes, *Cuaderno del delirio* ousara, em seu gênero, ao coincidir com a narração temporalmente disruptiva do *noveau roman* europeu dos anos 1950 e propor jogos de associação filosófica, como aplicação da imanência/transcendência kantiana ao *flash* mnemônico de Proust, e ao conectar essa vertigem de memória não a um fato único e individual, mas a algo "já sucedido em outros lugares, em infinitos lugares do tempo e do espaço", a ecoar dessa maneira a teoria do inconsciente coletivo de Carl Gustav Jung:

> A *madeleine* de Proust aponta direções estáticas e dinâmicas simultaneamente. [...] Quem se ocupa de pensar o mistério da perene re-

---

31 Jean-Paul Sartre, 1958, op. cit., p. 174.

petição das formas, coisa que as torna inextinguíveis? Não são totalmente iguais: deixam uma margem para a interpretação [*opinión*]. Schopenhauer assegura que o gato que brinca agora diante de nossos olhos é o mesmo que brincava há dois mil anos. Porém não diz se os nossos olhos seriam, também, os olhos de dois mil anos atrás. A *gatidade* é um falso postulado, pois os gatos têm alma. Acaso as rosas têm, também, alma. E quem foi que disse que o perfume é a alma das rosas? Não é eterno o aroma das flores?

Nesse parágrafo, a *madeleine* de sentido ampliado remete ao mesmo tempo à infância mercedina, já que o falso cógnito "o perfume é a alma das flores" foi lido pelo autor na fantasia épica *Vinte mil léguas submarinas,* do dileto Júlio Verne. Assim, para Carella, os gatos e as rosas também teriam alma, ou participariam, em modo panteísta, da "alma do mundo". Por extensão, o dramaturgo talvez tenha vivido, no Recife, algo da experiência urbana perseguida pelo cronista carioca João do Rio e expressa em *A alma encantadora das ruas* (1908), como se lê no seguinte trecho do autor carioca, passível de figurar em *As portas da vida*:

> Nós somos irmãos, nós nos sentimos parecidos e iguais; nas cidades, nas aldeias, nos povoados, não porque soframos, com a dor e os desprazeres, a lei e a polícia, mas porque nos une, nivela e agremia o amor da rua. Esse é, de fato, o sentimento imperturbável e indissolúvel, o único que, como a própria vida, resiste às idades e às épocas. [...] Só persiste e fica, legado cada vez maior das gerações, o amor da rua!

Além de colocar em perspectiva original a *durée* bergsoniana e citar oportunamente um metafísico alemão de sua admiração – Schopenhauer, tradutor de tratados hindus presentes na biblioteca do escritor –, o breve teorema sobre a "gatidade" desenvolve o tema da vida anímica e espiritual. À parte especulações ontológicas, em *Cuaderno* o mergulho no passado representa, sobretudo, instrumento de autoconhecimento, e assim a memória é afirmada como matriz das artes e das técnicas, em remissão à mitológica titânide Mnemosine, unida a Zeus para engendrar as nove musas do gênio humano. A natureza anímica constituiu, igualmente, um interesse do escritor italiano Umberto Eco, que em sua fantástica biblioteca organizou uma prateleira de edições raras sobre "a alma dos animais". Para esse autor, "a verdadeira alma" seria, justamente, a memória.

Como um cão

Mais que elaborar esses temas, o livro de 1959 instala, na obra de Carella, o que os pensadores helênicos nomearam *atletismo da verdade*, ou seja, o autoexame em profundidade e a extrema franqueza dos cínicos e estoicos do período V-III a.C., elementos aos quais o argentino combinou o estilo confessional de Santo Agostinho, já do século quarto de nossa era. Segundo Michel Foucault em seu último curso, "A coragem da verdade: o governo de si mesmo e dos outros",[32] o autoexame contínuo praticado pelos cínicos – estigmatizados a partir do Baixo Medievo a ponto de o substantivo gerar adjetivo de carga negativa – e a verdade (*aletheia*) buscada nesse exercício manifestavam-se afinal em *parrhesía*, ou seja, "o tudo dizer, com a máxima franqueza", fenômeno característico do período da pólis helênica, de formação das cidades-Estados gregas, por parte dos cidadãos. A franqueza "excessiva" – para padrões médios – constitui característica central do memorialismo de Tulio, com a qual seu tradutor e editor Hermilo Borba Filho identificou-se.

Conforme o mapeamento de Foucault, na filosofia cínica inaugurada por Antístenes, discípulo de Górgias e de Sócrates na Atenas de V a.C. – o mesmo século dos grandes tragediógrafos –, o aperfeiçoamento do "zelo consigo mesmo", ou seja, o *cuidado de si* em patamares éticos, implicava uma "maneira de ser com liberdade" (*eleuthería*), liberdade entendida como independência de pensar e adotar escolhas apropriadas – *verdadeiras* – tanto para o indivíduo como para o governo da pólis. Após o perecimento corporal, as opções de vida acertadas favoreceriam a chamada *eternidade da alma*, ou sobrevida anímica.

---

[32] Michel Foucault, texto oferecido no Collège de France (Paris) em fevereiro e março de 1984 e editado pela primeira vez na França em 2009. Cf. *El coraje de la verdad*. Buenos Aires: Fondo de Cultura Económica, 2017. Na obra inacabada *História da sexualidade*, constitui o terceiro volume, *O cuidado de si* (Paris: Ed. Gallimard, 1984).

Consequência central da liberdade cínica seria, pois, a manifestação da verdade em parrésia – o falar francamente –, enquanto no cristianismo o termo designou a verdade transcendente no logos de Jesus nos Evangelhos, presentificando-se, ainda, no ascetismo cristão dos primeiros séculos como "martírio da verdade" – porém "uma outra verdade", segundo Foucault. Na evolução da doutrina cristã, registram-se câmbios de valoração, e, nos séculos III e IV, os *padres do deserto* no interior do Egito alertavam contra a parrésia em âmbito comunitário: "Há algo pior que a parrésia? Assemelha-se a um grande vento ardente que, quando se levanta, põe todo mundo em fuga, e que em seu caminho arranca os frutos das árvores", conforme trecho recolhido pelo pensador francês.[33]

Assim como para os filósofos cínicos e estoicos lidos por Carella desde a juventude, o autoescrutínio – a fim de alcançar verdade interior e coerência na conduta social – e a parrésia constituíram balizas na concepção da trilogia memorial *Cuaderno*, *Puertas* e *Orgia*. Exemplar no exercício de parrésia, Agostinho é invocado e parafraseado dezenas de vezes em *Orgia*, bem como em cartas a Borba Filho, nas quais o autor compara seu recém-lançado *Las puertas de la vida* a *Margem das lembranças* (1966), do colega, para concluir, a respeito de franquezas de fundo cínico-estoico: "Suponho que sofrerias uma decepção ao ler meu livro. Pois bem, Hermilo: é preciso valor para estar em qualquer dos extremos: a inocência e a culpabilidade são ambos difíceis de expressar. O último que conseguiu foi Santo Agostinho" (set. 1967).

Em seu curso no Collège de France, Foucault esclareceu sobre o cínico definir-se sobretudo por posturas e atitudes de autoexame, e não pelo estereótipo diogeano do andrajoso descalço, a dormir em "barris" de vinho – na Grécia Antiga, grandes ânforas de barro – e a fazer sexo despudoradamente nas ruas, à maneira de um *cão* – o étimo na raiz de *cinismo* –, muitas vezes postado à entrada do templo para admoestar os fiéis sobre sua hipocrisia. Ao alcançar independência de pensar e agir, o cínico passava a visar os centros de poder:

---

[33] Michel Foucault, op. cit., 2017, p. 344, em citação de *Apotegmas dos padres*, obra anônima também conhecida como *Sentenças dos padres do deserto*.

[...] Tem a coragem insolente de mostrar-se tal qual é; tem a ousadia de dizer a verdade, e, na crítica que faz das regras, convenções, costumes e hábitos, ao dirigir-se com toda desenvoltura e agressividade aos soberanos e poderosos, inverte e também *dramatiza* a vida filosófica, funções da *parrhesía* política.[34]

A historiografia foucaultiana em torno do cinismo contempla, ainda, outra classe de adeptos da "coragem da verdade" estudados por Carella: os renovadores do platonismo por volta do século III – neoplatônicos –, igualmente dedicados ao "cuidado de si" e, portanto, ao culto da *psykhé* – no mundo latino, *alma*, entendida, porém, como fruto da *relação do indivíduo consigo mesmo* e do *conhecimento de si*: o *sujeito enquanto alma*.[35]

Porém, em lugar de recolhimento e solidão ascética, Carella entregou-se, no Recife, a múltiplas experiências de alteridade e agiu concorde a pensadores gregos até Aristóteles e Epicuro, bem como a herdeiros romanos do epicurismo até o século I, para os quais o *autoconhecimento* – o "conhece-te a ti mesmo", *gnóthi seautón,* gravado na entrada do Templo de Apolo em Delfos – somente seria atualizado, da potencialidade ao ato, no exercício do coletivo. A inscrição é citada pelo argentino no oitavo e último capítulo de *Orgia*: "Frase que, na opinião de alguns, se completava com outra, da qual seria a primeira parte: 'E conhecerás a Deus'".

---

34 A partir de Elias, comentarista de Aristóteles, Foucault retraça a origem etimológica da *byos kinikós* ("vida cínica") e esclarece seu sentido: "Em primeiro lugar, a vida *kynikós* é uma *vida de cão* por carecer de pudor, vergonha e respeito humano. É uma vida que faz em público e à vista de todos o que somente os cães e outros animais atrevem-se a fazer, ao passo que os homens logram ocultá-lo. A vida do cínico é uma vida de cão enquanto vida impudica. Em segundo lugar, a vida cínica é uma vida de cão porque, como a dos cães, não está presa a nada, conforma-se com o que tem e não apresenta outras necessidades, exceto as que pode satisfazer imediatamente. Em terceiro lugar [...] porque de certo modo é uma vida que ladra, uma vida diacrítica (*diakiritikós*), quer dizer, capaz de combater, de ladrar contra os inimigos, que sabe distinguir os bons dos maus, os verdadeiros dos falsos, [...] vida de discernimento, que sabe experimentar, submeter à prova e distinguir. Em quarto lugar, a vida cínica é *phylakthkós*: é uma vida de cão de guarda, que sabe entregar-se para salvar a vida dos demais e proteger a vida dos senhores". Segundo o pensador, esses quatro itens seriam "canônicos", porque citados nesses termos em toda a tradição que apresenta os cínicos. Cf. Ibidem, p. 256-7.

35 Ibidem, p. 348, grifos meus.

Já segundo a exegese moderna de Cornelius Castoriadis,[36] para esses antigos filósofos, na maioria das vezes o *indivíduo* – aquele que se *individuou* pela posse do *conhecimento de si* – "é efetivamente revelado apenas no plano de uma *coletividade* capaz de divisar e aceitar a *mudança* por ele proposta, ou seja, ao mesmo tempo que se transformava para *individuar-se*, o sujeito transformava a *polis*". E *Orgia* afirma: "A sabedoria encistada enlouquece ou destrói àquele que a possui".

Com sua viagem à Europa em 1956, tornada motivo de *Cuaderno*, Carella e sua literatura instalam-se definitivamente no diapasão do *atletismo da verdade* cínico, aplicado tanto à vida pessoal como a estratos socioculturais argentinos; e, a partir de 1960, o autor passa a confrontar conjunturas político-sociais latino-americanas com os preceitos dos antigos pensadores – a incluir-se nesse espectro, além de cínicos e estoicos, os epicuristas do século IV a.C, que, à parte elevarem os prazeres físicos e intelectuais a estatuto de benefício moral, apontaram a impossibilidade de aperfeiçoamento ético em quadros de isolamento social, pelo fato de viver-se forçosamente em estruturas. Como já apontado, tais visadas, mescladas a despojamento franciscano e naturismo rousseauniano, acabaram por lhe custar a posteridade, consequência examinada adiante.

Luz da pobreza

Na mesma direção, *Las puertas de la vida* ocupa-se de elogio à identidade provincial e às suas simples *verdades*, a possibilitar paralelo com um contemporâneo notável do autor: o bolonhês Pier Paolo Pasolini (1922-75), outro crítico impiedoso do consumismo potencializado mundialmente a partir dos anos 1960 e autor de uma peça dramática intitulada, coincidentemente, *Orgia*, encenada em Turim pelo próprio autor no mesmo ano de 1968 da primeira edição da "obra brasileira" de Carella e também causadora de escândalo, ao expor, em moldura sadomasoquista, a degeneração ética da burguesia italiana.

---

36 Chris Marker (dir.), *O legado da coruja*, 1989. "Episódio 1 – Simpósio – As ideias recebidas", 14m30s. Série de entrevistas filmadas pelo cineasta francês.

A convergir com o Carella estudioso do lunfardo e do *cocoliche*, Pasolini também cultivou expressões dialetais nos cantares da região do Friul – identificada à cultura de sua mãe e à sua infância –, a desvelar nesse modo de vida considerado "antiquado" um tempo mítico, ou sagrado, tema tanto de sua primeira poesia, nos anos 1940-50, como de filmes que rodou nas décadas seguintes, em especial *Édipo Rei* (1967), *Medeia* (1969) e *A trilogia da vida* (1971-74). Assim como na recuperação da vida comunitária e "natural" de Mercedes promovida em *Puertas*, a produção literária e cinematográfica de Pasolini expressa "não nostalgia, mas afeto ainda vivo na plena experiência de vida entre camponeses, e a visão desse mundo como algo sagrado, tornada determinante tanto para o amor do autor pelo Friul, pelos meninos friulanos, pelo dialeto da mãe, como pelas escolhas poéticas da vida inteira, ao passo que, com a rápida transformação da sociedade italiana, cada vez mais direcionada ao consumo de massas, esse amor transforma-se em crítica e em raiva", em síntese de Maria Betânia Amoroso, estudiosa da obra do italiano.[37]

Assim como Pasolini em sua denúncia da rendição da juventude dos anos 1960 à onda montante do neocapitalismo liberal-globalizante, o portenho nota em 1959, em *Cuaderno del delirio*:

> O mundo está cansado. Há demasiado de tudo. Demasiados livros, demasiadas obras de arte, demasiadas pessoas inteligentes, demasiados militares e políticos, demasiadas ambições, demasiado dinheiro (sempre em poder dos outros – gente que não conhece essa *grande luz interior* que é a pobreza), demasiadas cidades. É preciso que acabe tamanha abundância. O homem deve voltar a trabalhar a terra nua.

"Luz interior da pobreza" que Pasolini captou em filmagens nos anos 1970 que incluíam centenas de anônimos em povoados milenares do Norte da África e do Oriente Médio – como fizera Roberto Rossellini na Índia em 1959 –, e que também Carella divisou em sua lírica, como no poema "Hierarquia" (1971), escrito em escala aérea no Recife e causador de desconforto na esquerda brasileira *progressista*. Em suas obras intituladas identicamente

---

[37] Conversa com o autor, jun. 2023.

Orgia, Carella e Pasolini coincidiram em desconstrução do *ethos* da classe dominante, e entre os anos 1968 e 1971 o diretor de *Teorema* manteve, na revista milanesa *Tempo*, uma coluna intitulada "Caos", conceito basilar para Carella em Pernambuco, como se verá adiante. Finalmente, ambos cultivaram legado espiritual cristão, sobretudo a partir de suas interpretações dos Evangelhos e das Epístolas, escrituras na raiz de uma cinebiografia de São Paulo – talvez convertida no esboço de roteiro cinematográfico *Porno Teo Kolossal* – a ser produzida pelo diretor ao redor do ano de sua morte (1975), mas nunca realizada,

Quanto a itens inúteis, "demasiado dinheiro" etc., a diatribe externada por Carella em seu livro de 1959 também coincide com um dos principais pontos do pensamento pasoliniano: "Toda essa sociedade média mergulhou na ideologia do consumo, no novo hedonismo liberal. Essa ideologia ligada à produção e ao consumo dos bens, na maior parte do tempo supérfluos, acabou por impor-se como uma moda, um verdadeiro hábito. A mídia criou a necessidade particularmente deletéria de uma informação que redunda no sentido da propaganda e da publicidade", como denunciado pelo pensador italiano.[38]

De outro lado, os paralelismos possíveis entre os dois autores estendem-se à valorização de culturas periféricas tradicionais e suas prosódias, bem como à elevação da experiência sensual como forma de emancipação, a exemplo do que se lê em *Las puertas de la vida* e em *Orgia*, ou do que se vê nas imagens da *Trilogia da vida* (1971-74) de Pasolini, obras a cortejarem a libertação pela via dos sentidos, embora logo em seguida este tenha renegado a maneira ingênua da representação sexual desses filmes, após percebê-la facilmente capturável pelos dispositivos burgueses de manutenção do poder e pela "indústria do gozo"; e assim o italiano substituiu essa proposta pelo oposto explícito e intragável de denúncia da instrumentalização fascista do sexo, em *Salò* (1975), seu terrível testamento cinematográfico.

O parágrafo de 1959 com a expressão "demasiado de tudo" antecipa, portanto, críticas recorrentes do portenho à explosão mundial de consumo nos anos 1960. Conforme relatos, sobrevivendo já na década de 1970 com

---

[38] Trecho de entrevista de Pasolini a Jean Duflot, in *As últimas palavras do herege*. São Paulo: Ed. Brasiliense, 1983, p. 157.

parca aposentadoria de jornalista num apartamento no bairro central de Montserrat (o mesmo do Congresso e da Biblioteca do Congresso), passou a negligenciar itens como vestuário, uma das "faltas de comportamento" dos cínicos gregos.[39] Em 1979, um dos obituários dedicados ao dramaturgo descreveu essa rotina final: "Nos últimos tempos, vivia em relativo isolamento, distante dos âmbitos do teatro e do cinema, mas em sua intimidade consagrado à constante leitura da poesia e à criação musical, que improvisava ao piano para seu prazer e o de um limitado grupo de amigos, mas sem fixar suas melodias na pauta musical".

Contudo, por volta de 1975, segundo Mário Tesler, Tulio permitia-se diálogos com frequentadores da Plaza del Congreso, em caminhadas com auxílio de um bastão para passear o cão negro de raça não definida Cambé – em tupi-guarani, "cabeça-chata"; e no Sul e no Sudeste brasileiros, apodo para os nordestinos do país.[40] Na extensa praça, costumava encontrar-se, então, com um homem pouco mais velho, raro indivíduo negro na capital federal, levado a seu apartamento para tomar café com *cremonas* (bolachas de farinha e gordura bovina), à maneira de um amante.

Quanto a descuidos de apresentação, como camisas de colarinhos e punhos puídos, displicência na manutenção doméstica etc., à mesma época consta episódio no qual serviu o chá da tarde a Tesler e esposa em serviço de fina porcelana, porém recoberto de poeira. Ao ser chamado à atenção pelo descuido, explicou, em perspectiva cínica, tratar-se apenas da "pátina natural do tempo". As estantes de sua sala e de dois quartos mostravam-se já atulhadas de livros, em boa parte obras de filosofia grega e escolástica, com muitas edições raras, segundo o visitante.

Em referência às antigas doutrinas aplicadas à sua rotina pernambucana, o portenho evoca em *Orgia* uma máxima de Plotino, o filósofo egipcíaco do século III, por sua vez derivada do pré-socrático eclético Empédocles de

---

[39] Conforme entrevistas, em Buenos Aires, com o historiador, cronista e bibliófilo Mário Tesler (dez. 2017) e bilhetes manuscritos a Raoul Veroni, guardados por seu filho, o editor e escritor Ral Veroni.

[40] *Cambé* é nome tupi-guarani de um tipo de chapéu achatado e também de um jabuti de casco chato, conforme o linguista Luan Apyká, da aldeia Tabaçu Reko Ypy, TI Piaçaguera (São Paulo), pós-graduando do Instituto de Estudos da Linguagem da Universidade de Campinas. Consulta em jun. 2022.

Agrigento (século V a.C.): "Somente o semelhante conhece o semelhante". Porém, reveste o aforismo de forte ironia, uma vez que o trecho de diário a incluir a citação trata de relacionamentos afetivos e sexuais no Recife, a sublinhar dessa maneira sua capitulação ante determinações mundanas e incapacidade para dominar os próprios sentidos, dilema colocado em seu livro já a partir da epígrafe de cunho agostiniano: "A noite e a solidão estão plenas do *diabo*".

No Recife, entretanto, definitivamente separado de Tita Durán e em busca de um novo relacionamento solar, Carella apenas debateu-se contra a solidão, em meio a conhecimentos sexuais que só fizeram isolá-lo no fundo do poço. E, conforme o autoexame dos diários, seu *estar no mundo* parecia combinar então proposições platônicas e neoplatônicas de cultivo da *psykhhé* – depuração do *sujeito* enquanto *alma*, para acesso ao "outro mundo" – com a "plena existência no *bíos*" dos cínicos, ou seja, a redução à animalidade basilar e "o combate, neste mundo, contra o mundo", conforme elencado por Foucault para essas duas correntes; isto é, passíveis de interação dialógica, e não antagônica, a convergir o *minimalismo* de cínicos e estoicos à *transcendência* anímica dos platônicos.

Em seus livros, o argentino elabora ainda outros conceitos emprestados de antigos programas ético-filosóficos helênicos, a exemplo da ideia de "alma" associada à *imortalidade*, um dos principais legados dessas correntes ao cristianismo, bem como ao budismo. Para os gregos, a alma constituiria a porção imaterial do *indivíduo* que permite o acesso ao *outro mundo*, ou, conforme nomenclatura platônica, ao *mundo anímico* – o mundo próprio da alma. Em torno dessa concepção, *Cuaderno del delirio* especula sobre o destino imaterial dos seres vivos, endossando a conclusão de que, em sua faculdade *imortal*, seria permitido à alma partilhar da esfera ideal e divina. Num parágrafo de logorreia provocada por febres de uma pleurisia, em delírios tradicionalmente identificados à "passagem" da alma, cita a concepção mística de Santa Teresa de Ávila sobre a condição *post mortem* e o encontro definitivo com a divindade: "Permanece a alma, digo, o espírito dessa alma, tornada uma só coisa com Deus, uma vez que também é espírito...".

Na mesma obra, remete, ainda, a pensadores que estenderam o conceito de *alma* à noção de *princípio vital* – ou "sopro vital", segundo o pré-socrático Anaxímenes – comum a todas as criaturas, endossando o entendimento desse princípio como "propriedade de todos os entes animados". Assim, em tratamentos literários consonantes à perspectiva cínica de redução do homem à sua *verdade animal*, Carella conclui – a partir da derivação etimológica *anima-animal* e a ecoar Virgílio e outros pensadores do mundo antigo – pela identificação da natureza anímica ao fluido sanguíneo: "Também o sangue foi considerado alma", ilustrando essa contiguidade com um verso do livro nono da *Eneida*: "*Purpuream vomit ille animam*", ou seja, "e ele vomita a alma púrpura", seu sangue vermelho escuro.

Nesse trecho, o épico do século I a.C. reconstitui a morte de Reto, uma liderança da região do Lácio, trespassado pela espada do troiano Euríalo e a esvair-se em sangue. No século IV, esse quadro recebeu a seguinte interpretação do gramático romano Servius Honoratus, comentador não apenas de Virgílio, mas de toda a mitologia greco-romana: "*Ad imitationem sanguinis in quo est anima ut diximus supra ut purpuream vomit ille animam*": "Em imitação do sangue, no qual se encontra a alma, que ele vomita".

Embora não creditado, o comentário é corroborado em conclusão do memorialista sobre a alma constituir *princípio vital e imortal*, consoante a definição pré-socrática e em oposição às teologias clássica, escolástica e tomista, segundo as quais apenas a alma humana seria imortal.

Sustentado na etimologia de *animal* – "o que é animado, que detém *anima*" –, Carella conclui pela existência de alma também nos cães, que muito estimava, ao arriscar zoomorfismo baseado no étimo "cínico" (*kynikos*, igual a um cão): "Argos [o galgo de Ulisses na *Odisseia*] era pacifista, pois não foi à Guerra de Troia". Em reverberação aos cínicos gregos, que defenderam um Estado expurgado de armas, o escritor protestou horrorizado, em ensaios, diários e cartas, contra os derramamentos de sangue em golpes de Estado, em seu país e na América Latina, a partir da segunda metade do século XIX, e mesmo contra guerras em outras regiões, como a do Vietnã. Sobre esta escreve a Hermilo em abril de 1969, a pretexto de um sonho premonitório e também evocativo do Recife, no qual conversava com judeus sobre a chegada do Novo Messias, num templo erguido no topo de uma ilha:

> Ignoro o significado desse sonho, mas creio que responde a uma situação terrível do mundo. "É um crime arrojar bombas sobre o Vietnã", dizia-me Guillermo [Orce Remis]. "O terrível é atirar bombas

onde quer que seja", eu disse, e ele se calou, sem saber o que me responder. É chegada a época da Espada que divide. Oxalá nos encontre juntos. (abr. 1969)

*

De volta aos episódios da infância do escritor, ainda em torno do olhar crítico cínico, *Las puertas de la vida* recorda a extrema desconfiança do protagonista perante regras "inquestionáveis", ou seja, o paradigma corrente de balizas morais e condutas sociais que tentavam imprimir-lhe na tela virgem da mente. Assim, o livro reporta a fuga sistemática em face de tais investidas e períodos regulares de absenteísmo – recolhimento ou contemplação silenciosa –, como narrado por Sartre sobre o garoto Flaubert.

Nessa recepção escrupulosa do mundo e de seus "ensinamentos", ditada por questionamento prenunciador de uma vida de confrontações, evidenciam-se as origens da postura nomeada por Foucault como "a coragem da verdade". Presente em Carella, seja no manejo satírico de suas farsas teatrais, seja em observações sobre a cultura argentina como um todo, essa coragem precipitaria o exílio de sua identidade social-literária para um obscuro território "à margem", confirmando outro apontamento foucaultiano: "O cínico, embora provavelmente embebido de toda a ética antiga, [...] desde certo ponto de vista sempre ocupou uma posição marginal e fronteiriça".[41]

Conforme seu biógrafo Didier Eribon, Michel Foucault teria identificado na busca cínico-estoica de "criar a si mesmo" e "autogovernar-se" uma notável forma de *resistência* frente a sistemas de poder esmagadores, definidores em termos absolutos das condutas individuais e grupais e, há séculos, impermeáveis a quaisquer equilíbrios de forças. De outro lado, o filósofo francês remeteu tais práticas à "construção de uma obra de arte", ou seja, a modulação contínua da individualidade enquanto processo criativo, até a própria vida tornar-se uma obra de arte; inclui-se também aí o cuidado do corpo – exemplificado com o interesse dos gregos por dietas e pelo desporto, itens presentes na rotina do jovem Carella. Em outras palavras, as antigas filosofias indicavam possibilidades de o sujeito desvincular-se de padrões

---

41 Michel Foucault, 2017, op. cit., p. 343.

impostos e mostrar-se capaz de fruir plenamente a existência, e assim alcançar um cúmulo de refinamento, como queriam os epicuristas do século III a.c. citados pelo portenho na reconstituição memorial de sua primeira educação, por transmissão paterna.

Como Foucault – que identificou uma estratégia não conformista e experimentou um modo de vida alternativo nas comunidades *gays* de São Francisco e Nova York em seu último período –, Tulio distinguiu nas *práticas de si* da Antiguidade greco-latina uma notável forma de *resistência*; ou seja, a própria razão de ser da filosofia. Seus textos são marcados por revisitações de conceitos formulados entre os séculos V a.c. e V de nossa era, irrompendo mesmo em críticas bibliográficas, teatrais e cinematográficas para jornais como *Crítica* e *La Nación*, além de revistas como a prestigiosa *Sur* e a bimestral *Ficción*, editada por seu amigo Juan Goyanarte e na qual escreveu continuamente, entre setembro de 1957 e junho de 1960. A título de exemplo, veja-se um breve comentário sobre o filme de terror *O homem do Himalaia* (1957), do britânico Val Guest, no qual Tulio coincide com Foucault a respeito de os sucessivos períodos históricos e sistemas de saber ocidentais conformarem o indivíduo à imutabilidade:

> Vivemos num mundo geométrico. Tudo se encontra ordenado e classificado. Os fatos do universo possuem sempre uma adequada explicação científica. É verdade que a explicação varia segundo a época, mas também é verdade que essa explicação basta para a época que a formula. A História Natural tem progredido uma enormidade. No entanto, o indivíduo comum pensa, ainda, com os conceitos e a sabedoria fantástica de Plínio, o Velho [Roma, 23-79 d.C.]. É certo que não acreditamos mais em unicórnios, dragões e salamandras. Porém, acreditamos em visitantes alienígenas, no Tarzan dos Macacos e, ao que parece, no Monstro da Lagoa Negra. Mudam os objetos, mas a mitologia subsiste.[42]

Também em passagens de *Orgia* remeteu às antigas filosofias: "Lúcio Ginarte gostaria de ser um estoico convicto e eliminar o temor e o desejo de suas perspectivas, mas não é bastante forte" etc. Nesse ponto, poderia ter completado

---

[42] Tulio Carella, "Acerca do irracional". *Crítica*, 16 out. 1954.

com a máxima de Sêneca de que "mais importante que acertar o alvo é tentar acertá-lo e persistir na tentativa", não obstante a realidade social e política do Recife, desafiada por sua *performance* de interação com estratos de classe média baixa, tê-lo submetido a "provas de verdade" nunca cogitadas.

"O verdadeiro brasileiro é o argentino."

Ao colocarem em marcha a "coragem da verdade" de cínicos e estoicos, tanto o primeiro como o terceiro livro confessionais de Tulio acarretaram alterações radicais em suas rotinas familiar, social e profissional. *Cuaderno* alinhava "sonhos e pesadelos acordados" metafóricos de processos sociopolíticos argentinos, como a deposição de Perón, além de denunciar a "feira de vaidades" instalada no cenário artístico-intelectual bonaerense em meados dos anos 1950, com profusão de aduladores e arrivistas. À época, a consagradora viagem cultural à Europa – empreendida por Carella às próprias expensas – constituía, como exposto no livro, prêmio de governos de seu país a penas de aluguel, ou seja, propagandistas dos próceres da burguesia conservadora e do militarismo golpista, algo equivalente no Brasil à figura do "intelectual Pinote" da peça *O rei da vela* (1933), de Oswald de Andrade, o modernista paulista votado ao escândalo da "franqueza do falar" e, ao mesmo tempo, um estroina dissipador de somas familiares em travessias transatlânticas, nas quais incluía passagens para acompanhantes.

Aos 44 anos e fumante inveterado, Carella foi acometido de pleurisia durante estada em Paris; ainda assim, embarcou em navio italiano de retorno à América, partindo de Barcelona. Permaneceu duas semanas em enfermaria luxuosa e curou-se à custa de dezenas de injeções, circunstância que ao menos lhe permitiu escapar de cabine da segunda classe vizinha a uma família ruidosa.

Segundo o autor, com a transposição literária de surtos de alucinação febril, *Cuaderno* teria iniciado "novo estilo *collage*, ou *cortado*, [...] que agora se pratica muito por aqui", como escreveu a Hermilo em março de 1968, desprezando, contudo, nessa avaliação, os delírios decadentistas de um século antes no simbolismo francês e mesmo o desvario do protagonista em *Memórias póstumas de Brás Cubas* (1880), de Machado de Assis. A memória desse veio literário surgiria, todavia, entre as diversas epígrafes cogitadas pelo autor para *Orgia* e registradas em carta de outubro de 1968, como um parágrafo inteiro dos alucinados *Cantos de Maldoror* (1868), assinados pelo "Conde de Lautréamont", pseudônimo do uruguaio Isidore Ducasse.

A escuta editorial foi mais conservadora, e a epígrafe afinal escolhida, "A noite e a solidão estão cheias do pecado" – convertida pelo brasileiro em "A noite e a solidão estão plenas do diabo" –, ecoa tanto o gregarismo monástico como as *Confissões* de Agostinho, que classificou o eremitismo como "fonte certa de deformação do caráter e da fé cristãos", concorde à experiência de Tulio no Nordeste brasileiro, lembrada em carta:

> [...] A excessiva solidão que me fazia suspicaz, delicado, e que me atirava à rua a buscar, como quer que fosse, uma companhia qualquer. [...] O Recife foi, para mim, o suplício de Tântalo, de Sísifo, do Rei Midas, sobretudo no primeiro ano. E no segundo ano, quando começava a me acostumar, a frequentar mais os amigos (nesse ano de [19]61 comecei a ir à tua casa quase todos os domingos, coisa que antes não fazia), a formar um círculo no qual se vive... aconteceu o que aconteceu. (fev. 1968)

Ou ainda, no mesmo diapasão: "O problema recifense, para mim, era a solidão que me atirava à luxúria, e a luxúria me deixava ainda mais só. Estava num círculo vicioso, na dupla acepção dessa expressão" (set. 1968).

As demais sugestões epigráficas eram mais próximas do ateísmo de Hermilo, convertido em meados dos anos 1960 ao catolicismo por influência do portenho, bem como da companheira Leda Alves.[43] A primeira consistia em frase do escritor e ativista espanhol Luis Cernuda (1902-63), autoexilado na Inglaterra, nos Estados Unidos e no México para escapar do triste destino de Lorca. A segunda era o excerto de *Maldoror*, obra que, a situar deidades zoomórficas em meio ao processo de higienização da Cidade Luz, lança o leitor no Caos propiciatório de uma *nova ordem*, ou de um novo Cosmos, e que é justamente citada por André Breton no Manifesto Surrealista de 1924, movimento que, em seu método "paranoico-crítico", convida à desconstru-

---

[43] Cf., à p. 232, carta de Carella a Hermilo Borba Filho, datada de 20 jul. 1966.

ção do real. O livro oitocentista desenvolve passagens homoeróticas protagonizadas por um adolescente, provavelmente inspirado em companheiro de infância do uruguaio, e alterna anarquicamente vozes narradoras, recurso empregado também em *Orgia*. Contudo, em vez de invocar entidades pagãs e inverter iconoclasticamente a imagem da Divindade Suprema – assentada num trono de fezes –, a metafísica de Carella divisa no cristianismo original a instalação da verdadeira "prova trágica":

> Creio que o principal é chegar ao fundo de si mesmo, e reconhecer-se pecador, e fazer um esforço para sair do pecado. O esforço deve se repetir tantas vezes quantas se cai. É preciso se reconhecer pecador para sair do pecado e da luxúria. [...] Se retiramos a noção de pecado, retiramos a possibilidade de ascender (*ascesis*) e gozamos de uma perfeição imaginária, que nada tem que ver com a Perfeição cristã de fato, ou se preferires, budista, ou judaica. É ser fariseu dizer que se dominou a carne e o espírito quando isso não acontece sem a intervenção de um dom divino. [...] Pois o problema que a Fé coloca ao crente é, na verdade, trágico, a empurrá-lo a um estado agônico (de luta) incessante. E quando a pessoa cessa de lutar, o que acontece? Cai simplesmente na *orgia*, e apela ao *caos* para que novamente se reestabeleça uma ordem (um cosmos), e quem a ordena é Eros. Toda essa antiga simbologia está na mítica grega, e também nas anteriores, egípcia, caldaica e fenícia. As deidades são as mesmas, com ligeiras variações. (set. 1968)

Já em viés crítico ao colonialismo cultural, Carella sugere ainda duas epígrafes de forte carga irônica, "xenófobas e equivocadas" quanto à situação geográfica da América Latina, mas proferidas por respeitáveis intelectuais do Velho Mundo:

> E um par de citações – epígrafes – para adornar o texto. Encontrei uma maravilhosa, de Renard, que anota umas palavras de Antoine, que viajou à América do Sul e disse: "O verdadeiro brasileiro é o argentino".[44]

---

[44] O ator e diretor francês André Antoine (1858-1943), considerado o inventor da moderna *mise-en-scène*.

>Jules Renard não se faz responsável pela frase, mas não parece muito seguro de que seja ou não assim, pois não emite comentário algum. Há outra de André Gide, mais sutil, menos graciosa: Gide anota em seu diário que, apesar de não sentir-se bem, precisou encontrar uns amigos que vinham do Peru com umas antiguidades mexicanas. Claro, eu posso comprar jornais brasileiros na Argentina, mas o erro é de outra natureza: a xenofobia galesa não lhes permite ver mais além da boceta que estão lambendo, o que se é bom em algum momento não deixa de ser deplorável, pois cada coisa em seu lugar é o correto, e não se faz um *cunnilingus* numa praça pública...
>[...] [André] Antoine conta que na América do Sul viu um rio com duzentas léguas de largura. Eu escuto, resignado. Pois bem: eu lhes dou razão. Eles estão em seu ambiente, em sua cultura. Os culpados somos nós, que nos dedicamos à cultura europeia e nos entregamos a ela. Creio te haver dito que minha viagem à Europa serviu para que eu compreendesse que eu era americano. (abr.-ago. 1968)

Assim, a par das inovações estilísticas que informaram a escrita do portenho, o olhar escrutinador lançado aos meios literários e artísticos e a sinceridade irrestrita tornaram-se balizas tanto de *Cuaderno* como de *Orgia*, obras que alterariam significativamente a trajetória do autor após as respectivas publicações.

A primeira entre tais disrupções instalou-se em sua vida doméstica, conforme narrado ao confidente pernambucano em março de 1969: "A publicação de *Orgia* causou dor a Tita. Tenho o direito de fazê-la sofrer? Porém surge outra pergunta: tenho o direito de castrar-me artisticamente por ela?". O argentino conclui, então, que não poderia negociar quesitos morais e mesmo sua vocação ao memorialismo:

>Aos 25 anos [em 1937] começou seu diário em forma de cartas a um correspondente imaginário. Interrompeu esse epistolário, até que decidiu escrever um diário simples e objetivo, uma espécie de memorando, útil para recordar fatos e pessoas. O tédio e o ócio alargaram às vezes essas páginas. E assim encheu muitos cadernos com tolices ou acontecimentos importantes, embora ninguém jamais possa dizer

o que será importante dentro de cem anos. Quando a vida absorve-o demasiadamente, abandona o caderno. Depois, lamenta.[45]

Posteridade frustrada

Quanto ao alcance de sua escrita, como já mencionado, menos de cinquenta anos depois, e em seguida à reedição de *Orgia* em 2011, seus diários tornaram-se objeto de pesquisas acadêmicas em três continentes, bem como de adaptações teatrais e cinematográficas. Em especial artistas pernambucanos passaram a cultuar o livro, até culminar, em 2022, num álbum musical *pop* homônimo, do compositor e cantor Johnny Hooker.[46]

Em sua época, Carella, falecido em 1979, não poderia suspeitar de tais repercussões. Assim como na avaliação contida no parágrafo de *Cuaderno del delirio* acima reproduzido, ele não chegou a dimensionar inteiramente o potencial mobilizador de suas notações na capital nordestina. A primeira vida de *Orgia* foi árida, e sua aura de pornografia – assestada tanto pelo título como pela inserção da obra na Coleção Erótica, criada por Hermilo e inaugurada com *As primas da coronela*, da Viscondessa de Coeur-Brûlant[47] – afastou os críticos capazes de reconhecer a originalidade de sua narração reiterativa, a ecoar iconoclasticamente tanto a catalogação lasciva martelada pelo revo-

---

[45] Tulio Carella, *Cuaderno del delirio*. Buenos Aires: Editorial Goyanarte, 1959, p. 67.

[46] Nesse ano, o intérprete recifense lançou *Orgia*, cuja primeira faixa, "Cap. 1 – A cidade do desejo", promove colagem de frases do livro, além de incluírem-se outras referências à obra de Carella nas faixas seguintes. De anos anteriores devem ser lembradas as *performances* de palco do grupo Vivencial, do Recife nos anos 1970; o curta-metragem *Paixão nacional* (1994), de Karim Aïnouz; o longa-metragem *Tatuagem* (2013), parcialmente baseado nas relações de Carella com populares, conforme afirmação do diretor Hilton Lacerda à imprensa pernambucana à época da estreia, bem como na trajetória do Vivencial – o filme foi adaptado para o teatro em 2022, com direção de Kleber Montanheiro. De outro lado, o diretor Marcelo Caetano inspirou-se na vivência nordestina de Carella para o curta-metragem *Na sua companhia* (2014); e em 2015, o paulista Luiz Fernando Marques adaptou partes do livro para o grupo teatral Kunyn, sob o título *Orgia, ou de como os corpos podem substituir as ideias*. Também em 2015 o Grupo Cênico Calabouço encenou, no Recife, *Orgia: Tulio Carella e o Teatro do Insólito*.

[47] Pseudônimo utilizado na obra francesa, de 1880, *Les cousines de la colonelle*, às vezes atribuída a Guy de Maupassant.

lucionário Donatien Alphonse, o Marquês de Sade, como a contínua autopenitência de Agostinho. O bispo de Hipona classificou sua rotina de juventude como resultado de "obstinação", bem como de "orgulho incoercível", "vício" e "amor ao pecado", as mesmas qualificações associadas pelo argentino ao *alter ego* Lúcio Ginarte, porém com o seguinte arremate incontrito: "Sente-se orgulhoso em satisfazer o desejo de todos os que gostam dele ou dos que ele gosta". No entanto, não lhe escapava que, ao registrar sistematicamente intercursos com parceiros e parceiras em diários que poderiam ser um dia publicados, incorria em espetacularização e reificação – representação sexual esvaziada; e lamenta esse aspecto em *Orgia*, em observações sobre "o número [das relações sexuais] substituir a qualidade do prazer" e "a cópula diária" tornar-se simulacro do amor,[48] entre muitas outras.

Em sua especulação sobre a natureza da *concupiscência* – termo latino para desejo sexual imperioso, a partir de filósofos estoicos –, bem como na formulação do dogma do *pecado original*, Agostinho antecipava estudos da moderna e ateia psicologia. Também Freud afirmaria que ninguém nascido de homem escapa a essa *marca* – para a cristandade, *mácula* –, e a insistência de Agostinho em seu exercício de expiação literária sugere antes a latência do desejo carnal, o que confirma as *Confissões* do quarto século como o principal modelo de Tulio, sobretudo o extenso Livro X, autoexame derivado do método neoplatônico de *depuração da alma*, ou conquista da *consciência de si*.

No entanto, conhecedor da obra de Freud e do conceito de libido – mas crítico da psicologia, em especial da vertente behaviorista –, bem como leitor do precursor do existencialismo Søren Kierkegaard, Carella explorou em seu livro a *compulsão à repetição* – busca de renovação da satisfação encastoada na experiência original – e a *retomada*, conceito do filósofo dinamarquês que implica a renúncia do primeiro objeto de satisfação para o encontro de um novo começo, um processo de sublimação aplicado também pelo argentino à sua dinâmica pessoal e construção literária. Assim, a partir da sugestão de Hermilo para a publicação dos cadernos e de uma primeira releitura desse material, no início de 1968 Tulio anunciou ao amigo que *Orgia* seria composto sobretudo de "descrições repetitivas, monótonas, impubli-

---

[48] *Orgia*, op. cit., p. 296 e 249.

cáveis", por causa da "terrível crueza que se dá apenas dentro da própria mente"; ou seja, como já procedera em *Cuaderno*, ofereceria fatos e observações gestadas como *repetições* e *retomadas* – palavras por ele utilizadas – em níveis mentais além da superfície, em vez de progressão cronológica até um clímax. Avisou, ainda, que, para efetivamente começar, aguardava apenas "alguma ideia" que desse "forma e coerência às páginas" (fev. 1968).

Após encontrar tal fórmula de continuidade – na alternância do diário *in bruto* em primeira pessoa com novas narrativas em terceira pessoa, com efeito de estranhamento –, e consumada a publicação, no Rio de Janeiro, em dezembro de 1968, o autor comunicou a Borba Filho, também tradutor da obra, que teria sido "uma escrita de grande alegria, porque antes achava que meus diários somente seriam publicados oitenta anos após a morte" (mar. 1969). Na mesma missiva, comparou seus cadernos recifenses a um texto então sendo elaborado pelo correspondente pernambucano, com tema próximo ao de *Orgia* e intitulado *A cama*, planejado para a Coleção Erótica, mas afinal não impresso:

> Não entendo como podes supor que eu me oponha a que escrevas *A cama*. Nunca em minha vida pratiquei essa negatividade com ninguém. Apenas me pareceu – e eu te disse isso – que havias superado de tal maneira o tema – entre frívolo e picaresco, segundo percebo por meio de teus relatos – que ficava pequeno para ti, a menos que fizesses um *scherzo* de grande pureza literária, humor refinadíssimo etc. [...] Ao lado de meu Diário tuas páginas parecem contos cor-de-rosa. (mar. 1969)

Quanto a *Cuaderno del delirio*, e ataques sofridos à época de seu lançamento, em apenas um ano registrou-se a inversão de opinião, e sua escrita inovadora mereceu a Faja de Honor da Sociedad Argentina de Escritores, ainda que, ao ser outorgada, em junho de 1960, o autor já se encontrasse no Recife. À parte as reações negativas em 1959, a revista *Ficción*, na qual Carella colaborava, publicou, em janeiro de 1960, crítica elogiosa à sua obra, assinada pelo poeta Joaquín Giannuzzi (1924-2004), que, embora apontasse "rotundidade reflexiva" na escrita, sublinhava o estilo inovador de "parágrafos inteiros que são uma sucessão de frases curtas a constituírem outras tantas definições concludentes, à maneira de golpes descontínuos". A técnica lítero-musical se repetiria em *Orgia*, não sob a forma de delírios noturnos e miasmas centenários, mas em confrontações à luz do dia com uma realidade inteiramente nova.

No primeiro livro, os ataques a comportamentos fúteis e desleais no meio cultural bonaerense pós-Peron – também satirizados em sua peça *La rama dorada*, encenada no verão de 1958 – enraízavam-se parcialmente em episódio recente, embora omitido: um golpe frontal desfechado desde as páginas da revista uruguaia *Marcha*, em fevereiro de 1958, pelo diretor e dramaturgo portenho David Viñas (1927-2011), em reação a uma crítica teatral de peça sua assinada por Carella no número 10 de *Ficción* (nov. 1957).

Nessa edição da revista, na sequência de páginas de elogios a espetáculos apresentados no Teatro Colón pelo Théâtre National Populaire, de Jean Vilar (*Don Juan,* de Molière, e *Maria Tudor,* de Victor Hugo), Tulio aborda a peça *Sara Golpmann*, escrita por Viñas para a companhia Gente de Teatro de Buenos Aires. Inicia seu artigo com ironia pesada, embora fundada em aportes eruditos, dirigida à "pretensão" de Viñas de se apresentar, em texto de programa, como "provocador", numa "obra coalhada de erros", "inorgânica e enigmática", com um terceiro ato "imitado" de *Antes do café* (1916), de Eugene O'Neill. O crítico também repudia a "mensagem" de uma "literatura [politicamente] comprometida" à esquerda – apoiando-se em Schopenhauer para condenar o utilitarismo literário –, e argumenta contra o vocabulário utilizado, de "palavras grosseiras e mal sonantes", que "apenas dão ideia de uma violência exterior". Não obstante, atribui ao autor, quinze anos mais novo que ele, um "talento" que "com sorte" aprenderia a lapidar, à parte elogiar elenco, direção e cenários. Para agravar a impressão negativa, em página posterior, a revista publica a análise de Carella para a peça *Tango Mishio*, de Rodolfo Kusch (como ele um pesquisador dos temas portenhos), iniciada pela seguinte frase: "Eis aqui uma obra escrita por um homem que sabe o que quer".

Fundador da revista literária *Contorno* (1953), militante do Partido Comunista Revolucionário e bom polemista – fama consolidada nos anos 1980, após retorno de exílio político no exterior –, Viñas responde longamente e também em bases eruditas, porém acusa o colega de esconder e trair sua preferência homossexual. E dispara, invocando um raro poeta assumido, ao mesmo tempo legendário: "Você alguma vez imaginou [Walt] Whitman quando escrevia "Song of Myself" fazer um matrimônio de conveniência ou ser delator de alguma congregação de *sacristãos*?". O bardo norte-americano exortava os "poetas do futuro" a abraçarem sinceridade e franqueza absolutas, justamente qualidades prezadas por Tulio. Em outro golpe verbal, já abaixo do terreno das ideias, Viñas classifica como "casamento de conveniência" a união marital de quinze anos de seu antagonista com Tita, hipótese estapafúrdia para quem conhecia minimamente o casal.

Mais que os afetos genuínos e as partilhas artísticas envolvidas nesse casamento, em carta a Hermilo datada de abril de 1968, Carella afirma ter sexo "todos os dias" com a esposa, como um fauno: "No entanto, eu não estou *cansado da guerra*. (Guerra aqui significa ter vontade de foder). [...] Creio que pertenço à estirpe de Goethe, que seguiu *culeando* até os 82 anos. *Dios lo bendiga, y me bendiga*". E em *Orgia* assume: "A pouca atração que as mulheres exercem sobre mim. São elas que me procuram e, às vezes, aceito passivamente esse comércio. Élida [Tita Durán], claro, é a exceção".

Mais adiante em sua réplica à crítica teatral de Tulio, contestando a observação sobre o emprego de "palavras grosseiras e mal sonantes", Viñas classifica o colega de moralista preconceituoso (*mojigato*): "Que palavras eram essas, Carella? Não sei aquelas que estariam gritando na sala; [mas] em meu texto eram duas: 'marica' e 'traseiro'. Elas te intranquilizam?". Não há registro de tréplica da parte de Tulio, que em breve compartilharia as páginas de *Ficción* com textos do contendor, entre eles o conto "Un solo cuerpo mudo" (jul. 1958), que detalha tortura sofrida por um militante comunista numa prisão local.

Em contraste com o silencioso ocaso do autor de *Orgia*, após exilar-se em Madri em 1976 e saber do assassinato de um casal de filhos pela ditadura argentina, David Viñas retornou a seu país em 1984 na posição de professor de literatura da Universidade de Buenos Aires, cátedra na qual chegou a orientar a ensaísta Beatriz Sarlo (1942-2024), entre outras personalidades. Por razões políticas – "homenagem a meus filhos mortos pela ditadura" –, o escritor recusou, em 1991, uma bolsa de 25 mil dólares da Fundação Guggenheim, mas aceitou diversos prêmios literários e teatrais, nacionais e internacionais, até tornar-se diretor do Instituto de Literatura Argentina. Em coincidência temática com Carella, sua novela *Un dios cotidiano*, vencedora do Prêmio Kraft 1957, centra-se na educação religiosa de um jovem para fazer a denúncia do sistema educacional argentino da primeira metade do século XX.

*

Em 1968, *Orgia* constituiu, portanto, a pedra lapidar para as publicações de Carella até o presente, a acarretar, ainda, a supressão de sua posteridade literária. Como sublinhado por Lucas Mertehikian, entre outros comentadores de sua obra em tempos recentes, no emblemático ano de 1968 o autor "ingressa em longa década silenciosa, distanciada da pauta gráfica": "E talvez tenha sido esse livro que valeu a Carella o esquecimento e uma permanência prolongada no interior daquilo que Sylvia Molloy chamou 'o *closet* da crítica' [...]. Após *Orgia* sobrevirá o silêncio, o isolamento e até o desaparecimento".

De fato, as intimidades registradas em cadernos manuscritos em 1960-61, e estampadas em livro oito anos depois, suplantaram as expectativas dos leitores por "novidades literárias" e tornaram-se um borrador de seu nome. Após *Orgia, diário primeiro*, o autor ainda desenvolveu outros dois memorialísticos, ambos não publicados: *Orgia, diário segundo*, que concluiria a narrativa sobre o Nordeste brasileiro, reconstituindo seu sequestro, prisão e tortura, além da demissão da universidade; e um ácido registro, sem título e também baseado em seus diários, sobre a intelectualidade bonaerense, de meados de 1961 até algum ponto da primavera portenha de 1978, quando o autor transferiu-se para a casa familial em Mercedes para tratar a saúde. Carella informou a Borba Filho que considerava seus cadernos de anotações um trabalho importante:

> Primeiro foi um *memorandum* para um guia futuro, como simples subsídio, auxílio. Depois ganhou vida própria e foi testemunho e confidente: no diário eu me psicanalisava. E ao mesmo tempo dava testemunho de tudo quanto vivia ao meu redor e do que eu sentia. [...] Depois se transformou em hábito; a acumulação transformou-o num tesouro visto com avareza: 247 cadernos de diário com cem folhas cada um, 481 400 páginas manuscritas. Como vês, eu anoto tudo, o bom e o mau, o feio e o belo, o próprio e o alheio. Porém que coisas

consideras nele infantis? Um diário não é uma novela, uma obra de arte, não é uma comédia, uma novela ou um conto: é nada e pode ser tudo. (ago. 1961)

Em quinze anos de correspondência com Hermilo, até a morte deste, em junho de 1976, Carella informou-lhe estar lendo ou relendo dezenas de memorialísticos ou diários, entre os quais os de três grandes autores da geração anterior à sua: Léon Bloy, autor do romance confessional *O desesperado* (1886) e um de seus prediletos, André Gide e Jules Renard. Manifestou, ainda, admiração por obras do asturiano Gaspar de Jovellanos, prolífico memorialista do Iluminismo no século XVIII.

Purificação pelo fogo

Não obstante tal dedicação ao gênero, após sua morte os cadernos manuscritos – a incluírem materiais dos dois volumes de *Orgia* – e uma quantidade de datiloscritos trabalhados a partir deles, bem como outros originais de Tulio, foram incinerados por Margarita "Tita" Durán, com a assistência de três sobrinhas herdeiras do escritor, porque "encerravam coisas tremendas", segundo explicação fornecida pela própria Tita a Mário Tesler em meados de 1979, justamente após o bibliófilo encontrá-la em rua central de Buenos Aires e manifestar preocupação com o legado literário do amigo. Conforme sua recordação do processo envolvido na redação desses diários: "Quando você ia à sua casa, após você sair ele registrava tudo o que ocorrera, te analisava, tomava uma radiografia: era, de fato, algo tremendo; porém tudo isso foi queimado", afirmou em 2017, em depoimento para esta biografia.

A atitude da ex-companheira perante os cadernos com análises da vida cultural portenha e o "cancelamento" social do autor após a publicação de *Orgia* remetem ao caso de outra reveladora crônica da mesma década, a norte-americana *Answered Prayers*, do jornalista Truman Capote – livro jamais publicado integralmente, mas avaliado pelo autor como sua "obra máxima" –, e ao capítulo intitulado *La Côte Basque, 1965*, com revelações bombásticas sobre a sociedade nova-iorquina. Impresso em edição da revista *Esquire*, o segmento provocou o ostracismo do antes cortejado novelista e,

Retrato da poeta e pianista Margarita (Tita) Durán, companheira de Carella, na segunda metade da década de 1960, de autoria desconhecida.

por consequência, sua rápida decadência física e mental, a que sobreveio a morte precoce aos 60 anos, em 1984.

Vale destacar que a tolerância da elite argentina a sexualidades desviantes à mesma época era bem mais estrita que a da elite nova-iorquina. Ao empreender pesquisas para obras historiográficas em Mercedes, a "cidade nutriz" de Carella, Mário Tesler constatou nos anos 1980 um tabu de silêncio homófobo, por ele atribuído a escândalo ocorrido nos anos 1930 no Colégio Militar da Nação, em Buenos Aires, com orgias regulares registradas entre soldados e oficiais, entre os quais um mercedino. Conforme o pesquisador, em depoimento para este livro:

> Até mesmo um presidente da República, o general Agustín Pedro Justo, envolveu-se nas diligências de apuração. Acabaram por expulsar soldados e licenciando todos os oficiais do Exército participantes, um deles de Mercedes, e esse sujeito passou a esconder-se até o final da vida. Embora os fatos tenham transpirado para notici-

rios de diversos países, ninguém jamais comentava sobre tais fatos; [...] e já durante o regime militar dos anos 1970, um importante colecionador de fotografias antigas na cidade dos Carella foi assassinado por militar conscrito no I Regimento. Porém, a família do morto não quis investigar e escondeu tudo, ou seja, as motivações passionais do crime, numa época em que se matava impunemente homossexuais passivos.

Anteriormente, em 1907, um episódio da mesma natureza resultara no assassinato a tiros de um capitão da Escola Superior de Guerra. Porém, a mais rumorosa ocorrência, também no Colégio Militar de Buenos Aires, foi registrada em 1942. Conhecida como "O escândalo dos cadetes", ela envolveu chantagem apoiada em fotografias de encontros orgiásticos. O caso escalou o noticiário nacional e foi investigado pelo Senado, resultando na expulsão de dez cadetes e na prisão de outros três, além de dois oficiais destituídos e seis outros a solicitarem baixa.[49]

Sob a intolerância à homossexualidade no país – até a década de 1940, motivo de encarceramentos frequentes em delegacias –, o livro de Carella a encerrar o histórico de suas relações no Recife determinou, em 1972, a separação de Tita Durán e o esfriamento da relação, estremecida já a partir do ano de 1958 do ataque homofóbico de David Viñas e da decisão de Carella, um ano depois, de aceitar o convite para se transferir ao Brasil. Segundo o jornalista e escritor portenho José Maria Gatti – ativista político autoexilado no México na mais recente ditadura argentina e biógrafo de Ernest Hemingway –, em seu artigo "Tulio Carella, marginal ou marginalizado?",[50] o escritor teria viajado "sozinho ao Recife porque sua esposa não gostava de negros", hipótese que permitiria concluir que a saga brasileira solitária do portenho deu-se em consequência de uma postura racista. Como já mencionado, no primeiro semestre de 1969, três anos antes da separação e dez

---

49 No posfácio deste volume, Raul Antelo menciona ainda outro escândalo da mesma natureza, situado em 1957. O episódio forçou o escritor e tradutor Juan Rodolfo Wilcock (1919-78), nascido em Buenos Aires e muito próximo do grupo central da revista *Sur*, a emigrar para a Itália.

50 Publicado em fev. 2014 em anexo da revista *Abanico*, da Biblioteca Nacional Argentina, na qual Gatti integra grupo de pesquisadores. Disponível em: <http://hojasdelabanico.blogspot.com/2014/02/tulio-carellamarginal-o-marginalizado_9992.html>.

antes da incineração de seus cadernos, Tulio lamentou-se com Hermilo do ressentimento da companheira após ler desprevenidamente seu "livro brasileiro". Na primeira de uma série de cartas a abordar o assunto, informou:

> Ela não acreditava que eu chegaria a dizer uma verdade total. Supôs que seria um livro de tipo turístico, mostrando as misérias do Nordeste, além de suas belezas. Não leu mais que algumas páginas – menos mal. Porém existe uma perceptível tensão entre nós. [...] O livro, impresso, resulta demasiadamente forte. (fev. 1969)

Em outra missiva, pontuou: "Tita e eu nos conhecemos desde 1933 e as relações que nos unem são de tal modo complexas que não é fácil aclará-las, e muito menos explicá-las" (mar. 1969). De outro lado, as "relações complexas" entre ambos pareciam ecoar regras implícitas do antigo matrimônio helênico, no qual a mulher não legislava sobre o chamado "amor grego" exercido lateralmente pelo marido, ou seja, sobre seus envolvimentos homossexuais. Em *Orgia*, o desgaste da longa união é localizado em meados de 1959: "Agora Lúcio precisa libertar-se dela como um alcoólatra busca de vez em quando a solidão para se embebedar sozinho". Concertista de piano, dramaturga e poeta – com livro de estreia em 1963, *Mi sombra y yo* –, Tita também era letrista de tangos, tais como "Racconto" (1965), sucesso do bandoneonista e maestro Aníbal Troilo, com a cantora Nelly Vázquez.[51]

Do lado brasileiro, a atividade sexual de Carella no Recife em 1960-61 constituiu material incriminatório no *imbroglio* da separação entre Her-

---

[51] Sobre as atividades de Margarita Durán, consta verbete no *Diccionario biográfico de mujeres argentinas* (Lily Sosa de Newton, Buenos Aires: Editorial Plus Ultra, 1986): "Nasceu em Buenos Aires em 16 de março de 1919. [...] Desde 1958 desempenhou como secretária do departamento de cultura da LS1, Radio Municipal. Como escritora, estreou onze comédias breves para crianças na LRA (Radio Nacional Argentina). En 1950 obteve o primeiro prêmio da Comissão de Cultura pela comédia em dois atos para crianças *Los cuentos de Chispa*. Em 1963 publicou seu primeiro livro de poemas, *Mi sombra y yo*. Ganhou o primeiro prêmio do Instituto Nacional de Cinematografía pelo argumento *El tigre de Bengala*, e o primeiro prêmio no Festival Odol da Canção com a valsa "Amarradito" (1963), [...] um grande êxito, com gravações em várias partes do mundo. A partir dessa obra, a autora adquire notoriedade no mundo artístico e muitos músicos e compositores começam a trabalhar com ela. Tomou parte na comissão de assuntos artísticos e na comissão examinadora da Sadaic (Sociedad Argentina de Autores y Compositores de Música). [...] Faleceu em 31 de julho de 2004".

milo e Débora Freire, sua esposa, após ele assumir, em 1969, a amante de quase uma década, Leda Alves. A primeira passou a classificar o argentino como "escritor pornográfico, com fixação sexual", para toda a sociedade recifense, além de insinuar um caso amoroso entre os amigos, conforme permitem saber cartas de Carella a Hermilo à época. Após estimular denúncias do argentino sobre o adultério – e não ser atendida –, a mulher traída passara a o enxergar com "lentes de ódio" (mar. 1969).

Ainda que ultrajante para Débora e Tita, para Tulio "o valor de *Orgia*" residia justamente na "sinceridade, na verdade brutal e grotesca, sem expurgos", como explicou ao tradutor-editor em outubro de 1968, ainda sem imaginar que ele próprio seria a principal vítima de tais revelações. De outro lado, explicou-lhe, já após a publicação, que uma de suas intenções ao aceitar o convite teria sido "salvar parte do diário de uma possível destruição". Sobre esse temor, lembrou, premonitoriamente, um incidente matrimonial de outro memorialista com vida homossexual, André Gide: "Certa vez, uma companheira rasgou-lhe todas as cartas friamente, cartas escritas com cuidado e com amor; [...] e abandonar tudo por Deus parece-me explicável, mas não me parece explicável destruir" (mar. 1969).

Para além das "coisas tremendas" – na expressão de Tita – encerradas nos diários, é possível que, no lote queimado para apagar parte da experiência e da obra literária do ex-companheiro, também se encontrassem itens como uma foto horizontal de negro deitado e despido, guardada como recordação do Recife e mostrada a Mário Tesler, que compreendeu ter sido um amante. Tulio conservava ainda outras imagens semelhantes, obtidas de Hermilo via cartas. Também não se tem notícias de um desenho erótico de García Lorca ofertado ao autor de *Don Basilio* durante a estada do espanhol na capital argentina e ciosamente guardado num envelope, sendo exibido aos mais próximos à maneira de troféu, ainda conforme Tesler.

Em contexto social dilatado, a atitude culturalmente criminosa de Margarita Durán não surpreende se considerados os padrões morais de um texto de sua autoria reproduzido em apêndice de *El tango: mito y esencia* (1956), de Carella. Segundo o autor, seria um fragmento extraído de "estudo inédito" intitulado "Páginas para una história de la mujer argentina", no qual a pianista e escritora aplicava noções de correção política ao universo *tanguero*:

> O tema da infidelidade feminina, tão obstinadamente repetido por nossos letristas, contribuiu para, mais que desprestigiar as aludidas infiéis, criar uma típica fisionomia masculina que em nada favorece seus inspiradores. [...] Se algo se pode acusar às letras de nossos tangos, será o fato de reiterarem o tema do adultério para além do conveniente e do perdoável.

No mesmo ano de 1967 da reedição de *El tango*, Carella escreveu prólogo para um terceiro livro de poemas da companheira, como reportado a Hermilo.[52] Obséquio que não impediria Tita de sanitizar pelo fogo os diários daqueles anos em Buenos Aires, destinados a publicação *post mortem*: "[...] Um conjunto de trivialidades que acaso divertirá as pessoas algum dia, como hoje nos diverte o diário de Pepys" (abr. 1967), relativizou o autor em carta a Borba Filho, apoiado no sucesso das memórias do parlamentar e administrador naval inglês Samuel Pepys (1633-1703).

Dinâmicas de alteridade

Com a interrupção desse projeto literário pela morte precoce, aos 66 anos, *Las puertas de la vida* concluiu o memorialismo carelliano sobre a Argentina, ao mesmo tempo que expôs os fundamentos de uma personalidade voltada – para além dos inevitáveis pertencimentos familiares e nacionais – à busca da verdade pelo conhecimento de si e pela abertura ao diverso e ao *outro*, em concordância com o parâmetro cínico de que "não há a instauração da verdade sem uma posição essencial de alteridade; [pois] a *verdade* jamais se restringe ao *si* (ou *ao mesmo*), podendo haver verdade somente na forma de um outro mundo e de uma vida outra".[53] Ou, já sob perspectiva inversa, instauração de uma *verdade* possível somente como alteridade no interior do sujeito, ou seja, no *outro interior* que os helênicos nomearam

---

52 Tulio não mencionou o título do livro. Em 1964, Margarita Durán já havia publicado a plaquete *Como duele no haber estado*, impressa pelo amigo do casal Raoul Veroni (Buenos Aires: Ediciones del Agua, 44 exemplares compostos a mão, com xilogravura de Federico Oliva).

53 Michel Foucault, 2017, op cit., p. 349.

daimon, conectando-o a parâmetros exteriores como os mitos e os sonhos, ou seja, a herança imaterial comunitária – para Freud o "inconsciente", e para Jung o "inconsciente coletivo". Na exemplificação do crítico franco-americano George Steiner (1929-2020): "Sócrates chamou '*daimon*' a voz que brota do interior nos momentos mais difíceis ou de perplexidade. É o *daimon* irracional, o outro dentro de nós, [...] traduzido literariamente por Rimbaud no 'Eu é outro'".[54]

Entre os grupos enfocados desde muito cedo por Carella em suas dinâmicas de alteridade, como atesta *Puertas*, incluíam-se as comunidades dizimadas pelo colonizador espanhol e seus descendentes nascidos na América – os *criollos* – ao longo dos séculos XVIII e XIX, os povos originários que desde épocas imemoriais percorriam a pampa ao sul de Buenos Aires, até o ano de 1752 da edificação do forte militar que originou a cidade de Mercedes. O mesmo ocorreu em toda a porção oriental do continente já a partir do século XVI, com genocídios e saques massivos não condenados pela Igreja devido à sua interpretação dos autóctones como "bárbaros" destituídos de almas, a obstaculizarem a "expansão da fé" e o "desenvolvimento" das colônias exploradas.

Como indicado na obra memorialística, as raízes culturais indígenas – divisadas pelo garoto protagonista nas figuras de alguns raros remanescentes –, bem como o direito desses povos à terra e à própria identidade, encontram-se na base do pan-latino-americanismo do autor, que viria a ser delineado mais claramente em *Orgia*. Tal convicção ancorou-se, mais tarde, em leituras e estudos da história e da arte continentais de autoria de artistas plásticos, arquitetos, músicos, dramaturgos e escritores identificados nos países de língua espanhola como *indigenistas* – no Brasil, "indianistas" –, tendência da segunda metade do século XIX reimpulsionada nos anos 1920-30, já em aliança com movimentos vanguardistas e modernistas.

---

54 Chris Marker (dir.), 1989, op. cit., 16m50s. Segundo George Steiner, o *daimon*, ou "demônio interior", seria constituído tanto por heranças pré-natais como pelas miradas prístinas a constituírem as referências inaugurais do indivíduo, como, por exemplo, as experiências de Tulio narradas em *Las puertas de la vida*. A palavra *daimon* carrega, na raiz *dai*, o significado de "dividir", a indicar "o outro". Segundo F. E. Peters, a partir de Hesíodo e Empédocles a palavra é utilizada para designar uma presença ou entidade sobrenatural, intermediária entre um deus e um herói e ligada à pessoa desde o nascimento, seja para o bem ou para o mal, a derivar posteriormente em português "demônio", já com caráter exclusivamente negativo (*Termos filosóficos gregos: um léxico histórico*. Lisboa: Fundação Calouste Gulbenkian, 1974).

Nesse exercício de alteridade, nos anos do Recife a atenção do dramaturgo recairá sobre o contingente negro, cuja supremacia numérica e alcance de miscigenação vai surpreendê-lo enormemente, assim como a segregação econômica e social suportada por essa maioria. Na Argentina, desde os anos 1930, a capital federal e as maiores cidades apresentavam absoluta maioria branca, e a palavra "negro" passou a ser aplicada também à minoria de descendência indígena, sempre em posições subalternas na organização social. O país enveredara nessa direção a partir da Guerra da Independência (1810-25), reafirmada nos numerosos conflitos armados posteriores por meio de critérios de serviço militar obrigatório, com o posicionamento de soldados negros nas linhas de frente de batalhas. Assim, conforme Felipe Pigna e outros historiadores, a população afrodescendente – quase a metade do total do país nos anos 1770, a considerar os escravizados – teria sido imolada nessas guerras como "bucha de canhão", bem como por sua deliberada exclusão em ações da saúde pública durante epidemias de cólera e febre amarela, nos Oitocentos.

Na segunda metade do século XIX, os trabalhos antes a cargo de afrodescendentes, tanto no campo como nas cidades argentinas, passaram às mãos de imigrantes galegos, bascos e italianos, e também de descendentes indígenas, "com eficiência não inteiramente satisfatória" em comparação aos antigos servos; conforme Carella, em citação do médico e escritor portenho José Antonio Wilde (1813-87): "A cidade do século XIX estava viciada no serviço afetuoso, prolixo e gratuito da *morenada*".[55] Mesmo antes da Lei do Ventre Livre (1813) – falácia semelhante à lei brasileira de mesmo nome – e da abolição oficial da escravidão na Argentina (1853), o poder *criollo* investia no branqueamento institucional da população, sobretudo por meio de legislação restritiva em torno de uniões matrimoniais e do cerceamento dos direitos civis dos negros, além de fomentar, a partir de 1860, a invisibilização desse contingente por meio de reformas de classificações demográficas, a ponto de o termo "negro" ser ignorado no Censo Nacional de 1895. Adotou-se então o adjetivo inespecífico *trigueño* ("trigueiro", da cor do trigo maduro) para indivíduos negros, pardos e de qualquer outra tonalidade de pele que não branca, sendo contados apenas trinta mil "trigueiros" no país. O processo de invisibilização do negro argentino foi exposto em obras do

---

[55] Apud Tulio Carella, *El tango: mito y esencia*. Buenos Aires: Ediciones Doble P., 1956, p. 38.

sociólogo ítalo-argentino Gino Germani nos anos 1960, com atualizações de George Reid Andrews, em *Afro-Latin America, 1800-2000* (Oxford University Press, 2004), e de outros pesquisadores, entre eles Erika Denise Edwards, em seu estudo *Hiding in Plain Sight* (University Alabama Press, 2020), sobre a mulher negra na cidade de Rosário no século XIX.

Em 1968, em resenha para o volume ensaístico *La rebelión de los negros* (1962), do afro-americano Louis Lomax, na revista *Davar* da comunidade judaica bonaerense, Carella aliou negritude e identidade latino-americana:

> O mundo latino-americano, tão subdesenvolvido, produz as novelas mais importantes do mundo e exibe reservas cuja abundância indica que ou não é tão subdesenvolvido como se tenta fazer crer ou que tem uma capacidade de superação verdadeiramente anormal [...]. A escravidão, a guerra de libertação, o complexo insolúvel (hipócrita) de duas raças que convivem sem enxergarem-se, sem falarem-se, sem tocarem-se, sem amarem-se, chegou a uma exasperada luta definitória.

Em carta a Borba Filho na qual menciona esse livro, prosseguiu na reflexão:

> O saxão reage às críticas de maneira diferente dos latinos (ou latino-americanos): ainda agora que a Inglaterra perdeu seu império, mostra-se suscetível às flechadas. Os EUA podem dar-se ao luxo de responder com um sorriso autossuficiente (de superioridade) as alfinetadas dos *subdesenvolvidos* latino-americanos. E se dará a esse luxo até que as críticas possam afetar realmente o seu gigantismo. E chegará o momento em que se verão afetados; temos visto cair demasiados impérios para não sabê-lo. (nov. 1968)

De outro lado, na atenção de Carella ao *outro* e em seus exercícios de alteridade, ainda quinze anos antes de *Orgia* foi visado um terceiro contingente proscrito, o de homossexuais *habitués* do centro de Buenos Aires. Um *outro* com o qual Tulio se identifica, mas que paradoxalmente repele, conforme o registro decadentista aplicado a esse estrato no poema extenso *Los mendigos* (1954) – cifração para um círculo homossexual conformado à "mendicância de sexo" –, em plaquete impressa por Raoul Veroni. A obra de tema espinhoso, quase nunca abordado em contos ou produções ensaísticas argentinas – com exceção de passagens de obras do polonês Witold Gombrowicz (1904-69), radicado em Buenos Aires à mesma época da composição do poema –, é objeto do quarto capítulo deste livro, sobre a produção literária de Carella.

Gauchos e *papolitanos*

Porém, ainda conforme *Las puertas de la vida*, antes de Buenos Aires e do Recife, características históricas da "cidade nutriz" Mercedes encontram-se na raiz do direcionamento do escritor à alteridade. Situada na província de Buenos Aires, a apenas cem quilômetros da capital federal, a cidade, com cerca de trinta mil habitantes nos anos 1920, surgiu em meados do século XVIII para a ocupação *criolla* de territórios, a coibir à bala o trânsito de etnias originárias na região. A partir da segunda metade do século XIX, firmou-se como entreposto agrícola, mantendo-se à margem da efervescência social e cultural da capital da província.

Como recuperado no livro de memórias, o relativo isolamento geográfico teve a virtude de minimizar ocasionais privações alimentares das famílias mercedinas ao longo de duas guerras mundiais e ainda, no apogeu do controle burguês em capitais latino-americanas como Buenos Aires a partir dos anos 1920, garantiu a Tulio certa imunidade em relação ao histórico desprezo votado pela elite *criolla* ao emigrante italiano. Rejeição classista tornada patente no mais emblemático poema da nacionalidade, *El gaucho Martín Fierro* (1872), de José Hernández, eivado de manifestações desse preconceito, como apontou o linguista italiano Giovanni Meo Zilio (1923-2006), emigrado à região do Prata e estudioso dos patoás cocoliche e lunfardo.

Em todo caso, Carella recorda ter sido, ao menos uma vez, alvo das imprecações "napolitano comedor de polenta" e "*gringuito* patas sujas", mais comuns nas ruas da capital, porém lançadas a ele por vizinhos interioranos que julgavam integrar o estrato dominante *criollo* e reproduziam seus cacoetes. Desde meados do século XIX na região platense, a denominação "napolitanos" tornara-se genérica para emigrantes do sul da Itália, convertendo-se por vezes na corruptela sarcástica *papolitanos*, bem como no aferético pejorativo *tanos*.

Em *El sainete criollo: antología*, Carella expôs um ponto de vista sociológico sobre tal preconceito: "A burla ao estrangeiro tem razões mais profundas que a crueldade ou o desprezo gratuitos: denota a luta do nativo contra uma maioria que se apodera de seu patrimônio e ameaça destruir a consciência nacional, tão duramente lograda".

A "luta do nativo" configurou-se propriamente em estratégias contra o chamado "*malón blanco*", ou seja, a "invasão" de campos e cidades por emigrantes europeus em busca de trabalho.[56] A partir de 1845, essa emigração é alimentada por contingente galego, depois basco e, por fim, e em maior número, por indivíduos de praticamente todas as regiões italianas. Em fins do século XIX, os emigrados e seus filhos superaram o número dos "nativos", conforme relata Carella ao comentar a ascensão do sainete teatral, de cores locais e ao mesmo tempo cosmopolitas, adotado com entusiasmo pelos "novos argentinos". O gênero viria a deformar e ridicularizar o emblemático *gaucho* – cavaleiro descendente da elite rural *criolla*, porém miscigenado por maternidade ameríndia –, assim como sua estilização negativa presentifica-se nos "centros gauchescos" de Carnaval, ainda segundo Tulio em *Picaresca porteña* (1957).

A segregação sofrida pelo emigrante italiano ocasionou, ademais, a criação do *cocoliche*, não apenas uma linguagem particular, mas também um personagem "*clownesco* no vestir, paródico do *gaucho* e a exprimir-se nesse jargão *ítalo-compadrón*, para originar então uma vasta série de imitações", conforme Carella. Em *El sainete*, ao discorrer sobre esse modo teatral enquanto "campo de disputa entre antigos e novos ocupantes dos territórios argentinos", o autor evoca ainda outro tipo traçado despectivamente pelos emigrantes, dessa vez, porém, autoparódico: o *tano* (napolitano) exemplificado no "traidor Sardetti", o armazeneiro protoburguês de *Juan Moreira* (1880), obra de Eduardo Gutiérrez consagradora do *gaucho* como legenda nacional.

Como muitos de seus pares, Tulio cultivou a saga do *gaucho* Juan Moreira, hábil com facas, convertida, em 1886, em espetáculo teatral e circense de enorme sucesso, encenado pelo Circo Hermanos Podestá, de origem uruguaia e estabelecido na periferia de Buenos Aires. A peça teria inaugurado

---

56 *Malón*: originalmente "irrupção ou ataque inesperado de indígenas", termo utilizado na Argentina, Uruguai, Paraguai e Chile.

o chamado *teatro nacional*, ou *teatro portenho* – culminante na década de 1918-28 e "caracterizado sobretudo por *apologia de la mala vida*", segundo o crítico David Almirón em resenha de *El tema de la mala vida porteña en el teatro nacional*, do historiador Domingos Casadevall.[57] Já no artigo "El payador payado", misto de crítica teatral e ensaio sobre a *payada* – improviso versejado da cultura *gaucha* – escrito para a revista satírica *Hipotenusa* (maio 1967), Carella afirmou que o *"gaucho* mau" Juan Moreira logo imiscuiu-se em territórios dramáticos, enquanto ao mítico Santos Vega, o *"gaucho* bom" de outro clássico argentino, coube o papel de derrotado, em duelos de versos com guitarra, pelo "diabo", encarnado "em forças estrangeiras e principalmente nos agricultores italianos".[58]

Segundo o teatrólogo Osvaldo Pelletieri, o *Juan Moreira* encenado pelo Circo Podestá durava mais de quatro horas e apresentava mais de sessenta atores, além de cães e cavalhadas, primeiramente apenas em modo de pantomima e, depois, com falas, ao longo de temporadas assistidas por milhares de pessoas. Teria sido "fundante" por seu alcance,[59] mesmo se contabilizado o "sainete *gauchesco*" anônimo *El amor de la estanciera*, apresentado por volta de 1770 – ou, segundo Carella, que o publicou em sua antologia, atribuível a Juan Baltasar Maciel e encenado pela primeira vez em 1792. Conforme relatado a Hermilo Borba Filho, o êxito dos Hermanos Podestá com o *Juan Moreira* teria representado o "triunfo do espírito renovador da terra contra o poder estabelecido", em mais uma alusão de Tulio às "forças telúricas" determinantes de destinos individuais e coletivos.

O *gaucho* não integrável ao cosmopolitismo urbano de Buenos Aires teria sido, para o poeta, romancista e compositor uruguaio Fernán Silva Valdés (1887-1975), o "indivíduo de uma geração de *criollos* perseguidos, maltratados e manipulados, filhos de mães nativas e pais militares da conquista [de terras indígenas], filhos não desejados. [...] Seres que com total anarquia

---

57 Publicado por Ed. Kraft, Buenos Aires, 1957. A resenha de Almirón apareceu na revista *Ficción*, n. 11, Buenos Aires, fev. 1958.

58 Tulio Carella, "El payador payado o la guitarra del diablo". *Hipotenusa*, Buenos Aires, 25 maio 1967, p. 40-1.

59 Cf. Osvaldo Pellettieri, *Cien años de teatro argentino, del Moreira a Teatro Abierto*. Buenos Aires: Editorial Galerna/IITCTL, 1990. O historiador informa, ainda, ter sido a Podestá "a primeira companhia nacional a estrear sainetes *criollos*".

criavam suas próprias regras", e que "também foram enviados às frentes de batalha para defender uma pátria que lhes negou berço, que nunca os defendeu". Assim, na literatura, à denominação *gaucho* juntou-se, muitas vezes, o qualificativo "renegado".

Justiceiro perante bandoleiros que aterrorizavam os campos, mas ao mesmo tempo coibidor de excessos de poder dos *estancieros*, de bravura inquebrantável e atitudes notavelmente independentes mesmo a serviço de oligarquias – em paralelo ao samurai e seu código de conduta *buxido*, ao cavaleiro medieval e ao *jagunço* do sertão brasileiro –, o *gaucho* avistado pelo jovem Tulio na pampa mercedina tornou-se caro a seu imaginário, assim como fora para todo o universo literário argentino. Inusitadamente, o escritor chegou a atribuir a essa figura conhecimentos naturalistas e médicos introduzidos por Plínio, o Velho (século I), e, segundo seus estudos, legados ao Novo Mundo por essa "via humanística" folclórica.

Numa de suas conferências sobre o tango proferidas em 1965 e a recuperar narrativas do amigo e parceiro literário Adolfo Bioy Casares, Jorge Luis Borges divisou na figura do *gaucho* a plenitude do caráter estoico perseguido por Carella. A propósito de atitudes genuinamente *gauchas* herdadas pelo citadino *compadrón* tangueiro, lembrou certo peão de estância prestes a sofrer operação cirúrgica de urgência, ao qual foi oferecido um lenço para morder quando sentisse dor: "E então esse homem disse, sem saber que estava dizendo uma frase digna dos estoicos, uma frase digna de Sêneca: 'Da dor me encarrego eu'".[60]

Em *El tango: mito y esencia*, de 1956 e reeditado em 1966,[61] Carella sublinha a pertença "popular" de *Juan Moreira* e o preconceito com que essa obra foi recebida em 1880: "Foi ignorada e distanciada da literatura, até o favor popular dar-lhe situação definitiva na história do teatro". Como indicativo de sua situação à margem, o protagonista, também celebrado em sainetes e tangos, acaba assassinado em prostíbulo da província, circunstância referida por Tulio num de seus ensaios sobre tradições portenhas.

---

60 Jorge Luis Borges, 2016, op. cit., p. 53.

61 A segunda edição teve três tiragens simultâneas e 15 mil cópias vendidas, segundo o autor informou em carta a Hermilo Borba Filho (jan. 1967). Foram impressas uma tiragem "popular", outra encadernada e, ainda, uma especial para bibliófilos, de 150 exemplares numerados. É o livro mais citado do autor em trabalhos acadêmicos de diversas áreas, tanto na Argentina como no exterior.

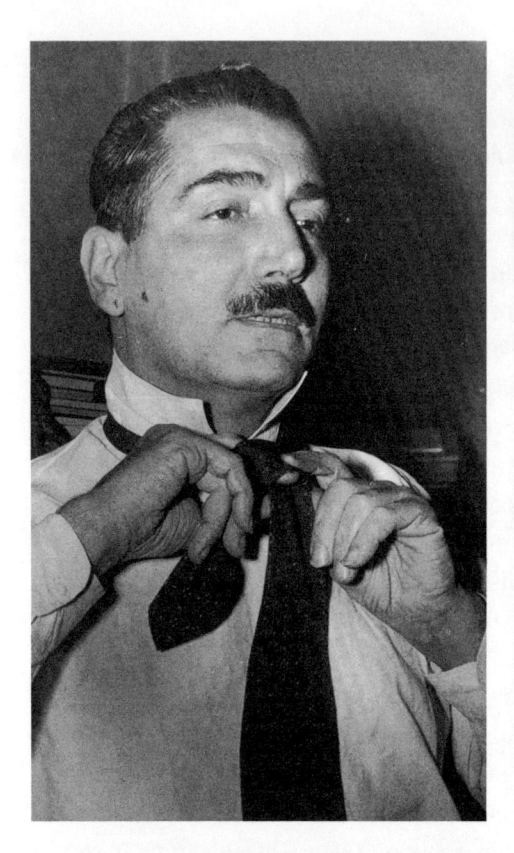

Retratos de Tulio Carella realizados em 12 de junho de 1956 para uma entrevista publicada na revista *Qué* (n. 87, p. 36-7), em torno do lançamento do livro *El tango: mito y esencia*. Fotografias de autoria desconhecida.

Para alguns pesquisadores argentinos nos anos 2000, os livros de Carella, à exceção de *Orgia* e dos volumes de poemas, integrariam o discurso nacionalista do qual o *Juan Moreira* por ele admirado constituiria epítome. Conforme Mertehikian, suas obras teriam promovido "a adoção da nação como horizonte identitário", no quadro de um "panorama idílico [...] ao mesmo tempo prístino e heterossexual".[62] Contudo, em *El tango*, ainda que a tratar de gênero argentino por excelência, Carella procurou desidentificá-lo de perspectivas estritamente nacionalistas, que, em sua trajetória li-

---

62 Lucas Eduardo Mertehikian, 2015a, op. cit., p. 3, 101.

terária, apenas teriam ajudado a "conferir certa cor local a alguns textos". O posicionamento é reafirmado na correspondência com Hermilo: "Essa *geringonça* [nacionalista] me faz rir, porque nós recebemos dos estrangeiros a democracia, a religião católica, a moral e outras regras nacionais de existência que modelam nossos códigos civis, militares etc." (jun. 1969), asseveração próxima de uma conhecida frase de Gombrowicz de boicote ao nacionalismo: "Quando escrevo não sou nem chinês nem polonês".

De outro lado, em 1961, no Nordeste brasileiro, o portenho notou preferência local por obras "nacionais" como parte de um ciclo, avaliando que seria em breve alternada com gosto por estrangeirismos; e assim, considerou que "cada nação tem uma cultura particular, composta pela soma das culturas individuais". Ao mesmo tempo, diversos ensaios e livros seus abordaram os temas inequivocamente "nacionais" do *gaucho*, do sainete *criollo* e do *tango*; e, em *Orgia*, seu *alter ego* Lúcio Ginarte vê-se frente a "uma nova cultura, que não sabe como é, e nem sabe por onde começar a estudar".

Compadres y guapos

Assim como Borges em seus artigos e palestras a partir de 1927, *El tango* buscou recuperar as raízes do gênero à luz dos raros estudos sociológicos e musicológicos existentes, para avançar então em especulações sobre seu "caráter nacional e popular". Com Borges, o livro de Carella coincidiu, ainda, na afirmação de o *pathos* encarnado no *compadrito*, ou *compadrón* – o tanguero modelo, de roupas vistosas e belicoso nas ruas –, derivar das atitudes do cavaleiro *gaucho*, alçado desde meados do século XIX à condição de mito na crônica oral e na literatura.

Diretor da Biblioteca Nacional e professor na Universidade de Buenos Aires à época do lançamento de *Mito y esencia*, Borges considerava natural que as palavras *gaucho* e *tango* fossem imediatamente lembradas pelos estrangeiros ao ouvirem falar da Argentina, e estabeleceu conexões entre elas: "Embora o *gaucho* nunca tenha bailado o tango, nem tenha ouvido falar dele", esse impuro "plebeu *criollo* da periferia da cidade"[63] guardaria

---

63 Jorge Luis Borges, 2016, op. cit., p. 47-8.

afinidades com o *compadrito*, a mais emblemática figura do tango, ao lado da "mulher de má vida" – moralismo latino para prostituta ou companheira de rufião –, também ela hábil com facas e, mais tarde, nos passos da nova dança, forjados pelos homens justamente a partir dos movimentos corporais próprios desses embates. Assim, o *tanguero* guardaria linhagem direta com o *gaucho*; e, em seu livro, Carella lançou mirada sociológica sobre o legado campesino à cidade:

> Quando começou a afluir a imigração cosmopolita e fundiram-se os labores agrícolas e os limites do campo e as estradas transformaram a Pampa cerrada, adulterou-se, desfigurou-se o *gaucho*. [...] Na adulteração da singular personalidade – precursora e progenitora do *compadre* – cooperaram eficazmente os *boliches* [bares-armazéns], os vilarejos, as casas de prostituição e os arrabaldes cosmopolitas das cidades pequenas, médias e grandes, fundindo seus vícios e anomalias aos dos campos. Naquele tempo transmigrou o *gaucho*, decomposto no *gauchito* semiurbano, semiculto, descendente estropiado do toureiro e do *majo*,[64] escreve [o historiador] Lucas Ayarragaray.

No "caldo de cocção" do *compadrito* na metrópole emergente, um pesquisador de geração anterior à de Carella incluiu etnias negras levadas cativas à foz do Prata, ainda que em fins do século XIX elas se encontrassem em acelerado processo de invisibilização. Segundo genealogia citada por Tulio e estabelecida por Leopoldo Lugones, autor de *La guerra gaucha* (1905), o *compadre* tangueiro seria "um tríplice híbrido de *gaucho*, gringo e negro" e teria representado "a contribuição de Buenos Aires à complexidade étnica [argentina]".[65]

Espelhando a têmpera *gaucha*, o *compadrito* teria perseverado no culto à coragem em espetaculares duelos a faca nas esquinas de bairros portuá-

---

[64] *Majo*: nos séculos XVIII e XIX, pessoa das classes populares de Madri que em seu porte, ações e vestimentas afetava liberdade e refinamento (*guapeza*). Cf. *Dicionário da Real Academia Española*. O trecho se encontra à p. 30 da primeira edição de *El tango: mito y esencia* (1956).

[65] Nacionalista extremado, o também jornalista Leopoldo Lugones (1874-1938) integrou a corrente literária modernista argentina da primeira metade do século XX. Iniciou-se na política com apoios ao socialismo, envolveu-se em golpes de Estado e passou a simpatizar com o fascismo. Suicidou-se com ingestão de cianureto.

rios como a Boca, bem como no orgulho e na vaidade manifestados na indumentária dândi, com as virilidades devidamente sublinhadas.

De outro lado, ainda conforme Carella, a cidade em crescimento exponencial obrigava esse tipo a recalcar ímpetos de provocação e pugna, até que, nos anos 1920, com a emergência do cantor, compositor e fenômeno Carlos Gardel e das indústrias do disco e do cinema, o elemento primitivo ou indômito fosse "domesticado", passando a predominar o seu oposto de "enfermidade", ou seja, a célebre "tristeza do tango", na expressão consagrada por Miguel Etchebarne (1915-73), autor de *Juan Nadie: vida y muerte de un compadre* (1954) e reputado "grande poeta" por Borges e Carella. Apreciador sobretudo do "primeiro tango" – derromantizado e *malevo* (malicioso, provocador) –, Borges sublinhou que, de par com os feitos heroicos e as atitudes independentes do *gaucho*, e apesar da fama de malandro do *compadrito*, ambos "trabalhavam como animais, em lidas próprias do campo ou da cidade". Apontou, ainda, o fato de "o *compadrito* enxergar-se como *criollo*". "E o arquétipo do *criollo* era o *gaucho*", portanto o *compadrito* seria um "*gaucho* portenho", concluiu.

No estabelecimento dessa genealogia, Borges citou "La morocha", um dos "velhos tangos" que admirava, a descrever o "tipo" da "morena" – miscigenada –, a arquetípica amante do herói campesino: "*Soy la gentil compañera/ del nobre gaucho porteño,/ la que conserva el cariño/ para su dueño*".[66] Porém, antes de o mais autêntico espírito *tanguero* converter-se quase em item museológico, como apontou Carella em seu livro, teria havido não uma, mas diversas classes de *compadres*. Na visão do autor de *O Aleph*, o mais interessante, ou o mais fascinante, entre os tipos de *compadre* teria sido o do *guapo* ("bonitão"), ou seja, o *pendenciero* ("brigão") que, em lugar de faca, empregava preferencialmente a astúcia:

> E pensemos no admirável da existência desse tipo. Não quero dizer que todos os *compadres* foram valentes, ou que foram *pendencieros*,

---

[66] Conforme a letra de música de 1905, de autoria de Ángel Villoldo, o "pai do tango". No filme para a TV argentina *El patio de la morocha* (1973), com a cantora Virginia Luque, a *morocha* ("mulher de pele morena", eufemismo para negra ou miscigenada) seria a prostituta nos limites entre o campo e a cidade. Em formato de sainete musicado, em 1953, *El patio...* contara com contribuições de Cátulo Castillo, Aníbal Troillo e Astor Piazzolla, tornando-se modelo para a "dramaturgia peronista".

isso seria absurdo. Mas pensemos na vida do *compadre* das periferias de mil e oitocentos e tantos em Buenos Aires, em La Plata, em Rosário ou em Montevidéu. Pensemos na pobreza dessa vida no cortiço, nas durezas e dissabores dessa vida. E pensemos que esses homens criaram, todavia, o que chamei, em algum poema – influenciado sem dúvida pelos romances de Eduardo Gutiérrez e pelas peças de teatro que se tomaram deles – de '*a seita da faca e da coragem*'. Quer dizer, propuseram-se como ideal ser valentes; a seu modo criaram uma religião.[67]

Em seu livro, Carella recupera ainda outra definição borgeana para duelos travados a faca ou punhal entre os *compadritos*: "luxo de valentes". Desafios praticados também, segundo *El tango: mito y esencia*, entre as décadas de 1890 e 1930 em prostíbulos e cabarés por "[...] mulheres mais bravias, que não esquecem a faca na cinta-liga; nem sempre são bonitas, mas devem ser, sim, boas bailarinas".

Nas conferências sobre o tango, Borges avançou conexões entre o *compadre* e um personagem *viking* do épico escandinavo *Beowulf* (c. 750), a quem perguntaram, certa vez, se acreditava em Odin ou no Cristo branco chegado das terras mediterrâneas, e obtiveram como resposta: "Cremos na coragem". "A coragem era o seu Deus, para além da antiga mitologia pagã ou da nova fé cristã. E o *guapo* também tinha esse ideal", sublinhou o poeta, reafirmando o tema, cultivado literariamente desde os homeristas, da superação de limites por feitos de coragem e sacrifícios em favor da coletividade.

No limiar dos anos 1920, após três décadas em condição marginal e impulsionados pela "onda Gardel", o tango e seu *compadrito* começaram a ser alçados a símbolos nacionais. Ao mesmo tempo, a dramática coreografia tornava-se febre em Paris e no restante da Europa, introduzida pelos jovens *patoteros* de classe média alta que Borges conheceu, a "redimir" desse modo, para a *opinião pública* argentina, tanto as circunstâncias do nascimento do bailado – em prostíbulos portenhos ou em certa academia negra de danças de Montevidéu – como sua alta voltagem sensual. Os passos e movimentos de duelos a faca nele encriptados – conforme ilustra *El tango*, do poeta e compositor Miguel Andrés Camino: "*Nació en los Corrales Viejos/ allá por*

---

[67] Jorge Luis Borges, 2016, op. cit., p. 52-3, grifo meu.

el 80. [...] *Y los duelos a cuchillo/ lo enseñaron a bailar*"[68] – tornaram-se "pura dança", desatrelados da origem belicosa e geradores de uma classe de fantásticos bailarinos. Embora sem fornecer o devido crédito, Tulio também reproduziu versos de Camino antes citados por Borges no artigo "Ascendencia del tango", publicado no quinzenário *Martín Fierro* em 1927: *"Así en el ocho/ y en la asentada,/ la media luna/ y el paso atrás,/ puso el reflejo/ de la embestida/ y las cuerpeadas/ del que la juega/ con su puñal"*.[69] Carella tinha razões para apodar Borges de "O Grande Sofista", pois nesse texto o poeta relativizava conexões entre o tango e as lutas de rua, de forma a colocar em xeque a afirmação de Camino sobre o advento pugnaz e prostibular:

> A procedência versificada por Camino é original até não mais poder. À motivação erótica, ou meretrícia, que todos temos reconhecido no tango, acrescenta uma motivação belicosa, de peleja vivaz, de *visteo* [duelo com os corpos próximos]. Ignoro se essa motivação é verídica; sei, todavia, que casa maravilhosamente bem com os tangos velhos, "feitos de puro descaramento, de pura sem-vergonhice, de pura alegria da coragem", como descrevi em outras páginas, há um ano. [...] A única vez em que Evaristo Carriego[70] lembrou do tango foi para ver nele felicidade, para mostrá-lo *callejero* e festeiro, como era há vinte anos: *"En la calle, la buena gente derrocha/ sus guarangos decires más lisonjeros,/ porque al compás de un tango, que es "La morocha",/ lucen ágiles cortes dos orilleros"*.[71]

---

68 "Nasceu no bairro dos Currais Velhos/ ali por 1880. [...] E os duelos a faca/ o ensinaram a bailar."

69 Surgido no número 27 da publicação, o artigo de Borges foi reproduzido em 1928 em seu livro *El idioma de los argentinos*, localizando o poema de Miguel Andrés Camino no livro *Chaquiras* (Buenos Aires: Editorial El Inca, 1926).

70 Poeta nascido em 1883 na província de Paraná e falecido em 1912 em Buenos Aires, ano do nascimento de Tulio Carella. "O cantor do subúrbio portenho" por excelência, biografado por Borges.

71 Do artigo citado de Borges, de jan. 1927 (*Revista Martín Fierro*, ano IV, n. 37). "Na rua, a boa gente esbanja/ suas mais afáveis grosserias,/ porque ao compasso de um tango, que é "La morocha",/ luzem ágeis os 'cortes' [posturas corporais, figuras de dança] de dois arrabaldeiros."

De outro lado, o brilhantíssimo palestrante discordou do letrista quanto ao lugar de nascedouro:

> Camino nos explica o tango, e além do mais marca o preciso lugar em que esse nasceu: o bairro dos Corrales Viejos. A precisão é traiçoeira. O *visteo* jamais foi privativo dos Corrales, pois a faca não era ferramenta apenas dos esquartejadores de bois: era, em qualquer bairro, a arma do *compadrito*. Cada bairro padecia os seus *cuchilleros*, sempre em bando em algum reservado, em algum quarto de fundos. Houve alguns de fama duradoura, embora escassa. [...] A meu ver [...] o tango pode ter se originado em qualquer lugar da cidade, ou mesmo nas festas da Recoleta.

Também Julio Cortázar enraizou o tango em "noites de amor e morte", porém em modo lírico:

> O tango foi, antes de tudo, e sobretudo em Buenos Aires, uma música dos arrabaldes, como a java e o *blues*, um testamento urbano em sua crônica das noites de amor, abandono e morte, sua nostalgia de uma felicidade impossível, seu testemunho de uma pobreza sem esperança de resgate.[72]

Porém, além de transbordar dos arrabaldes para o centro da capital argentina, a partir de 1915 o gênero ganhou superexposição em telas de cinema, tanto em produções locais como de Hollywood: "Com o tango, o mundo começou a nos perceber", assinalou Borges. Nos festejos do Centenário da Independência, em 25 de maio de 1910, na avenida de Mayo, uma banda militar surpreendeu ao executar o tango "Independencia", espécie de marco de oficialização do ritmo no imaginário do país. Em paralelo, entre o final da década de 1920 e meados dos anos 1930, o samba nascido nos morros e favelas da zona norte do Rio de Janeiro passava a identificar o país internacionalmente; e, com sua popularização por meio de discos de Carmen Miranda e outros artistas, alcançou tanto classes médias como elites brasi-

---

[72] Julio Cortázar, *Papeles inesperados*. Buenos Aires: Alfaguara, 2009, p. 368-9.

leiras, para ser adotado então como estandarte nacional pelo Estado Novo. Enquanto isso, transcorria a glamurização cinematográfica da cantora luso-brasileira em Hollywood e a política expansionista norte-americana de "boa vizinhança", ou seja, o pan-americanismo culturalmente mais intrusivo e colonialista.[73]

Carella jamais cogitara antes abordar o universo do tango, escrupulosamente evitado no ensino musical acadêmico frequentado na juventude, mas sua má situação econômica obrigou-o a atender, em 1955, ao convite lançado por um amigo lotado na Direção de Cultura da cidade para proferir palestra sobre o tema. Ainda não conhecia os poucos livros publicados a respeito e considerava o tango incompatível com sua formação literária e musical, além de parecer-lhe, em geral, "melodramático e *cursi*" (cafona): "Eu havia estudado algo de harmonia e contraponto, e composto alguma fuga a quatro vozes, além de algumas peças dissonantes, e me parecia que estudar o tango era rebaixar-me", recordou. Em resenha à primeira edição de *El tango: mito y esencia*, o jornalista, crítico e escritor F. J. Solero, autor de *¿Qué es América? – Literatura y contorno* (1972), concordou com Carella:

> Assim, tardou a exegese do tango como esquema positivo imerso na cultura do país, e como contribuição a uma fertilização da psique popular, e o gênero foi até mesmo segregado com certo desdém pelos estudiosos. É porque não se esquece a sua ascendência paupérrima, humilde, e, ao mesmo tempo, pouco recatada. Seu desavergonhamento, sua desenvoltura e a perene humilhação que pratica sobre certos sentimentos motivaram o alheamento da crítica.

Solero também sublinhou o pioneirismo do livro de Tulio, publicado pela primeira vez em 1956: "Instamos alguém a encontrar numa livraria da avenida Santa Fé, de Corrientes, uma *Antologia do tango* realizada com seriedade ou,

---

[73] Tanto em estruturas rítmicas como nos passos de sua dança, o samba carioca teria derivado do maxixe, também chamado "tango brasileiro" em razão do contato físico entre os bailarinos. Criado por afrodescendentes no Rio de Janeiro em meados do século XIX e logo popularizado em toda a cidade, o maxixe evidencia influência rítmica da *habanera* cubana, assim como a milonga e o tango argentinos.

ao menos, apresentada com reverência. A pesquisa será em vão. Não será encontrada, e tampouco um livro que investigue sua razão de existir".[74]

Como inspiração para sua palestra prestes a tornar-se livro, Tulio recuperara experiências *tangueras* da infância e da adolescência em Mercedes e aprofundara-se em estudos de outra manifestação pampeira: o desafio improvisado e versejado da *payada*, transportado aos clássicos literários nacionais. Identificara, ainda, influência dessa expressão originalmente rural em letras de milongas e tangos, ao mesmo tempo embebidas do lunfardo metropolitano: "O letrista do tango é o prolongamento do *payador*".

Diante dos retornos positivos de sua conferência, ambiciosamente intitulada "A influência do tango na cultura argentina", Carella resolveu ampliá-la em livro, traçando conexões do gênero com a *payada* e muito mais além: "[...] Música de pobre, tocada de ouvido, dança de origem humilde, como todas", "expressão *orillera*" (das margens) de uma "comunidade mais religiosa que musical", estabelecida "sobretudo nas barrancas, zonas portuárias e bairros como Bajo, Boca, Palermo e Nueva Pompeya"; este último, um "bairro feliz de *malevos* [delinquentes] e *compadres*". Sobre conexões literárias, afirmou que "nos textos de milongas recolhidas em 1883 era possível observar estrutura contrapontística a evidenciar graus de transição da *payada* ao tango"; e, também, que "muitos ramos admiráveis da literatura argentina não são outra coisa mais que textos de tangos idealizados". Assinalou, ainda, "não haver, seguramente, escritor no país que não tenha se interessado pelo tango e pelo mundo que o viu nascer, de Fray Mocho a Leopoldo Lugones".

El tango: mito y esencia mereceu uma segunda resenha memorável, porém atenta às desigualdades internas da obra e ao pendor do autor à digressão. Foi assinada por Ivonne Bordelois, jovem literata que se tornaria colaboradora da revista *Sur* e se firmaria como poeta, ensaísta e linguista, com trajetória em pedagogia na Universidade de Sorbonne e no Massachussets Institute of Technology (MIT). Sua resenha "San Martín y Viamonte", para a revista *Centro* da Faculdade de Filosofia e Letras da Universidade de Buenos Aires, também sublinhou o preconceito da época contra o tango, nos "núcleos sociais e intelectuais que o enxergam como produto do bordel" – o que, no entanto, seria a origem certa – "e impugnam a vulgaridade plebeia de sua

---

[74] F. J. Solero, Sem título. *Revista Ficción*, n. 3, Buenos Aires, set.-out. 1956.

conformação idiomática". Apesar de endossar Carella quanto à "capacidade proteica de expressão" do tango e às implicações literárias e sociais traçadas, e de concordar com a afirmação de que "nenhum trabalho sobre os usos e costumes dos argentinos é completo, na atualidade, se não incluir o estudo do tango", Bordelois ressalvou "a rapidez e a superficialidade no tratamento desses temas, em soluções apenas esboçadas", e censurou o excesso de citações e "referências imprecisas, insuficientes e insólitas", entre as quais "alusões a Max Müller [linguista e orientalista alemão], Yogananda [mestre da filosofia indiana], Anatole France, Voltaire, Platão, Horácio, Catulo etc.", para então sentenciar: "Somente Borges teria se saído airosamente nesse empenho. Carella não é Borges". Entretanto notou, ao comentar uma citação de Catulo: "Em 'Vivamos, minha Lésbia, e amemos', [...] a inspiração nos parece de primeira mão [...] E não sabemos se, ao escrever esses parágrafos, o autor cedeu ao espírito humorístico portenho que exibe em outras páginas; de todo modo, eles conferem, sem dúvida, consistência e seriedade a seu ensaio".[75]

A primeira edição do livro posicionou-se, de fato, na contramão de tendências, uma vez que, com a deposição de Perón no ano anterior, o tango cultuado pelo justicialismo começou a ser banido dos programas culturais oficiais e, "com rapidez impressionante, adotou-se, em seu lugar, o bolero, o cha-cha-cha e o *rock'n roll*", como lembrou, num filme sobre sua trajetória artística, Astor Piazzolla, o criador do "tango progressivo".[76]

Informações autobiográficas e o relato da própria gênese do livro compõem o posfácio de 32 páginas de *El tango*, o que já prenunciava a vocação memorialística de Carella, expandida três anos depois em *Cuaderno del delirio*. Sob o título "O tango e o homem", a seção recupera vivências do autor, bem como suas pesquisas em livrarias e bibliotecas de Buenos Aires, além de reafirmar a mera circunstancialidade de seu interesse pelo chamado *coletivo nacional*:

> Indubitavelmente somos mais nós mesmos quando estamos em comunhão com o resto do mundo do que quando estamos sós – no

---

[75] Ivonne Bordelois, "San Martín y Viamonte". *Centro, Revista de Literatura da Facultad de Filosofia y Letras de la Universidad de Buenos Aires*, n. 12, Buenos Aires, out. 1956, p. 60.

[76] Daniel Rosenfeld (dir.), *Piazzola, los años del tiburón*, 2018. 95m.

sentido egoísta da palavra. Porém como ser individual e ao mesmo tempo estar em paz com o mundo? Sempre tive uma preocupação urgente: a de ser entendido. E, além dessa, outra, de caráter estilístico. Era necessário dar às minhas produções um *acento local*. A simples enumeração "arte egípcia, grega, espanhola ou inglesa" implica características definidas, concretas, de nacionalidade, que permitem a classificação e o discernimento temporal e geográfico. Cada obra exibe indícios peculiares que a situam, não somente num país e numa época, mas até mesmo num indivíduo. Depois descobrimos que a sinceridade é a única condição necessária para o artista. O restante vem por acréscimo.

Entre diversas outras no mesmo sentido, a afirmação alivia o peso do identitarismo nacionalista no tango para valorizar, em maior medida, a "coragem da verdade" nos protagonistas desse universo, concorde à mirada cínico-estoica de Borges. De outro lado, *El tango: mito y esencia* evita escrupulosamente apologias a personalidades históricas ou artístico-literárias, mesmo a Carlos Gardel. Em carta a Borba Filho, o autor opina: "O nacionalismo de tipo agressivo é ridículo na América Latina, na qual todos somos emigrantes ou filhos de emigrantes, ou netos, ou descendentes de emigrantes" (jan. 1969).

Na mesma direção – e tão inusitado no volume ensaístico quanto seu "Introito" em modo de ficção científica, a percorrer "as ruínas arqueológicas do tango no ano 5956" –, o posfácio citado elege uma parábola de G. K. Chesterton para apresentar o nada canônico entendimento do dramaturgo sobre o chamado *sentimento nacional*. A história inicia-se com a falha cartográfica de um piloto de avião que, "havendo calculado mal a rota, acaba por descobrir seu próprio país sob a impressão de que está sobrevoando uma ilha desconhecida", estabelecendo, assim, um paralelo com os descobrimentos de Tulio em torno do tango e do sainete.

Para Carella nesse livro, os "traumas" advindos da Independência argentina (1810) e de quinze anos de guerra contra a Espanha teriam gerado "lamentável desorientação cultural e intelectual", além do perecimento de treze mil "patriotas" – enquanto no Brasil, em 1822-23, as lutas contra os portugueses concentraram-se na Bahia, com mais de duas mil mortes de ambos os lados. Para além disso, a "separação violenta" teria provocado "enorme *aversão filial*" ao colonizador espanhol, e desde então a elite argentina passara a privilegiar os pensamentos francês e inglês. Já "o povo reagiu com mais eficácia", continua o autor de *El tango*, "[...] e inventou uma *jerga* [jargão] que expressa desconformismo e antipatia [pelo *criollo*]" – o lunfardo –, "além de buscar divertimento nas expressões artísticas que se encontravam a seu alcance: o drama camponês" – os épicos *gauchos*, derivados das *payadas* –, "além da comédia citadina, do sainete e do tango".

Segundo *Picaresca porteña*, o lunfardo – termo possivelmente derivado de "lombardo" – e o cocoliche seriam "expressões artísticas" que o "esnobismo e a pedanteria" do meio cultural bonaerense "desdenharam" em larga medida, assim como ele próprio procedera em relação ao tango antes de sua palestra, quando passou a enxergar "o chão sob os próprios pés". De qualquer maneira, em seus livros Carella não deixou de mencionar o "caráter nacionalista do tango" e de registrar "opiniões favoráveis e desfavoráveis que mereceu a índole de afirmação nacional desse gênero contra a desorganização nacional provocada pela corrente migratória", ou seja, o fluxo transcontinental do século XIX integrado por seus antepassados. Assim, ao menos uma vez em *Mito y esencia*, atribuiu função ideológica ao tango, não obstante a contradição encerrada na referência à "desorganização nacional ocasionada pela corrente migratória", uma vez que o tango emblemático de *argentinidad* foi desenvolvido sobretudo por emigrados e seus descendentes.

Poucos meses após a apresentação da palestra, interrompia-se, por atos de força militar, o ciclo de mais de uma década de expansão do "novo nacional" peronista, diverso de nacionalismos anteriores excludentes, uma vez que passou a cortejar estratos como o dos netos empobrecidos de emigrantes, os "descamisados". Eles eram assim invocados em discursos em praça pública da primeira-dama Eva Perón, que se valeu da mística do tango para a afirmação midiática do regime, e na qual engajaram-se, entre outros, os irmãos *tangueros* Armando e Enrique Santos Discépolo, também dramaturgos e amigos de Carella.

Em 1943 Tulio alistara-se, como já mencionado, em nova associação de escritores, criada para sustentação ao justicialismo, e, entre os conhecimentos do dramaturgo à época, figurava a *milonguera* Tita Merello, espectadora frequente de *Don Basilio* em 1941 e prestes a tornar-se muito próxima da "*madre de los descamisados*".

No entanto, no ano de 1956 da publicação de *El tango*, os cabeças do peronismo encontravam-se já em prisão, desgraça ou desterro; e tanto o caçula Discepolín – o compositor de "Cambalache" – como Evita Perón, mortos prematuramente (respectivamente em 1951 e 1952) no curso de encarniçados embates com opositores, haviam sido alçados à condição de mártires da causa peronista.

Em direção contrária, em vez de exaltar o "caráter nacional argentino" do tango e seus emblemas, na conclusão de seu livro Carella preferiu destacar aspectos de certa "micropolítica" e "fluxos desejantes" na vida metropolitana, bem como os quase anônimos artistas do estilo musical em sua fase mais genuína, até os anos 1930. Assim, em sua mescla de ficção científica, ensaio e memória num mesmo volume, notou que, na óptica de "todo um setor da humanidade" – a oficialidade de críticos, literatos e historiadores –, tratar dos aspectos internos e imateriais do ritmo, "do humor, do sorriso e da leveza do tango", significava para a maioria, naquele 1956, apenas "diminuição" ou "rebaixamento"; e finalizou seu ensaio com crítica à vaidade e à vontade de poder, valorizando os "pequenos atos" individuais:

> Pensam apenas no *desmesurado* – super-aviões, tragédias, arranha-céus –, não almoçam senão no *Palacio* de la Papa Frita, nem assistem a obras nacionais se não for na *Catedral* do gênero *chico* [de zarzuelas, sainetes etc.]. Essa mania se estende inutilmente a ordens que não necessitam grandeza.[77] E oculta a realidade, essa pequena, formosa, cotidiana realidade que todos temos diante de nós. O raio de sol, a névoa sedosa, a chuva terna ou abundante, a beleza insubstituível do céu. Os heróis não se encontram apenas nas páginas dos romances ou nas telas de cinema. Sentam-se ao nosso lado no café, vendem jornais nas grandes esquinas, escrevem livros sacrificadamente, consertam encanamentos ou conduzem coletivos. [...] Por isso não creio nem em temas nem em gêneros "importantes". [...]

---

[77] Os itálicos em "Palacio" e "Catedral" são do autor. O Palacio de la Papa Frita [Palácio da Batata Frita] é um grande restaurante da central avenida Corrientes, que ainda funciona, porém de maneira decadente. A "Catedral do gênero *chico*" em Buenos Aires foi o Teatro Boedo, num edifício demolido na segunda metade dos anos 1950.

O tango me devolveu com juros tudo o quanto lhe dei, [...] e compreendi, maravilhado, que esse país era o meu, e que essas pessoas eram eu mesmo. Tenho dito. 1956.

*

Além do *Juan Moreira* e do *Martín Fierro*, em suas cartas a Hermilo Borba Filho, Carella comentou ainda outras obras fundadoras do chamado "nacional argentino", porém de forma a projetá-las a escala universal, equiparando as técnicas narrativas e os temas desses clássicos com as de criações do colega ambientadas no Nordeste. Assim, estabeleceu conexões – na forma improvisatória e em apropriação de anedotário popular – entre tais títulos e *A donzela Joana* (1966), adaptação de Hermilo para a história de Joana D'Arc a partir de folhetins inspirados no romanceiro vendido em grandes feiras, como *A donzela que foi à guerra*, nos quais em vez de amarrada à fogueira, a mártir é arrojada às águas do rio Capibaribe.

Assim, apontou nas cartas a proximidade do "folguedo" *Joana* – "magistral, de uma beleza poucas vezes igualada na literatura popular americana" – com clássicos da cultura argentina, e em especial com *payadas*, transcritas de tradição oral, do lendário e invencível duelista Santos Vega (c. 1800), bem como com obras de Estanislao del Campo (1834-80) e com o *Martín Fierro*. A sublinhar a presença da *voz popular* na escritura, cumprimentou o pernambucano:

> Li a primeira cena com uma emoção crescente. Havias conseguido o tom justo! A simplicidade, a candura, a pureza, e, sobretudo, o ver as coisas ingenuamente, tal como as veem aqueles que não têm preocupações literárias. E essa é a verdadeira literatura. Estavas logrando uma joia. E me sobressaltou uma preocupação: tua gente a via desse modo? Compreendi-a? Davam-se conta de que a transparência, a simplicidade, e por vezes as licenças dos versos eram buscadas? (maio 1966)

Discorreu, ainda, sobre uma cena vazada em repentes – interrogatório, por meio de jogos de adivinhação, de doutores da Igreja à santa martirizada –, "como os que fazem os *payadores* argentinos e uruguaios"; e, dois meses depois, agradeceu a "Hermilazo" o envio de artigo – na verdade colagem de comentários dispersos em missivas daquele ano – sobre *A donzela Joana* publicado no *Diário de Pernambuco* com a sua assinatura. Além de ressalvar incorreções na tradução de seus pareceres, afirmou ao amigo que preferia ter escrito um texto original, embora "com menos fervor que o empregado nas cartas", para então estender-se, apoiado em obras de sua biblioteca, numa comparação da farsa brasileira com o *Martín Fierro*: "Paralelos comuns, uma vez que no *Martín* há toda uma *payada* íntegra transcrita – em verso (oito meses custou a José Hernández compô-la) –, e muito sugestiva para a apreciação daquilo que tem em comum com a sua obra". (jul. 1966).

Sobre paralelos literários turvadores de fronteiras nacionais, além da coletânea *Santos Vega*, Carella mencionou a Hermilo sobretudo o *Fausto* de Estanislao del Campo, também conhecido como *El Fausto criollo* (1866), descrito como "poema humorístico" acerca da conversa de dois camponeses sobre o a ópera *Fausto*, de Gounod, que um deles fora assistir no Teatro Colón (maio-jul. 1966). Sobre tais paridades, afirmou ao amigo, dois anos antes de trabalhar as passagens mais ideologizadas de *Orgia*, ter chegado a uma "conclusão lógica": "Estamos na América, temos pontos de vista comuns para o futuro, temos um passado comum" (maio 1966).

Dissimulação *gaucha*

De outro lado, a mais transgressiva interpretação do portenho para páginas clássicas argentinas questionando a heteronormatividade – ou macheza – de personagem literário icônico foi impressa em 1959, em *Cuaderno del delirio*, em comentário sobre *Dom Segundo Sombra* (1926), de Ricardo Güiraldes (1886-1927), escritor "patrimônio do espírito portenho", segundo Borges. A propósito desse herói, a exibir os atavios e as atitudes viris do *gaucho*, Carella grafou pela primeira vez em livro o termo "homossexual" – associando-o a "complexo", noção psicológica correntemente aplicada a tal identidade nos anos 1950 –, se não forem levadas em conta as metáforas de *Los mendigos*. A menção a *Segundo Sombra* surge em meio à memória longínqua de beijo aplicado em namorada e causador da desaprovação dos frequentadores de uma praça:

> Vejo-me na praça Rodríguez Peña, há muitos anos. [...] Eu intuo a ameaça e tento dissipar a atmosfera densa provocada pelos nossos beijos. Digo a ela: "*Dom Segundo Sombra*. Se alguém nos interrogar, devemos responder que falávamos do complexo homossexual do *gaucho*". O protagonista, que fala em primeira pessoa, está enamorado do vaqueiro. O fato não é impossível, uma vez que, mesmo sem sabê-lo, todo mundo tem complexos. Às vezes permanecem no subconsciente a vida inteira. Outras vezes afloram, e então é preciso afrontar a tremenda verdade, retrocedendo e avançando. Não há como se opor à *crisis*; é preferível deixar que tudo se resolva por *lisis*...

Em 1º de outubro de 1968, Tulio explicou a Hermilo que, ao contrário de *Orgia*, e apesar de também ser composto a partir de páginas de diários, *Cuaderno del delirio* fora "cuidadosamente expurgado", e que nesse livro "certas coisas são ditas com dissimulação, com circunlóquios", como no caso do parágrafo acima. Nele, além do desmentido à hombridade do *gaucho* Segundo Sombra, o sufixo grego *lisis*, utilizado na área da química, é empregado para indicar o comportamento do próprio narrador quanto à sua bissexualidade, ou seja, sua preferência não pela *crisis* de uma revelação, mas por uma estratégia silenciosa de "dissolução lenta, ou *natural*, com final favorável", conforme definição dos compêndios científicos para *lisis*. Assim, no momento em que se encontrava prestes a posicionar-se numa elite intelectual "sexualmente hipócrita" – ainda conforme sua carta de 1968 –, expôs a maneira pela qual, ainda jovem, resolveu a questão moral.

Num período de quinze anos de correspondência, diversas vezes relatou a Hermilo o "problema argentino crônico" de recalque libidinal e mútua vigilância do comportamento sexual, com graves decorrências de violência: "Eu tenho recortado – mas não arquivado – notícias de jornal que fazem pensar que a vida é amarga e insensata. Sem sentido. O crime mais frequente neste país é o crime sexual. E a isso se junta uma hipocrisia insuportável" (dez. 1967). E, noutra ocasião: "Há dois anos, em Buenos Aires, Guillermo fez expor uma cópia do *David* de Michelangelo no Teatro San Martín, e foram obrigados a ocultar com uma cobertura o detalhe dos genitais. Tirania da *pudibundez* [pudicícia] generalizada".⁷⁸ Um ano depois relatou, no mesmo sentido:

> O Dia de Primavera festeja-se aqui com cavalgadas, costumes de fantasia, piqueniques, desfiles etc. Numa vitrina exibiu-se uma fotografia brasileira, uma jovem sobre um fundo de plantas, que as autoridades mandaram retirar *imediatamente:* durou somente meia hora. Interrogado o dono da imagem, disse que era uma versão do *Nascimento de Vênus*, de Botticelli. "A esse tipo tinham de colocá-lo preso", opinaram as autoridades, que ignoravam o valor da pintura, da versão e o falecimento do pintor, há quatrocentos anos ou mais. (out. 1968, grifo do autor)

Já em 1969, em face de novas medidas da ditadura Onganía, de repressão a literatura, artes e opções políticas, lamentou o estado de exceção:

> Porém, segundo o que leio, no Brasil as coisas não andam melhor, e o governo extrema as medidas de força. Aqui "tiraram" novos decretos, que imobilizam qualquer iniciativa. Multas elevadíssimas por vender, distribuir ou possuir livros imorais ou pornográficos; e até mesmo aparatos para utilizar com finalidades de prazer (*sic*). Isso significa que será impossível até possuir em casa um galho de árvore, uma cenoura, um pepino, e até esses fungos de aspecto fálico que resultam tão saborosos, ainda que alguns sejam venenosos. [...] Os grão-senhores viajam à Lua, e na Argentina, em plena Buenos Aires, que festeja ruidosamente a façanha, há centenas de fugitivos, de indivíduos que devem ocultar-se, mudar de domicílio constantemente, quase disfarçar-se para não serem detidos. Entre eles, alguns que tu conheces. Outros, tais como o homenzinho [o editor Bernardo Kordon], seguem detidos; creio que já faz um mês; a polícia invade domi-

---

78 Guillermo Orce Remis (1917-98) foi jornalista, escritor, crítico musical, ensaísta e poeta argentino, além de funcionário do teatro estatal San Martín nos anos 1960. Um dos amigos mais próximos de Carella após seu retorno à Argentina, assim como sua mulher, a atriz, diretora, autora e professora teatral Marcela Sola (1919-2007). Em seu período de residência em Paris, nos anos 1950, Guillermo tornou-se amigo de Julio Cortázar.

cílios, sequestra livros, objetos, pessoas. Uma vez detidos, incomunicam-nos, isto é, lhes dão menos chances que aos demais presos; colocam impedimentos às famílias para vê-los, ou para levar-lhes roupas ou alimentos. Quando se trata de jovens não tem muita importância; a coisa é mais grave quando se trata de pessoas idosas. Eu sei que nestes tempos o não haver estado preso é uma exceção, um privilégio, quem sabe se desejável. (jul. 1969)

O recalque sexual argentino também é referido por Julio Cortázar, que o contrapôs à expansão sensual de composições musicais fruídas em interpretações de Susana Rinaldi: "Tangos cujos corpos despidos de vulgaridade são mostrados em sua mais bela nudez, a revelar os argentinos de Buenos Aires tais como são: vulneráveis e reprimidos, ternos e intratáveis".[79]

Assim, como revelado – e ao mesmo tempo ocultado – em *Cuaderno del delirio*, em vez de dar oportunidade a um escândalo demolidor de sua reputação literária, caso se evidenciassem seus ocasionais encontros homossexuais, Carella optou pela via intermédia de conduzir o dilema não por *crisis*, mas por *lisis*, ou seja, sem lutar contra sua inclinação e, ao mesmo tempo, sem ostentá-la. Trilhava, portanto, o chamado "terceiro caminho", não evidente, mas "que sempre existe, de maneira desconcertante", na observação de George Steiner sobre o complexo edípico, assumido pelo argentino em diversas cartas para Hermilo.[80] Segundo o crítico e pesquisador, antigamente havia na planície grega entre Tebas, Epidauro, Daulis e Corinto não uma bifurcação, como simplificado na maioria das narrativas, mas uma "trifurcação". E, assim como o herói de Sófocles, Carella teria escolhido a terceira via, a mais tortuosa ou labiríntica, a desembocar no Recife de sua húbris trágica, de excesso orgiástico. Via de regra, segundo os tragediógrafos, tal excesso acaba "punido" e estabilizado pelo sentido de ordem inerente ao Cosmos, que provoca a queda do transgressor, atirando-o então ao abismo e à Catástrofe (Caos) com a mesma intensidade ígnea que antes inscrevera sua participação na Criação (Orgia). Nas palavras de Steiner:

---

79 Julio Cortázar, 2009, op. cit., p. 369.

80 Como, por exemplo, na missiva datada de 11 jan. 1973. Acervo Hermilo Borba Filho, mantido pela viúva Leda Alves no Recife.

> De maneira perturbadora, o mito grego sempre propõe não duas, mas três escolhas [...], e a terceira pode resultar tanto no desconhecido como na ambiguidade; e cada homem está o tempo todo à beira desses três caminhos, dessa tríade misteriosa [...] que confere complexidade à experiência humana, pois, pergunta após pergunta perante aquilo para o qual não temos resposta adequada, o desconhecido do mito e a civilização grega nos devolvem à nossa condição humana.[81]

Em vista da insinuação sobre a sexualidade de um *gaucho* tão emblemático – embora cifrada sob imagens literárias e conceitos científicos – e da consideração de não haver "como opor-se" à *crisis* instalada pela homossexualidade, é surpreendente a maneira como Carella posicionou-se em 1959, apenas três anos depois de *El tango*, quanto à difundida hipótese de origem homossexual para o tango bailado: em *Mito y esencia*, o autor estabeleceu uma polêmica com Jorge Luis Borges em torno de versos indicativos dessa gênese – presentes em "La morocha" –, além de omitir corrosiva tirada do escritor a respeito de o tango constituir, em seu cenário inaugural, uma "dialética fecal entre *malevos*".[82]

Dois *arrabaleros*

Assim, *El tango: mito y esencia* diverge do cânone historiográfico quanto ao surgimento do bailado entre clientes de prostíbulos no último quarto do século XIX. Diante da impossibilidade de ignorar fotos de homens enlaçados na dança, publicadas no número 227 da revista *Caras y caretas* (1903), Carella relativizou a evidência como "acaso de ilustração", e lembrou outro comentário de Borges a respeito de tais origens, porém apenas para negá-lo:

---

[81] George Steiner, in Chris Marker (dir.), 1989, op. cit., 22m50s, tradução minha.
[82] Jorge Luis Borges, "Nuestras imposibilidades", *Sur*, Buenos Aires, ano 1, primavera 1931, p. 131-4. A sentença foi suprimida na edição de suas *Obras completas* (Buenos Aires: Emecé Editores, 1964).

Página de reportagem "El tango criollo" na revista *Caras y Caretas* (n. 227, 7 fev. 1903, p. 37), de Buenos Aires, ilustrada com duplas de homens enlaçados e dançando.

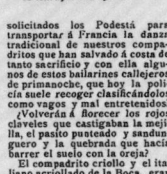

Para Borges, o tango era o paraíso dos varões, nada menos que isso, algo assim como a *visteada* [luta com facas], e para tanto apoiou-se em versos de Evaristo Carriego [1883-1912]: "Porque ao compasso de um tango, que é "La morocha",/ brilham ágeis *cortes* de dois *orilleros* [arrabaldeiros] [...] O plural *orilleros*, assim como todo plural, não dificulta a admissão do feminino".[83]

---

83 *Cortes*: figuras da dança do tango a envolverem estreitamento corporal entre os bailarinos. A citação é retirada de *El tango: mito y esencia*, op. cit., p. 49-50.

No entanto, em suas palestras dos anos 1960, o "Homero *criollo*" não deixa margem a dúvidas: "[...] Dois *orilleros*; quer dizer, dois homens". E, ainda, em *História de la homosexualidad en la Argentina*, Osvaldo Bazán recupera informação do poeta e cronista José Sebastián Tallon de que na Boca, a partir de 1890 ou 1895, "em três de quatro esquinas havia cafés musicais sem mulheres", além de reproduzir a descrição deste autor da requintada indumentária "*amariconada*" dos *compadritos*.[84]

Entre esses antigos *compadres*, tornou-se famoso, na primeira década do século XX, o "*malevo* lunfardo" Andrés Cepeda (1870-1910), poeta e letrista de tangos interpretados por Carlos Gardel e Lola Membrives, entre eles "La mariposa (El gorjeo)" e "El pingo de amor". Mencionado por Manuel Romero no célebre tango "Tiempos viejos", foi amigo de figuras lendárias, entre as quais: o escritor, jornalista e editor Fray Mocho; o cantor e compositor uruguaio José Razzano; o *payador* e cantor negro bonaerense Gabino Ezeiza; e o líder anarquista italiano Enrico Malatesta, ao tempo de sua permanência em Buenos Aires (entre 1885 e 1889). "Delinquente menor, anarquista e homossexual", conforme Osvaldo Bazán, esse *valiente* dos duelos a faca – nos quais visava as virilhas dos oponentes, segundo código homossexual local; essa também a maneira pela qual morreu – tornou-se conhecido como "o divino poeta da prisão" devido a inúmeras detenções. "Em seu velório, a Polícia entrou e levou quase toda a concorrência", lembrou um sobrinho em entrevista a jornal.

Para a revista semanal *Qué*, por ocasião do lançamento de seu livro-ensaio, em junho de 1956, Carella forneceu explicação em torno de sua negação de homossexualidade na origem do tango: "Resulta-me difícil conceber que o tango, nascido em locais e lugares onde a norma era a promiscuidade entre os sexos, excluísse a mulher". Entretanto, emendou uma declaração a contradizer em essência a anterior: "Essa maneira de bailar, *caracterizada pela aspereza e brutalidade viris*, se suaviza, se amansa, se adoça e torna-se polida ao adentrar os salões; perde alguns traços sem perder a essência", ou seja, houvera uma dominante inicial masculina, depois abrandada. Ainda na mesma entrevista, explicou a "vergonha do tango" do início do século XX como um complexo de baixa autoestima de colonizados: "O americano (e o

---

[84] Osvaldo Bazán, 2004, op. cit., p. 170-1.

argentino não se excetua) não ama o que tem, porque talvez a consciência pré-natal de ser um europeu que transita pela América o impede de amar".[85]

Não obstante objeção parcial às análises de Borges, *Mito y esencia* registra importante crédito em torno do tango para o autor de *História universal da infâmia*, bem como para o mestre deste, Macedonio Fernández (1874-1952):

> Macedonio e Borges *criaram* o tango na medida em que a arte imita a natureza. A natureza portenha é *tanguera*. Macedonio e Borges são *tangueros*, isto é, portenhos. Há nesses adjetivos uma sinonímia evidente. Está claro que Macedonio e Borges exerceram uma influência na criação do tango. E se não é assim, o tango influenciou as criações de Macedonio e Borges. Ou Macedonio, Borges e o tango surgem de uma mesma fonte.

Além de classificar a origem *gay* do tango como lenda urbana, em seu livro Carella também pôs em xeque conclusões musicológicas sobre origens afro-caribenhas e afro-americanas do ritmo, como no seguinte trecho, redigido de maneira lamentavelmente redutora: "Alguém disse que os negros trouxeram a música [do tango] à América, o que tem muito de disparate. Tanto espanhóis como italianos são gente que canta e baila muito. Aos *criollos* agrada tanto o batuque como aos negros".

Reposicionou-se páginas adiante, a empregar, no entanto, o termo portenho antigo *moreno* em lugar de *preto* ou *negro*: "Não quero depreciar a intervenção dos *morenos*, quero apreciar devidamente a intervenção de muitos outros que não eram *morenos*". Em seguida incorreu em nova contradição com sua negativa ao apontar o *compadrón* como figura "com ressaibos de *candombe*" – o ritmo cultivado pelo afrodescendentes na vizinha Montevidéu –, apoiando-se, nesse ponto, em afirmação do historiador Hector Sáenz y Quesada, corroborada anos mais tarde por Ernesto Sabato.[86] A

---

85 Tulio Carella, "El tango no tiene de que avergonzarse". *Revista Qué*, n. 87, Buenos Aires, 12 jun. 1956, p. 36-7, grifo meu. Biblioteca Nacional Mariano Moreno. Departamento de Archivos. Fondo Centro de Estudios Nacionales. Subfondo Archivo de Redacción de *Qué*.

86 Ernesto Sabato, *Tango, discusión y clave*. Buenos Aires: Ed. Losada, 1963, p. 58. Hector Sáenz y Quesada, pai da já citada historiadora Maria Sáenz Quesada, foi professor titular na cadeira de História Contemporânea Argentina na Universidade de Buenos Aires.

repetir expressões intrinsecamente racistas da sociedade argentina de meados do século XX, em seu livro Carella refutou, todavia, "outras explicações negroides" (*sic*) para a criação do tango, além de referir-se à "lenda negra da tristeza *criolla*" e concluir com o musicólogo Carlos Vega – em mais um falso truísmo – que, "se os negros têm, reconhecidamente, tendência a acelerar os ritmos musicais, [...] nunca teriam chegado à morosidade implícita no tango". Com essa afirmação, Tulio também passava ao largo da antiga "época feliz do tango" celebrada por Borges.

Assim como nos passos da dança, avanços e recuos quanto à origem negra mostram-se recorrentes também nas conferências borgeanas de 1965 sobre o tema, e, como Carella, o palestrante valeu-se de um livro tornado controverso alguns anos após a publicação: *Cosas de negros* (1926),[87] do jornalista, editor e contista Vicente Rossi, uruguaio radicado na Argentina. Borges citou-o, tanto em artigos como em sua primeira palestra, para indicar a "etimologia possivelmente africana" de "tango", e mesmo de "milonga" – hipótese reiterada por Carella –, além de endossar o autor quanto à filiação rítmica à *habanera* afrocaribenha – ponto pacífico nos estudos musicológicos – e de passar adiante a informação central do livro sobre a criação do tango pelo contingente negro da vizinha Montevidéu.

No entanto, já em sua segunda palestra, reconsiderou essa participação étnica sob o argumento generalizador e "impressionista" de que, segundo as tradições "de sua família e de muitas famílias" da cidade, os negros rio-platenses "já haviam esquecido seu idioma" à época da criação do tango, invalidando assim a etimologia fornecida. Nesse ponto, o palestrante assumiu posição semelhante à de Carella ao afirmar, sobre o ensaio que antes endossara: "Sobretudo, Rossi deixa-se levar pela ideia de que o tango é de origem negra, o que me parece, pelo menos, discutível. Ele cita, sem muita precisão, um documento da época colonial no qual os negros falam de '*tocá tangó*'" etc. Em sua quarta conferência sobre o tema, o Grande Sofista inverteu mais uma vez direções, lembrando consultas epistolares nas quais

---

[87] Com o subtítulo *Las orígenes del tango y otros aportes al floklore rioplatense – Retificaciones históricas*, foi reeeditado em 1958 pela Editora Hachette, na coleção El Pasado Argentino, que publicou *El sainete criollo: antologia*. O coordenador dessa editora, Gregorio Weinberg, contava-se entre as relações pessoais de Carella.

Rossi informou-lhe sobre diferenças das indumentárias dos *compadritos* uruguaios em relação às dos visitantes bonaerenses da famosa academia de dança dos anos 1890 do Bajo Montevidéu na qual teria surgido o ritmo.[88]

Pretensiosamente, em reedições de *Cosas de negros*, seu prefaciador, Horácio Jorge Becco, arrogou ao livro o próprio interesse de Borges pelo tango, com base em três menções elogiosas do escritor. A primeira datada de 1926, em resenha da obra na revista *Valoraciones*; a segunda no já citado artigo "Ascendencia del tango", do quinzenário *Martín Fierro* (1927); e, finalmente, num texto na revista *Síntesis*, em 1929. Assim como Borges em suas palestras *tangueras*, Carella reproduziu a informação de Rossi de que nos *candombes* uruguaios (festas com tambores indutores do transe), os negros diziam "tocar *tangó*" em vez de "tocar tambor", porém acabou por desprezar a probabilidade de transmissão do ritmo, pelos uruguaios, "à *negrada* dos quartinhos" do bairro bonaerense de Palermo.

Quanto às origens, *El tango: mito y esencia* preferiu a teoria generalizante de "mescla de *habanera* tropical e milonga falsificada", e recordou, dessa vez citando musicológos, que a nomenclatura "tango andaluz" seria bastante anterior – sem mencionar, no entanto, influência do "orgulho cigano" e do flamenco na criação da *habanera*. Ainda quanto ao elemento afrodescendente em território argentino e sua gradual obliteração na composição social, em correspondência de maio de 1966 – quando já vivera a atração pelos homens do Recife –, Carella menciona a Borba Filho o processo de extinção local desse componente, trazendo à baila o personagem negro do *Martín Fierro* – "o nosso poema nacional". A alimentar o ideal de revolução pan-latino-americana a partir de fundamentos afro-indígenas, a missiva cita também a folhetinesca *Donzela Joana*, de Hermilo, para afirmar comunhão entre as culturas dos dois países, referindo-se, ainda, ao genocídio do negro na Argentina:

> No *Martín Fierro* há uma *payada* de perguntas e respostas. Fierro e um negro *payan*, e como empatam dirime-se a *payada* à base do facão (peixeira), [luta] que termina com a morte do negro. Nesse sentido, teu *A donzela Joana* está aparentado com o clássico argentino de uma

---

[88] *El tango: mito y esencia*, op. cit., p. 117-8.

maneira inesperada; mas, se examinamos atentamente, de maneira lógica. Estamos na América, temos pontos de vista em comum para o futuro, temos um passado em comum. Na década de 1870 ainda havia negros na Argentina. À época da colônia havia negros em abundância, e não se sabe por qual motivo já não há mais. Diz-se que é pelo clima, mas no Uruguai existem muitos, e em Missões [província argentina ao Norte], que está muito mais em direção ao Trópico que o Uruguai, não existem negros. Uma lenda *negra* assegura que [o general-presidente Justo José de] Urquiza [1801-70], vencedor de Rosas [governador militar da província de Buenos Aires], mandou exterminá-los porque Rosas apoiou-se nos negros para seu governo popular (de tipo peronista) e Urquiza, ao derrotar Rosas, quis liquidar os negros, assim como agora Rojas quer exterminar os peronistas.[89]

Assim, além de destacar a presença negra no clássico literário, Carella remeteu as *payadas* presentes no *Juan Moreira* e no *Martín Fierro* – o desafio versejado também praticado pelos gaúchos do Rio Grande do Sul – ao cordelismo do Nordeste brasileiro, modo no qual *A donzela Joana* foi parcialmente vazada.

---

[89] Refere-se a Isaac Francisco Rojas, contra-almirante e presidente da Argentina após a "Revolução Libertadora" de setembro de 1955. Governou com os generais ditadores Eduardo Lonardi e Pedro Aramburu e, em 1958, transmitiu o poder ao civil eleito Arturo Frondizi, governo no qual Carella deixou a Argentina. O destaque na palavra "negra" é do autor.

3

Dieta pampeira e fé cristã

Na "cidade nutriz" de Mercedes, na pampa de etnias indígenas dizimadas para possibilitar sua fundação, o alimento pejorativamente identificado pelo *criollo* a origens italianas – "comedores de polenta" – estava longe de ser o único na mesa de Tulio entre os 3 e os 18 anos. As crônicas de *Las puertas de la vida* informam o interesse do autor por dietas e o pródigo regime da família Carella entre 1915 e 1930, que incluía leite de bovinos e caprinos; enormes pêssegos e outras frutas das quintas da região; massas recheadas; aves; assados; embutidos de porco; pescados; crustáceos; guloseimas italianas e espanholas importadas; e até vinho tinto produzido em casa, com bagas pisadas pela própria prole, segundo costume calabrês, e provado também pelas crianças em pequenas quantidades às refeições. A carência de farinha de trigo durante a Primeira Guerra Mundial não chegou a constituir privação, pois, segundo *Puertas*, recorria-se a alternativas caseiras.

Quando logrou adquirir uma caminhoneta, dom Carmelo Carella passou a percorrer os sítios da região em busca de legumes e verduras mais frescos e baratos, e em certa altura tornou-se ele mesmo proprietário de uma pequena herdade: "O pai [...] vivia rodeado de amigos; nunca faltava alguém à mesa, os convidados eram sempre bem-vindos", recordou Tulio, já em *Orgia*, na voz de Lúcio Ginarte. A mãe e as irmãs encarregavam-se de empanturrar o caçula a ponto de torná-lo "quase crasso". Tais hábitos alimentares, combinados aos ares da pampa úmida e aos jogos de rua com irmãos e vizinhos, iriam conferir ao dramaturgo uma personalidade "epicurista", ou "sibarita", termos que Tulio aplicaria ao pai em suas crônicas. Para além de valorizar os sentidos, o epicurista adota atitudes *essenciais* – tomadas de "um núcleo de pensamento primordial" –, coincidindo nesse ponto com o filósofo cínico, em síntese formulada por Michel Foucault. Já "sibarismo" designa, desde o século VI a.C., a concepção de mundo materialista e sensualista dos habitantes da próspera cidade-porto de Síbaris, na Magna Grécia, depois Lucânia, a compreender a atual Calábria.

Carmelo cultivava a "educação natural" no campo e outras ideias de Jean-Jacques Rousseau, e assim ordenava aos filhos pisarem descalços a terra e não vestirem gorros e chapéus fora dos meses de inverno, "para que o sol e a chuva transmitissem parte de suas virtudes vitais", costumes que teriam proporcionado ao escritor "contato com as forças telúricas e com as forças cósmicas", em naturalismo que remonta ao hábito dos cínicos gregos de viverem descalços. "As ideias de Rousseau fizeram-se carne nele", assinalou sobre o pai. Ao mesmo tempo, com orgulho de emigrado, o chefe da família encomendava cortes dos melhores tecidos ingleses para alfaiates locais executarem os uniformes dos filhos, pois não queria vê-los "desmerecidos" apenas por esse item.

O regime alimentar e os ares campestres conferiram a Tulio saúde magnânima até a maturidade. À parte fantástico episódio de uma gigantesca ave de rapina a rondar quintais da região, talvez um condor, que, segundo *Puertas*, quase o arrebata aos ares enquanto jazia adormecido ao crepúsculo, o futuro escritor passou ao largo das grandes ameaças da época, como um grave surto de febre amarela – contraída por uma de suas irmãs – e a gripe espanhola, a epidemia mundial dos anos 1918-20.

De outro lado, a qualidade jupiteriana, distintiva desde a infância – "alto, fornido, imponente", vangloria *Orgia* –, tornou-se embaraço na vida escolar, pois, se a aparência do garoto impressionava, sua psicologia correspondia à idade real de 6 anos, em vez dos 8 anos declarados pelos pais, ocasionando um descompasso com o relógio mundano. À parte as desadaptações físicas e psicológicas decorrentes, o garoto frequentemente abstraía-se em observações e indagações sobre fenômenos naturais. Detinha-se em contemplação frente à gaiola de coelhos criados pelo pai, conjecturando sobre as causas de sua prodigiosa multiplicação, ou insistia em perguntas sobre os gigantes dos contos gulliverianos que o fascinavam. Tal inclinação persistiria por toda a vida, inclusive devido à sua primeira graduação, em química, com frequentes associações de questões sociais e históricas às ciências biológicas, bem como posicionamentos naturistas: "Confesso-me enamorado da vida, de minha pátria, de Buenos Aires, minha cidade natal; de Mercedes, minha cidade nutriz; enamorado do sol, da chuva, dos três reinos da Natureza e dos quatro elementos", registrou o autor em *Puertas*.

A esses pendores soma-se o cultivo de nudismo desde a primeira idade – "Duas coisas que me parecem incompatíveis: a roupa e o calor", diz *Orgia* –, motivo de escândalo vida afora, conforme seu diário recifense:

> Instalei a escrivaninha ao lado da janela e sento-me para trabalhar, nu. Um vizinho do alto, com meio corpo fora da janela, grita-me que ali vivem famílias e que minha nudez é um desafuero. Fico irritado, pois sem dúvida passaram toda a tarde espiando-me. Não estou disposto a usar roupas em meu próprio apartamento: este delicioso calor merece ser desfrutado com toda a pele. Levo a escrivaninha para o meio do quarto.

Já em carta enviada a Hermilo no ano da publicação de *Orgia*, observa:

> Detesto o frio de Buenos Aires, e se lamento não ter dinheiro é por não poder ir-me por quatro ou cinco meses ao norte – Rio, São Paulo – e viver como aprecio: nu, no paraíso. Adão estava nu no paraíso. Eva também. E não sentiam vergonha. Acaso esse paulatino tirar as roupas em ambos os sexos (a moda atual) represente uma busca do paraíso. (abr. 1968)

Em certa altura do livro gerado por seu diário pernambucano, o elogio rousseauniano à Natureza e à "voz do corpo" retrocede a equivalências entre macro e microcosmo propostas não apenas pelo *Timeu* platônico, mas também pelos filósofos estoicos e pelo *Corpus Hermeticus* egipcíaco, este do segundo século de nossa era:

> Ao aspirar ao universo entra nele, inteiro, com suas estrelas e seus mistérios. Lúcio compreende agora que as afirmações de alguns filósofos não são fora de propósito, e que seu corpo conduz, através da visualidade e da correspondência dos seus órgãos, a uma projeção de sua própria figura no céu, e essa figura adota a forma circular do zodíaco. Além disto, aqui a natureza está ao alcance de todos.

Quanto ao clima subequatorial do Recife e à sua alternância de matas atlânticas, restingas e manguezais, a cidade era a um só tempo identificada pelo autor como metrópole e "convergência de forças telúricas, [...] tais como o rio, o mangue, a praia, o mar, a seminudez dos corpos, a criar uma atmosfera imoral", em percepção comunicada a Hermilo. Para além de filosofias antigas e iluministas, seu "livro brasileiro" incorporou a superação nietzscheana de parâmetros sociais presente na *Genealogia da moral* e nos aforismos de *A gaia ciência*, entre os quais citou o de número 275, em torno da repressão ao prazer:

> Isto é a África com as vantagens do Ocidente. [...] O homem depravado é aquele que não conseguiu encontrar-se com seu verdadeiro prazer. [...] Pode alcançar o gozo supremo aquele que age sem amarras. Nietzsche reconhecia: "É livre aquele que não se envergonha de si mesmo".

Assim, a perda do "paraíso" do Recife – de "suas praias, cheias de corpos nus e negros e complacentes" (maio 1968) – é lamentada profusamente nas mais de quatrocentas cartas remetidas a Borba Filho ao longo dos anos 1960 e 1970, bem como, para além de hedonismos, é deplorada sua distância física do Nordeste e a consequente interrupção do projeto político-cultural pan-latino-americano fomentado pelos dois escritores. Se em *Orgia, diário primeiro*, os vícios e as perversões da elite nordestina são examinados sob lupa – sem poupar sequer deslizes do parceiro Hermilo, alcunhado de "Hermindo" no livro –, o memorialístico não cessa de manifestar surpresa ante potencialidades e resiliências percebidas entre estratos negros e mestiços – como os chamados "pardos" –, num dilatado panorama de hereditariedades resultante de quatro séculos de escravagismo, submetendo tanto capturados de diversas regiões africanas como abduzidos das entranhas da própria terra. À parte imperativos sensoriais – ou "telúricos" – e a diversidade erótica fruída em sua independência afetiva na maturidade, o autor também não cessa de se fascinar perante distintivos imateriais da negritude, tais como o cultivo de símbolos e hábitos ancestrais, mesmo já desconectados da práxis, na chamada cultura de ancestralidades; o estrategismo individual ou solidário ante adversidade social extrema; a desrepressão no pacto sexual; e o acesso privilegiado a contextos espirituais, e, consequentemente, a uma compreensão dilatada do real.

De outro lado, não obstante o descarte do projeto de publicação dos manuscritos da segunda e conclusiva parte dos diários, a expor a violência entranhada no contexto recifense – e a despeito de sua destruição após a morte do autor –, o primeiro volume de *Orgia* já enfileirava olhares sobre as graves mazelas sociais que acabaram por determinar a prisão do narrador e sua expulsão do falso Éden. Mesmo descrições idílicas são contaminadas de elementos negativos, a provocarem oxímoros inesperados: "O Recife permite que o homem viva em contato com a natureza: o mar, o rio, as árvores, os *doentes, os mendigos, os cachorros*: o indivíduo torna-se mais rico, mais vivo" (grifo meu). Mais adiante, o retrato da miserabilidade dará lugar à enunciação política – contemplando a atuação das Ligas Camponesas lideradas por Francisco Julião, deputado do Partido Socialista Brasileiro –, bem como a um registro de mudança significativa na política sanitária do Recife sob Miguel Arraes, em 1960:

> Olho os automóveis em desfile e vejo os pés descalços dos negros que não têm carros para percorrer a cidade. Ninguém parece pensar neles; as coisas são assim e assim haverão de continuar. Para que mudá-las? Vagamente ouvi mencionar alguns descontentes, os camponeses que formaram uma liga. Uns dizem que são terrivelmente comunistas. Outros, que só querem obter certo grau de dignidade humana. [...] Não aspiram ser presidentes, políticos, senadores, deputados, nada disso: não têm capacidade. São crentes e aqui os crentes pobres são enterrados como merecem. *Até há pouco tempo as lindas praias da cidade eram escoadouros de lixo, fossa comum de animais e seres humanos.* Atualmente, o município empresta um ataúde ao morto, mas logo que chega ao cemitério é mandado de volta. A liga quer que todo camponês possa apresentar-se diante do Senhor com o devido respeito. No interior, eles e alguns padres já cuidam disto. Conseguem um pouco de dinheiro para a roupa e para o ataúde. Começou como uma sociedade funerária e pouco a pouco evoluiu até transformar-se num grupo político que luta contra os capitalistas, donos da terra. (grifo meu)

Porém, antes mesmo de iniciar a escrita, adiantou para seu editor brasileiro, em janeiro de 1968, o tema central do segundo volume da obra. Con-

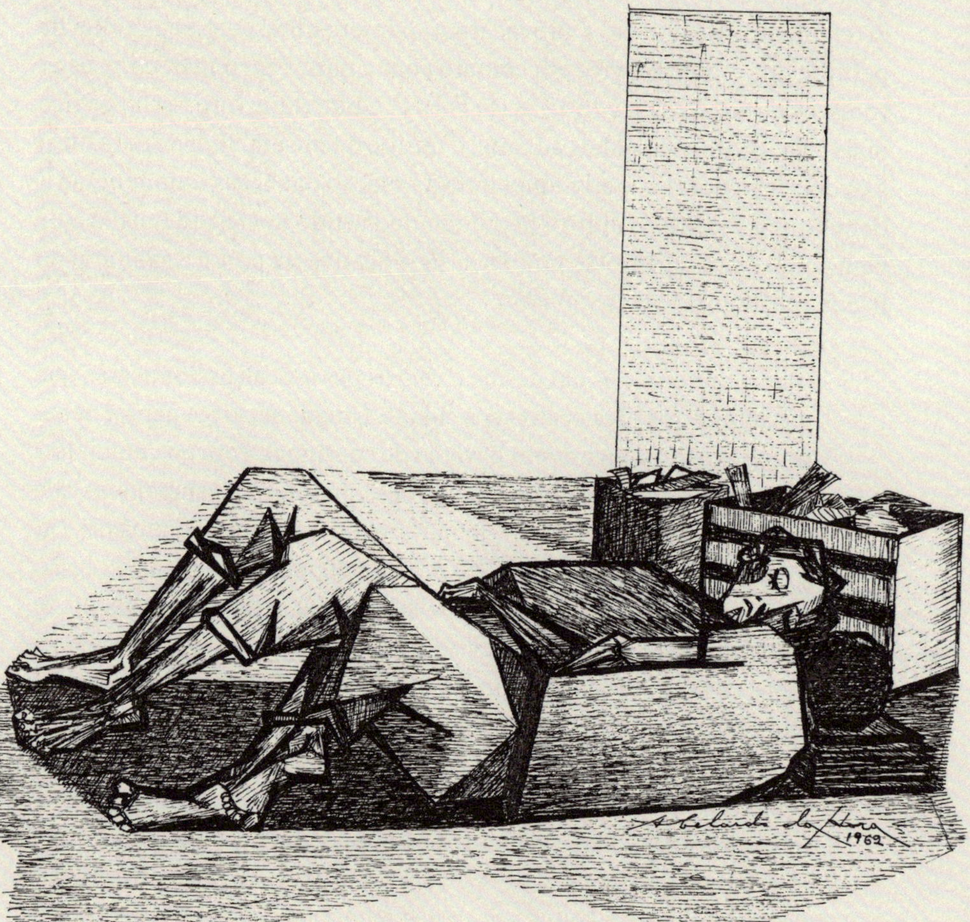

ACIMA: *Enterro de camponês,* gravura em gesso do artista Abelardo da Hora datada de 1953.

PÁGINA AO LADO: desenho em nanquim da série *Meninos do Recife,* de Abelardo da Hora, em impressão do editor Massao Ohno realizada em São Paulo, em 1962, sob encomenda da Prefeitura do Recife e do Movimento de Cultura Popular.

templaria sobretudo o fecho de sua experiência brasileira, infame tanto para ele como para seus anfitriões. O gatilho da evocação memorial é a leitura de trecho sobre uma prisão política de Hermilo em *Margem das lembranças* (1966). Na carta, avançou, ainda, a conclusão ética do projetado *Diário segundo*:

> Também eu fui detido, torturado por palavra e obra (fisicamente) e insultado, ainda que fosse inocente. Inocente com respeito ao delito que me imputavam, claro; mas sempre tomei isso como um pagamento por meus pecados. E é isso o que algumas pessoas não entendem: que aceitei uma grave dor e uma injustiça grave como contrapeso para equilibrar meus prazeres. Na verdade eu havia sido muito feliz no Recife, e é preciso pagar a felicidade de alguma maneira.

Camponeses saídos do interior do Ceará para a capital Fortaleza durante a Grande Seca de 1958 organizam uma "Passeata da Fome" à porta da Hospedaria Getúlio Vargas, construída no início da década de 1940 para abrigar migrantes internos. Fotografia de autoria desconhecida.

> Nada nos é dado de graça, gratuitamente, exceto a graça de Deus. [...] Algo mais entendi sobre os países tropicais e divertidos: que ali a dor é tão intensa quanto a felicidade, e se existe tal vitalidade luxuriante é porque se deve compensar as mortes que abundam. (jan. 1968)

Contribuiu para essa reflexão a leitura no ano anterior, 1967, da tradução argentina de volume de ensaios do geógrafo e ativista pernambucano Josué de Castro – *Una zona explosiva en América Latina: el nordeste brasileño* (1965) – sobre a fome endêmica no Nordeste: "Sem querer, esse livro me deu a chave de tudo o que me aconteceu", escreveu a Hermilo (maio 1968). Na mesma correspondência, estabeleceu paralelo entre a capital pernambucana e o Norte da África, no qual é ambientada uma ficção que o enredou no ano de 1968 da escritura de *Orgia: O quarteto de Alexandria* (1957-60), do inglês expatriado Lawrence Durrell: "A atmosfera de Alexandria e do Recife são similares; a mescla de raças também, e de religiões. Curiosamente, percebo neste momento, também o Recife era o centro de uma série de intrigas políticas: os Estados Unidos contra o perigo castrista. [...] Nessa cidade eu vejo *Afroamérica*, ou *Ameráfrica* (e o digo)".

*

Nos banhos de mar frequentes num trecho muitas vezes deserto da praia do Pina, a cálida "Ameráfrica" permitiu a Tulio experimentar plenamente a "vida natural" cultivada desde a infância, ou seja, reconectou-o ao ambiente salubre que o fez alcançar estatura de quase dois metros e dimensões avantajadas de pés, mãos e omoplatas – compleição que o levou à prática do boxe, embora sem sucesso, como reporta seu *alter ego* em *Orgia*. Tanto na Argentina como no Brasil, aplicaram-lhe com frequência o epíteto "gigante"; e nas ruas, teatros e salões literários portenhos, capturava atenções dos públicos feminino e homossexual, conforme observou o amigo Mário Tesler:

> Conheci Carella em 1971, porque me havia associado a um grupo de escritores, historiadores, poetas e contistas para disputar a presidência da Sade (Sociedad Argentina de Escritores), na casa de um reumatologista que também era escritor. [O editor e escritor] Ricardo Mosquera pretendia a presidência e chegou acompanhado de Tulio. [...] Naquela época Ricardo carregava-o para todos os lados, tentando estimulá-lo. [...] Então me chamou a atenção, enquanto estávamos ali sentados, vestidos elegantemente, o surgimento daquele homem de tremenda altura, de mais de dois metros, corpulento, com grandes espaldas, braços e mãos, não as de um escritor, mas de um operário, e vestido sobriamente, apenas com um paletó correto. Todas as mulheres presentes o contemplaram, não como se olha para um escritor, mas para um homem, e agitaram-se visivelmente. As mulheres se entregavam a ele porque num corpo enorme e rude havia um espírito apaixonado, romântico e culto, o que as enlouquecia, sobretudo no ambiente teatral. Não é raro que um homossexual, mesmo sendo apenas passivo, ceda à imperiosidade de mulheres, que ele se "aqueça" e prossiga na relação.[1]

---

[1] Depoimento ao autor, tomado em Buenos Aires, jan. 2016.

O depoimento destaca o apoio recebido, nos anos 1970, do ex-embaixador argentino na Índia, diretor de TV, editor e orientalista Ricardo Mosquera Eastman (1918-82) – coautor, com Victoria Ocampo, de *Mahatma Gandhi* (1970) –, não obstante esse influenciador ter advogado em processos para a União Cívica Radical (em política, na Argentina, à tendência neoliberal), o partido do presidente Arturo Frondizi, alvo de críticas de Carella. Mosquera procurava reavivar a carreira do amigo, praticamente interrompida após a circulação local de exemplares de *Orgia*, em 1969, pelas mãos do próprio autor, indicando a reafirmação, consciente ou não, de sua *performance* recifense. O cronista José Maria Gatti recordou, sobre o período: "Todos esses aspectos [...] de um Tulio Carella que decidiu tardiamente encontrar-se com sua própria vontade transformaram-no numa espécie de serpente venenosa que podia aparecer de repente sobre a escrivaninha de um editor. Perante o medo aterrador causado por esse viperídeo, tudo se congelava".

Ainda quanto à sua aparência e hábitos, na maturidade o escritor era apontado por seus pares como "um portenho de lei" – equivalente a um elogio de virilidade –, conforme ainda outro retrato, do jornalista Osvaldo Bazán, a partir de depoimentos de contemporâneos do autor de *Cuaderno*:

> Enorme, com seu elegante terno cinza, gravata e lenço no mesmo tom, Tulio Carella foi o que se tornou conhecido no século XX como um "portenho de lei". Tangueiro, apaixonado pela cidade, boêmio, *fatigador* ["trabalhador" da malandragem] de *peringundines* [salões dançantes de emigrantes] do Centro, um tipão, bom moço, pícaro intelectual, agudo observador.[2]

O "portenho de lei" começou a ser forjado quando, em 1934, seguiu definitivamente para Buenos Aires, a fim de completar a formação em química – também a primeira área de estudos de Borba Filho –, coincidindo com a trajetória de um ilustre conterrâneo e coetâneo: Raúl Héctor Castagnino (1914-99), autor de mais de setenta obras de literatura, teatro e história, e por quase duas décadas presidente da Academia Argentina de Letras, que

---

[2] Osvaldo Bazán, 2004, op. cit., p. 248.

teria "compartilhado aulas e entusiasmos literários com Tulio Carella e Mario Bejarano nos bancos da Faculdade de Ciências Exatas da Universidade de Buenos Aires".[3]

Aos 21 anos, o porte físico e o temperamento solar do jovem criado em Mercedes impressionaram um célebre visitante da capital argentina: Federico García Lorca. O encontro divisor de águas (reportado no próximo capítulo) estimulou sua estreia dramatúrgica; e, no mesmo ano de 1934 do retorno à Espanha do poeta andaluz, Tulio teve encenados dois *entremeses* em circo do bairro de Barracas, evidenciando afinidade com a ampla circulação teatral defendida por Lorca, que três anos antes, em 1931, criara o grupo teatral universitário e ambulante La Barraca. Também em 1934, Carella obteve seu principal emprego, mantido até a segunda metade da década de 1950, como crítico cinematográfico e teatral no diário *Crítica*, de razoável tiragem e considerável prestígio literário. Em paralelo aos estudos em escolas de Belas Artes e Música e à construção do repertório teatral, seu estilo fundado em leituras eruditas logo conquistou o meio cultural bonaerense, proporcionando-lhe contatos privilegiados.

La mala palabra

Na "nova Babel" rio-platense (expressão de José Luís Romero) dos anos 1930-40, na qual convergiam línguas, dialetos e culturas, o literato de 22 anos, completados em maio de 1934, alçado à posição de crítico de artes já capaz de se prover sozinho, teria chances de expandir a herança humanística familiar, sintetizável na faculdade compassiva de "sentir o sofrimento do outro", conforme pregado na filosofia moral e social de Rousseau apreciada pelo pai e também na tradição carmelita piedosa das mulheres do clã Gramuglia-Carella. Qualidade que o aproximava de estratos sociais alijados e o colocava na pista de expressões artísticas *callejeras* e *arrabaleras* de Buenos Aires, forjadas sobretudo por emigrados e seus descendentes – como ele próprio.

---

[3] Elisa Rey, *Boletín de la Academia Argentina de Letras*. Buenos Aires, 1999, Obituario Raúl Castagnino, p. 90.

A essa formação soma-se a vivência dos primórdios do justicialismo peronista, ainda que o sentido de justiça social manifestado em seus livros e peças, em especial a partir de 1950, seja mais propriamente tributável a romances fruídos na infância e na adolescência, de *Os três mosqueteiros*, de Alexandre Dumas (pai) – entre outros retratos de heróis sustentados no "código cavalheiresco" – até o *Dom Quixote*, passado às suas mãos por um colega mais velho. "Espantosamente", anotou em seu memorialismo, o clássico de Cervantes revelou-lhe, ainda, que a *"mala palabra"* (má palavra) das ruas, a linguagem chula, podia figurar em páginas impressas.[4] E se as questões etimológica e semântica – os sentidos da palavra em cada contexto e em cada tempo – já o intrigavam à época da bofetada paterna recebida durante o almoço, em idade adulta o tema se espraiaria em seus ensaios sobre cultura não erudita – *El tango*, *El sainete* e *Picaresca porteña* –, bem como no cuidado vernacular aplicado à produção crítico-literária.

Segundo Jean-Paul Sartre, o *Dom Quixote* seria "a obra perfeita para a criança exercitar a imaginação, provendo-lhe de esquemas novos e facilitando o aprendizado da utilidade do símbolo", como pontuou com o contato entre Gustave Flaubert e o clássico espanhol. Para o filósofo, "uma criança que cedo se personifica em Dom Quixote instala em si mesma, de modo inconsciente, o princípio geral de todas as personificações: ela sabe descobrir-se na vida de outro, viver enquanto outro a sua própria vida", identificando nessa leitura um estímulo ao posicionamento ético em perspectivas sociais, históricas e ideológicas, e, portanto, um exercício de alteridade enquanto produtor de conhecimento.

Assim, o *Dom Quixote*, as *Aventuras de Bertoldo, Bertoldino e Cacasenno* – este de autores bolonheses (c. 1620), marcado por linguagem coloquial e jogos semânticos – e outros clássicos e folhetins latinos levaram o futuro escritor à descoberta de que a obra literária pode incorporar a fala das ruas, tornando-se, assim, "capaz de fazer rir e gargalhar". Em *Las puertas de la vida* observou que "o riso não constitui nossa condição nor-

---

[4] Carella descreve o momento em que, ao lado de um par de amigos, localiza o termo chulo no interior do livro: "Todos olham incredulamente. A terrível palavra foi impressa com todas as suas letras" (*Las puertas de la vida*. Buenos Aires: Ediciones Luro, p. 354). A descoberta do registro dessa "palavra má" – que os "dicionários ignorantes" não davam, segundo o portenho – é mencionada três vezes no livro (p. 426-39).

mal", representando assim "um mistério absorvente"; para ele, "o próprio mistério do teatro". Para o filósofo contemporâneo Giorgio Agamben, o cômico e o riso "correspondem a certa dimensão em que vigora uma impossibilidade de culpabilizar, e na qual pervive, portanto, a sagrada inocência impessoal e arcaica da criatura humana"; e vale notar que o italiano também identificava à comédia o tom canhestro característico da pornografia.[5]

Dessa forma, em lugar dos vultos nacionais que tentaram incutir-lhe mentalmente nos bancos escolares, a produção madura de Carella vai reverberar os burlescos Quixote e Bertoldo, em visadas dirigidas a desajustes e contradições sociais, a se deter com frequência nos párias de seu tempo. Em seu memorialismo, lançou olhar compassivo aos remanescentes das etnias originárias dizimadas na Argentina pelo conquistador *criollo*, registrando algumas de suas histórias; e, ao mesmo tempo, transportou do âmbito doméstico e familiar ao repertório literário narrativas de emigrados à Terra Nova, narrativas de conquistas que superaram legislações protecionistas e preconceitos grosseiros, ainda que, de outro lado, seus progenitores permanecessem voluntariamente subjugados à "severidade moral característica dos povos do sul da Itália", conforme assinalou sobre a região que, nos séculos VI-III a.C., "constituíra a Magna Grécia", e depois, entre 827-1280, "um pequeno Islã".

Com a vivência da capital federal, suas quatro primeiras peças teatrais, de inspiração clássica, vazadas em escrita farsesca e ambientadas no século XVIII e no início do XX, começaram a dar lugar a dramaturgias próximas a realismos e expressionismos – com modelos mais evidentes em Tennessee Williams e Eugene O'Neill –, incluindo abordagens de extremos sociais e da cultura das ruas, por vezes ecoando o modernismo lírico de García Lorca. A partir dos anos 1950, as dramaturgias assimilaram a prosódia lunfarda e absorveram tanto o sainete local como o subsequente *grotesco criollo*, ambos informados pela realidade de classe média baixa composta de emigrados e descendentes, tanto de além-mar como das províncias argentinas ao norte e

---

5 Cf. Giorgio Agamben ("Comedìa", in *Categorie italiane: Studi di poetica e di literatura*. Bari-Roma: Ed. Laterza, 2011), apud Andytias Matos, "A teologia político-pornográfica de Pier Paolo Pasolini", in *Porno Teo Kolossal*. São Paulo: Ed. Sob Influência, 2024, p. 26-7.

ao sul. Seu drama *Juan Basura* (1965), classificado como "sainete", revela influência direta do companheiro de noitadas Armando Discépolo, do sainete grotesco *Babilonia* (1925), autor no cume do panteão teatral de Carella, como se lê no quinto capítulo deste livro.

Indigenismo latino-americano

Se a segunda viagem ao Brasil estendeu os interesses do escritor à cultura afrodescendente, no ano de 1967 anterior ao da publicação de *Orgia* e de sua exortação à nova independência latino-americana, *Las puertas de la vida* evocava de maneira pungente os povos originários ao sul de Buenos Aires. Conforme esse livro, a Mercedes da infância e da adolescência fora fundada sobretudo para combater povos de cultura *tehuelche*, na pampa desde tempos imemoriais – em especial os *puelche*, generalizados como "pampas" – e, a partir do século XIX, em mixogenia com os aguerridos *mapuche* na escalada destes do extremo sul até a província de Buenos Aires. Às margens do rio Luján, que corta a cidade, ainda pode ser vista a Cruz de Pau, em memória dos "soldados mártires da civilização" caídos ali durante o último *malón* indígena, em 1823. Em desafio, o grupo ativista Mercedes Ambiental fixou em 2009 à frente do monumento uma laje pintada: "Em memória dos nativos que morreram em defesa de suas terras".

Em *Puertas*, o texto de duas páginas "Mercedes", no gênero "crônica histórica", recorda a última batalha travada entre brancos e indígenas:

> Existe uma razão para a cidade de Mercedes estar ali onde a podemos encontrar, e não em outra parte. Mercedes originou-se de uma cruel ofensiva levada contra os indígenas. [...] Os invasores brancos, os estrangeiros que se haviam apoderado da terra e exterminavam seus legítimos proprietários, que a defendiam, decidiram que o lugar era estratégico.
> [...] Os índios [sic], que antes "voavam" por essa terra ilimitada, viram-se na necessidade de dar grandes voltas para alcançar posições de maior importância que um mísero fortim. [...] A Guarda de Luján sofreu dois *malones*. Foram os últimos espasmos da agonia indí-

gena. Vencido, o espírito da terra se retirava, afastando-se para o sul. A força silvestre que animava os indígenas livres se foi transmutando em trabalho cotidiano.

Testemunho da funda impressão deixada no escritor pela história indígena mercedina, essa crônica recorda ainda outras ações recorrentes contra povos ancestrais ao sul do rio Pilcomayo, sinalizador da fronteira com o Paraguai. De fato, já em 1935, em todo o território argentino, as etnias citadas encontravam-se reduzidas a cerca de 0,02% da população de 13,5 milhões – nem 3 mil indivíduos, conforme o censo nacional daquele ano –, após terem sido contados 30 mil em 1895.

Em seu livro, Carella mencionou o mítico primeiro cacique pampa a receber uma biografia literária: Juan Catriel, alcunhado de "O Velho" para diferenciação de seus filhos homônimos. Em vez de enfrentamento, esse personagem optou por alianças com os governantes, colocando-se por longo tempo a serviço do general Juan Manuel de Rosas no "desbravamento" do sul do país a partir de 1833. Dessa maneira, o cacique pôde morrer tranquilamente em 1866, com mais de cem anos e em herdade própria, ao lado de quatro esposas e de mais de uma centena de descendentes. Além de lembrar a longevidade de Catriel, Carella alude ao fratricídio que vitimou um de seus filhos mais velhos, o cacique Cipriano Catriel, o "Dez Águias", uma vez que, em lugar de colaborar com o invasor, seus irmãos optaram pela guerra ao *huinca*, o usurpador espanhol. Apesar de eventuais pactos com o colonizador, em 1878 os *catrieleros* rebelados sucumbiram a uma arrasadora *limpia* ("limpeza") militar, com mais de quinhentos indivíduos confinados na ilha-presídio fluvial Martín García, no rio da Prata, e depois assassinados, como referido em *Puertas*:

> Às vezes ocorre-me, como num sonho, pensar que aqui onde eu me encontro, neste mesmo lugar em que agora brinco, antes brincou também um indiozinho. Ou talvez um adolescente sonhava com os amores de uma índia jovem que queria tomar por companheira. Ou, quem sabe, um ancião, como Catriel, morreu aqui assassinado pelo seu próprio sangue e profetizou duras provas no futuro para seus irmãos de raça, invocando a Pacha Mama, a cujo seio regressava. O

vaticínio se cumpriu: os indígenas foram rechaçados, afugentados e exterminados. De nada serve o direito quando não está apoiado pela força.

Nesse e em outros trechos, bem como em inúmeras passagens da correspondência com Hermilo a partir de 1961 e, ainda, em parágrafos de *Orgia* em terceira pessoa, é patente um pan-latino-americanismo em tudo oposto aos pan-americanismos impostos por governos norte-americanos no século XIX, a exemplo da doutrina criada em 1823 pelo presidente James Monroe – o "monroísmo" imperialista, retomado como "política de boa vizinhança" por Franklin D. Roosevelt nos anos 1930. O projeto de Carella e Borba Filho tampouco pode ser filiado à resposta sul-americana ao monroísmo dos Estados Unidos, ou seja, ao pan-americanismo hispânico deflagrado pelo líder venezuelano *criollo* Simon Bolívar no interamericano Congresso do Panamá em 1826, logo desarticulado, porém, por represálias políticas e sanções econômicas dos governos norte-americano e inglês, bem como de aliados destes.

A referência estética e histórica mais próxima ao pan-sul-americanismo de Carella em suas últimas produções seria, portanto, a retomada *indigenista* – correspondente em grande medida ao "indianismo" brasileiro – em diversos países da América Latina a partir do último quarto do século XIX, e com mais intensidade nos anos 1960, década de *desviantes* idealistas, neorromânticos e utópicos, sobretudo nas áreas de antropologia, sociologia e artes, após os ventos da vitoriosa Revolução Cubana de 1959. Antes desse marco, o indigenismo hispano-americano no século XX lastreou-se em diversos movimentos nacionalistas: a Revolução Mexicana de 1910; o "grande horizonte radical" partidário dos anos 1950 no Peru, fomentador do ruralismo andino das décadas de 1960 e 1970; e a Revolução Nacional da Bolívia em 1952; bem como, já após 1959, a "guerra de guerrilhas" lideradas por Che Guevara na América do Sul e na África; e, a partir de 1960, as guerrilhas anticolonialistas de Guatemala e Nicarágua.

Indigenismo ecoado, na década da estada de Carella em Pernambuco, em fatos culturais como encenações de temas históricos por grupos teatrais sul-americanos em festivais internacionais de teatro na França ou na abertura do Museu de Antropologia da Cidade do México, em 1960, ainda que, uma década depois, os pesquisadores locais tenham divulgado autocrítica à "integração racial" e "invisibilização da mestiçagem" tanto na constituição da coleção como em sua expografia, promovendo-se então consideráveis modificações.

Conexão portenho-nordestina

A provocação político-social de Carella em bases afro-indígenas encontrava ressonância na produção e ações de intelectuais e artistas do Nordeste brasileiro, sobretudo em Borba Filho, que foi, junto a Suassuna, o autor do convite para que o argentino ensinasse na Escola de Teatro do Recife. Os dois autores pernambucanos estudaram profundamente expressões musicais e cênicas resultantes de encontros entre culturas afro-caribenho-americanas e expressões ibéricas, como o Bumba meu boi e o Teatro de Mamulengo. No quarto e último volume de sua tetralogia memorial, *Deus no pasto*, Hermilo manifestou, sobre o novo pan-americanismo: "Construir uma ponte [...] nesse desconhecimento quase total em que vivemos na América Latina, muito mais versados em gregos, russos, franceses, alemães, ingleses, espanhóis, norte-americanos que em paraguaios, argentinos, uruguaios, colombianos, peruanos".

Assim, a nova utopia, inusitadamente sensualizada nos livros memorialísticos de Carella e Borba Filho, expande-se no indigenismo abraçado por parte significativa de sua geração, bem como pela geração anterior de intelectuais e artistas na América Latina. Além de localizar diversos processos políticos nacionalistas e revolucionários, o período 1910-70 no continente é pródigo em movimentos e manifestos artísticos, literários e arquitetônicos legitimadores de identidades indígenas, ainda que sob formulações às vezes conflitantes: do muralismo mexicano de Rivera, Siqueiros e Orozco e do onirismo de Frida Kahlo, Remedios Varo e Xul Solar à pintura e escrita modernista e antropofágica de Tarsila do Amaral, Oswald de Andrade e Mário de Andrade; da música de Heitor Villa-Lobos às partituras de Alberto Ginastera na Argentina etc.

No movimento denominado *transculturação indígena*, impulsionado pelos festejos do centenário da independência argentina em 1910, pelo menos uma vintena de escritores, pintores e músicos, além de arquitetos como Martín Noel e Ángel Guido, idealizaram fusão entre barroco colonial espanhol e formas tradicionais autóctones, em paralelo, portanto, à teoria da *expressão americana* do escritor cubano José Lezama Lima e a outros endossos de miscigenação cultural no mundo colonizado em língua hispânica, do Caribe e do México às Américas Central e do Sul. Na mesma direção, além do citado Ginastera, entre muitos outros, a Argentina contou com os compositores Gilardo Gilardi, autor da ópera *La leyenda del Uruataú*, e Enrique Mario Casella, criador das óperas *Karchis*, *Yanañahui*, *Adamá* e *Huancú*, bem como com os artistas plásticos Juan Carlos Castagnino e Antonio Berni – colaboradores num impressionante mural em cave pintado pelo mexicano David Alfaro Siqueiros durante sua tumultuada passagem por Buenos Aires em 1933, e hoje mantido no Museu da Cidade.

Em meados dos anos 1940, Carella tornou-se amigo do pintor e aquarelista Jorge Larco (1897-1967), autor dos cenários da ópera *Ollantay* encenada no Teatro Colón em 1926. Segundo Mário Tesler, o escritor conservava uma grande e "muito boa" tela do artista em seu apartamento:

> Uma vez, em conversas nas quais também se encontrava Tita, falamos de Larco e ela se referiu à amizade entre o pintor e o marido, sendo então interrompida por uma observação de Tulio – "Acontece que Jorge estava enamorado de mim" –, seguindo-se manifestação de estranhamento da companheira e nova interrupção de Carella, dessa vez para reprovar-lhe o pudor: "Ora, vamos, Tita!".[6]

*

Entre os mais notáveis estudiosos das culturas originárias sul-americanas, ou indigenistas, o polígrafo tucumano Ricardo Rojas (1882-1957) iniciou-se no tema ao lado do pai, erudito quechuísta em Santiago del Estero, no norte

---

6 De entrevista citada com Mário Tesler. Ainda segundo este, Carella também cultivou a amizade do escultor bonaerense Naum Knop (1917-93) e conservava peças desse artista em casa. O estilo figurativo de Knop, tendente ao abstrato, costuma ser filiado à obra do futurista italiano Umberto Boccioni.

argentino, um dos limites geográficos do antigo Império Inca. Em 1912, assumiu a primeira cátedra de literatura argentina da Universidade de Buenos Aires, para, em 1926, tornar-se reitor da instituição, até o ano de 1930 da maioridade de Tulio, que assimilou vários dos conceitos desse mestre, repercutidos por exemplo no ensaio introdutório de *El sainete criollo: antología*.

Após o golpe de setembro de 1930, no qual o general Félix Uriburu derrubou o presidente civil Hipólito Yrigoyen, Rojas foi preso e encarcerado na Ilha Grande da Terra do Fogo, na Patagônia, onde passou a estudar as etnias locais *ona* e *yagane*, sobre as quais escreveu *Archipiélago: tierra del fuego* (1934). O espírito indigenista de toda a sua extensa obra literária culminaria em *Ollantay, tragedia de los Andes* (1939), drama teatral sobre o guerreiro inca publicado e encenado quase ao mesmo tempo em que aparecia *Un titán de los Andes*, seu estudo filológico sobre o tema.

Em sua dramaturgia, bem como em seu ensaio, Rojas investigou em profundidade a lenda de Ollanta, guerreiro da segunda metade do século XV cujas obrigações devidas ao Inca Yupanqui – o Imperador Sol de Qospo, o antigo nome de Cusco nos Andes centrais – conflitaram com a paixão nutrida pela princesa Coyllur, filha do semideus governante. Porém, em vez da fonte literária tradicional (o *Ollantay*, manuscrito do século XVIII, mais antigo documento em língua quéchua colonial,[7] traduzido para o castelhano em 1868, em Lima), o estudioso preferiu uma rara versão folclórica cusquenha, por sua vez corroborada por inscrições em murais de pedra descobertos na própria década de 1930 no sítio arqueológico de Ollantaytambo, entre Cuzco e Machu Picchu, onde a história do general Ollanta se desenrolara.

Em campo ideológico oposto, no século anterior o presidente argentino Bartolomé Mitre (1821-1906) – militar descendente de ítalo-grecos emigrados no final do século XVII e um dos principais promotores do massacre conhecido como Guerra do Paraguai – afirmara desdenhosamente, via artigos de jornais, que a obra em quéchua seria "um poema colonial hispânico, sem maior importância",[8] configurando-se negacionista cultural, além de

---

[7] Ou seja, já adaptada e mesclada a termos espanhóis, assim como, no Brasil, a língua nheengatu mesclou e reelaborou as línguas tupi e portuguesa.

[8] Bartolomé Mitre,"Ollantay: estudios sobre el drama quechua". *Nueva Revista de Buenos Aires*, Buenos Aires, 1881.

favorecer o extermínio dos contingentes indígenas e negros do país e de boicotar sistematicamente propostas políticas pan-latino-americanistas.

Nas artes cênicas, a saga de *Ollantay* conheceu uma primeira adaptação em 1923, em drama da Compañia Incaica del Cuzco. Segundo o pesquisador argentino Raul Antelo, no artigo "Cerimonial e anacronismo: Ollantay", a montagem levada no Teatro Colón de Buenos Aires foi assistida pelo reputado crítico teatral catalão Eugenio d'Ors, que, em comentário para jornal de Barcelona, alçou-a às alturas da tragédia grega e do teatro persa, justificando-a como "arte que persevera fielmente no tradicional e [...] que junta, em feito de sensibilidade única, todas as raças e todos os povos do mundo". A sustentar seu engajamento político, a direção do espetáculo esteve a cargo do historiador e antropólogo peruano Luís Eduardo Valcárcel (1891-1987), nome de proa da corrente indigenista peruana; este, em seu livro *Tempestad en los Andes* (1927), também sobre Ollanta, apontara a "necessidade de o indígena encontrar o seu próprio Lênin", formulação antecedida de um prólogo no qual o fundador do Partido Socialista peruano, o sociólogo José Carlos Mariátegui (1894-1930), identificou os indígenas sul-americanos como "proletários no sentido marxista da palavra".

Também autor de três ensaios sobre poesia e modernismo sul-americano no século XX que mencionam a atuação de Tulio Carella no Brasil, Antelo aborda, ainda, em seu estudo sobre o *Ollantay*, a grandiosa ópera encenada no Colón em 1926, com coreografia de Bronislava Nijinska, a irmã mais nova do bailarino russo Vaslav Nijinski.[9] Conforme o historiador argentino Guillermo Gasió, nessa versão a música de Constantino Gaito "levava a pentatonia [tradicional] incaica ao ultracromatismo de Wagner e Strauss". Assim como os avós de Carella, o autor do libreto, o pedagogo Victor Mercante (1870-1934), descendia de emigrantes empobrecidos, por sua vez, da Ligúria, no noroeste da península itálica, vizinha à Calábria. A ópera subiu outras duas vezes ao palco do Colón, em 1945 – com diversos intérpretes de *Don Basilio* e assistida por Tulio – e 1978.

---

9 Já o lendário bailarino imaginou coreografia para o balé *Caaporá* no Teatro Colón, durante sua segunda e última passagem por Buenos Aires, em 1917. O libreto, a partir de uma lenda tupi-guarani, era de Ricardo Güiraldes – o autor de *Dom Segundo Sombra* –, e a música composta especialmente por Stravinski. Porém, jamais foi apresentado, segundo Antelo ("Nijinski, o salto e o pensamento". *Arteira – Revista de Psicanálise*, n. 10, Florianópolis, out. 2018).

Desenhos do artista Ángel Guido (1890-1960) para a cenografia da tragédia *Ollantay,* montada no Teatro Cervantes por Antonio Cunill Cabanellas em 1939.

Fotografia de autoria desconhecida de uma cena da montagem de *Ollantay*.

    Para encenar a sua dramaturgia em Buenos Aires em 1939, Ricardo Rojas aliou-se ao diretor do Teatro Nacional de Comédia (o Teatro Cervantes já estatizado), o catalão Antonio Cunill Cabanellas, que, por sua vez, convocou para os cenários o arquiteto "fusionista" Ángel Guido e, para a música, Gilardo Gilardi, conhecedor da escala pentatônica incaica e de ritmos andinos antigos. Cabanellas tornara-se conhecido por não limitar gastos com a *mise-en-scène*, com resultados notáveis. Sobre ele, Carella registrou, em maio de 1959, na revista *Ficción*: "Na história do teatro argentino ficam, como exemplo paradigmático, as temporadas que dirigiu Antonio Cunill Cabanellas, [...] motivos de elogio ou discussão; nunca de indiferença".

    Para seu *Ollantay*, Cabanellas reuniu 26 intérpretes e cantores, com grande sucesso de público e crítica. No ano seguinte, 1940, iria dirigir a estreia de Carella no "grande circuito", *Don Basilio mal casado*, com protagonismo de Guillermo Battaglia e Luísa Vehil, já destacados na peça incaica. Porém, com a peça de Tulio, encerrou sua trajetória no Cervantes, devido à contenda iniciada quando Gustavo Martínez Zuviría (diretor da Biblioteca

Nacional e chefe da Comissão Nacional de Cultura) sentou-se sem aviso na plateia para assistir a um ensaio da comédia. Por meio da criação de uma subcomissão de "Leitura", o visitante – conhecido por defesas do franquismo espanhol e "cruzadas morais" deflagradas no meio cultural – tentava controlar os rumos da programação teatral na cidade. Ao inteirar-se de sua presença, Cabanellas mandou baixar as cortinas.

Em sua "Carta a [Ernesto] Sabato", publicada em *Picaresca porteña*, Tulio menciona ainda outra versão da obra indigenista, no Festival do Théâtre des Nations, em Paris: "*Frío de julio, neblina, malestar político*, Ollantay *en París*. ~1964".

*

A ecoar essa herança dramático-musical, o inca Ollanta é invocado em sessão espírita no primeiro capítulo de *Orgia*, na qual a médium Camélia conclama por reparação histórica para as culturas originárias sul-americanas, a culminar no vaticínio: "Desta parte da América sairá o Homem Novo profetizado por Ollanta", palavras tributárias de diálogo do segundo ato do *Ollantay* de Rojas: "*¡Yo un orden nuevo para el hombre fundo!*" ("Eu fundo uma nova ordem para o homem!").

O nome real da vidente Camélia era Rosita, cujas falas libertárias correspondiam à sua personalidade, conforme esclarecido em carta a Hermilo por ocasião do falecimento dessa amiga: "Em *Orgia* está apenas esboçado seu caráter e suas maravilhosas condições de vidente. Ela vivia com o Espírito da América e sempre falava da Grandeza Americana que chegaria no futuro. Enamorada de tudo o que era incaico, do indígena, de tudo o que pertencia à Terra... a ela retornou" (jul. 1972). Na narrativa de sua despedida de Buenos Aires, *o alter ego* Ginarte indica inclinação lésbica da médium, beijada na boca por uma amiga que a acompanha na sessão mediúnica.

No mesmo trecho, uma segunda "consulta aos espíritos", dessa vez pela médium "Fausta", faz emergir um vaticínio mais factual, embora àquela altura indecifrável: o destino final do consulente no Brasil seria "uma casinha com janela de grades, perto do mar, um mar onde há tubarões", ou seja, a cela improvisada na ilha de Fernando de Noronha, em alto-mar. O nome Fausta escondia uma personalidade notável: a ex-cantora de operetas e

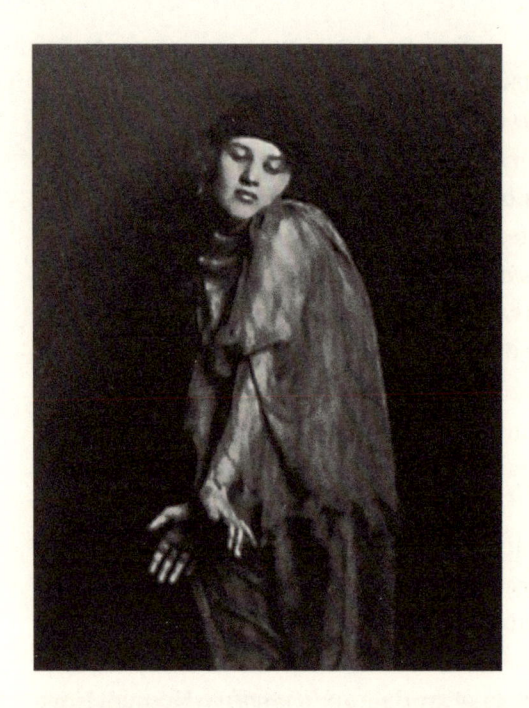

A bailarina e cantora de operetas Elsie Altmann-Loos em fotografia de autoria desconhecida tomada em Berlim, 1919. Emigrada a Buenos Aires, ela se tornou "vidente" e amiga de Tulio Carella.

bailarina austríaca Elsie Altmann-Loos (1899-1984), viúva do arquiteto austríaco Adolf Loos (1870-1933) e atuante no cenário lítero-musical de Buenos Aires,[10] conforme Tulio contou a Hermilo em maio de 1969. Num segundo momento, a dama lhe prevê "exclusividade mística" em fase mais avançada da vida, anúncio para ele "alarmante", pois não queria "anular-se como es-

---

[10] Segunda esposa do arquiteto vienense modernista Adolf Loos, com quem viveu dez anos, Elsie Altman-Loos fugiu do nazismo para Buenos Aires em 1933 e casou-se com o músico de jazz cubano Louis Felipe Gonzalez-Varona. Tornada única herdeira do arquiteto, em 1968 lançou o livro *Adolfo Loos, o homem*, e, em 1984, a autobiografia *Minha vida com Adolf Loos*. Na juventude privou da amizade de figuras como o escritor Karl Kraus e o pintor Oskar Kokoschka. Carella descreve-a em *Orgia*: "Fausta tem algo de terrível. É impessoal, fria, distante. Fala como um oráculo, insensivelmente. Não lhe interessa a sorte dos homens, mas o cumprimento do destino. Está envolvida por uma aura misteriosa, tétrica. Observando-se bem pode-se ver, através de seus olhos, os caminhos que conduzem à morte. Mas Fausta dissimula bem e mostra-se frívola, insinuante, absorvente; conheceu escritores, artistas e políticos de fama mundial; gastou três ou quatro fortunas; teve quatro ou cinco maridos. É uma estranha conjunção de rainha e puta, e aos sessenta e cinco anos seu espírito é mais moço que o de muitas jovenzinhas de insípidos dezoito anos que só sabem apaixonar-se pelos fantasmas que lhes dão o cinema, o rádio e a televisão" (op. cit., p. 35-6).

critor", ainda que, até mesmo no Recife, tenha aplicado, em plena rua, "passes magnéticos" num "moreno de olhos alucinados", conforme *Orgia*.

Assim, no início em terceira pessoa de *Orgia*, o memorialista pôde inserir homenagens a duas amigas extraordinárias, que partilhavam com ele interesses metafísicos. Todavia, é Camélia-Rosita quem fornece impulso às reflexões pan-latino-americanas do livro, ao "captar" mensagens não apenas de Ollanta, mas também do Grande Mojotoro, legendário guerreiro aimará,[11] chefe de incursões contra tropas *criollas,* que, a mando do vice-rei do Peru, dom Francisco de Toledo, fundaram, no último quarto do século XVI, a cidade de Salta, a meio caminho entre Lima e Buenos Aires. O personagem vaticina um novo despertar para o homem da terra:

> — Deuses da América, anunciamos os que vêm. Homem bom, homem nobre, homem puro que vai ao Recife, através de ti iniciamos hoje outro contato com as forças que surgem da América. Nossa América, que desperta para o seu destino. Esta é a terra dos grandes homens que ainda não puderam unir-se, apenas surgindo como uma amostra da nova humanidade, pois, renovada, volta a cumprir seus desígnios. É preciso lavar a lama endurecida, a indignidade, o crime e a imolação. Nossa terra de fogo volta a trepidar com o esforço do movimento unificado. Há séculos que aguardamos o momento de despertar. Agora se aproxima o nosso tempo. Os índios [*sic*], os filhos da Terra, irão ao encontro daqueles que vêm de outros países avassalando seus campos. Uma intensa luz brotará do nosso seio para cegá-los. Preparamos os sulcos que se abrirão para a semeadura. Nunca como hoje, neste hoje eterno que olhamos do alto, no tempo imortal onde tudo é uno. É preciso construir a unidade... É preciso...

Ao explicar, em carta a Hermilo (abr. 1968), o Mojotoro e seu manifesto mediunizado, Carella compara-o a personagens brasileiros. Primeiro, ao

---

11 Mojotoro é também um topônimo da região noroeste da Argentina, marcada por resistência indígena aos conquistadores espanhóis. A palavra tem origem quéchua (*moxotoro*) e significa "lugar estreito". Originou nomes de rio, montanha e cidade no limite das províncias de Salta e Jujuy, aos pés da cordilheira andina. A Bolívia também conta com uma localidade com esse nome.

"Grande Ubirajara", o lendário araguaia a travar combates com outras etnias originárias a fim de formar uma utópica nação indígena única – o caráter do "bom selvagem" rousseauniano romantizado pelo escritor cearense José de Alencar (1829-77). Depois, equipara-o ao "Grande Caboclo", arquetípico mestiço de indígena e branco da umbanda afrobrasileira, reverenciado na Bahia em desfiles de rua até os dias atuais, como herói das lutas locais pela Independência. Assim, após a incorporação do guerreiro por Camélia, *Orgia* projeta a almejada (pelos dois memorialistas brancos) união dos povos nativos da América Latina, com aliança mística do "Grande Touro [Mojotoro], o Irmão Forte do Vale do Atacama [Chile], com as forças do Yucatán [México]" e, ainda, com os "fortes raios dos Homens do Sol" da cordilheira andina, "desde a extremidade da Terra do Fogo", o arquipélago patagônico de onde partiria a "força kundalínica da Terra",[12] avançando numa impressionante linha de picos vulcânicos até a Venezuela, correspondendo assim à coluna dorsal da incaica "serpente-dragão" adormecida nas profundezas.

Em carta datada de nove meses antes da publicação do livro, Tulio esclarece ainda a Hermilo que o Mojotoro – guerreiro "que vela pelo futuro da América" e "fornece certas instruções de tipo continental e racial" – seria um "inocente" destinado ao "sacrifício", como os heróis das tragédias de Eurípides ou o mais importante líder pelos direitos civis negros, assassinado nos Estados Unidos, a quem se refere da seguinte maneira: "O sacrifício de Martin Luther King foi necessário (por desgraça) para redimir a sua raça. O que ganharia o mundo com o sacrifício de [Lyndon] Johnson? Só o sacrifício do inocente pode trazer a redenção e a esperança" (abr. 1968).

O repúdio à subserviência cultural à Europa em *Cuaderno del delirio* reaparece em *Orgia* mesclado com o balanço existencial provocado pela experiência transformadora do Recife, espécie de exílio a milhares de quilômetros da terra natal: "Também em política... há ostracismos que equivalem à pena de morte. Acaso não sei disto muito bem e não sofro na própria carne?". Mesmo tendo proporcionado alegrias, que, no entanto, "não permaneceram", o périplo de 1956 pela Itália, França e Espanha servira sobretudo para despertar a consciência de sua *americanidade*, sedimentada em 1960-61, conforme o *alter ego* Lúcio Ginarte:

---

12 *Orgia*, op. cit., p. 32.

É certo que gozou muito na Europa, mas também compreendeu um fato essencial: não era europeu, mas americano. A ilusão de encontrar-se a si mesmo na Europa se desvanecera, depois de torturá-lo ao longo de uma existência sem se conformar, de conflito incessante. Voltou livre de quimeras, sabendo que o futuro do mundo está na América, em toda esta América espraiada e desorganizada, cheia de heranças europeias que era preciso eliminar. Não como uma luta contra essa cultura, mas por meio de sua própria cultura. Os europeus haviam feito bem, mas para que imitá-los? O mundo avança, as civilizações desaparecem e surgem. As coisas são feitas, conosco ou não. Portanto, é melhor que nós mesmos as façamos.

Já em julho de 1972, Tulio declara a Borba Filho, de maneira ainda mais afirmativa, sua disposição de distanciar-se da Europa e sua fé num novo pan-americanismo: "Há tantas coisas belas na Europa! Mas a Europa fez-se graças ao ouro americano e ao sangue africano: por isso está condenada a desaparecer. A salvação está em Deus, e não na América, mas na América está o futuro: disso estou absolutamente certo". E em carta de agosto do mesmo ano, transpõe inusitadamente para o sentido tátil a decrepitude do colonizador percebida em sua viagem:

> Nunca poderei esquecer o asco infinito que senti na primeira noite de Paris, na sujidade envelhecida de um hotel em pleno *quartier* de Saint Germain. Minhas mãos negavam-se a tocar os objetos, as portas dos móveis, os lençóis das camas, as maçanetas – e é então que compreendemos quantas coisas tocamos em meia hora sem nos darmos conta. O sentido do tato rebelou-se nesse momento até a exasperação. Não conseguia nem me sentar. Enxergava tudo como coberto de uma capa gelatinosa, pegajosa, suja.
> Não se tratava de uma impressão psíquica, mas de uma realidade. Tampouco era uma sujeira *limpa* ou recente, como a de alguns mendigos recifenses: era vômito acumulado durante muitas décadas sem lavar nem limpar. Não era o antigo admirável, mas o velho repelente. [...] Paris é uma cidade difícil, como Buenos Aires, e cruel. [...] Pelo menos a Europa tem essa virtude econômica: paga o que trabalha; se

bem que foi preciso fazer uma revolução para que os ricos, os capitalistas, o compreendessem. Ainda restam muitos que não compreenderam: ai deles! (ago. 1972)

Estranhamente, em 1963, após 24 anos passados em Buenos Aires, o polonês expatriado Gombrowicz, já num quarto de hotel perto da Ópera de Paris, teve reação semelhante, ao abrir uma janela para não sufocar, compreendendo naquele momento que a Europa "significava a morte", conforme seus *Diários*. Contudo, também escreveu, sobre a capital argentina: "Aí se sente a presença da Europa com muito mais intensidade do que na Europa, e ao mesmo tempo se está fora dela".

Na sequência da missiva sobre o "ranço" francês, Carella manifesta mais uma vez a Hermilo a perspectiva pan-latino-americanista, porém com o cuidado de distingui-la de *nacionalismo* – classificado como "fase necessária" –, sentimento que havia refletido, por exemplo, em sua adesão a um novo sindicato no primeiro peronismo, ainda que meses depois tenha manifestado horror pelas medidas desse governo na área cultural, tal como a proibição do lunfardo em letras de tango. *Orgia* registra esse processo:

> E esse americanismo levou-o a estudar as possibilidades do habitante da América, e vê que são de tal magnitude que se sente deslumbrado. E no fundo de sua viagem ao Recife está esse pan-americanismo, conseguido durante numa luta interminável, que começou por ser nacionalista no sentido cultural. Era necessário que os povos se conhecessem a fundo para, depois, agirem em comum.[13]

Além de recuperar o herói Ollanta, o livro-diário recifense desenvolve ainda outra noção tributária de Ricardo Rojas: Euríndia, uma utopia geográfica sul-americana identificada ao célebre "continente perdido de Atlântida", situado, conforme os sábios Platão e Sólon, "além das Colunas de Hércules", isto é, depois do estreito de Gibraltar, portanto em algum ponto do oceano Atlântico. Segundo os antigos, a Atlântida, congraçadora das culturas de três continentes, fora aniquilada por um gigantesco cataclismo, nove

---

13 *Orgia*, op. cit., p. 67-8.

mil anos antes de nossa era. Em seu livro, Carella transportou-a ao mar aberto defronte Pernambuco: "Vi coisas maravilhosas da Atlântida. Todo o Nordeste brasileiro esteve em contato com os habitantes daquele país. O Grande Mojotoro veio nos dar força e ajuda, ligar-nos a toda a cadeia de seres que lutam pelo ressurgimento da raça". Desse modo, conforme Raul Antelo, Tulio evocava Rojas, que, ao retornar da Europa em 1922 e aproximar-se das ilhas no extremo Nordeste do Brasil – que "conservam o vestígio plutônico dos cataclismos", ou seja, à altura do arquipélago de Fernando de Noronha –, teve sua consciência "martelada" por um significante: a Euríndia. "Ali, onde desaparecera a Atlântida platônica, Rojas encontrava um território que não pertencia nem à Europa, nem à América, e que era, temporalmente, o *neutro*. Euríndia é Ollantay", sintetizou.[14] Quase um programa do fusionismo europeu-indígena, o estudo *Euríndia*, de Rojas, publicado em 1924 com o subtítulo *Ensayo de estética fundado en la experiencia histórica de las culturas americanas*,[15] influenciou literatos, artistas e arquitetos de toda a América de língua espanhola.

A serpente-dragão

No repúdio à violentíssima história da colonização dos territórios argentinos e na adesão ao indigenismo de Rojas e de tantos outros, Carella também professou admiração pelo pintor argentino Xul Solar (1887-1963), cujos esquemas construtivos reverberou em desenhos e cartões pintados, com os quais costumava presentear amigos. Místico e messiânico, em seus escritos esse artista também invocou o "Homem Novo" resultante da união continental latino-americana almejada por intelectuais e artistas de sua geração e, em 1927, ilustrou seu ideal na aquarela *Drago*, com a imagem de uma grande serpente-dragão a avançar, sobre o oceano, rumo ao continente europeu. Espetada pelas bandeiras de quinze países latino-americanos, a

---

14 Raul Antelo, "Cerimonial e anacronismo: *Ollantay*". *Revista Qorpus*, n. 2, Universidade Federal de Santa Catarina, 2011.

15 Primeira edição, em 1924 (Buenos Aires: Librería La Facultad). Segunda edição em 1951 (Buenos Aires: Editorial Losada).

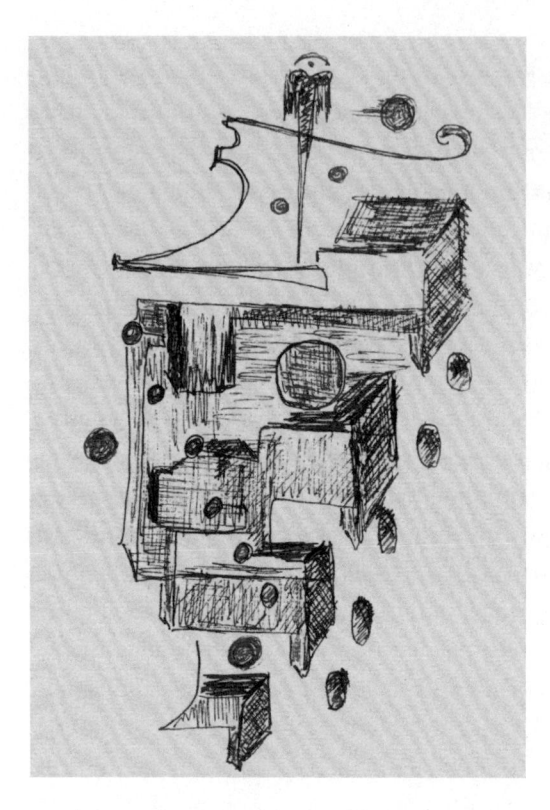

Cartão com desenho em cores de autoria de Tulio Carella datado dos anos 1970 e presenteado a seu amigo gravador Raoul Veroni. A imagem sugere uma máscara veneziana (antifaz).

besta carrega no dorso uma triunfante personagem feminina, com penteado e atavios incaicos. Da cabeça da mulher brota um cometa, símbolo incaico de fertilização.

Conforme um de seus obituários em jornais, Carella chegou a dar aulas na Escuela de Bellas Artes Manuel Belgrano, de Buenos Aires; e em suas pinturas, a partir dos anos 1950, adotou semi-abstrações em recortes geométricos de cores chapadas. Sua formação em artes e música dera-se ainda nos anos 1930, na Escuela Superior de Bellas Artes Ernesto de la Cárcova, na mesma cidade, onde conheceu o amigo gravador Raoul Veroni, como lembrou a Hermilo (jan. 1968).

Após pesquisar culturas indígenas desde a adolescência e investigar, nos anos 1950, a contribuição da cultura negra para o tango – identificando no gênero "amálgama racial" e "combate social" –, no Recife de 1960-61, em contato com legiões de "gente de cor escura [...] em chinelos ou descalços,

[...] a compartilhar um destino infra-humano que beira a condição animal", Tulio consolida sua formulação pan-latino-americanista, enunciada em *Orgia* e na correspondência com Borba Filho.

Quanto à expressão discriminatória "cor escura" no trecho citado – corrente até os anos 1970 na Argentina e no Brasil –, assim como em diversas outras passagens de seu livro, o autor gera estranhamento ao superpor dois momentos, reproduzindo inicialmente expressões de paternalismo e racismo estrutural para, em seguida, alinhar as consequências nefastas de tais posturas. No mais das vezes, porém, denuncia sem recorrer a figuras de linguagem o preconceito naturalizado entre a elite recifense, como no seguinte diálogo envolvendo um antiquário local, indicado por um amigo do proprietário do seu apartamento alugado, que patenteia a vergonha da ancestralidade indígena: "'Minha família não tem muita consideração por ele', diz, como se desculpando. A causa: o parente viveu muitos anos com uma *índia*, que lhe deu dez filhos, e somente há bem pouco tempo regularizou sua situação". Para além disso, em *Orgia*, o portenho constatou o desejo de branqueamento mesmo entre os colegas mais esclarecidos do Recife, apontando, por exemplo, a preocupação de Ariano Suassuna (nomeado *à clef* "Adriano") de sublinhar sua ascendência europeia, de maneira a "não parecer uma espécie de selvagem poeta afrobrasileiro". Em outro ponto, chega a comparar a constante reafirmação do dramaturgo paraibano de suas origens ibéricas ao costume do amante King-Kong de "espichar" o cabelo naturalmente crespo, além de identificar como recalque da condição sul-americana o fato de Suassuna nomeá-lo sempre "italiano", em vez de argentino.

Não obstante, surpreende-se com a "curiosa maturidade" da obra de Ariano, uma vez que o criador de *O auto da Compadecida* contava então apenas 33 anos, além de ele próprio identificar-se com o escritor "na forma de seus temas folclóricos nordestinos", reprodutores das mesmas "velhas estórias napolitanas e calabresas" que sua mãe lhe contava em Mercedes. Constatou, ainda, compartilhamento de uma admiração literária específica, já que uma das mais famosas estórias do paraibano proviria do clássico picaresco *Raggionamenti* [Diálogo das prostitutas], de Aretino (1492-1556), cuja edição argentina ele enviaria a Hermilo, para tradução na mesma coleção "erótica" de *Orgia*: "Ali está a história da mula que 'descome' [defeca] dinheiro, usada por Ariano no *Auto*" (ago. 1966).

Ainda sobre Suassuna, conta ter-lhe entregado alguns de seus poemas para avaliação. Mesmo que declare não os apreciar, o colega elogia um deles para um aluno em comum da Escola de Teatro e dispõe-se a o publicar em jornal. Finalmente, Tulio louva a integridade ética e profissional do escritor, a concluir que "no fundo, desejou ajudá-lo" e, "tal como Hermindo, luta por gente nova, com ideias novas, que arranquem os alunos de um marasmo pernicioso", motivação na raiz do convite para a Universidade do Recife.

Porém, a excetuar três visitas à residência de Hermilo e duas ao casarão-museu de Ariano ao longo de um ano e meio, e não obstante a atividade pedagógica sob sua responsabilidade, cumprida de modo a superar expectativas, Tulio passa o tempo recifense "entregue a si mesmo", "a flutuar na cidade como uma jangada no mar", uma vez que, em meio à agitação gerada pela primeira prefeitura socialista na cidade, seus anfitriões da universidade e do meio teatral têm pouco tempo para ele: "Adriano dispõe de uns momentos e conversamos com dificuldade". A barreira de comunicação permite-lhe, entretanto, observar com todos os seus sentidos as inúmeras formas de segregação social na cidade, veladas ou explícitas, com a quase totalidade das "pessoas de cor" apartadas das funções e benesses da elite branca governante-proprietária e alienadas de direitos elementares.

Assim, no quadro do decadente Recife Antigo que lhe coube para moradia e lazer, perante um "povo que o rodeia, se atropela diante do seu entendimento e o perturba" (*Orgia*), o professor universitário torna-se "item especial", visto com intensa curiosidade antropológica e ao mesmo tempo como possível provedor de artigos básicos. Em resposta, franqueia sua intimidade e põe em marcha um radical exercício de alteridade. À diferença de tantos escritores-viajantes observadores do país que conservavam diversos tipos de distanciamento, estimula diálogos, avança contatos corporais e envolve-se em relações afetivas nas quais assume via de regra posição passiva de "caça", e não de "caçador", em inversão do jogo habitual de poder. As interações multiplicam-se desordenadamente, e, a fim de dominar mecanismos psicológicos em falas e atitudes que a princípio "não pode entender", registra em seus cadernos cada abordagem e cada encontro, alicerçando seu conhecimento da realidade local para além de noções adquiridas de estudos etnográficos e literários, ou mesmo de obras de arte.

Após a invocação das culturas autóctones sul-americanas, as sete seções seguintes de *Orgia* expõem, de um lado, um sem-número de decalagens com posturas da elite recifense – não obstante suas afinidades com Hermilo – e, de outro, modos relacionais com os destituídos da cidade, apresentados na crueza com que se impuseram e a gerarem, ainda, a plaquete *Preta* e os poemas de *Roteiro recifense*.

*

Segundo Hermilo Borba Filho em *Deus no pasto* (1972), não apenas a sensualidade pernambucana, instalada desde o clima – o ar cheira às vezes a mel, e noutras, à "bosta", diz Lúcio em *Orgia* –, teria deflagrado a experiência orgiástica de Carella, mas também sua filiação à filosofia grega ancestral, pois o argentino situava o binômio Orgia-Caos formulado por Hesíodo não só em chave cosmológica, mas também política. Assim, na América Latina, o Caos teria se introduzido, ao longo do século XX, mediante certo "nacionalismo de tipo político" – populismo –, em especial na Argentina e no Brasil:

> Como me dizia, em certas ocasiões, Lúcio Ginarte, a era do nacionalismo agudo, "normal", passara e entrava-se num nacionalismo de tipo político e na dissolução que indicava a chegada do Caos. *O Caos que tanto o preocupava por ser a consequência lógica da Orgia.* [...] E não chegávamos a saber se acedíamos à Orgia para chamar o Caos ou se estávamos destinados ao orgiástico para que o Caos se manifestasse e desse nascimento a uma nova ordem de coisas.[16]

Tais ideias não foram expressas, porém, em 1961, "entre goles de uísque e ponche de cajá", como romanceou Hermilo em sua obra memorialística, mas em carta de 28 de agosto de 1968, na qual o argentino reafirmou, a respeito da interação Orgia-Caos: "Isso é tudo, em síntese, o que quero dizer em meu 'diário' [*Orgia*]". Em outra missiva, posicionou mais uma vez em contexto ontológico sua trajetória brasileira, tal como deveria ser narrada

---

16 Hermilo Borba Filho, 1972, op. cit., p. 149, grifo meu.

no *Diário segundo*, com as consequências práticas do binômio hesiodíaco, ou seja, a prisão, a tortura e a demissão da universidade:

> O plano de *Orgia* me agrada *muito*: em termos simbólicos, a Orgia é um chamado ao Caos; na orgia se recorre a disfarces e mudanças de sexo (o homem se veste de mulher, a mulher se veste de homem). O Caos precede um outro Cosmos, e o que ordena este é Eros, quer dizer, o impulso gerador [criador] (e não a geração [progênie]). Quer dizer, há uma inversão; um estado caótico; um sentimento erótico; a luta final com as Forças Armadas; e o regresso ao Deserto e à Penitência. [...] Os uniformizados me castigam por eu não ter enxergado direito a miséria que me rodeava, e me dão a mais perfeita informação acerca do estado político, social e econômico do Nordeste. Paradoxo que parece inventado. (jul. 1968, grifo do autor)

No entanto, seu *Orgia* consigna de maneira recorrente descrições pungentes em torno de contradições sociais no Recife, como no seguinte trecho, encerrado com conclusão de fundo cristão sobre uma "espécie de equilíbrio" entre miséria e abundância, alcançado por meio da caridade, além de uma referência à "inevitabilidade da pobreza":

> A fila é percorrida por uma variedade inesgotável de mendigos, com muletas, carros de rodas, corcundas, aleijados, velhas, velhos, meninos, mulheres grávidas. Não falam: tocam no braço da gente, dirigem uma súplica muda e estendem a mão. No Recife, a mendicância é prolífera e ativa, adquirindo os mais variados matizes. Um jovem cego, por exemplo, coloca-se ao lado do caixa do [bar e lanchonete] Deserto, onde se compram os tíquetes para a consumação: toca no braço de todo aquele que pede um café ou uma bebida, sem falar. Mendigam com documentos comprobatórios, exibindo crianças subnutridas de perninhas raquíticas e barrigas enormes; mostram feridas purulentas onde as moscas pousam; há deformados, mutilados. Vi um homem espancar uma criança de meses para que chorasse e, desse modo, inspirasse compaixão. Na ponte Duarte Coelho costuma estacionar um jovem de pernas atrofiadas, às vezes olhando seu rosto num espelho,

espremendo espinhas sem lembrar-se de pedir. Na rua Sete de Setembro há um homem sentado na calçada, com um chapéu ao lado, estirando o braço que parece haver-se encompridado desmedidamente. Há pessoas bem trajadas que mendigam. Outros dizem precisar de uma passagem para o ônibus. Mulheres grávidas, com dois ou três meninos de pouca idade, mendigam. Em certas horas é preciso andar com cuidado, pois corre-se o risco de pisá-los. Há cínicos, simuladores fingindo um mal que não têm? Mentem, exageram? Somente por se darem a esse trabalho já deveriam ser recompensados. Como não ter piedade daquele que pede? Tornar-se dependente da comunidade e da caridade é uma carga mais pesada que a do operário. Entre o necessitado que pede e o que dá uma parte do que é seu estabelece-se uma espécie de equilíbrio. Aquele que nega parte do que tem e o que pede por razões alheias à necessidade quebram esse equilíbrio. Ao rompê-lo, a harmonia humana se desintegra. A pobreza é, evidentemente, um mistério. Como é possível que nesta terra de exuberante vegetação, onde as árvores senhoriais inspiram respeito e tudo é abundância, haja miséria? É incompreensível. De outro lado, há uma repetida prédica capitalista e comunista acerca de que o homem deve ser rico, vestir bem e nadar na abundância, contra a pobreza que Jesus prescreveu.

Embora apenas uma década mais tarde esse quadro fosse repetir-se também nas metrópoles do Sudeste do país, o Recife de 1960 constituía o mais propício ambiente para o portenho exercitar a caridade cristã que professava, uma vez que o declínio econômico argentino acentuou-se com mais gravidade e hiperinflações somente a partir de 1975, segundo historiadores como Ezequiel Adamovsky.[17]

Um ano após avaliar sua prisão como "lição sobre o estado de coisas no Recife recebida dos militares", reapareceu na correspondência enviada a Hermilo a ideia de punição exemplar pela via do Caos, acompanhada de

---

[17] Cf. Veronica Smink, "Eleições argentinas: quando começou a derrocada econômica da Argentina – e quão rica ela já foi?", *BBC News Mundo*, Argentina, 17 nov. 2023; e também Ezequiel Adamovsky, *Historia de la Argentina: de la conquista española a la actualidad*. Buenos Aires: Ed. Crítica Argentina, 2020.

novas observações incisivas sobre desigualdades sociais, dessa vez pertinentes à nova capital Brasília:

> Além do mais, agora que raptam embaixadores, o sequestro de um mero professor de teatro não resulta muito significativo, salvo por um fato aparentemente paradoxal e absurdo, e que constitui a essência de *Orgia*: que, enquanto eu desfrutava, havia muita gente sofrendo; e que os uniformizados, a fim de evitar um possível ato guerrilheiro, ou de subversão, ou de propaganda marxista, ou comunista, ou castrista, me informaram exatamente da situação em que se debatiam os habitantes do Recife, do Brasil e do mundo inteiro. Quer dizer: os sabujos pagos pelos latifundiários, pelos capitalistas, defendiam seus amos contra os pobres, contra os necessitados, contra aqueles que realmente necessitavam defesa. E este fato profundamente humano se sobrepôs a toda tortura, a todo percalço, a toda consequência havida com minha detenção. Há outras implicações de índole mística, mas o que vale realmente é isto: os uniformizados me fizeram ver palpavelmente a injustiça que sofre o povo pobre, sem amparo nem defesa alguma, explorado, sacrificado por faraós que constroem pirâmides (a cidade de Brasília: e ali, Hermilo, tu foste meu iniciador) que logo ninguém saberá quem construiu ou para quê. (set. 1968)

Além desse balanço, no qual a compreensão dos fatos desde o alto deriva em sublimação de seu martírio, o argentino apontou o caráter presciente de seus diários:

> Outra das coisas notáveis desses cadernos é a quantidade de predições e previsões, de presságios e antecipações de tudo o que me ocorreria depois. É curioso, de um ponto de vista metafísico, estudar os detalhes *sabendo* o resultado. (mar. 1968)

Em pelo menos seis outras cartas do ano de 1968 da publicação de *Orgia*, voltou a situar o comportamento orgiástico em Pernambuco como consequência de estado caótico instaurado na América Latina. E, em meados de 1969, ao mesmo tempo que anunciava a escritura do *Diário segundo*, assinalou:

> Nosso tempo é caótico e o que podemos fazer é dar testemunho desse caos. [...] Nestes dias não posso me concentrar em nada, absorvido pelos acontecimentos sensacionais e terríveis. Antes conseguia isolar-me; agora estou em comunhão com o mundo inteiro. O saber da sorte que cabe às crianças e aos velhos de Biafra me retrojeta aos tempos do Recife, quando via os pequeninos a dormir nas ruas, sob a chuva, cobrindo-se com folhas de jornal. Creio que essa é a única utilidade dos periódicos. Ou, pelo menos, a melhor. (jul. 1969)

E destacou ainda, no mesmo mês, sobre o estado de Pernambuco sob ditadura civil-militar:

> Hoje, terça-feira, li no jornal que no Recife estouraram três bombas, e houve um morto e vários feridos. Por um momento achei estar sonhando, acreditei equivocar-me, ter lido mal. Como tu poderias compreender o que senti? Tampouco eu o entendi. E é lógico que assim seja: isso é parte da incompreensível época que vivemos. Há uma frase de Hesíodo que cito em meu próximo livro [*Las puertas de la vida*]; frase alarmante, segundo a qual o Caos nunca desaparece totalmente, senão que se mantém à margem do universo (do Cosmos, da ordem) e às vezes irrompe nele. Acredito que estamos vivendo uma época caótica, de transição.

Porém, mesmo no período 1959-63, de frequentes confrontos de forças policiais com movimentos camponeses e estudantis no estado – como atestam os principais jornais locais –, o portenho introjetara o Caos prestes a instalar-se definitivamente em 1964 com o golpe civil-militar:

> [...] A Orgia está intimamente ligada ao Caos, e eu chego a um estado caótico, no Recife, devido ao afrodisíaco que o clima, a terra e as gentes injetam em minhas veias, despertando minha juventude – tal como aconteceu ao Fausto por artes mágicas. [...] Assim, pois, *Orgia* será o título. [...] Eu o anunciei aqui e um editor abriu desmesuradamente os olhos. (maio 1968)

Combata o Analfabetismo

FAÇA DE SUA CASA UMA ESCOLA

PRA 8 -- RÁDIO CLUBE DE PERNAMBUCO
DIÀRIAMENTE ÀS 8,50 DA NOITE
"EDUCAÇÃO PELO RÁDIO"
MOVIMENTO DE CULTURA POPULAR E PREFEITURA MUNICIPAL DO RECIFE

Cartaz do Movimento de Cultura Popular divulga alfabetização pelo rádio com o método Paulo Freire no início dos anos 1960.

Já em setembro de 1968, três meses antes da publicação de seu livro no Brasil, confidenciou desejar novo *status* político para a América Latina, imaginando até mesmo a criação de um mercado comum:

> Não poucas vezes me sinto tentado a falar-te da situação internacional e das situações nacionais. Tal é o caos que muito pouco é o que podemos compreender. Porém surgem certas linhas de força perceptíveis, e certos obstáculos não menos perceptíveis. E eu espero que tudo isso desapareça, para que a América Latina seja um continente, um país, uma república, com Estados interdependentes, em pleno desenvolvimento e com bem-estar geral. Esse velho sonho meu é agora postulado pelos políticos, o que quer dizer que, todavia, demorará muito tempo para realizar-se. (set. 1968)

Portanto, a "nova ordem", destinada a suceder o caos acionado pela orgia, também poderia ser construída no campo político, ainda que de maneira demasiado lenta. Já na vida pessoal, em apenas um ano e meio, o acionamento da chave "orgia" derivou no caos absoluto da "lição" aplicada *manu militare*. Ainda assim, antes da publicação de seus diários, que a seu infortúnio doméstico somaria a interrupção da trajetória profissional e o "cancelamento" social nos dois países, manifestou a Hermilo sua confiança no novo: "E quando alguém cessa de lutar, simplesmente cai na *orgia* e invoca-se o *caos*, para que, de novo, se restabeleça uma ordem (um cosmos). Então quem comanda é Eros. Toda essa antiga simbologia está na mítica grega, e também na anterior, egípcia, caldeia ou fenícia" (set. 1968).

Assim, já segundo *Las puertas de la vida*, publicado um ano antes de *Orgia*, em vez de refutar, seria preciso antes "vivenciar" a orgia e "conhecê-la" de fato – como no mergulho de São João da Cruz na "noite escura" a anteceder a perfeita união com o Divino. No memorialístico da infância, ao abordar a formulação de Hesíodo (c. 700 a.C.) do Caos Primordial – vazio abissal da Consciência Divina pré-material, força de cisão e dissolução, oposta à harmonia universal de Eros, divindade de combinação e união –, o portenho emendou conclusão fenomenológica:

> O mundo está cheio de enigmas e é preciso examiná-los todos, porque tudo é digno de atenção e de estudo. Somente assim se adquire experiência, e a experiência é imprescindível para viver. E o que é a experiência? A acumulação de conhecimentos, isto é, de práticas vitais. [...] Por isso são imprescindíveis as vivências primeiro, e depois o conhecimento, para chegar-se à raiz das coisas. É preciso examinar cada objeto até o seu interior para saber. Quer dizer: é preciso destruir o que se quer conhecer.

Miscelânea de corpos

Ainda a recombinar seus estudos das ciências antigas, Carella estabeleceu para o editor brasileiro relação intrínseca entre "orgia" e o elemento água, próprio do Recife e que ele entendia estar na origem de seu périplo sexual: "[...] A orgia se estabelece num meio aquoso (nas praias; pois embora indefinível, o Caos é aquoso), o que temo ser bastante monótono; há não mais que um desenfreamento indescritível, uma vertiginosa miscelânea de corpos" (jul. 1968). Monotonia caracterizada por "recorrência de fatos anódinos, que deixei para mostrar o absurdo dessa vida (ou de todas as vidas) agoniada por trivialidades" (set. 1968), ou seja, o lento escoar diário das tribulações e os embates contra a solidão amesquinhadora.

No entanto, sobre tais reiterações, características do gênero memorial, e a perguntar-se sobre "o que cortar, para não cansar o leitor", lembrou-se de que, em sua leitura das *Memórias de Casanova*, "tão excitantes e divertidas", cansara-se da "repetição de atos similares" – na técnica sadiana de afirmação de poder por subjugação corporal contínua – e da "ocultação de atos evidentemente homossexuais" (ago. 1968).

Ainda em análises comparativas com o *Orgia* em escritura, o memorialista pinçou novela autobiográfica recém-lançada na Argentina, de autoria de Germán Leopoldo García (1944-2018) – jovem de 23 anos à data da publicação, oriundo de rincão paupérrimo em Junín, na pampa –, para, inusitadamente, compará-la à obra célebre de uma autora brasileira negra e favelada:

> [...] Naturalmente que as repetições cansam ou afligem. Sobretudo num *diário* tomado como um psicanalista, ao qual não se deve ocultar nenhum detalhe. Tens razão, e, no entanto... procurando não sei qual livro encontrei *Quarto de despejo*, de Carolina Maria de Jesus: duas páginas teriam bastado para ela dizer: "Tenho fome, vivo mal, há injustiça social que estropia o indivíduo". E apesar de ela não ser escritora, seu livro é realmente vital. Algo semelhante compôs aquele jovem autor, de quem já te falei numa carta (a autobiografia (?) *Nanina*). (set. 1968)

Com sua denúncia social incisiva, de par com reconstituição de iniciação sexual, o quase neorrealista *Nanina* elogiado por Carella foi levado por autoridades a julgamento e banido das livrarias bonaerenses em 1969.[18] Além do autor, foi in-

---

[18] Germán Leopoldo García, *Nanina*, Buenos Aires: Ed. J. Alvarez, 1968. O autor nasceu e cresceu em Junín (província de Buenos Aires), e seu romance conheceu edições sucessivas por quase um ano, até ser proibido pela ditadura do general Juan Carlos Onganía. Também psicanalista, García participou da fundação da Escola Freudiana de Buenos Aires, em 1974. Teve mais de vinte livros publicados, entre novelas e ensaios em psicanálise e literatura, entre os quais análises das obras de Gombrowicz e de Macedonio Fernández.

criminado o editor Jorge Álvarez, das relações de Tulio e que recebera a indicação para publicação do escritor e ativista guerrilheiro Rodolfo Walsh, cujo corpo foi "desaparecido" em 1977 pela ditadura civil-militar argentina. No ano seguinte, Tulio retornou a *Nanina*, expondo a Hermilo os motivos de sua proibição:

> Agora o governo diz que castigará com o *máximo rigor* tudo o que seja revolucionário, ou marxista, ou que se assemelhe. Há uma inflexível moralidade oligárquica que se alimenta de certos livros. Faz pouco tempo foi condenado um jovem autor que redigiu um livro sumamente interessante, de caráter biográfico-interiorano, no qual conta a miséria atroz pela qual passou; por obscenidade, diz o Juiz, por ele não se rebelar contra esses fatos vividos. Assim, ficamos sabendo que o Juiz é um homem de estirpe, que não conhece a miséria! Ele mandaria o autor para um reformatório psiquiátrico, diz. Mas não lhe ocorre enviar todas as crianças para uma escola na qual recebam uma educação séria. (jul. 1969)

Em ambiente de excessivo moralismo, não é difícil imaginar a surpresa que as experiências recifenses produziram nos literatos de Buenos Aires aos quais, em meados de 1969, Carella distribuiu trinta exemplares de *Orgia*. Para esses leitores, o alarme teria soado antes mesmo de o personagem *alter ego* aterrissar no Nordeste, uma vez que a dissolução orgiástica e caótica irrompe já na primeira escala aérea brasileira: "[...] Em São Paulo inicia-se a perseguição ao estrangeiro; e em certo momento as coisas se invertem – mais caos – e a presa segue o caçador e o encurrala...", como resumiu o autor a Hermilo em maio de 1968. Às perseguições paulistas, segue-se parada técnica em Salvador e um *ménage à trois* com casal de passageiros do avião.

Quanto ao conhecimento do argentino do território brasileiro, sintomaticamente a nova capital federal Brasília – visitada três meses após sua inauguração, em meados de julho de 1960, ao lado de um grupo de professores e alunos pernambucanos a participarem do III Festival Nacional do Teatro de Estudantes[19] – representou o próprio *locus* de "instauração da Or-

---

[19] Cf. Joel Pontes em sua coluna "Diário Artístico". *Diário de Pernambuco*, 2 ago. 1960. Carella viajou em companhia dos professores Graça Mello e Maria José de Campos Lima, além do próprio Pontes.

gia" (ago. 1968). Conspirou para tanto a escassez de alojamentos na cidade ainda em construção, improvisando-se então um dormitório coletivo para estudantes de teatro de todo o país, a gerar congraçamentos noturnos aos quais concorriam também professores e até mesmo operários e policiais locais: "Tenho [no segundo volume de *Orgia*] um capítulo correspondente a Brasília, que é decisiva em minha experiência, pelo menos em minha experiência brasileira. [...] Foi muito divertido e assinala o ponto de ruptura total com a normalidade" (out. 1968). Segundo outra missiva, "ruptura" a se consumar no Recife:

> [...] Toda a experiência que significou para mim a coexistência com professores, alunos, candangos [operários da construção da cidade] e Gebs [integrantes da Guarda Especial da nova capital federal]. [...] O nó de minha experiência está em Brasília, precisamente, que é onde tenho a sensação de viver a orgia (e eu a vivo sem restrições); orgia que continua depois no Recife e se transforma em Caos.

Meses depois, arriscou nova avaliação sobre a cidade do planalto central:

> [...] Brasília, onde a Orgia se concretiza em sua face misteriosa, como se chamasse o Caos. E não me digas que tem sabor de Tango, pois o tango não tem nada que ver com isso; e ainda que eu tenha usado expressões como "Nas noites fatídicas de vício", de uma cafonice insuperável, não creio que [em *Orgia*] tenha usado o vocábulo orgia, nem bacanal. (c. final de 1968)

Porém, a palavra "orgia" foi utilizada uma vez, em frase-chave do último terço do livro: "De que serve minha presença no mundo? Só para desencadear a orgia?".

Quanto ao temerário Festival de Teatro realizado na capital inaugurada, mas inacabada, foi promovido pela figura notável de Paschoal Carlos Magno (1906-80), então chefe de gabinete do presidente Juscelino Kubitschek. O evento foi aberto em 14 de julho de 1960, no auditório da Rádio Nacional de Brasília, e em sua programação constaram trinta grupos, deslocados das cinco regiões brasileiras. Magno fora homenageado no I Festival de

Amadores Nacionais, em 1957 no Teatro Dulcina, no Rio de Janeiro, evento que revelou ao país *O auto da Compadecida*, de Ariano Suassuna – com sua valorização da cultura sertaneja –, e no mesmo ano criou sua maratona teatral nacional, com a escolha justamente do Recife como primeira sede e com o espetáculo de encerramento entregue a Hermilo Borba Filho, na direção de *Seis personagens em busca de um autor*, de Pirandello.

Conforme lembrado em carta a Hermilo, na sequência da programação brasiliense do III Festival, o portenho conheceu, ao lado dos estudantes, cidades dos estados de Goiás e Minas Gerais, como Uberaba – apresentação registrada em *O Estado de S. Paulo*, em 19 de julho de 1960. Por fim, o grupo hospedou-se na Aldeia de Arcozelo, no interior do estado do Rio de Janeiro, ou seja, no casarão senhorial de antiga fazenda tornada sede da organização cultural de Magno e destinada a alojar estudantes de artes cênicas de todo o país, porém também conhecida, na imprensa carioca, por indícios de bacanais entre os frequentadores. Devido a escrúpulos com pessoas vivas, no planejado *Orgia II* o argentino pensou em omitir a passagem por Arcozelo, mesmo com nomes *à clef*, como justificou a seu editor: "Outro dos problemas é o de Arcozelo, refúgio de estudantes, que não quero mencionar porque já não caberia o disfarce, o ocultamento, e haveria uma denúncia demasiado clara que não me permito escrever, pois poderia prejudicar alguém, e não posso nem devo fazê-lo" (out. 1968).

Integrada por membros do Teatro Universitário de Pernambuco (TUP) – um dos diversos grupos teatrais criados por Borba Filho –, bem como do Teatro do Adolescente do Recife e do Teatro do Estudante Israelita, a trupe pernambucana encenou, no III Festival, *A morte do caixeiro-viajante*, de Arthur Miller, com direção e cenários de Graça Mello (outro professor da Escola de Teatro do Recife) e colaboração de Carella na *mise-en-scène*, conforme registro de Joel Pontes no *Diário de Pernambuco*.

A estada de Carella e do TUP na capital fluminense em 1960, ao lado de outras vinte associações teatrais de todo o país, foi iniciada, segundo o *Jornal do Brasil*, com marcha triunfal de cerca de quinhentos artistas universitários, precedidos da fanfarra da guarda Dragões da Independência executando a marcha "Cidade maravilhosa". Saíram na manhã do dia 29 de julho da praça Mauá, no centro, em direção à Câmara dos Vereadores, na Cinelândia, e dali rumaram ao Palácio Guanabara, a sede do governo estadual.

Ainda conforme a imprensa, os grupos chegaram à Guanabara em sete ônibus provenientes da Fazenda Arcozelo, onde descansaram, ensaiaram e confraternizaram nos três dias anteriores. Já no início do mês de agosto, os pernambucanos ofereceram espetáculo para 900 espectadores no Teatro da Sociedade A Hebraica. Carella estendeu a viagem ao estado de São Paulo, para visitar a capital e também Ribeirão Preto, conforme o cólofon de seu *Roteiro recifense*.

Quanto ao "muito divertido" da passagem da moderna Brasília, projetada para abrigar as elites mandatárias, registre-se, de par com o "desencadeamento da orgia", o destino trágico de parte dos operários que a edificaram: transcorrido um ano da festa de inauguração, o *Jornal do Brasil* informava sobre "cinquenta mil pessoas, a maioria nordestinos, jogadas à própria sorte" na capital, "sem a mínima assistência sanitária, entre os quais mais de um mil tuberculosos e uma centena de leprosos", conforme denúncia do ministro da Saúde Cattete Pinheiro, do governo do presidente Jânio Quadros, na reportagem "Entregues à própria sorte" (27 abr. 1961).

*

Se a revolução pansexual latino-americana neutralizadora do conceito de *raça* poderia receber contributos até mesmo do espectro político-partidário, na delicada condição de estrangeiro no Brasil, o argentino passou prudentemente ao largo de militância partidária, não obstante sua frequentação da raia miúda negra e mestiça do Recife ser confundida ineptamente pelos militares com exportação da guerrilha cubana.

Testemunhos de ex-alunos recolhidos 25 anos depois para um trabalho acadêmico sobre o Curso de Formação do Ator da Universidade do Recife dão conta de sua discrição na vida particular e dedicação à atividade pedagógica. Segundo Ivan Soares (1932-2013), mais tarde ator do Teatro Popular do Nordeste e crítico de cinema, um dos primeiros a promover buscas após o desaparecimento do mestre:

> Tulio Carella era um verdadeiro professor em seu relacionamento com os alunos. Imprimia uma disciplina quase espartana e exigia não só o cumprimento das obrigações para com a cadeira, mas tam-

bém um comportamento de regularidade e frequência, a responsabilidade, a atenção; e ao mesmo tempo ele tinha o lado humano dele. Fez muitas amizades sem extrapolar a condição de professor, sem passar para o pessoal. No que diz respeito à atuação dentro da Escola, foi inatacável.

E ainda, sobre a dispensa do portenho da universidade:

Achou-se que ele era um perigo, mais do que talvez [pela suposta] subversão. Ele lidava com a juventude, com pessoas ainda em formação, e achavam que ele podia atuar da mesma forma [sexualmente] no meio onde ensinava, o que não acontecia. E por isso houve pressões para que o contrato dele fosse encerrado, apesar da intervenção de Hermilo e de, pelo que eu me lembre, de Ariano Suassuna. Fizeram tentativas não só de soltá-lo, de esclarecer e de apoiá-lo, mas também de mantê-lo aqui, mas não foi possível. A universidade realmente cancelou o contrato e ele teve de voltar, o que foi lamentável, porque representou uma perda, e era uma pessoa excelente, estava fazendo um bom trabalho, ia conduzindo uma pequena turma com muita garra, e com a saída dele ficamos uns dois meses sem professor.[20]

Soares visitou-o em Buenos Aires em janeiro de 1973 e entregou-lhe uma carta de Hermilo. Ida Korossy, outra colaboradora nas buscas pelo professor sequestrado, confirmou a impressão do colega:

Era uma pessoa que entendia profundamente de teatro. A linha dele era mais para a Commedia Dell'Arte. Exigia demais da gente. Uma seriedade enorme, ninguém podia rir, ninguém podia brincar nas aulas dele. Repetia um exercício muitas vezes e fazia aquela parte de sensibilização que hoje é tão difundida, mas na época a gente pouco

---

[20] Maria A. Vasconcelos Fraga, *O curso de formação do ator da Universidade do Recife (1958-1966)*. Trabalho de Conclusão de Curso. Universidade Federal de Pernambuco, Recife, 1986, Anexo III, p. 2.

conhecia, de jogos dramáticos. [...] A gente encenou poucas peças com ele. Eram mais cenas. E era o estudo dos diversos estilos, de Shakespeare, de Goldoni. Montamos poucas peças, mas parece que eram duas ou três de Goldoni.

Já segundo Leda Alves, aluna da mesma escola, "os alunos eram loucos por ele, excelente professor".

Não obstante tais depoimentos ecoarem a preocupação de o afastar do espectro político, o professor compadecia-se e assombrava-se continuamente com a miséria a grassar na cidade, levando-o a pressentir "a luta subterrânea, que em algum momento explodirá ferozmente". Ao menos uma vez, quando já ganhara a confiança geral, ao se encontrar casualmente com um grupo de alunos na rua, exortou-os à ação política, segundo *Orgia*:

> Desapareceu o temor da responsabilidade assumida com seus alunos [...]. Fez-lhes ver que há uma ciência teatral e que o professor deve ocupar-se com os alunos tanto no sentido estético intelectual como no ético ou moral. Os jovens adivinham nele um guia e às vezes o consultam em relação a seus problemas íntimos. A maioria desses problemas é de natureza política. Há três grupos nitidamente diferentes: esquerdistas, direitistas e neutros, ou indiferentes. As diferenças são aplainadas no trabalho, no companheirismo, no dever que se vai cumprindo dia a dia. Aos ouvidos do professor chegam palavras acerca do problema agrário, dos camponeses, da escravidão branca, das aspirações a uma justiça social, de uma economia brasileira independente. Odeiam os Estados Unidos por sua política imperialista. Os Estados Unidos usaram o Nordeste durante a Guerra, de 1939 a 1945. Natal era, talvez, a maior base aérea do mundo. Foi uma semiocupação, com tudo o que acarreta uma semiocupação: a convivência. E Lúcio compreende como deve ter sido terrível para indivíduos tão suscetíveis como os nordestinos o desprezo racial dos norte-americanos, que não somente os segregavam como usavam suas mulheres, suas filhas, lançando-as depois na prostituição. [...] Em certa ocasião, um grupo de alunos encontrou-o na rua e conversaram livremente. Lúcio assustou-se ante o ódio violento que sentiam por uma nação. Foi uma espécie

de conferência ao ar livre, enquanto os transeuntes passavam, olhando-os, ou atropelavam-nos em sua pressa.

No memorialístico, o quase comício é arrematado com encorajamento contra as dominações norte-americana e europeia. Entre as estratégias aventadas para tal fim, sugeriu-se exogamia, miscigenação e união transnacional acima de todas as diferenças:

> Não se deve esquecer que, enquanto na Europa muita gente exibe pergaminhos que autenticam seu sangue limpo, nós baseamos nosso orgulho no sangue misturado. A endogamia produz um enfraquecimento paulatino da espécie. É preciso fortalecer-se com a exogamia ou a miscigenação [...] os povos do centro e do sul da América; são individualmente povos atrasados, com vastos territórios a povoar. Um a um são vendidos e explorados. Em troca, caso se unirem – e chegará o momento em que terão de unir-se – poderão resistir.
> [...] O pequeno discurso de Lúcio Ginarte produz sensação: dá-lhes um novo ponto de vista, uma renovada esperança e motivos para amar os outros países irmanados pela injustiça, em vez de desprezá-los. Neles cresce um ar digno e sua estatura eleva-se até os cumes do heroísmo. Desse modo, Lúcio prepara as mentes juvenis, afastando-as do ódio e da rebelião estéreis, conduzindo-as ao trabalho unificador e pacífico que daria seus frutos no futuro. E essa posição explicava por que seus alunos da esquerda, da direita, e mesmo os neutros sentiam certa veneração por ele.

Contudo, à parte o "pequeno discurso", lembrado com orgulho nas letras impressas de *Orgia*, um relatório datilografado de depoimento tomado na Delegacia Auxiliar do Recife, em 10 de abril de 1961, apontou a participação do argentino em reunião de caráter efetivamente político. Foi elaborado com base na delação de certo Nelson Pereira Borba, funcionário do Departamento do Bem-Estar Público do governo municipal Miguel Arraes e infiltrado pela polícia naquela repartição para coletar conversas de servidores que dirigiam, em paralelo, a célula local do então proscrito Partido Comunista Brasileiro (PCB).

O documento depositado no Arquivo Jordão Emerenciano, no Recife, registra, sobretudo, falas do visitante Tulio Carella sobre o PCB e sua história –, causadoras, afinal, da ordem para que fosse "campanado" (vigiado em seus trajetos) por agente do Departamento de Ordem Política e Social. Ao delegado de polícia local, Fernando Tasso de Souza, o espia informa as linhas gerais de um diálogo mantido entre Carella e o artista plástico, poeta e dirigente do PCB Abelardo da Hora (1924-2014), secretário de áreas relacionadas à educação e cultura nos governos municipal e estadual de Miguel Arraes até o golpe de abril de 1964. Meses mais tarde, o mesmo testemunho datilografado de Borba foi utilizado para enquadrar Abelardo na Lei de Segurança Nacional, a fim de ser julgado por Tribunal Militar.[21] Isso motivou a fuga do artista para São Paulo, onde inicialmente ficou escondido na residência de Lina Bo Bardi e Pietro Maria Bardi, o notável casal de italianos criadores do Museu de Arte de São Paulo Assis Chateaubriand. Segundo o "Termo de declarações" do infiltrado:

> [...] O depoente teve oportunidade de verificar bate-papos constantemente entre os referidos senhores [Jaime Kitover, diretor do Serviço de Parques, Jardins e Cemitérios, e Abelardo da Hora] e CLODOMIR MORAES, LUIZ BEZERRA (filho de Gregório Bezerra), sendo que este chefia a Cantina do citado Departamento; que, certa vez, o depoente presenciou uma palestra longa entre o doutor Jaime Kitove [*sic*] e um senhor de estatura forte, de cor branca [Carella], o qual dizia que *no ano de mil e novecentos e trinta e cinco o Partido se achava forte e unido* [ano da Intentona Comunista nos estados do Rio Grande do

---

21 O depoimento de Nelson Pereira Borba obtido em 1961 foi anexado ao Relatório de Inquérito contra Abelardo da Hora, assinado por Pedro Ivo Bedor Sampaio e datado de 16 jul. 1964. Cf. o dossiê "Brasil Nunca Mais". Disponível em: <https://bnmdigital.mpf.mp.br/pt-br/>. Acesso em: 27 set. 2024. O documento qualifica Abelardo da Hora como "um desses cujas convicções e atividades, de tão extremadamente contrárias ao regime democrático, o tornavam sem sombra de dúvida um dos principais a deverem sofrer o *expurgo* a ser executado pelas Forças Vitoriosas". Entre outros itens, o inquérito anexava, ainda, uma "biografia" do investigado, motivando comentários de ordem literária: "Autobiografia seria o termo mais próprio – mas naturalmente o indiciado o desprezou, para que nenhum motivo houvesse de dúvida sobre sua sinceridade em tal documento. É que as autobiografias são, por princípio, tidas como *insinceras*" (Fls. 5220-21 de Dossiê Policial Abelardo da Hora, grifos originais).

Foto de Carella tomada pela Secretaria de Segurança Pública de Pernambuco no dia de sua prisão, em março de 1961, no Recife. Dossiê Ítalo Tulio Carella no Arquivo Público Estadual Jordão Emerenciano.

Norte, Pernambuco e Rio de Janeiro, sob a liderança de Luís Carlos Prestes e com apoio da Internacional Comunista], *o que não aconteceu nos anos seguintes, e que, no entanto, no ano corrente* [1961] *o Partido apresentava-se mais organizado e capaz*; que este [diálogo] foi mantido entre o senhor Abelardo da Hora, e não com o senhor Jaime Kitove [*sic*], como antes ficou esclarecido; [...] que, sendo apresentado, nesta oportunidade, o retrato de Ítalo Tulio Carella, o depoente reconheceu-o como a pessoa que bateu papo demoradamente com o senhor Abelardo da Hora, o qual só se reportava ao movimento irrompido no ano de mil novecentos e trinta e cinco. Nada mais disse. (grifos do próprio documento)

Dessa maneira, os conhecimentos históricos de Carella sobre o PCB e a Intentona Comunista, episódio de repercussão internacional que possivelmente o impressionara à altura de seus 24 anos, bem como sua avaliação sobre a reorganização do partido em 1961, em diálogo mantido num refeitório municipal, derrubariam os seus planos de permanência no Brasil; para ele, ao mesmo tempo, Éden de prazeres maduros e horizonte de possibilidades, a despeito de sua constatação das inúmeras aberrações provocadas por abismos de desigualdade social.

Na delação incriminadora de Carella, destaca-se ainda o alarme causado pela presença, durante a conversa na cantina, do ativista político Luiz Bezerra: "filho de Gregório Bezerra [1900-83]", sublinha o relatório. Um dos principais organizadores das Ligas Camponesas ao lado de Francisco Julião, Gregório – legendário líder comunista pernambucano e cabeça, no Recife, do levante de 1935 promovido pela Aliança Nacional Libertadora, referido por Carella na conversa – constituía desde sempre alvo dos serviços de inteligência policial e militar na região. Um mês depois da espionagem no serviço municipal, o IV Exército foi à imprensa confirmar a prisão do professor argentino e, ao mesmo tempo, desmentir a de Bezerra, conforme edição do *Jornal do Commercio* de 27 de abril de 1961: "Exército confirma a prisão de Carella e desmente a de Gregório".[22]

Já segundo outro documento conservado no Arquivo Jordão Emerenciano, Carella foi "campanado" nas ruas pelo agente Bernardino Pereira Xavier, que, entre 1970 e 1973, reaparece em relatórios policiais na função de investigador de polícia, responsável por prisões de supostos integrantes da célula revolucionária VAR-Palmares no Recife, sendo arrolado, ainda, como testemunha nos respectivos julgamentos, em procedimento violador das normas judiciárias.[23]

Sobre a tortuosidade de seus caminhos no Brasil e o fecho de sua estada nordestina, com prisão, tortura e implicações políticas binacionais, Carella avaliou, em carta de junho de 1968:

---

[22] O acervo fotográfico desse jornal, fundado em 1919, foi integralmente destruído por um interventor judicial durante a ditadura civil-militar, nos anos 1970. O motivo fornecido para a queima do arquivo com cerca de 1,5 milhão de imagens foi "falta de espaço". Havia registros de soldados em captura de cangaceiros, de episódios relativos à Segunda Guerra Mundial, da deposição do governador Miguel Arraes etc. Cf. correspondência com Ivanildo Sampaio, diretor de redação do *JC*, dez. 2010.

[23] Além de constar nos processos mencionados, o investigador é arrolado em lista de repressores da ditadura no dossiê "Brasil Nunca Mais". Disponível em: <https://bnmdigital.mpf.mp.br/docreader/DocReader.aspx?bib=rel_brasil&pagfis=1035>. Acesso em: 12 dez. 2024.

[...] Há entre o céu e a terra mais coisas do que pode imaginar a fantasia de Horácio, e também a de Hamlet. O céu e a terra se encontram convulsionados, Hermilo. E as coisas que existem também estão convulsionadas. E, com maior razão, os seres humanos. O que se passará? A única coisa que podemos fazer é falar e pedir que se acalme toda essa agitação. Em meu destino está assinalada uma característica curiosa: ser o primeiro (não o mais importante, porém o iniciador) de várias coisas; e eis que sou o primeiro em ter participado de uma luta latino-americana (como vítima, mas tanto faz) contra o imperialismo.

*

Quanto à publicação de *Orgia* no Rio de Janeiro, no final de 1968, a sugestão de Hermilo de explicitar autoria na capa – em vez do *alter ego* Lúcio Ginarte ou de qualquer outro pseudônimo – contou com a adesão do argentino, não obstante os riscos já suspeitados, porém eclipsados de sua consciência: "De pronto ocorreu-me a ideia de que esse diário será proibido na Argentina. Daí surgiu-me a ideia de título *Diário proibido*" (mar. 1968).

Em outra missiva, instado pelo pernambucano a fornecer nomes reais dos personagens em vez de corruptelas, Carella justificou: "[...] Compreenderás que não posso de nenhuma maneira dar os nomes de todas as pessoas que conheci, para evitar-lhes conflitos, seja com seus familiares, seja com seus amigos. Não tenho direitos sobre os pecados alheios, somente sobre os meus" (abr. 1968). Porém, como já mencionado, os nomes *à clef* escolhidos não chegavam a ocultar identidades, apesar de o autor cogitar que o fictício Ginarte o protegeria. Meses mais tarde, sobre a possibilidade de um retorno ao Brasil, ele previa: "Escrevi a [Alberto] D'Aversa com uma esperança: que o começo seja em Salvador e o restante no Rio de Janeiro – isso se a publicação de *Orgia* não invalidar minhas pretensões" (out. 1968).

Porém, no dia seguinte ao de tal suposição, vislumbrou o ato sacrificial configurado na impressão do livro:

> Na realidade, é um Diário escrito como desabafo, e não para ser publicado; se eu tivesse pensado que seria editado em vida, teria escrito de outro modo. Mas eu creio, justamente, que se tem algum valor é

> o da absoluta sinceridade, esse tom selvagem e refinado ao mesmo tempo, brutal e grotesco, que não perdoa nada, e o primeiro a ser vítima desse tom serei eu mesmo. (E essa é uma das razões pelas quais eu desejaria que se publicasse a ADVERTÊNCIA – que deve ter chegado às tuas mãos em alguma de minhas cartas anteriores). (out. 1968)

No mês seguinte prognosticou, com desiludido cinismo: "Prevejo que *Orgia* me acarretará desgostos e discussões – mas não me importa. Importa-me ganhar alguns dólares, pois minhas finanças estão muito mais bombardeadas que as tuas" (nov. 1968).

Dividido entre intuição do perigo e impulso de levantar véus continuamente, e instado por Hermilo a não ocultar nomes, cogitou, de fato, uma nota de advertência instauradora de ambiguidade:

> Envio-te a "Nota Mera Coincidência", porque além disso [servir como advertência inicial] ela encerra a essência do meu diário. Diz: "Ao lançar o olhar, o olho vê o que enxerga [*Al mirar, el ojo ve al que mira*]". Por isso, tudo o que se relata nele é mera introspecção, que oscila no jogo entre vida e morte, considerados os fatos como morais, e não realistas. O livro postula, além do mais, a teoria de que é possível incluir na literatura a vida cotidiana tal qual ela é. Assim, portanto, nesse produto fantástico de uma pupila desejante, as pessoas nomeadas e os fatos descritos não guardam nenhum ponto de contato com pessoas existentes ou fatos ocorridos. Apenas a cidade e a paisagem são reais. Agrada-me o achado: "Ao olhar, o olho vê o que enxerga", pois libera os outros de fazerem caso do que digo, uma vez que qualifico como mera parcialidade minha, cegueira minha, maneira minha de entender as coisas, e não como verdade absoluta. A nota intitula-se ESCLARECIMENTO. É ambígua e cínica ao mesmo tempo. Mas se não quiseres, não a utilizes. (out. 1968)

Conceitualmente, a explicação sobre a "Advertência" – afinal não publicada – coincide com uma avaliação de Marcel Proust sobre sua gigantesca crônica da Belle Époque e a própria literatura: "Na realidade, todo leitor é, quando lê, o leitor de si mesmo. A obra não passa de uma espécie de instrumento ótico oferecido ao leitor a fim de lhe ser possível discernir o que, sem ela, não teria certamente visto em si mesmo".[24] O conceito carelliano converge, ainda, ao pensamento oriental tradicional, de desinvestimento da referência subjetiva, a fim de acessar o *nada absoluto* subjacente em tudo o que existe, aprendendo-se portanto sobre o mundo desde a interiorização do ponto de vista do objeto ou do ente focalizado – em fortalecimento, desse modo, do sentido de coletividade –, como no ensinamento do indiano Jiddu Krishnamurti (1895-1986): "O observador é o observado".[25]

No entanto, apesar da vanguardista premissa pós-moderna de uma obra edificada em sua maior parte sobre descrições diretas de fatos cotidianos, e não obstante a proposta de aviso inicial a apontar o fenômeno de transferência compreendido no simples ato de olhar, endossando o conceito semiótico de que "ver é interpretar", Hermilo informou-lhe ter ignorado o "esclarecimento" por avaliar que nada poderia ocultar. Não obstante, em seu também memorialístico *O cavalo da noite* (1967), fizera imprimir advertência semelhante em torno de "ficção e não ficção", como acusou retrospectivamente o portenho, que protestou, ainda, contra falseamentos tanto de sua personalidade – "não me reconheço" – como do próprio retrato do autor daquele livro. Assim, classificou a obra como "ficção", apontando como prova uma "postura errônea" de Hermilo: declarar-se "monógamo", "a perder dessa maneira oportunidade de descrever diversos coitos com Lenora [pseudônimo para Leda Alves] e com muitas outras" (nov. 1968).

De fato, em dezembro de 1968, com *Orgia* já em gráfica, e perguntado sobre a razão da recusa em publicar a nota "cinicamente necessária para contrabalançar o cinismo das pessoas", o editor informou a Carella tê-la descartado porque "tudo resultara muito transparente", ao que o outro respondeu, com certa ingenuidade: "Mas se é assim, não poderei voltar ao Recife nem incógnito" (dez. 1968).

Já em missivas do primeiro semestre de 1969, com o livro distribuído, boas vendagens – segundo enquetes de amigos de Tulio em livrarias do Rio – e exemplares entregues pessoalmente a literatos de Buenos Aires, o au-

---

24 De *O tempo redescoberto*, sétimo volume de *Em busca do tempo perdido*, na tradução de Lúcia Miguel Pereira (Rio de Janeiro: Ed. Biblioteca Azul, 2013).

25 Jiddu Krishnamurti, *O mundo somos nós*. Lisboa: Ed. Horizonte Pedagógico, 1985, p. 18.

tor começou a queixar-se de solidão – "os amigos desapareceram por completo"–, bem como do "silêncio perturbador" de Hermilo, além de amargar a ausência de críticas nos jornais brasileiros (mar. 1969; abr. 1969), sob pesada censura nos anos de clímax da repressão ditatorial, com a figura do "censor residente" etc.

O confidente pernambucano comentou sobre pessoas "escandalizadas", e o argentino qualificou-os como "néscios, porque se adverte que se trata de uma coleção erótica". A tiragem de dois mil exemplares, possivelmente esgotada em menos de um ano, alcançara seus leitores, que, no entanto, guardavam silêncio ante narrativas de intercursos sexuais e condenações da elite recifense: um sucesso apenas *cult*, ou "maldito", provocando, no entanto, o esquecimento da boa reputação literária do autor e seu ostracismo profissional e social. Tulio lamentou, ainda, sobre o "livro, impresso, resultar demasiado forte", de "não ser mais respondido por Alberto D'Aversa" e de receber "cartas desagradáveis do Brasil", que não pretendia mais abrir. "O vazio inexplicável prolonga-se ao Rio de Janeiro", queixou-se, pois suas antigas relações naquela cidade não mais lhe respondiam. Por fim, entre notícias enviadas a Hermilo ainda no trimestre pós-publicação, situou a obra como um projeto estoico: "Suponho que meus *amigos*, ao saber que editei aquilo, estarão alarmados e não quererão saber mais nada de mim. Eu o aceito: esse era um sacrifício que estava incluído em meus planos. Não incluía a dor dos meus. E isso chegará, por mais que eu deseje que não chegue. Em qualquer momento chegará o escândalo" (fev. 1969, grifo do autor).

Parentesco "obsceno"

No Brasil, transcorridos vinte anos do lançamento, não havia registro de resenhas ou mesmo de comentários qualificados. "Publicar um livro e não ter nenhum comentário me dá a sensação de caminhar com os olhos vendados por um caminho desconhecido", escreveu o autor a Hermilo (mar. 1969). Somente em 1986, a sua tórrida narrativa de intercurso com o boxeador negro conhecido como King-Kong seria reproduzida *in totum* em *Devassos no paraíso: a homossexualidade no Brasil, da Colônia à atualidade* (1986), de João Silvério Trevisan, enquanto em 1987 o livro seria citado duas vezes pelo antropólogo e escritor argentino Néstor Perlongher (1949-92) no ensaio *O negócio do michê: prostituição viril em São Paulo*.

Trevisan logo ofereceu um exemplar do recém-impresso *Devassos* à poeta e dramaturga Hilda Hilst (1930-2004), que em 1982 publicara a transgressora prosa *A obscena senhora D*. Impressionada com as informações biográficas e a qualidade das páginas eróticas de *Orgia* transcritas, ela pediu ao pesquisador e amigo Gutemberg Medeiros (1964-2023) que localizasse um exemplar em sebos, o que, porém, somente foi logrado após a última internação hospitalar da escritora, em 2003.

Segundo Medeiros, Hilda identificara uma busca de transcendência na exacerbação da experiência sensual do portenho, assim como observara em *A história do olho* (1928), de Georges Bataille, entre outras obras.[26] Anos depois, com o escândalo provocado por seu *O caderno rosa de Lori Lamby* (1990), a prosadora garantiu incremento inédito no número de seus leitores, assim como Carella declarou pretender com *Orgia*. Em outra analogia entre as duas trajetórias, o bibliófilo Mário Tesler avalia que Tulio conquistou a posteridade somente após a reedição, em 2011, de sua "obra brasileira" de conteúdo erótico, noticiada no Brasil e em Buenos Aires: "Ainda que o livro represente ainda hoje um tabu na cidade de Mercedes de sua família, conferiu-lhe finalmente a transcendência literária".

Sobre a descoberta do autor por Hilda em 1982, Medeiros recorda:

> Hilda sempre manifestou interesse por obras de filosofia e estudos históricos e biográficos. Ficou tocada com o trecho de *Orgia* no livro de Trevisan e pediu-me para buscar a obra. Para ela, já estava claro que o argentino integrava uma vertente que a imantava desde adolescente, a dos escritores-pensadores. Ela iniciou essas leituras aos 16 anos, com os existencialistas Simone de Beauvoir, Jean-Paul Sartre e Albert Camus, passando depois para Nikos Kazantzákis, Samuel Beckett, Guimarães Rosa, Leon Tolstói e Ricardo Guilherme Dicke, entre outros. Percebeu que a busca de transcendência por questionamento ontológico também era uma dinâmica de Carella, e intuiu nele um percurso semelhante ao de Henry Miller, célebre pela autoficção eró-

---

26 Entrevista gravada com Gutemberg Medeiros. São Paulo, 2022.

tica e libertária. Segundo ela, "através de vivência erótica radical, Carella buscava a iluminação e a ascese, vencendo limites moralistas em relação ao corpo". Hilda também costumava recordar uma frase de Miller, síntese de sua própria literatura à época, vista equivocadamente como pornográfica: "Eu só quero luz e santidade".

"Sobre essa identificação", Gutemberg prossegue, "em seu ensaio 'Obscenidade e reflexão', de 1934, publicado após censura oficial a *Trópico de Câncer*, Miller afirmou, de modo bastante hilstiano: 'Deus e o obsceno seriam estados cúmplices, uma vez que ambos ultrapassam qualquer medida de classificação'". Já em sua correspondência com Hermilo – autor de *Henry Miller: vida e obra* (1968, Ed. José Alvaro) –, Carella compara-o ao escritor norte-americano de maneira desfavorável, em especial nas descrições de cópulas de *O cavalo da noite*:

> O que você não me dá é a verdade total que funcionava tão bem nos dois primeiros tomos [da tetralogia memorial]. Nestes dias acaba de ser editado SEXUS e, caralho!, resulta verdadeiramente incômoda tal dose de verdade, até que nos acostumemos. Pois não se trata da verdade comum, indiferente, objetiva, senão da verdade que dói, fere e faz brotar o sangue. As cenas eróticas com Maude, com Maude e Elsie, e com Mona são de um frescor excepcional. (dez. 1968)

*

Em meados de 1969 da circulação de *Orgia* no Brasil e da repentina "solidão" de seu autor em Buenos Aires, o argentino contou a Hermilo que lhe haviam chegado às mãos, "por mero acaso", duas biografias de Joana D'Arc – a santa cuja história foi adaptada para a peça *A donzela Joana*, do pernambucano – e observou-lhe, a respeito de perseguições morais: "A leviandade com que as pessoas agem é algo pavoroso. Santa Joana dizia a um de seus juízes: 'Se estivésseis informados cabalmente sobre mim, talvez não desejásseis ter-me em vossas mãos'. Essas palavras pareciam presunção e soberba, mas viu-se que o tempo lhe deu razão" (abr. 1969). Nos processos de escritura e publicação de *Orgia*, Carella se presumira igualmente inocente:

"Será um livro cifrado por necessidade, não por malícia. *Honni soit qui mal y pense* [Envergonhe-se quem vê maldade nisso]" (fev. 1968).

Quanto ao título bombástico e ao mesmo tempo remissivo ao conceito Caos-Orgia, ao longo de 1968 Carella aventou diversos outros, de modo a estabelecer pontes com obras de Albert Camus (*O estrangeiro*) e Georges Bernanos (*Sob o sol de satã*); ou, de outro lado, a elaborar o nome do país ao qual se transferiu com intenção de permanecer; ou, ainda, a inverter o sentido da lenda de Don Juan, situando-o ridiculamente na posição de "caçado":

> Em última instância, serás tu a dar um título mais de acordo ao gosto brasileiro. Reuni alguns dos que me ocorreram: *Diário corporal* ou *Diário proibido*; *Sodoma menor*; *Os deuses tropicais, Os deuses do calor, Um portenho no paraíso, Don Juan ao contrário, Diário do sol ardente, Diário solar, Gozo negro, Sorte negra, A negra felicidade, O sol a pino, Introdução ao Trópico, As sete portas do céu, As potências da brasa, O rubro caminho de Sodoma* etc. (abr. 1968)

As proposições de títulos em torno da negritude pernambucana incluíam, ainda, *Os deuses negros*, "[pois] os deuses são os seres humanos que alcançam uma categoria de bondade ou maldade divinas; e falo – falarei –, em algum capítulo, dos deuses do Xangô [culto afrobrasileiro do Nordeste, de raiz nagô], que são deuses negros" (mar. 1968). Em *Orgia* consta breve menção de visita a um xangô (culto em terreiro). De outro lado, em carta a Hermilo, o autor comenta um livro europeu sobre o candomblé na Bahia:

> Sobre [a cidade de] Salvador li, há alguns anos, *O cavalo dos deuses*, de [Henri-Georges] Clouzot, o diretor de cinema.[27] Como bom francês, ateu e materialista, ele não conseguiu entender essa civilização e fugiu, espantado. Fugiu, exatamente; e espantado, não menos exatamente. Percebeu o terror do Mais Além por meio do candomblé. Se ficasse um pouco mais, enlouqueceria. Agora sabe, sem dúvida, que há forças com as quais não se pode brincar, e que é impossível desafiar Deus, apresente-se Ele por meio do culto cristão, dos cultos afrobrasileiros

---

27 Henri-Georges Clouzot, *Le cheval des dieux*. Paris: Ed. Julliard, 1951.

ou de qualquer outro. Há uma porta terrível que conduz ao Pai. Ai daqueles que a abrem sem piedade, sem reverência! Rilke disse, numa das *Elegias de Duíno*: "Todo anjo é terrível". E se um anjo – mensageiro – é terrível, como será então aquele que o envia? (jan. 1969)

Crítica epistolar

Quanto à colaboração entre Tulio e Hermilo na elaboração de seus respectivos memorialísticos, além das personificações mútuas sob nomes cifrados, a correspondência entre ambos encerra material generoso a ponto de permitir estudos de crítica genética.

Para além de intercâmbios em processos de escritura, os autores trabalharam traduções e edições de suas obras para os respectivos idiomas, incluindo-se aí não apenas *Orgia*, em português, e o ensaio *Diálogo do encenador* (1964), de Hermilo (afinal não publicado em Buenos Aires), mas também a edição em espanhol do primeiro volume da tetralogia pernambucana – *Orilla de los recuerdos*, lançada em 1969 e apreendida pela polícia argentina quatro anos mais tarde –,[28] bem como a "tradução de várias peças de Hermilo por Tulio Carella e Walter Rela", como registrou Joel Pontes. Entre essas, consta *Las moscas de oro* (1961), a versão hermiliana para o drama em três atos *As moscas* (1943), de Jean-Paul Sartre. Peça esta apresentada ao pernambucano por Tulio, que mais tarde localizaria paridades entre ela e o memorialístico *O cavalo da noite* (nov. 1968). No *Diário de Pernambuco*, a coluna "Diário Artístico", de Pontes, informou que *Las moscas* de Hermilo

---

28 Hermilo Borda, *Orilla de los recuerdos*. Buenos Aires: Ediciones de la Flor, 1969. Tradução de *Margem das lembranças*, pelo cineasta e poeta tido como "maldito" René Palacios More. Em 1973, a Divisão Moral da Polícia argentina sequestrou exemplares da edição em livrarias e processou o editor por "publicação obscena", conforme a revista *El Monitor*, n. 11, 1973. Entre as resenhas publicadas, a da revista *Los Libros* (n. 5, nov. 1969), foi assinada pelo psicanalista e escritor Germán Leopoldo García, elogiado por Carella em cartas a Hermilo, conforme mencionado neste capítulo. Ainda sobre essa edição, uma nota de dezembro de 1969, de Edilberto Coutinho, no *Jornal do Commercio* de Pernambuco, estampou a seguinte chamada: "Tulio Carella divulga obra memorial de Hermilo Borba Filho, que obtém duplo sucesso em Buenos Aires, bem vendido e com sucesso de crítica".

fora irradiado pela Rádio Nacional Argentina em 27 de maio de 1961, portanto logo após o retorno do argentino a seu país. Assim, é compreensível que, já em setembro de 1969, Carella tenha qualificado como "vital" a amizade epistolar, e "mais profunda e consolidada que a presencial", chegando a aventar que a posteridade estudaria tal parceria.

Embora iniciado logo após o retorno do portenho a seu país, em 1961, o intercâmbio epistolar em bases semanais intensificou-se em 1965, ano da publicação, por iniciativa de Hermilo, de *Roteiro recifense* – "seleção dentre 235 poemas sobre a cidade do Recife, com exceção de três ou quatro sobre Ribeirão Preto (SP) e Brasília". Naquele ano, com a suspensão de pleitos eleitorais em diversos estados, a ditadura civil-militar brasileira dava sinais de continuidade – para ser extinguida somente em 1985; e Hermilo consolidava correspondência também com o escritor e dramaturgo Osman Lins (1924-78), seu ex-aluno na Escola de Teatro da Universidade do Recife, que até 1976 lhe enviou 199 cartas, nas quais partilhava problemas em torno de escrita dramática, censura à literatura e ao teatro etc.[29]

Ao mesmo tempo, nas cartas de 1965, Tulio começou a tratar dos preparativos para uma conferência de Hermilo em Buenos Aires, sobre convergências entre as culturas pampa e nordestina, com base numa peça do pernambucano:

> Acabo de receber a *Donzela Joana*! Por fim! [...] [Obra] que de algum modo está entrelaçada comigo, com minha vida. Acaso eu não traduzi toda a segunda cena para a conferência que ainda não foi pronunciada? Acaso não assisti ao nascimento da Donzela Joana em tua mente, enquanto eu realizava um rápido estudo do Bumba meu boi? Quanto tempo faz isso? Exatamente um ano. (maio 1966)

Também em torno de identidades entre a *payada* e o repente nordestino, em julho de 1966 Carella respondeu com entusiasmo a uma consideração de Hermilo: "Estamos criando um estilo próprio de representação e um re-

---

[29] A correspondência entre os dois escritores e dramaturgos é analisada pelo pesquisador e professor Anco Márcio Tenório em *Osman Lins & Hermilo Borba Filho, correspondência (1965 a 1976)*. Recife: Cepe Editora, 2019.

pertório que atende necessidades artísticas e sociais da região [sul-americana]. Comprometidos com a hora atual".

Sobre a "hora atual" – de retrocessos democráticos nos dois países –, agregou: "Palavras graves, carregadas de significação, de sentido, as tuas", mencionando em seguida o golpe militar desfechado um mês antes na Argentina pelo general Juan Carlos Onganía e anunciado como "Revolução". Segundo o portenho, "um governo muito similar ao de [Humberto] Castelo Branco" (jul. 1966).

No mesmo mês, ao comentar a solidariedade de *hinchas* (torcedores fanáticos) a seus equivalentes brasileiros na oitava edição da Copa do Mundo de Futebol, na Inglaterra – evento esportivo gerador de "psicose argentina coletiva", conforme o dramaturgo –, voltou a mencionar a almejada união pan-americana:

> Curiosamente, o fracasso desportivo provocou a unidade continental e terá resultados que ninguém esperava. [...] Oxalá essa união se propague a fatos de outra índole, e o bloco sul-americano possa organizar-se sem dependências nem servidão a países imperialistas, no amor de Cristo. Vivemos uma época que parece um filme, não é verdade? A cada dia uma novidade. Queira Deus que seja para o bem. (jul. 1966)

Quanto à *organização* política sul-americana "no amor de Cristo" e a outras referências cristãs, à época Carella já associava correntemente Hermilo ao catolicismo, devido à recente conversão do amigo. Ao lhe relatar, por exemplo, insucessos em apresentações de novos livros de ambos a editoras portenhas, informou-lhe que essas estavam quase sempre sob a direção de "comunistas" de sobreaviso pelo fato de os autores serem católicos, ao que Hermilo respondeu: "É preciso que nós, católicos, nos infiltremos". O argentino acrescentou: "Sim, mas eles estão alerta e não o permitem" (jul. 1966).

Cerimônia secreta

A correspondência para Borba Filho nos anos 1960 menciona ao menos quatro vezes dom Hélder Câmara, arcebispo emérito de Olinda e Recife e um dos fundadores da Conferência Nacional dos Bispos do Brasil, chamado pelos generais de "o bispo vermelho". Em 25 abril de 1968, Carella escreveu:

"Dia de São Jorge [...]. Dom Hélder Câmara disse no Vaticano: 'A revolução social se fará *conosco*, *sem* nós ou *contra* nós' [con *nosotros,* sin *nosotros,* o contra *nosotros*]. '*Vivo el tipo, no?*' [Esperto o sujeito, não?]. E Paulo VI deu-lhe sua aprovação" (grifos do autor). O papa conservador era, sabidamente, amigo do cardeal progressista. A missiva prosseguia:

> Somente os cegos conseguem não enxergar as mudanças que se aproximam. Quando vai chover, o céu se nubla. E faz um tempo que as nuvens estão cobrindo a falsa limpidez de um céu pintado com sangue inocente. Esse sangue inocente cairá sobre os culpados. E temo que todos sejamos culpados, Hermilo. A cegueira é demasiado tentadora para não ser adotada. Peço-te desculpas por esta filosofia epistolar, mas não tenho com quem descarregá-la.

Seis meses depois, e dois antes de os militares promoverem a definitiva aniquilação da democracia brasileira com o Ato Institucional n. 5, Tulio exaltou a coragem do prelado cearense em seus pronunciamentos sobre o silêncio da ditadura perante a miséria no Nordeste:

> As notícias que chegam diariamente são, na verdade, bem pouco tranquilizadoras. O que há de certo a respeito dessa Sociedade do Crime [Esquadrão da Morte], que executa meliantes e lhes coloca por cima uma caveira com tíbias cruzadas? O que há de verdadeiro nesse atroz CCC [Comando de Caça aos Comunistas], que jura matar cinco comunistas por cada democrata morto? O que se passa com os estudantes revoltosos? É verdade que o Estado colocou-se contra o clero e acusa a Igreja de subversão? É verdade que a polícia militar disparou contra um grupo de estudantes que marchava em manifestação em Salvador? Eu assisto estupefato a tudo isso, que parece um pesadelo; pergunto-me se será verdade ou algum exagero das agências noticiosas. Dia a dia sigo com angústia os fatos que se vão produzindo e recordo as palavras de Camélia, a vidente. E não é megalomania, mas tudo isso começou comigo. Agora à distância compreendo muitas coisas. Minha viagem ao Recife deu-se para obrigar-me a sair de mim mesmo, a evoluir, a ver a realidade americana, que logo começaria a modifi-

car-se. Aqui se publicaram palavras de dom Hélder Câmara sobre a "Bomba M" (Miséria), que é pior que a bomba atômica. Os ricos não querem compreender e deles será o reino das trevas. (out. 1968)

Leda Alves atribuía a conversão de Hermilo ao catolicismo tanto a dom Hélder como a Tulio, omitindo, no entanto, sua própria influência, e costumava recordar a presença de Câmara no cotidiano do casal, cuja cerimônia de casamento – assistida apenas por amigos próximos – foi por ele celebrada no início de abril de 1969, meses após o escritor separar-se de Débora Freire:

> Carella foi uma das influências para a conversão de Hermilo, que era de família protestante. Na correspondência deles de tantos anos mantinham um diálogo profundo, espiritual, sem as bobagens que os intriguistas imaginavam e chegaram a falar-me. Anos depois, em 1969, casei-me com Hermilo num quarto de fundos da capela da Sé de Olinda. A cerimônia foi celebrada por dom Hélder e concelebrada por três outros padres e bispos, entre eles Marcelo Carvalheira, que foi diretor espiritual de Hermilo.[30]

O casamento de um desquitado em "quarto de fundos" da capela da maior igreja quinhentista do Brasil (1540), à margem das normas eclesiásticas, evidencia a aura de escândalo que cercava a união Leda-Hermilo naqueles anos, uma vez que Débora jamais aceitou a separação, e, como já mencionado, a partir de 1969 passou a taxar Carella de "pornógrafo com fixação sexual".

---

[30] Leda Alves foi uma das primeiras matriculadas do Curso de Formação do Ator da Universidade do Recife, inaugurado em 1958. Não chegou a ter aulas com Tulio Carella por frequentar turma de ano posterior àquela sob a responsabilidade do argentino. Ainda sem registro profissional de atriz, tornou-se colaboradora do Teatro de Arena local de modo informal, como maquiadora e contrarregra, para em 1960 participar, já como atriz, do Teatro Popular do Nordeste, criado por Hermilo Borba Filho e companheiros. Por sua atuação em *A pena e a lei*, de Ariano Suassuna, recebeu no mesmo ano prêmio de atriz-revelação. A partir dos anos 1980 exerceu cargos de direção na Fundação de Cultura Cidade do Recife e no Teatro Santa Isabel. Em 2008 tornou-se presidente da Companhia Editora de Pernambuco, instituição por ela criada, e em 2013 foi indicada secretária de Cultura do Recife, cargo no qual permaneceu até 2021. Faleceu em 4 de novembro de 2023, aos 92 anos. Cf. também, neste livro, a nota 4, cap. 1.

Também o monge Marcelo Pinto Carvalheira (1928-2017), apontado por Leda como "conselheiro espiritual" de Hermilo, é citado por Carella em sua correspondência. Dez anos mais novo que Borba Filho, estudou filosofia e teologia na Universidade Gregoriana em Roma, nos anos 1950, e tornou-se um dos principais colaboradores de dom Hélder. Preso e torturado pelo Exército durante a ditadura por advogar em favor de líderes católicos perseguidos – contudo sem nada informar nos interrogatórios –, sagrou-se bispo em 1975, e em 2003 publicou *Clamor e libertação*, resumo de credos de "um dos construtores da Teologia da Libertação", conforme o sociólogo recifense Edival Nunes Cajá, preso político emblemático do mesmo período. Ao mencionar a "crise espiritual" que atravessou em maio de 1966, Carella escreveu sobre Carvalheira: "Gostaria de conhecer o teu Santo, esse milagroso indivíduo que alcançou a libertação, deixando para trás a tirania da carne e do espírito". A carta seguia, porém, a repudiar posições de dirigentes católicos nos dois países: "Quanto aos teus juízos acerca do clero, compartilho plenamente. Se Jesus Cristo retornasse, os arrojaria a chicotadas para fora do Templo. Eles andam para trás, impulsionando movimento de retrogradação".

Suicídio literário

Na pródiga correspondência entre os colaboradores, Carella também externava com frequência anseios de instaurar, na América do Sul, "um movimento artístico importante, a ponto de a Europa imitar". Ao mesmo tempo, sobrepesava as reais possibilidades de tal renovação, uma vez que os sul-americanos já não seriam, àquela altura, "nem mais indígenas e nem europeus", mas "híbridos", meros "imitadores" de movimentos como o absurdismo (jul. 1966). Sobre sua rejeição a essa tendência teatral pós-guerra, nomeada dessa maneira no final da década de 1950, Tulio remeteu Hermilo a seus encontros com o escritor portenho Nicolás Olivari, colega do jornal *Crítica* e "poeta velho", que em meados de 1966 lhe anunciava o término de uma "peça de teatro do absurdo", vindo a falecer, no entanto, dois meses após tal diálogo, aos 66 anos. Irritado com as "veleidades" do dramaturgo, invocou uma "arte genuinamente latino-americana", ao mesmo tempo "nova e tradicional", a refletir sobre "criação, influência e cópia" e a censurar o pernambucano pelo emprego de preceitos brechtianos:

> Adianto-te que Olivari é um excelente poeta e um péssimo autor teatral. Pois bem, já em confiança, após algumas taças de bom vinho, disse-me que havia escrito uma obra de teatro do absurdo. Como ele é mais velho que eu [12 anos], recordei-lhe os teatros francês, inglês, alemão, búlgaro etc. que nós, argentinos, temos imitado sem cessar, *durante 80 anos*. Apenas surja um movimento na Europa encontrava eco aqui na América. Isso significa apenas uma coisa: que somos incapazes de criar um movimento artístico tão importante a ponto de ser imitado na Europa. Quer dizer: a América o criou, porém antes da chegada de Colombo: os astecas, os maias, os incas tiveram sua própria arte. Já nós somos híbridos. Não somos indígenas e tampouco somos europeus. Claro que uma arte demora séculos para concretizar-se, para definir-se: depois, que fácil parece tudo! Temos imitado o classicismo, o romantismo, o modernismo, o cubismo, o dadaísmo, e agora o absurdismo porque não tínhamos uma forma de arte própria, original. Porque o estrangeiro parece melhor, mais importante. E, naturalmente, isso me lança, pessoalmente, ao vazio, ao nada: devo criar a partir do zero absoluto. Não quero associar-me a movimentos artísticos europeus, tão decadentes e tão proclives a desaparecer, como o têm demonstrado (não nego que os nossos também não foram eternos, mas pelo menos são nossos), mas sim encontrar uma maneira nova e pessoal, nova e tradicional de arte. Isso mesmo que, ao que parece, tu encontraste, ainda que partindo de um conceito errôneo, ou pretendendo aplicar a técnica de Bertolt Brecht. (jul. 1966, grifo do autor)

Ressalvou, entretanto, a capacidade de qualquer talento artístico genuíno "situado em campo misterioso" transcender emulações muitas vezes inevitáveis:

> Está claro que só o talento pode salvar a obra de arte. O talento permite que, ao ser imitado, o estilo alemão fique quase à margem e surja outra coisa. E essa outra coisa deliciosa é *A donzela Joana*. Compreenderás que falo genericamente, e não de ti; quase sempre de mim.

Olivari é um mero exemplo. Porém é porque eu, em minha idade – e tenho cinco anos mais que tu –, encontro-me, repentinamente, defronte ao nada da arte. Ao nada no sentido de que aquilo que desejo fazer não serve. 'Isto não, isto não' ('*neti, neti*', como dizem os índios de Deus [*sic*]). Rechaço, pois, os movimentos estrangeiros, ainda que esse rechaço signifique meu próprio suicídio intelectual. Quero ser eu, e quero criar o que desejar, com as formas que desejar. Nunca te ocorreu pensar que o artista é como Deus? Tem à disposição TODAS AS POSSIBILIDADES. No artista tudo está em potência. A maioria somente desenvolve uma parte ínfima de seu ser. Por isso fala-se da plenitude divina, que está TODA em todas as partes. Por isso a arte tem uma raiz sagrada, e a poesia (assim como a pintura, a escultura, a arquitetura, o teatro, a dança, a música etc.) deve encontrar essa raiz e assumir a custódia do mistério. Veja bem que não se trata de entender o mistério, mas de custodiá-lo, de conduzi-lo, até que outra mão forte o recolha, o assuma. Trata-se de algo que ultrapassa as faculdades humanas de entendimento. Toda essa teoria eu tenho assimilado em duo – a arte sempre é dupla: Eu e o mundo, eu e o destino, eu e o pensamento que chega desde fora. Claro que sempre há um pensamento exterior, uma cultura, mas essa cultura deve complementar-se com algo que a pessoa tem em seu interior. Talvez haja muitos disparates nisto que escrevo ao correr das teclas de minha máquina. Corro o perigo de que não me entendas. Não importa. (jul. 1966)

Em carta do mês seguinte, voltou a projetar uma "arte latino-americana genuína", além de repudiar o "chauvinismo" embutido na noção de "patriotismo" e invocar a cultura prístina do continente em suas "raízes telúricas":

> Eu me negava, simplesmente, a admitir, de minha parte, a imitação. Era o "problema pessoal" de que te falava. Nego-me a somar-me aos movimentos que chegam da Europa, não por mero chauvinismo, senão porque me humilha seguir as pegadas de outros. Será que não sou ninguém, não sirvo para seguir adiante, criar eu mesmo um movimento? [...] Ao falar da América, referia-me aos movimentos (vamos chamá-los assim) artísticos antes da chegada de Cristóvão

Colombo. Quer dizer: os nativos também haviam encontrado suas formas de expressão, sem imitar os espanhóis, italianos ou portugueses, que chegaram depois. Dói-me não ser o criador de um movimento que seja seguido na Europa, por exemplo, assim como na América seguimos o existencialismo europeu. E creio que isso se deva a desde pequenos estarmos deformados por um excesso de cultura, de informação e de interesses contraditórios. (ago. 1966)

Nas cartas do período, suas considerações sobre originalidade, transcendência artística e alteridade avançam para dúvidas existenciais, ilustradas não por previsíveis citações de Sartre, mas da Bíblia, a exemplo da máxima de São Mateus de cunho paradoxal: "Assim, os últimos serão primeiros, e os primeiros serão últimos". São citados, ainda, César Bórgia – o cardeal renascentista modelo de *O príncipe*, de Maquiavel – e Shakespeare. Em angústia de posteridade, antecipou seu futuro inglório no cânone literário argentino e discorreu sobre a misteriosa Justiça *post mortem*:

> Existe uma parábola que sempre me fez pensar muito, aquela que relata como o vinheiro paga um denário a cada homem que trabalhou, tenha trabalhado muito ou pouco. Parece absurdo, mas aquele que trabalhou mais tem sua recompensa no próprio esforço que realizou. E isso permanece apenas no conhecimento de Deus. Os críticos têm tratado mal a mim também, em algumas oportunidades com total descortesia; e acredito que minha extensa carreira artística e jornalística, honesta, dura, merece certo respeito, certo reconhecimento. (jul. 1966)

Nessa carta, ele considerava as escaramuças de Hermilo com a crítica, que se enraizavam em fatos quase tão antigos quanto a sua publicação de *Cuaderno del delirio*, remontando a abril de 1962, quando o Teatro Popular do Nordeste (TPN) estreou a farsa em três atos *A bomba da paz*, do dramaturgo pernambucano, decorrente de uma séria crise pessoal perante os rumos da política local. Com provocações tanto à esquerda como à direita, a peça – encenada pelo grupo hermiliano no mês da chegada de Carella ao Recife – calcava caricaturas de personalidades à maneira das comédias de Aristófanes e do ataque à corrupção de *A mandrágora*, de Maquiavel. Entre os personagens encontravam-se Pacífico Carneiro, "presidente do Centro de Compreensão Católico-Comunista", e o "Líder", "fomentador da luta de classes" e, não obstante, chantagista inescrupuloso, para os quais o compositor Capiba – o "Beberi" de *Orgia* – criou temas musicais "debochados", adjetivo repetido nas críticas dos jornais.

No *Diário de Pernambuco*, um perplexo Joel Pontes classificou o espetáculo como "ofensiva cristã contra os materialistas". Condenou a utilização do frevo "Vassourinhas" com letra parodiada a fim de etiquetar comunistas como "burros, bestas e frouxos" e estranhou a generalização aplicada aos socialistas, "veados cor-de-rosa". Numa segunda crítica no mesmo *Diário*, Adeth Leite declarou-se "chocado" com o "teatro-comício" e com a letra "rude, a mais bruta possível" acoplada à música-patrimônio. No entanto, após dois meses de sucesso, a comédia foi levada aos municípios de Olinda e Caruaru, bem como aos recém-inaugurados Centros Educativos Operários do Recife, em disputa adicional com dominância da esquerda na cultura pernambucana à época.

Produzida em convênio com a Fundação da Promoção Social, órgão estadual ligado à direita, *A bomba da paz* também expressaria posições de Ariano Suassuna, cocriador do TPN, enquanto o dramaturgo Aldomar Conrado retirou-se do grupo devido a discordância com tal patrocínio. Teria sido escrita, porém, num impulso de vingança, após Hermilo ser afastado de cargo na administração da Universidade do Recife, a fim de que o emérito educador Paulo Freire criasse e comandasse ali um Serviço de Extensão Cultural. Assim, seis meses após a demissão de Carella da universidade, "Hermilo ficou desempregado", conforme lembrado por Leda Alves em entrevista.[31] Também em 1962, registra-se o rompimento do dramaturgo com o Movimento de Cultura Popular (MCP) do qual fora fundador, bem como múltiplos ataques a essa instituição via imprensa e denúncias do "comunismo" de seus integrantes.

No entanto, após o golpe civil-militar, *A bomba da paz* foi renegada e invisibilizada pelo autor. Como "dividendo" de seu ruidoso conteúdo, em

---

[31] Embora Leda Alves não determine a natureza do "cargo público" do companheiro citado na entrevista, naquele ano Paulo Freire assumiu a direção do Serviço de Extensão da Universidade do Recife, antes a cargo de Hermilo. O registro encontra-se aos 14 minutos de entrevista de Leda na série em vídeo *Vozes do teatro pernambucano*. Recife: Fundação Joaquim Nabuco, 1988. Disponível no YouTube.

maio de 1964, um general de Exército interventor no município chamou o dramaturgo para voltar a trabalhar em gabinete. Convite declinado, conforme Leda, que classificava a comédia como "um desserviço público".

No ano de 1966, em que Hermilo conseguiu reviver o TPN com apoio da Universidade do Recife, já na reitoria de seu amigo Murilo Guimarães, Carella enviou-lhe sugestões de repertório, criticando, entretanto, escolhas de peças europeias, russas e norte-americanas em detrimento de obras sul-americanas. Propôs substituição de *O inspetor geral*, de Gógol, por títulos de sua autoria, como, por exemplo, *Juan Basura* (1965) – algo como *João do Lixo*, referência ao lugar onde o personagem é abandonado após o nascimento –, cuja trama partia da estratégia de patrões de taxar como "comunistas" a maioria das reivindicações trabalhistas. Na carta, o portenho sublinhou, ainda, o caráter de "educação integral popular" na retomada do TPN, com sua nova sede em antigo casarão no centro da cidade, a incluir galeria de arte dita "popular" e a recuperar parâmetros programáticos do MCP desmantelado pela ditadura. Porém, o grupo logo passaria a ser perseguido pela repressão paramilitar, com ameaças de bombas do Comando de Caça aos Comunistas etc. Carella deu as boas-vindas ao grupo:

> Alegra-me saber que inicias o TPN (que o reinicias, melhor dizendo). É realmente uma grande notícia, e sobretudo pela maneira de encarar a educação integral popular: música, teatro, pintura, cerâmica etc. – cerâmica, também? Eu gostaria de estar aí. O que vendem? Eu seria um dos clientes mais assíduos, eu, se estivesse aí. Como quer que seja, espero que me envies algum detalhe, para comprar algo. [...] A única coisa que lamento é que com tanto trabalho, um edifício tão bonito [...] e arte popular recifense, não apresentem também obras recifenses. O repertório, salvo *O cabo fanfarrão*, é estrangeiro. Viveremos sempre dependurados na Europa? Por que não fazemos como eles, que estudam a literatura greco-latina e então a sua própria? Tomemos da Europa o que nos corresponde; somos herdeiros. Portugal e Espanha ergueram grandes templos e viveram em fausto graças ao ouro que roubaram do Novo Mundo. Por que não *A donzela Joana* em vez de *O caso Oppenheimer* [cogitada em cartas por Hermilo]? Por que não *Don Basilio mal casado* ou *Juan Basura*, em vez de *O inspetor*, de Gógol, que já foi

NO ALTO: Reunião sobre escolas municipais promovida pelo MCP no Sítio da Trindade, em 1961.

ABAIXO: Reunião de dirigentes do MCP, movimento dirigido por Germano Coelho, com professores numa sala de aula do Recife, em 1961.

feito mil vezes? O que acontece com a produção nordestina? Ariano Suassuna já não escreve mais? E Cavalcanti Borges? E os outros? Luiz Marinho, que foi meu aluno: já não escreve? Ouvi dizer que era muito bom e fazia obras regionais, com música popular. Compreendo que é preciso criar uma corrente de público: isso é primordial. E consegue--se somente com dois meios: a obra ou os atores. (maio 1966)

Após ressalvar qualidades literárias de *O inspetor geral*, a missiva apontava fracassos teatrais estrangeiros da época em Buenos Aires, para culminar, então, em diatribe antieuropeia:

Estamos tão habituados a olhar na direção de Paris que acreditamos que eles inventaram os mitos gregos e a história latina. E esse povo assassino e colonizador tem por lema "Igualdade, Fraternidade" *et cetera*! Creio que muito disso eu percebi em 1956, durante minha viagem europeia, e algo ficou registrado no *Cuaderno del delirio*. Será possível que teremos de seguir assim até o dia da SANTA BOMBA? (maio 1966)

Apesar dos conselhos do portenho, o TPN foi retomado em julho de 1966 justamente com a adaptação intitulada *O inspetor*, sucesso de público por quatro meses, seguindo exemplo do Teatro de Arena de São Paulo, bastião da esquerda com êxito semelhante para a peça naquele ano em que o Congresso Nacional confirmava como novo presidente indireto o general "linha-dura" Costa e Silva. Somente depois, o TPN apresentou a comédia hermiliana *O cabo fanfarrão*, ainda assim uma nordestinização da romana *O soldado fanfarrão*, de Plauto, da fase anterior do grupo.

À mesma época, Carella traduzia para seu amigo Ricardo Mosquera, então à frente da Editorial Kraft, *O diálogo do encenador* (1964), de Hermilo – projeto, no entanto, não concretizado por falência da editora, devido a perseguições censórias e apreensão de tiragens inteiras de títulos, tanto argentinos como estrangeiros. Borba Filho viajou a Buenos Aires para visitar Tulio e Tita e hospedou-se com eles por uma semana, na qual comentaram exaustivamente seu *Margem das lembranças*. Meses depois, Carella classificou a amizade como "encontro do destino, frutífero, rico em consequências" e falou da alegria de estarem "construindo uma verdadeira obra de unidade latino-americana" (jan. 1967). De volta ao Recife, o pernambucano cogitou traduzir e montar *Juan Basura*, cujo texto lhe chegara por carta. De seu lado, já em abril de 1967, o argentino comentou, em carta de janeiro de 1968, os últimos livros do colega: *Espetáculos populares do Nordeste* (1966) e *Apresentação do Bumba meu boi* (1967), ao mesmo tempo que transmitia informações para que Hermilo o situasse como um dos personagens de *A porteira do mundo* (1967), segundo tomo da tetralogia do amigo, aconselhando-o, ainda, a preferir o tom literário do também autobiográfico *Sol das almas* (1964). O livro saiu com dedicatórias a Tulio e a Mário da Silva Brito, historiador e personalidade editorial, o que provocou no portenho "profunda emoção". Justa homenagem, uma vez que, para além da influência de Henry Miller, escritor admirado por ambos, *A porteira* elabora seu capítulo inicial a partir de uma carta do amigo que discorre sobre o nome "Hermilo" derivar de Hermes ("um pequeno Hermes"), em meio a quarenta linhas sobre os atributos da divindade:

> [...] O mensageiro dos deuses é o único que desce aos Infernos: isto lhe confere uma característica especial: *convive* com vivos e com mortos. [...] Não deves esquecer que é o Deus do Verbo, o criador da palavra. Ladrão e comerciante, é apto para as ciências mais elevadas. Recorda-te de Hermes Trimegisto (Hermes o Três Vezes Grande), cujos livros *Asclepius* [Esculápio] e *Poimandres* resumem toda a doutrina gnóstica e neoplatônica; os ocultistas dizem que é Hermes Toth, deus egípcio, o que trouxe à terra a fala e a sabedoria. [...] O *Asclepius* e o *Poimandres* foram editados na França pela Belles-Lettres, em edições bilíngues, greco-francês uma, latino-francês o segundo livro. [...] Me ocorre dizer-te isto porque pode ser útil; e sobretudo porque me falaste de Inferno e de roubo. (maio 1966)

Logo em sua epígrafe, *A porteira do mundo* reproduzia sabedoria atribuída ao mítico Hermes Trismegisto – "Se viste, é como se não houvesses visto, e se ouviste, sê surdo" –, para em seguida Hermilo travestir-se de Mercúrio alado, a avistar rios e terras desde as alturas e a transpor ao Nordeste histórias ligadas a esse deus, inclusive o episódio do roubo de um rebanho, espelhando assim um fato de sua juventude.

Carella recebeu o livro logo após a publicação e comentou, em chave poética, passagens que o conquistaram, remetendo sua "vivacidade" e "verismo portentoso" às novelas de Émile Zola e, ao mesmo tempo, já "pelo humor (e às vezes pelo riso) que aliviam a gravidade sinistra dos fatos", às *Mil e uma noites* árabes (dez. 1967). Aproveitou para dar novo testemunho de saudades do Recife, despertadas por trechos do livro que reconstituem, durante certa madrugada, uma "cópula no areal do Pina", ou seja, a praia do Posto 2 na qual gostava de banhar-se.

Já no ano seguinte de 1968, ofereceu conselhos a Hermilo sobre outro memorialístico, *A cama*, afinal não publicado, e traduziu a peça *As moscas de ouro* para transmissão radiofônica em Buenos Aires. Em julho, felicitaria o amigo por achados na tradução de excertos de Henry Miller na citada monografia sobre o norte-americano.

A partir de abril desse mesmo ano, o argentino havia passado a comentar trechos, antecipados por Hermilo, de *Deus no pasto*, o fecho de sua tetralogia, e rejeitou ficcionalizações do caráter do personagem baseado em si, assim como já apontara em *O cavalo da noite*. De outro lado, auxiliou o amigo com os direitos autorais de *Cem anos de solidão*, fornecendo endereço do agente literário de Gabriel García Márquez em Barcelona, assim como em 1969 lhe enviaria exemplar de *Rayuela* [O jogo da amarelinha], de Julio Cortázar, recém-publicado em Buenos Aires, a cogitar tradução e edição brasileira. Apresentou-lhe, ao mesmo tempo, sugestões de títulos para a Coleção Erótica e esclareceu traduções de trechos de livro do pernambucano a serem impressos num semanário portenho "dirigido por grupo marxista", com o qual colaborava com contos e notas, a anunciar, ainda, que esse coletivo lhe propusera uma cátedra teatral (maio 1968).

Quando da visita de Paulo VI à América do Sul, em agosto de 1968 – a primeira de um papa à região, para abrir em Bogotá o 39º Congresso Eucarístico Internacional –, Carella lançou a Hermilo a ideia de que o continente sul-americano representaria "a Roma do futuro": "Os paralelos surgem inesperadamente: Paulo VI vai a Bogotá, e em sua viagem se parece a São Paulo, que viajou de Jerusalém a Roma. A América Latina é a Roma do futuro. A ideia está confusamente expressa, mas é muito complexa e te falarei dela em outra oportunidade" (ago. 1968).

Em outubro do mesmo ano, ofereceu exemplar de *Margem das lembranças* ao autor, tradutor e editor Bernardo Kordon – que vertera ao espanhol *Vidas secas*, de Graciliano Ramos (Ed. Capricornio, 1958). Bernardo, considerando que o livro de Hermilo poderia tornar-se *best-seller*, planejou traduzir ele próprio toda a tetralogia. Porém, apenas o primeiro volume seria publicado, por outro editor das relações de Carella, Jorge Álvarez, na nova Ediciones de la Flor, já que, após o lançamento de um volume de contos de Kordon, *Hacéle bien a la gente* (set. 1968),[32] a casa que levava seu nome fora encerrada pelo governo militar. Sucediam-se, assim, estratégias do mercado editorial argentino para driblar a censura do *onganiato*, e pelo final de 1969 Carella contou a Borba Filho que Álvarez tinha "dois anos de prisão decretada, sentença porém em suspenso, por publicar obras *pornográficas*" (dez. 1969) – entre as quais justamente o memorialístico do pernambucano. Também comentou *Cavalo da noite*, ao mesmo tempo que acusava a recepção de traduções de *Diálogo das prostitutas*, de Aretino, e *Tapete de carne*, de Li-Yu, ambos da Coleção Erótica e por ele sugeridos.

De outro lado, sua projetada colaboração com Suassuna gerava-lhe dissabores, uma vez que recebera autorização assinada do autor para traduzir a peça *O santo e a porca*. Porém, idêntico documento fora enviado a uma editora bonaerense, que publicou-a junto a *Lisbela e o prisioneiro*, de

---

32 Jorge Álvarez fundou três editoras, entre as quais publicou mais de trezentos títulos. Também foi produtor discográfico, exilando-se na Espanha em 1977 após receber ameaças da ditadura militar. Em 1968 editou *Mi amigo el Che*, de Ricardo Rojo; *La traición de Rita Hayworth* (estreia de Manuel Puig); e os primeiros números de *Mafalda*, de Quino. Já sobre Bernardo Kordon (1915-2002), Tulio escreveu a Hermilo: "K. personifica o pícaro portenho melhor que todos os escritores vivos". Em 3 de julho de 1969, informou a Hermilo sobre a detenção desse amigo pelo governo Onganía: "Dia de Santo Irineu, que em grego quer dizer 'pacífico'. Oxalá interceda para dar-nos a paz e deter o massacre que se organiza pouco a pouco, à maneira de guerra civil. Assim começou a guerra espanhola de 1936. A força só obtém a força como resposta. São tão bonitos os nossos países, tão ricos, que deveriam bastar para proporcionar riqueza a todos. E, no entanto, logo vemos: o que existe é a miséria para todos. A prisão. Entre os detidos, figura *El Hombrecito*, Kordon, que conheceste aqui. Há centenas, milhares de presos. Só Deus há de saber o número exato. Os assassinatos por comandos, coisa nova para o país, são executados com surpreendente sangue frio" (jul. 1969). Quase um mês depois, Carella informou que Bernardo continuava detido, e em agosto mencionou o fechamento de revistas de prestígio, a exemplo de *Primeira Plana*, bem como detenções de advogados de presos e dois autoexílios: de Kordon, em Santiago do Chile, e de Ricardo Rojo, o autor de *Mi amigo el Che*, na França (ago. 1969).

Osman Lins.[33] Carella lamenta para Hermilo seu trabalho de tradução perdido, bem como o malogro, por falta de respostas do paraibano, de tratativas de encenação de *O santo* pela diretora Marcela Sola, sua amiga:

> Creio que Ariano deveria ao menos avisar-me. Era o mínimo que poderia fazer por uma pessoa que tanto o admira e que se esforçou por ele num momento em que ninguém o fazia. Eu tenho sua autorização assinada, mas não poderia tomar nenhuma medida: não é de meu caráter fazê-lo. Fiquei muito triste pelo trabalho inútil, e pela atitude de Ariano. (ago. 1966)

Recontracagados

O ano de 1969 principiara para ambos os escritores com uma série de "fofocas" a correrem o Recife, motivadas tanto pela publicação de *Orgia* como pela separação imposta por Hermilo à sua esposa Débora Freire, que passou a insinuar a seus conhecimentos um caso amoroso entre o portenho e o ex-marido. Carella reportou ao pernambucano o recebimento de "inúmeras cartas" e informou-lhe não ter respondido nenhuma (jan. 1969). Em maio, Débora escreveu pela última vez a Tulio para inquiri-lo sobre seu conhecimento "dos amores de Hermilo com uma aluna em 1961": Leda Alves. Ele respondeu que "nada sabia", mas a Borba Filho afirmou "intuir" sobre o romance proibido ao ver, em 1961, no Recife, o novo casal "rodeado de uma luz rosada, terna, um em cada lado do escritório", à maneira de um médium. De seu lado, Hermilo protestava contra os termos de seu contrato com Ediciones de la Flor para *Margem*, para receber então avaliação irresponsível de Tulio: "Assim é, rege para todos a mesma nefasta lei, de maneira que os escritores estão *recontracagados*, e isso é o que faz com que suas vidas sejam uma merda fétida e desesperante" (jan. 1969).

Em fevereiro e março do mesmo ano, Hermilo reportou ataques da direita ao TPN, ameaças de morte e problemas financeiros e de saúde, com diag-

---

[33] *El santo y la chancha*, de Ariano Suassuna – *Lisbela y el prisionero*, de Osman Lins. Buenos Aires: Ed. Losange, Colección Teatro Brasileño 2, 1966.

nóstico de tumor intestinal. Em sua resposta, em maio, Carella comentou o bárbaro assassinato do religioso Antônio Henrique Pereira Neto no Recife, precedido de torturas, e mostrou-se alarmado com a inclusão de dom Hélder Câmara em listas de condenados a execução sumária por "esquadrões" paramilitares (maio-jun. 1969). A morte do Padre Henrique provocou o alinhamento da maioria do clero brasileiro na oposição à ditadura.[34]

Em setembro, o argentino advertia Hermilo sobre "repetições" em sua tetralogia, que "deveria ter uma unidade". Referia-se à intenção do colega de descrever, pela segunda vez na série memorialística, a história de seu sequestro e prisão no Recife, uma vez que recebia insistentes pedidos de detalhes sobre tais fatos: "Acredito que relatar outra vez seria uma repetição não só inútil, mas prejudicial à harmonia da obra. Não esqueça que se trata de uma tetralogia, e não de quatro romances separados, e mesmo se fossem não deverias cair na repetição, que acusa pobreza de imaginação". Informou-lhe ainda que, no já encaminhado segundo volume de suas memórias de Pernambuco, haveria um "capítulo *surpresa*" a respeito (set. 1969). Conforme sua avaliação, apenas menções breves a si na obra do amigo deixariam "o assunto mais intrigante, mais misterioso, a projetar o leitor a um plano de suposições e de intrigas acerca da sorte do personagem, provocando uma série de conjecturas que finalmente serão esclarecidas em outro livro, de outro autor", ou seja, esclarecidas, em inédita colaboração literária binacional, no *Diário segundo*, afinal não publicado. "Essa é a exata relação que deve existir entre nossas obras, conforme meu leal saber e entender", observou-lhe.

Ainda em setembro de 1969, transmitiu suas impressões para páginas datilografadas que recebera de *Deus no pasto*, último volume da tetralogia do amigo, publicado somente três anos depois e no qual é figurado ampla-

---

[34] Após a edição do Ato Institucional n. 5, em dezembro de 1968, dom Hélder Câmara passou a receber ameaças diariamente. Na impossibilidade de assassinar um arcebispo já célebre no mundo inteiro, a extrema-direita passou a promover ações armadas contra seminários ligados ao religioso, além de ameaçar estudantes e professores de teologia. Executado em 27 de maio de 1969, segundo todas as evidências pelo Comando de Caça aos Comunistas, Antônio Henrique Pereira Neto (1940-69), formado em sociologia, atuava em movimentos progressistas da Igreja, além de assistir diretamente a dom Hélder. A morte foi imputada a um jovem estudante amigo e discípulo do religioso, que permaneceu em prisões e solitárias recifenses ao longo de cinco anos até provar sua inocência na Justiça.

mente como personagem, com o mesmo *alter ego* Lúcio Ginarte que inventara para si:

> Vejo que minhas sugestões têm sido favoravelmente acolhidas, o que me serve de consolo para muitas amarguras presentes. [...] Creio que no primeiro tomo de *Orgia* encontrarás material mais que suficiente para meu temperamento dionisíaco (que às vezes é apolíneo). Parece-me excelente a ideia de tomar minhas opiniões e corrigi-las ou contestá-las e, desse modo, completá-las. O diário íntimo é sempre pessoal, parcial, ainda mais quando se trata de descrever indivíduos dos quais não se tem antecedentes e que não fazem confidências, ou melhor, tudo quanto dizem é, geralmente, falso.

Em seguida indicou fontes para o colega compor sua versão do "subversivo" Ginarte:

> Além do primeiro volume (e temo que o único) de *Orgia*, encontrarás abundante material em minhas cartas, caso as tenha conservado, no *Roteiro recifense* e, sobretudo, naquele poema *Preta*, que foi editado apenas com poucos exemplares e é praticamente desconhecido; *Preta* é de suma importância porque assinala a intervenção do sentimento que anula, com sua força, os amoricos superficiais e momentâneos. Eu te presenteei um exemplar, lembra-te?

De fato, em *Orgia*, Lúcio Ginarte lamenta entrar em *imbroglios* por colocar, de par com a atração física, reações emocionais ao conhecer homens e mulheres: "Pergunto-me: até quando continuarei iludindo-me? Por que envolvo sentimentos onde só o desejo ou o dinheiro deveriam estar envolvidos?". Afinal, sobre o novo memorialístico de Hermilo, na mesma missiva ofereceu conselho – afinal desconsiderado – para o amigo evitar a imitação dos recursos que empregara em *Orgia*, ao mesmo tempo que qualificou como *simbiose* a colaboração literária entre ambos:

> Até que ponto deves utilizar a [letra] itálica (ou *bastardilla*) para os fragmentos de meu diário é discutível. Em minha opinião teria que co-

lhê-los, diretamente, e incorporá-los a teu texto, para que a simbiose resulte perfeita. O máximo que se poderia admitir seriam vírgulas.

Em outra carta recomendou cortes, a fim de o livro não ser apreendido pela ditadura brasileira:

> Creio que *Deus no Pasto* pode ser editado no Brasil, com alguns cortes, com algum circunlóquio momentâneo. Quero dizer: reservarias certas passagens para o futuro. É um procedimento adequado às circunstâncias. O certo é que as notícias que chegam do mundo inteiro são ingratas, lamentáveis. (dez. 1969)

Já em 1972, Hermilo recriminou o argentino por ter "mudado de opinião" sobre a qualidade da obra após a impressão, para então receber a seguinte resposta severa:

> Não mudei, continua a parecer-me um livro esplêndido, com muitas falhas no que diz respeito a mim, e assim demonstras ser pouco observador, ou me haver observado pouco. Minha vaidade não é tanta a ponto de sentir ou exigir que me observasses, porém essa mesma vaidade nega-se a aceitar certos conceitos (mesmo elogiosos) sobre esse bendito personagem Lúcio Ginarte. Isso é tudo. O livro é válido, talvez um tanto ingênuo. Por exemplo, eu teria colocado os episódios heterossexuais no princípio, e só ao final revelado o episódio homossexual. Mas, enfim, é a *tua* novela. (jul. 1972, grifo do autor)

Ainda no mesmo ano, Tulio recebeu e comentou cópia mimeografada de *Sobrados e mocambos*, de Hermilo, livro com o subtítulo *Uma peça segundo sugestões da obra de Gilberto Freyre nem sempre seguidas pelo autor*. Ao mesmo tempo informou sobre a escrita de *Orgia II*, cuja finalização se tornara "uma obsessão" (set. 1972).

*

"É verdade, como tu dizes, que nossa amizade, ainda que tenha começado no Recife, consolidou-se por via epistolar", observou Carella a Borba Filho em 26 de agosto de 1969. Ao lado de ideais pan-americanistas compartilhados e do repúdio aos regimes autoritários de ambos os países, a correspondência de pelo menos quinze anos contínuos é sustentada em colaboração crítico-literária e intercâmbios sobre temas espirituais, expondo a influência do portenho sobre o amigo nessa área.

Diversamente de Hermilo, em Carella a filiação à Igreja enraizava-se na infância, quando tornou-se educando de curas irlandeses e comungante frequente. Nos períodos de férias escolares passados na casa da avó Carmela, em Buenos Aires, impregnava-se de sua "aura piedosa", encantado por seu "sorriso perfeito e bondoso, oferecido de maneira inconsciente", e por seus lábios que "moviam-se em oração perpétua", para que fossem "perdoados nossos pecados presentes, passados e futuros", conforme *Las puertas de la vida*.

Mais tarde, o vínculo não formal com a instituição seria mantido por meio de visitas a templos históricos de Buenos Aires e estudos em profundidade da literatura e da imaginária cristãs, como registram *Las puertas de la vida*, *Cuaderno del delirio* e *Orgia*. Mesmo no Recife, o dramaturgo e professor conservou o costume de se abrigar em igrejas para buscar concentração ou contemplar arte sacra, da qual se tornou colecionador modesto.

De outro lado, seu cotidiano bonaerense seria pontuado de embates radicais entre o clero e o governo argentinos, como se verá adiante e, em sua última década de vida, entre 1969 e 1979, ante o crescendo de violência militar no exercício da política, passou a externar a antiga filiação carmelita de maneiras curiosas. Lacrava envelopes com selos falsos estampados com a imagem da Virgem e distribuía "santinhos" de lata com a mesma figura a todos os que o visitavam em seu apartamento próximo ao Congresso, conforme Mário Tesler:

> À época, tornou-se muito supersticioso, e em sua escrivaninha conservava um recipiente cheio das medalhinhas de lata que os padres e monjas de Buenos Aires costumavam presentear às crianças nas ruas, um costume já em desuso. Por volta de 1976 encontrava-se aterrado pelos atos da ditadura militar e quando visitado por "alguém que

queria introduzir o mal no apartamento" usava as medalhinhas para "neutralizar" o mal, ou oferecia-as a amigos para proteção.

A devoção mariana, a vocação para a erudição, a valorização de tradições culturais e, não obstante, o gosto pela experimentação conduzem a paralelo entre o portenho e o escritor e poeta modernista Mário de Andrade (1893--1945), este também estudioso das contribuições culturais indígenas e negras e educado segundo padrões marianos e carmelitas. A se dobrarem aos interditos religiosos e ditames sociais dos anos 1930 e 1940, evitaram identificações para as próprias vidas sexuais – ou pansexuais –, apesar de vazadas com clareza nas líricas de ambos, no entendimento então generalizado de que o gênero permitia todas as liberdades e fantasias. Já à beira dos 60 anos, Carella expôs-se em *Orgia*, enquanto Mário, à parte a "profunda tristeza" devido à "sufocação de sua verdade interior" – conforme ouvido pelo amigo e discípulo Moacir Werneck de Castro no Rio de Janeiro[35] –, conservou sua intimidade em caráter reservado até os 52 anos que alcançou, respondendo com rompimento às tiradas homófobas que o parceiro Oswald de Andrade passou a lhe dirigir em certa altura. Em carta a Oneyda Alvarenga datada de 1940, o paulista mencionou à amiga sua "mostruosa sensualidade", ou "espécie de pansexualismo", termo grafado também no poema "Rondó do tempo presente", do livro *Losango cáqui* (1925): "[...] Século Broadway de gigolôs, boxistas e pansexualidade!/ Que palcos imprevistos!/ Programas originais!". Já segundo Carella em *Orgia*, tanto seu gozo pansexual como a dor experimentada nas doenças e os sofrimentos morais participariam da existência transcendente: "O que o desejo quer é obtido às custas da alma, dizia Heráclito. Mas não é um erro separar a alma do corpo como o corpo de um vestido? Alma e corpo estão juntos, unidos, e quando um sofre o outro também sofre. Alma e corpo estão juntos, unidos [...], inseparáveis na vida e na morte. Mas não nos prometeram a ressurreição da carne?".

Todavia, quatorze anos antes da revelação de *Orgia*, em seu poema *Los mendigos* (1954), o escritor abordara a compulsão à promiscuidade e caricatura do feminino em gueto homossexual no centro de Buenos Aires, ainda que por figuras de linguagem. O repúdio a comportamento devasso havia

---

[35] Moacir Werneck de Castro, *Mário de Andrade: exílio no Rio*. Rio de Janeiro: Ed. Rocco, 1989, p. 29.

figurado já em *Las puertas de la vida*, em episódio no qual um comerciante tenta atrair o garoto para o interior de sua loja deserta em Mercedes, sem sucesso, enquanto, em *Orgia*, o autor rejeita o ambiente de uma galeria-bar recifense gerenciada por compatriotas amaneirados, embora a frequente.

Neoplatônicos e místicos cristãos

À parte o tormento de culpa cristã emergir até mesmo em visões de sonho – em *Orgia*, o protagonista é "expelido pelo ânus de um Dragão" para cair "num monte de corpos vivos que o lambem" –, as obras memorialísticas e ensaísticas do autor remetem com frequência, como já mencionado, aos pensadores platônicos influenciadores do cristianismo, bem como aos neoplatônicos Porfírio, Plotino e Agostinho. Como se os leitores possuíssem cultura humanista equiparável à sua, alimentava hábito de reproduzir ideias pré-socráticas e as de seus continuadores sem nomeá-los, a atrair para si as fortes tachas de "antiquado" e "impreciso". Consoante a essas antigas vertentes, situou diversas vezes o princípio anímico enquanto mediador entre matéria e espírito e especulou sobre "a vida anímica", como na seguinte *pensata* de *Cuaderno del delirio* sobre a existência de alma nos animais:

> A alma: será acaso o que certos hinduístas nomeiam "corpo astral"? Não é isso o que quer dizer Santa Teresa quando fala das profundezas da alma, ou quando escreve: "Resta a alma, digo, o espírito dessa alma tornada uma só coisa com Deus", que, como também é espírito... Assim pois, a alma seria visível [...] e mortal. Alma seria exatamente vida; porém, pode-se ver a vida tomada em abstrato, fora do corpo que anima? Anima, *anima*... Não basta a ignorância: é preciso saber lamentá-la.

A conjectura refere-se à noção neoplatônica de alma-corpo ascensional, por sua vez herdada do conceito de "corpo astral" das filosofias persa e hindu, porém abordada também por vários filósofos ocidentais a partir de traduções da obra de Plotino, que em seus estudos deslocou-se do Egito à Pérsia.

As obras do argentino são permeadas, ainda, de referências aos continuadores cristãos desse pensamento, tais como Juan de la Cruz e Teresa D'Ávila, entre outros buscadores associados às chamadas ciências místicas. Sua biblioteca pessoal era bastante consultada por amigos literatos, com muitos livros fundamentais da Igreja católica, "de doutores como Agostinho e Tomás, mas também de ocultismo", conforme Mário Tesler; e esses interesses levaram-no a estudos do árabe clássico, a fim de conhecer tratados nessa língua, como lembrado em obituário escrito por ex-companheiro de jornal, em 1979.

Em vista de semelhante bagagem, foi convidado a integrar a antologia *Las ciencias ocultas*, publicada em 1967 pela Editorial Merlín, para a qual criou o conto satírico "El astrólogo porteño". A narrativa segue a vida de Hermenegildo González, cujo domínio de vasto cabedal das "ciências paralelas" – da quiromancia às técnicas egípcias de embalsamamento – conduz, paradoxalmente, a inúmeros desastres em sua vida pessoal, remetendo ao fato de que Tulio era leitor de linhas das mãos, conforme consta em *Orgia*. Ao lado de Carella nessa coletânea figuravam autores do primeiro *rang* literário platense nos anos 1950-60: Ernesto Sabato; Estela Canto – a quem Jorge Luis Borges dedicou o conto "O Aleph"; Humberto Costantini – outro cultor do tango, obrigado a se exilar no México durante a ditadura argentina; Alicia Jurado – autora, com Borges, de *O que é o budismo?* e da primeira biografia desse amigo; Silvina Ocampo – pródiga ficcionista, porém à sombra do marido, Adolfo Bioy Casares; Adolfo de Obieta – filho do ícone literário Macedonio Fernández; e Haroldo Conti – Prêmio Casa de las Américas 1975 *ex-aequo* com Eduardo Galeano.

A fé católica persistiu para além da juventude, a despeito da admiração votada por seu pai ao anticlerical Rousseau; e, em *Cuaderno del delirio*, Tulio recorreu a Carl Gustav Jung (referido como "grande psicanalista") para relativizar o racionalismo de seu progenitor, cujo repúdio à religião seria algo "muito comum em pessoas que necessitam da santidade". Aos filhos, dom Carmelo frustrava, por exemplo, a crença nos Reis Magos, "tão bons por trazerem presentes às crianças em 6 de janeiro". Porém, a vontade materna prevalecia, e a cerimônia de batismo de Tulio deu-se já em idade de razão, quando o termo "Graça" adquiriu para ele "significado ao mesmo tempo alto, misterioso e resplandecente". Recebeu o sacramento não na imponente Catedral Nossa Senhora das Mercês, como inicialmente previsto, mas, devido a uma "decisão de última hora das autoridades eclesiásticas", na Igreja de São Patrício, próxima de sua casa e administrada por religiosos irlandeses; e ocorreu num dia 8 de dezembro, consagrado à Imaculada Conceição, cuja imagem na capela desse templo "penetra-lhe a alma" e "comove-o de maneira inexprimível", evidenciando o poder das imagens sacras sobre a sua sensibilidade.

Na missa, com o inimigo

Os irlandeses cultivavam uma atmosfera de quietude e calma que conquistou imediatamente o infante Tulio. Mostravam-se compreensivos com suas eventuais distrações, favorecendo dessa maneira seu comparecimento a missas. No entanto, as datas religiosas maiores eram celebradas ao lado dos pais e irmãos na catedral da cidade, junto a famílias *criollas* tradicionais, entre as quais os Videla. Ou seja, conforme pontuado por Mário Tesler, até os dezoito anos Carella compartilhou missas com a família do futuro general Jorge Rafael Videla, que em 1976 tomou de assalto o poder legítimo da viúva Isabelita Perón para, na ditadura vigente até 1983, ordenar, com a cumplicidade de outros oficiais, o assassinato de "subversivos" em número estimado na casa dos trinta mil, além da prisão de outros milhares e, ainda, o sequestro de centenas de bebês e crianças de famílias identificadas como esquerdistas ou marxistas.

Quase ao final da vida, em 1978, um aterrorizado Carella confidenciava aos mais próximos desacreditar que o "filho de uma família tão piedosa tivesse o sangue frio de mandar executar sumariamente e atirar ao mar tantos adversários políticos". Ainda conforme Tesler:

> Depois de Isabel [Perón], as coisas colocaram-se de um jeito que não se conhecia nem nos governos militares anteriores. Carella tornou-se temeroso devido ao que passou no Brasil e era natural que suspeitasse de colaboração entre os governos dos dois países. Aconselhava-me a não falar em público sobre coisas extraquotidianas. Vivíamos numa situação de ignorância pública do que estava acontecendo,

mas os fatos eram transmitidos boca a boca, e alguns dos seus amigos jornalistas contavam-lhe que estavam eliminando gente. Pôs-se retraído e ensimesmado, mas na verdade estava aterrado. Quase não lhe davam mais trabalho, e começou então o período de reclusão, com a magra aposentadoria de jornalista, obrigado a adquirir remédios para a próstata, pulmões, brônquios, e eventualmente para o coração. Uma vez o jornal *Clarín* pediu-lhe uma colaboração, e principalmente pagaram-no, pois sabiam de sua situação, e ele ficou muito contente, assim como quando a produção da atriz e apresentadora de TV Mirtha Legrand chamou-o para um almoço-*show*, pagando-lhe 700 pesos e os táxis.

Se, em 1961, os militares brasileiros xerografaram os cadernos ilustrados com desenhos eróticos nas margens para futura chantagem, na segunda metade dos anos 1970 o oficialato argentino elaborou lista com mais de quatrocentos nomes de artistas e intelectuais acusados de "homossexualismo" (*sic*), que pretendiam encarcerar.[36]

No fim do verão de 1976 no Hemisfério Sul, desafiando tempos nada propícios ao turismo, o jornalista e cronista pernambucano José Mário Rodrigues foi avistar-se em Buenos Aires com o já quase mítico professor da Escola de Teatro do Recife, em companhia do ator Roberto Pimentel e da atriz Clenira Bezerra de Melo, ex-alunos. Portavam carta de Hermilo Borba Filho, talvez a última do amigo, que faleceria em junho daquele ano. Encontraram um Tulio "muito afável, mas temeroso com a situação do país", numa noite de garoa fina e clima de opressão em ruas centrais "sem uma alma viva", percorridas quase em correria pelos brasileiros apavorados.[37]

À época, desapareciam sem deixar traços pessoas cuja amizade Carella privara, entre elas um intelectual motivador de rara intervenção humanitária da Igreja argentina junto à ditadura de 1976: o jornalista, diretor teatral, roteirista de cinema e professor de filosofia Haroldo Conti (1925-76?), que,

---

[36] Osvaldo Bazán, 2004, op. cit., p. 383.

[37] Conforme depoimento telefônico tomado do jornalista e cronista pernambucano José Maria Rodrigues, nov. 2010. A história também é registrada em "Santa ingenuidade", crônica em sua antologia *Outras brevidades*. Recife: Comunigraf, 2006, p. 93-5.

O general Jorge Rafael Videla ao centro, tendo à sua esquerda o escritor Ernesto Sabato, e à sua direita Jorge Luis Borges, Horácio Esteban Ratti e o padre e jornalista Leonardo Castellani, durante almoço na Casa Rosada, em 19 de maio de 1976.

assim como Tulio, idealizara a união dos povos latino-americanos e professava credo católico. De outro lado, eram sabidas as conexões desse escritor com a esquerda revolucionária de Cuba – país no qual esteve pelo menos três vezes, a última para receber, como já mencionado, o prêmio Casa de las Américas, sendo sequestrado pelos militares em 5 de maio de 1976.

Não obstante a omissão do clero local em face do regime de exceção e violações de direitos humanos e civis, no dia 19 de maio, dois meses após o golpe militar, a libertação de Conti foi solicitada diretamente ao presidente Videla pelo padre e escritor Leonardo Castellani (1899-1981), durante almoço na Casa Rosada, ao qual foi convidado junto aos eminentes Jorge

Luis Borges, Ernesto Sabato – que à época emitiam juízos positivos sobre o novo governo – e Horácio Esteban Ratti, então presidente da Sociedad Argentina de Escritores, entidade outorgante de duas *fajas de honor* para livros de Carella, em 1960 e 1968.[38]

Ao longo do almoço solene, instado pelo padre Castellani e a quebrar protocolos, Ratti passou às mãos do presidente um bilhete-rogatória pela soltura de Conti e de outros onze escritores argentinos sequestrados – alguns provavelmente mortos à hora daquela refeição. Transcorrida entre diálogos constrangidos – como ilustra uma foto oficial publicada nos jornais para divulgar o "apoio" dos convidados ao governo –, a refeição tornou-se argumento do longa-metragem *El almuerzo* (2015), de Javier Torre. Ainda em 1976, o religioso conseguiu avistar-se com Conti numa prisão, e em 1980 Videla admitiu a morte do escritor, porém seu corpo jamais foi localizado.

Embora inicialmente a Igreja argentina tenha emitido documentos censurando violências de Estado, jamais atribuiu culpas e silenciou ao longo de todo o regime militar, em contraste com posturas de órgãos religiosos centrais de Chile, Brasil e Paraguai perante ditaduras locais nos anos 1970.

Ataque surpresa

As imbricações entre religião e política em conjunturas argentinas no século XX encontram-se, ainda, no centro de um dos episódios mais dramáticos da trajetória de Tulio Carella, em meados dos anos 1950. Com a feroz oposição a medidas peronistas liberais na primeira metade da década, tais como regularização da prostituição, descriminalização do aborto e divórcio legal, o clero argentino esteve no cerne da tentativa de golpe de Estado do dia 16 de junho de 1955, também conhecida como Massacre da Plaza de Mayo – que acarretou as mortes de 308 civis desarmados, além de mais de 700 feridos, entre os quais crianças que se deslocavam para aulas em trans-

---

[38] Os livros distinguidos foram, respectivamente, *Cuaderno del delirio* e a antologia *Teatro de Carlo Goldoni*, com estudo introdutório do tradutor Carella. Fundada em 1928, a Sociedad Argentina de Escritores contou, entre seus presidentes, com autores importantes, como Leopoldo Lugones (1928-32), o próprio Jorge Luis Borges (1950-53) e o sociólogo e escritor José Luís Romero (1956-57). Ratti presidiu a instituição em dois períodos.

portes públicos –, tragédia por sua vez geradora, naquela mesma noite, de retaliação de adeptos peronistas, na forma de destruição de templos de Buenos Aires.

Em *Orgia*, Carella lembrou o episódio ao protestar contra a execução sanguinolenta de um rato por um aluno, que, não obstante, lhe respondeu com zombaria: "Chico não viu, como Lúcio, em Buenos Aires, grandes coágulos de sangue humano nas ruas, na Plaza de Mayo". E, embora presente ao ato público, o professor jamais endossou manifestos ou engajou-se em partidos, ainda que, como já mencionado, tivesse aderido ao primeiro peronismo ao se alistar em novas associações de classe e, nos anos 1960, colaborado com o suplemento cultural do jornal *La Nación*, então sob intervenção peronista. Em carta a Hermilo, esclareceu:

> Tu me conheces e não ignoras que sempre me desinteressei da política; mas observo e recordo as atitudes políticas de muita gente, que não são mais que simples reação ao que estiver no poder, seja quem for e de que partido for. Eu sempre soube valorizar as inovações de Perón, assim como sempre enxerguei seus terríveis defeitos; porém estes políticos parecem ver sempre apenas com um olho, não com dois. (ago. 1969)

Todavia, o livro *Nomeolvides, memoria de la Resistencia Peronista, 1955-1972* arrola Tulio entre os escritores, artistas e intelectuais opositores ao golpe militar denominado "Revolução Libertadora" deslanchado em setembro de 1955. Após menções a "nacionalistas populares", "católicos", "intelectuais da chamada Geração de 40" e "poetas de profunda sensibilidade popular", a obra lista Carella entre os "homens do tango e do lunfardo" das primeiras hostes peronistas, ao lado de José Gobello, Cátulo Castillo e Homero Manzi, enquanto em *El peronismo en la literatura argentina* (1971) o historiador Ernesto Goldar alinha o autor de *Don Basilio* entre escritores apoiadores do líder populista exilado.

Apesar de guardar distância de governos, no fatídico 16 de junho de 1955 o dramaturgo esperava – com outros trinta mil civis na Plaza de Mayo e ruas adjacentes – uma demonstração festiva da Aeronáutica; assim, testemunhou o metralhamento aéreo surpresa sobre a Casa Rosada, bem como sobre o povo aglomerado na praça e ruas adjacentes, realizado pela Marinha argentina e sua Força Aérea Naval, insufladas tanto por autoridades eclesiásticas como por lideranças políticas católico-nacionalistas. O objetivo era assassinar Perón e seu Estado-Maior, além de tomar a sede de governo. Contudo, alertado pouco antes pelos serviços de inteligência, o chefe de Estado e seus comandados imediatos fugiram do palácio para um *bunker* do Ministério do Exército, a trezentos metros dali.

Entre as medidas governamentais então a serem promulgadas por Perón estavam a supressão do ensino religioso em escolas públicas; a suspensão da isenção de impostos para os templos; e a regulamentação sanitária dos prostíbulos bonaerenses, esta abordada por Carella nos ensaios de *Picaresca porteña*. Nos dias anteriores ao bombardeio, sucederam-se comícios e passeatas contra e a favor de tais medidas, com a participação de até duzentas mil pessoas em cada manifestação, registrando-se frequentes choques entre as facções. O estopim do conflito registrou-se durante a procissão religiosa de Corpus Christi no sábado, 11 de junho, na qual a bandeira argentina foi queimada por integrantes da polícia federal. Perón respondeu à insubordinação e ao agravo ao emblema nacional com a convocação para a concentração na Plaza de Mayo, na qual manifestantes e curiosos pelo desfile aéreo foram alvejados por aeronaves decoladas de porta-aviões ancorados na marina atrás da Casa Rosada, com fuselagens pintadas com o lema "Cristo vence" e a cruz cristã.

Entre as vítimas fatais foram contados 111 ativistas filiados à Confederación General del Trabajo, cujo edifício também foi visado pelas baterias aéreas. Adepto da não violência, Carella admirava o pacifismo crístico de Leon Tolstói e a resistência passiva pregada pelo Mahatma Gandhi. À época do massacre, residia com a esposa Tita em apartamento não muito distante da tragédia, à rua Lima, uma radial da avenida 9 de Julio. Também em *Cuaderno del delirio*, o dramaturgo lembrou o episódio, de magnitude criminosa alcançada apenas pelos assassinatos em série praticados pela ditadura iniciada em 1976:

> Quando volto a cabeça não posso mais ver a Plaza de Mayo e seus arredores. Impede-me uma poeirada avermelhada, da qual emergem indivíduos aterrados. Desde um portal, um vigia aponta para o alto,

inutilmente [...], com uma metralhadora. Busca inimigos no céu. A gente corre, espavorida, furiosa. Impreca, maldiz, clama por armas. Alguns tropeçam, caem, e a multidão cega os pisoteia. Outros mais caem. No solo, assemelham-se a um gigantesco animal epiléptico. Os gritos, os chamados, o som das passadas e o estrondo dos explosivos são coisas terríveis. O pavimento, as paredes e o ar vibram em resposta ao estrépito das bombas. Nós também vibramos. O corpo, atravessado pelas vibrações, torna-se mais ligeiro – aéreo, volátil. Não parece difícil saltar, cair despedaçado e salpicar de sangue o asfalto e as cornijas.

[...] Vejo-me a correr pelas ruas cinzentas. Um conhecido, ofegante, me repreende porque me dirijo a oeste, e não a norte, onde – ele diz – há menos perigo. A reação de medo animal dos primeiros momentos desaparece quando vejo os rostos convulsionados, quando vejo que um grupo de pessoas busca abrigar-se sob um toldinho de lona, quando vejo que a gente se amontoa detrás de uma árvore, se lança junto às paredes ou se esconde em portais e saguões. Bombas, canhões, metralhadoras, soai, entoai um cântico de louvor à nossa linda civilização! Olhai quão pouca coisa somos, os seres humanos! Eu cruzo lentamente a avenida 9 de Julio. Sou o único. Piso fortemente: não será esta a minha hora. Nesse momento sou invulnerável. Os aviões, rampantes e rugientes, voam próximos às copas das árvores e metralham o que conseguem. Desde baixo, respondem com repiques mortíferos. Não temo a ninguém. Ninguém, senão Deus – e, por via das dúvidas, rezo enquanto caminho – é senhor de nossas vidas. A esses mortos civis ninguém recorda. Não se pensa em erigir um monumento, um busto, uma coluna recordatória.

A retaliação ao metralhamento aconteceu após o crepúsculo, quando a Igreja assistiu, impotente, a saques e a incêndios ateados a uma dezena de templos históricos da cidade, incluindo as basílicas de São Francisco de Assis e Santo Domingo. No dia seguinte, Perón culpou adversários comunistas pelos atos de vandalismo. Várias entre as igrejas queimadas eram bem conhecidas de Carella, que em *Cuaderno* relatou como a polícia e os bombeiros protegeram os incendiários na madrugada trágica. Nos dias seguintes, o escritor apenas perambulou, inconformado, pelas cercanias dos templos semidestruídos, como o de São Francisco de Assis – monumento neobarroco datado de 1754 e reaberto somente em 1963 –, porém incapaz de qualquer reação, "como um zumbi":

> Vejo como arde São Francisco. Os bombeiros estão de braços cruzados. A polícia protege os incendiários, que retiram as imagens preciosas do templo para arrojá-las na fogueira. Penso no *Poverello* de Assis. O que me faz sofrer e me humilha, mais que tudo, é essa inação, essa covardia. Estou sozinho. Impossível lutar contra a horda. E as testemunhas? Ou serão cúmplices? Não posso mais suportar ver como se queima a casa do Senhor e viro-me, para me distanciar. Duas moças observam a incineração. Estão muito juntas, sob um guarda-chuva. Jamais vi tal pesar em dois rostos humanos. Há os que sofrem como eu. A destruição é vasta. Não arde apenas São Francisco, senão todas as igrejas de Buenos Aires. Aonde o fogo não consome, o terror invade. Penso nas joias artísticas que se perderão e isso aumenta minha dor. Os incendiários são eficazes. [...] O que mais me assusta é a insuspeitada explosão de furor destrutivo de meus compatriotas. Isto somos? Quão pouco nos conhecemos!

Passaram-se cinquenta anos de quase esquecimento do massacre até a instalação na Plaza de Mayo, em 2008, de uma escultura em homenagem às vítimas, intitulada *Dos céus viram-nos chegar*. Após sobreviver ao ataque aéreo e assistir à devastação de templos de mais de duzentos anos, Carella começou a planejar para 1956 a viagem à Europa e às suas raízes itálicas, para, ao retornar, iniciar sua trilogia memorialística, seu maior investimento literário após o sucesso de sua estreia teatral em 1940.

4

A intimidade de García Lorca, 1933-34

Tromba de lírio entre as verdes virilhas, às cinco em ponto da tarde.
"Pranto para Ignacio Sánchez Mejías" (1935), Federico García Lorca.

Ao contrário das afirmações de estudos argentinos recentes de que *Orgia* representaria, em 1968, uma súbita transformação em relação ao comportamento de Carella e ao caráter de sua obra anterior – invertendo, com seu pansexual-americanismo, hipotético nacionalismo de fundo machista –, o bibliófilo Mário Tesler atesta que a homossexualidade do dramaturgo "não despertou somente à época de sua estada no Brasil". Além de lhe revelar, nos anos 1970, circunstâncias de sua relação íntima com o poeta Federico García Lorca (1898-1936), durante a estada deste em Buenos Aires entre 13 de outubro de 1933 e 27 de março de 1934, Tulio confidenciou-lhe encontros de natureza semelhante na pacata Mercedes da década de 1920, "quando não podia escolher demais, frente ao enorme tabu a incidir sobre o tema".[1]

Por volta de 1972, quando quase não se avistava mais com amigos, o dramaturgo elegeu o vizinho de bairro Mário para conversas, apesar da diferença de idade: "Ele já estava um tanto recluso e guardava certa frustração de não ter tido um filho com quem pudesse falar de amigo para amigo. Então eu lhe apareço, com 30 e poucos anos, e assim me contava coisas, mesmo de suas paixões juvenis. De meu lado, eu tinha interesse, para minhas pesquisas, pelos temas do tango e da vida marginal portenha, das *murgas* [blocos de rua platenses] etc.". Carella é autor de ensaio exemplar

---

[1] Segundo Tesler. Este capítulo utiliza parcialmente informações de *El amigo porteño: García Lorca y Tulio Carella en Buenos Aires*, de Alvaro Machado, trad. Guillermo David. Buenos Aires: Ed. Urania, 2021. Trata-se da primeira publicação crítico-biográfica inteiramente dedicada a Tulio Carella.

sobre as *murgas*, incluído em *Picaresca porteña* (1966), "Murguistica";[2] e, em março de 1968, escreveu a Hermilo Borba Filho:

> Passei o Carnaval [*los Carnavales*] encerrado, com o desfile a cinquenta metros de casa, escutando as músicas e as vozes horrorosamente amplificadas. Este ano o governo decidiu retomar os desfiles [*corsos*] tradicionais da avenida de Mayo (onde está o hotel Roma no qual te alojaste), e as pessoas foram aos montes, mas elas perderam o costume de brincar [*actuar*], e foram apenas assistir. Resultado: aborrecimento coletivo. Há uma esperança para o futuro. Com a intenção de animar os desfiles e os bailes, vão contratar *murgas* e conjuntos uruguaios e brasileiros (quase todos de *morenos*); a isso chegamos: é preciso importar a alegria. E não creio que o Carnaval seja fuga ou escapismo, senão recuperação ou busca do equilíbrio.

A partir dos anos 1980, Mário Tesler tornou-se importante estudioso da história e das tradições portenhas, e atesta dívida para com o autor de *El sainete criollo*: "Em minha relação com Carella fui eu quem saiu ganhando, pois assimilei muito de seus conhecimentos, e principalmente de sua conduta de homem de bem".

Em *Orgia*, além da multiplicada "confissão" pansexual, Carella incluiu ao menos uma pista de relacionamento homossexual antigo, ao registrar o nome de certo ginete da Mercedes de sua juventude, embora no livro essa memória misture-se a uma lembrança literária, devido à confusão mental característica da passagem da vigília para o sono: "Sesta com uma associação de pensamentos que me leva à infância, à quinta do meu pai, a um peão chamado Antônio, a um Juan de Letrán e à respeitosa quadrilha de malfeitores".

À parte a menção do cavaleiro, a compreensão do trecho somente é possível se considerar-se um equívoco na tradução de Hermilo Borba Filho do castelhano para o português: o artigo "um" antes de "Juan" não existia no original. Em vez de *alguém* chamado "Juan de Letrán", o trecho refere-se à catedral de São João de Latrão, em Roma (San Giovanni in Laterano), a

---

[2] Sobre as *murgas*, ver também o capítulo 6.

mais antiga e opulenta basílica da cidade, erguida no século IV sobre ruínas imperiais e tornada residência papal até o século XIV.[3] Já a associação desse templo à "respeitosa quadrilha de malfeitores" remete ao folhetim *O Conde de Monte Cristo*, de Alexandre Dumas (pai), lido pelo argentino ao tempo de sua convivência com o citado cavaleiro Antônio; e o chefe do bando citado por Tulio é o toscano Luigi Vampa, caçado pelo clero romano e cujo quartel-general situava-se, de modo extraordinário, nas catacumbas da basílica de São Sebastião Fora-dos-Muros, na Via Ápia, e nas ruínas das termas de Caracala. Trata-se de um bandido galante e de cultura singular, leitor dos *Comentarii de Bello Gallico*, de Júlio César, no original em latim, bem como das *Epistulae morales ad Lucilium*, do estoico Sêneca, obra apreciada por Carella na maturidade.

Em meio a leituras de fantasias de capa e espada de Dumas, "Antônio" não teria sido o único amante furtivo da juventude de Tulio. Em carta a Borba Filho, após apreciar as memórias de infância do pernambucano incluídas em *Margem das lembranças*, recuperou fragmentariamente aspectos de sua vida na interiorana Mercedes:

> E ninguém que não tenha vivido em províncias, num povoado (tu em Palmares; eu em Mercedes) poderá compreender o inferno que representa para o adolescente. A criança não: a criança sente-se protegida por essa atmosfera provincial pacífica. Em troca, quando começam as inquietudes... ocorre tudo isso que contas, faz-se teatro [se representa], masturba-se alguém, imagina-se vorazmente e empreende-se ações irracionais que parecem racionais, ou extremistas e necessárias. (jan. 1968)

Já aos 21 anos, em meio a preparativos de sua transferência definitiva para a capital, a fim de prosseguir estudos e deixar para trás, ao menos parcialmente, o "teatro" de dissimulação sexual, Tulio tornou-se amigo e amante de García Lorca, durante a estada de seis meses do poeta nas capitais do rio da Prata, memória orgulhosa que compartilhava com os mais próxi-

---

[3] Conforme se deduz de correção de próprio punho do autor em exemplar conservado no acervo Ral Veroni em Buenos Aires.

mos. No mesmo memorável verão de 1934, também consolidou amizades com colaboradores do diário *Crítica* já conhecidos de Lorca até mesmo da Europa – como o poeta e dramaturgo Raúl Gonzalez Tuñon (1905-74) –, para, meses depois, a contar apenas 22 anos, obter posição de crítico no mesmo jornal.

A admiração pelo espanhol devia-se tanto a seu talento literário como a suas posições ideológicas. Ao topar com louvação de Borba Filho ao andaluz em *A porteira do mundo* (1967), Tulio recordou ao amigo o carisma político do autor, tornado símbolo mundial de resistência democrática em 1933, ano da ascensão do Partido Nacional-Socialista na Alemanha e da plenitude fascista da Itália:

> Tua admiração por García Lorca, que foi a admiração de toda uma geração, foi compartilhada por mim e por muitos jovens argentinos. O que eu nunca te disse – ou sim? – é que o conheci em 1934, em Buenos Aires – eu era um mocinho rústico, ignorante, desejoso de encontrar um caminho na poesia. Tenho vários livros dedicados por ele, uma fotografia e um desenho que me presenteou. FGL foi bandeira de muitos contra o nazismo. E contra as injustiças dos regimes tirânicos. (jan. 1968)

Em *Porteira*, o pernambucano recuperou episódios da juventude nos quais recitava Lorca de cor em mesas de chope, compondo "retalhos líricos" com citações do espanhol, entre as quais um verso favorito de Carella: "Às cinco em ponto da tarde". Também inspirado no poeta andaluz, Hermilo invocava caráter de coletividade para o teatro nordestino, citando fenômenos *callejeros* que também interessaram ao argentino em suas caminhadas pelas ruas do Recife:

> Eu trabalhava de dia para amparar órfãos e viúvas e, à noite, para melhorar o teatro, mas não me sentia contente, achando que o espetáculo nordestino poderia ter seus próprios caminhos em vez de mostrar a uma plateia engravatada as cretinices de um Eugène Brieux e mesmo o gosto duvidoso de uma peça de Marcel Pagnol que ensaiávamos a todo pano: *Jazz*. [...] Meditei muito, [...] mas certas palavras

de Lorca estavam gravadas em mim e Lorca estava com a razão. O teatro era uma arte popular, com o seu caráter de coletividade, arte de um homem para a massa, devendo ser dirigido ao povo, devendo existir em função do povo, cujo instinto do espetáculo é muito desenvolvido. Sempre me admirava a aglomeração que se fazia em volta de um camelô, não somente para comprar suas drogas, mas para assistir à sua encenação. Já não estávamos mais na época da torre de marfim, quando prevalecia a concepção da arte pela arte, o artista não podendo ficar indiferente às aspirações da humanidade, às lutas, ao sofrimento. [...] O teatro estava despertando, mas o que eu desejava era a descoberta de um teatro genuinamente brasileiro, com assuntos exclusivamente nacionais que, bem tratados, tornar-se-iam universais. [...] Os temas deveriam ser tirados daquilo que o povo compreendia e era capaz de discutir, devendo atuar com a exaltação do Carnaval e do futebol.[4]

Até mesmo um necrológio dedicado a Carella referiu-se à sua amizade com o espanhol, lembrando que, em outubro de 1933, o portenho caminhou – por falha nas linhas ferroviárias ou peregrinação ritualística – os mais de cem quilômetros que separam Mercedes da capital federal até seu ídolo literário: "Em Federico, que tão profundamente o havia comovido em seus anos moços, Carella encontrou um homem aberto, espontâneo e cordial, que lhe deu amizade e valiosos conselhos para realizar seus primeiros esboços de comediógrafo e poeta".[5] Ao longo do intercâmbio, e a pedido do espanhol, o jovem amigo localizou em Buenos Aires o poeta, letrista de tango e roteirista de cinema Carlos de la Púa (1898-1950), também conhecido como "o Malevo Muñoz" e admirado por Carlos Gardel, Jorge Luis Borges, Aníbal Troilo e pelos irmãos Enrique e Raúl González Tuñon. Em suas criações, esse "poeta do lunfardo" manejava com virtuosismo a linguagem dos *bajos fondos* da cidade, de estivadores, *compadritos* e prostitutas.[6]

---

4 Hermilo Borba Filho, *A porteira do mundo*. Rio de Janeiro: Civilização Brasileira, 1967, p. 171-2.

5 "Tulio Carella. Sus exequias". *La Prensa*, Buenos Aires, 1º abr. 1979, p. 18.

6 As buscas de Carella por De la Púa são mencionadas pelo jornalista e pesquisador Gonzalo León no artigo "Cómo volverse un secreto". *La Agenda Revista*, Buenos Aires, 4 set. 2020.

Entre diversas referências a Lorca na obra de Carella, todas de forte peso nostálgico, consta uma evocação em meio às alucinações febris durante sua travessia transoceânica no segundo semestre de 1956. A memória aflorada a bordo do navio enraíza-se no hotel Castelar, na avenida de Mayo, no qual o andaluz se hospedou, recebendo o dramaturgo estreante não só na intimidade do quarto 704, mas também em reuniões festivas no salão do subsolo do hotel, com a nata local da cultura e das artes. Tulio arrematou a "cena" de *Cuaderno del delirio* com versos desiludidos do andaluz, alusivos a certa impossibilidade amorosa:

> Chegou Federico García Lorca. Ele me conduz pela mão nos corredores do hotel, que vão se alargando à medida que caminhamos.
> — Não estás morto, Federico.
> — Sim. Não estou morto: como cheguei até aqui?
> — A glória te permite essas travessuras.
> — Apressa-te, que amanhece!
> Lençóis de algodão, reposteiros tristes, a calha a gotejar compassadamente e a junta de poetas a reunir-se num metro cúbico de rimas. Os corredores do hotel malignamente se alargam e acendem suas luzes para nos espiar. "*Arbolé, arbolé, seco y verdé*".[7]

Assim, em cabine de navio rumo a Buenos Aires, um Lorca em forma fantasmal teria tomado uma vez mais a mão do amigo e discípulo. Entre as febres da pleurisia, Tulio acreditava-se no limiar do mundo material e, sob pesadas cortinas de chuva na linha do Equador, divisava os três círculos verticalmente superpostos do Paraíso de Dante. Vinte anos se haviam passado desde o fuzilamento do espanhol em 1936 por paramilitares de certo "Esquadrão Negro", não só por divergência política, mas também por sua tendência sexual, já bastante divulgada e condenada pelos fascistas. Nunca admitido, o assassinato foi classificado pelo ditador Francisco Franco como "morte por acidente natural da guerra [...] nos primeiros anos da revolução em Granada, [...] de mistura com os revoltosos", conforme a compilação *Pa-*

---

[7] Versos finais do poema de Lorca "Arbolé, arbolé...", in *Canciones (1921-1924)*. O trecho de Carella encontra-se à p. 59 da primeira edição de *Cuaderno del delirio* (1959).

Os escritores Pablo Neruda, Raúl González Tuñón e Federico García Lorca, o artista Jorge Larco e elemento não identificado (agachado), fantasiados para festa de Carnaval no hotel Castelar (Buenos Aires), em fevereiro de 1934.

labras del caudillo. Franco nem sequer nomeou Lorca: "[...] Um escritor granadino que perdeu a vida num *chispazo* [ricochete de tiroteio], no interior", vomitou.[8]

Embora os biógrafos do poeta tenham recolhido diversos testemunhos sobre sua prisão e fuzilamento, certos detalhes tornaram-se públicos apenas em 2015, com a descoberta, na chefatura policial de Granada, de um documento datilografado um mês após o início da guerra por um policial destacado para a "Colonia", ou seja, o colégio local transformado em quartel da Falange, em Víznar.[9] Nesse lugar infame – corredor da morte para mais de uma centena de condenados sem julgamento –, Lorca teria "confessado" ser "maçom, pertencente à loja de Alhambra, [...] socialista pela tendência de suas manifestações [*sic*] e "culpado de práticas homossexuais", portador, segundo seus algozes, de "aberração que chegou a ser *vox populi*", ou seja, puniu-se com a morte a identidade sexual aberta de um ícone da cultura hispânica – e da Europa, da América Latina e de Nova York –, supremo ultraje para o conservadorismo espanhol nacionalista, ou fascista.

A partir da Colonia de prisioneiros políticos, Lorca foi levado com companheiros a um olival vizinho e alvejado com duas balas de fuzil, além de receber tiro de misericórdia, disparado de revólver. Não obstante todos os fatos serem do conhecimento do Estado-Maior do franquismo – desde o cerco à casa em que o escritor se encontrava até seu corpo ser lançado à vala comum –, somente ao término da guerra civil, em 1940, a família do poeta obteve uma declaração oficial, segundo a qual Federico morrera "em consequência de ferimentos de guerra", o que passava a impressão de que fora vítima de uma bala perdida, como pretendia Franco. Seus restos mortais jamais foram localizados, e assim o espectro do autor de *Yerma* rondava shakespearianamente o tombadilho da nave na qual Tulio cruzava o Atlântico.

A obra memorialística que inclui o delírio lorquiano foi acolhida em 1959 pela Editorial Goyanarte, ou seja, por outra personalidade de trajetória antifranquista e mais um homem de livros a tomar Carella como seu protegido: o editor, jornalista e escritor Juan Goyanarte (1900-67). De biografia venturosa

---

8 Francisco Franco, *Palabras del caudillo, 19 abril 1937-19 abril 1938*. Madri: Ed. Fe, 1938, p. 183.
9 Ashifa Kassam, "Federico García Lorca Was Killed on Official Orders, Say 1960s Police Files". *The Guardian*, Londres, 23 abr. 2015.

– basco viajante entre continentes, afinal estabelecido em *hacienda* no interior argentino, onde acumulou fortuna e fez-se escritor –, Goyanarte também cultuava a figura do "mártir de Granada", pois na década de 1930 fora correspondente de imprensa no conflito espanhol; e, em seguida, na frente soviética da Segunda Guerra Mundial. Ao retornar a Buenos Aires, tornou-se sócio capitalista da célebre revista *Sur*, editada por Victoria Ocampo e alinhada à causa republicana espanhola,[10] publicação que tomou como modelo para criar sua própria revista-livro bimestral, *Ficción*, com 47 números publicados entre 1956 e 1964 e colaborações frequentes de Carella, com contos, crítica teatral etc., ao lado de Ernesto Sabato, Jorge Luis Borges, Miguel Angel Astúrias, Augusto Roa Bastos e outros luminares da língua espanhola. Em 1960, a Editorial Goyanarte sofreu punições do governo municipal devido à publicação de *No*, antologia de contos do portenho Dalmiro Sáenz (1926-2016).[11]

*

De seu lado, Hermilo Borba Filho venerou a figura emblemática de García Lorca a ponto de, entre 1948 e 1949, criar e manter o grupo ambulante Barraca, mesmo nome da trupe teatral universitária e itinerante dirigida pelo espanhol a partir de 1931, ao lado do escritor, cenógrafo e diretor de cinema Eduardo Ugarte. Hermilo adotou os princípios dessa trupe de levar um palco desmontável a rincões interioranos, em carroceria de caminhão, e apresentar repertório clássico de par com novas farsas desenvolvidas a partir da cultura das ruas e do sertão – a exemplo, no caso nordestino, de uma das primeiras peças de Ariano Suassuna, *Cantam as harpas de Sião*, além de teatro de títeres e um quadro em homenagem a Lorca. Após essa experiência, Hermilo escreveu, no início da década de 1950, algumas de suas principais peças, como *Electra no circo*, *João Sem Terra* e *A barca de ouro*, que influenciaram diretamente Ariano Suassuna na fatura de sua obra des-

---

10 Segundo Osvaldo Bazán (2004, op. cit., p. 245), nas páginas de *Sur* teria surgido, no final da década de 1950, a primeira polêmica pública sobre "desejo homossexual". O cronista também informa a revista ter sido "efetivamente dirigida", além de Ocampo, "por dois homossexuais, José Bianco primeiro e Enrique Pezzoni muito tempo depois".

11 Conforme reportagem publicada em 1960, no jornal *El País* (Buenos Aires), assinada pelo cronista e crítico literário uruguaio Emir Rodríguez Monegal (1921-85).

tinada ao cânone do repertório teatral brasileiro no século XX: *O auto da Compadecida*, estreada no Recife em 1956.

Quanto à incorporação de vozes ditas populares em suas respectivas obras, o pernambucano e o portenho certamente subscreveriam, com ligeiras adaptações para especificidades das regiões de origem, uma declaração de Lorca acerca das raízes andaluzas de sua escrita, ou seja, fincadas no sudoeste espanhol de convivência de séculos entre culturas de três continentes, vencendo de maneira extraordinariamente pacífica intolerâncias de impérios militaristas e supostas supremacias raciais:

> Acredito que ser de Granada inclina-me à compreensão simpática dos perseguidos. Do cigano, do negro, do judeu... do mourisco que todos carregamos dentro de nós. Granada recende a mistério, a coisa que não pode ser, e que, no entanto, é. Que não existe, mas influi. E influi precisamente porque não existe, porque perde o corpo, mas conserva e potencializa seu aroma. Que se vê encurralada para então introjetar-se em tudo aquilo que a rodeia e a ameaça, para melhor dissolvê-lo.[12]

De fato, apesar de a maioria dos traços das escravaturas, e mesmo da miscigenação, terem sido cuidadosamente apagados, as interações raciais a partir do século VIII na Europa mediterrânea, em extensa faixa entre o sul de Portugal e a Provença, determinaram que mais de 50% da população desses territórios passasse a guardar ascendência negra, fato verificável cientificamente até a atualidade.

Além da dilatada compreensão lorquiana do significado de "tolerância" e do apreço de ambos pela dramaturgia de Lope de Vega (1562-1635) – o autor mais representado pelo La Barraca andaluz –, entre outras afinidades Carella dividiu com Lorca o cultivo de personagens femininas de psicologias complexas e vontades imperiosas, à maneira de porta-vozes de desígnios misteriosos brotados do ventre da terra, ou das "forças telúricas", tais como a noiva adúltera de *Bodas de sangue* e a vidente Camélia de *Orgia*.

---

[12] Declaração de García Lorca a Gil Benumeya, de *La Gaceta Literaria*, de Madri, ao retornar dos Estados Unidos, em 15 jan. 1931. Livre tradução minha.

"El Ángel"

Enquanto Lorca, em meio à atividade social febril em Buenos Aires e Montevidéu e à sua maior consagração em vida, reescrevia para a companhia da atriz Eva Franco a mais anticonformista comédia de Lope de Vega, *La dama boba* – estreada com a presença do poeta –, um confiante Carella, do alto de seus 21 anos, compunha carpintaria teatral igualmente lopeana em sua primeira obra para a cena profissional, a comédia *Don Basilio mal casado*. Sobre influências do barroco madrilenho, certamente motivo de diálogos entre os dois dramaturgos em 1933, um texto não assinado no programa de estreia de *Don Basilio* no Teatro Cervantes registrou:

> [...] Desta vez, o novo autor buscou raízes nos teatros mais seletos dos séculos XVII e XVIII. Em Lope de Rueda, em Molière, nos *entremeses* clássicos de Goldoni e até nos sainetes de Ramón de la Cruz [Espanha, 1731-94] encontrou os mais puros elementos teatrais, assimilando-os com um espírito moderno e inquieto.

As afinidades entre o andaluz e o portenho ultrapassaram, porém, o campo literário. Ocasional praticante de boxe, de compleição taurina e ao mesmo tempo com maneiras elegantes, metido em terno correto e pródigo de sensibilidades artísticas, Carella impressionou imediatamente Lorca, e passaram a manter encontros regulares na alcova do Castelar. Segundo Mário Tesler, a partir de narrativas de Tulio:

> Carella veio à Capital indubitavelmente entusiasmado para conhecê-lo, por sua obra importantíssima e porque era um símbolo das lutas políticas na Espanha, pois em Buenos Aires até lhe chamavam "El Ángel". E ao vê-lo Lorca também se entusiasmou. Sobre atração sexual, propriamente, Tulio me explicava a situação com um dito popular portenho: "*Era un gajerito retacón, chiquito y gordito*", para complementar, entre risadas: "*¡Pero, no era otro que Lorca!*".[13]

---

[13] "Era um sujeitinho atarracado, pequenino e gordinho, mas não era outro que Lorca!"

Ainda segundo Tesler, o poeta divertia-se com gracejos sobre as dimensões penianas do jovem amigo, recostado nu na cama do hotel: "*¡Carella, eres verdaderamente un asno!*"; e, no mesmo sentido: "*¡Tulio, te cuelga como un borrico!*".[14] Além do desenho erótico ofertado a Carella – e de um retrato fotográfico com dedicatória –, há notícias de outros esboços do mesmo gênero distribuídos por Lorca em Buenos Aires. Para o poeta Ricardo Molinari, acrescentou a seu autógrafo, em exemplar do *Romancero gitano*, um desenho "inusualmente explícito" – quer dizer, fálico –, segundo o biógrafo Ian Gibson: "Ao redor de um par de limões pendentes de um ramo, Federico agregou a inscrição: 'AMOR BUENOS AIRES GRANADA CADAQUÉS MADRID'. Perguntado por Molinari sobre a significação desses nomes, Lorca respondeu: 'São os lugares nos quais mais amei'".[15]

De fato, além de ter sido requisitado diariamente para nunca menos de três compromissos e ter ganhado mais dinheiro que nunca antes na vida, o poeta fruiu superlativamente a metrópole sul-americana, conforme atesta, por exemplo, uma foto tomada por volta de 13 de fevereiro de 1934 no saguão do hotel Castelar, na qual aparece abraçado aos amigos escritores Pablo Neruda, então cônsul do Chile na cidade, e Raúl González Tuñon. Também estão na imagem o pintor e cenógrafo Jorge Larco e, agachado aos pés do grupo, em vestes carnavalescas de marinheiro, um jovem que parece dirigir brincadeira ao fotógrafo anônimo, atraindo as atenções dos demais. Quanto a Tuñon, foi notável poeta modernista, crítico e repórter correspondente da Guerra Civil Espanhola para o jornal *Crítica*, comunista militante, amigo e colaborador de Borges, além de aficionado do *bas-fond* do tango, assim como seu irmão mais velho, Enrique, também jornalista, escritor e letrista de tango, precocemente falecido em 1943. Raúl Tuñon também escreveu peças teatrais em colaboração com Nicolás Olivari, outro amigo de Carella.

Se a menção de García Lorca à cidade catalã de Cadaqués corresponde ao idílio vivido com o pintor Salvador Dalí no contexto do movimento surrealista, a inclusão de Buenos Aires sempre intrigou o seu biógrafo irlandês. Depois de intensiva pesquisa local, Gibson localizou um dos interesses

---

14 "Carella, és verdadeiramente um jumento!" e "Tulio, te fica pendurado como o de um burrico".

15 Ian Gibson, *Federico García Lorca: uma biografia*. Rio de Janeiro: Ed. Globo, 1989, p. 419.

A atriz Lola Membrives e Federico García Lorca após a apresentação especial de número 100 da peça *Bodas de sangue*, em 1933, no Teatro Avenida (avenida de Mayo).

amorosos sul-americanos do poeta. Seria o condutor de bondes e ativista comunista Maximino Espasande, um *guapo* espanhol de 22 anos residente em Buenos Aires e ator figurante na versão de *Bodas de sangue*, de grande êxito na cidade em 1933, junto à companhia da atriz Lola Membrives, argentina emigrada para a Espanha, onde se consagrou. Ao final de uma apresentação especial da peça, Lorca recebeu cinco minutos seguidos de aplausos, mas nesse caso o prestígio artístico não lhe garantiu o prazer sensual, pois, segundo Gibson, "quando Maximino percebeu as verdadeiras intenções do poeta, tirou o corpo fora". O biógrafo informou, ainda, que o poeta entregou ao ator um poema de amor escrito à mão, no entanto destruído pela família do jovem após sua morte precoce, e perguntou-se: "O desenho na dedicatória para Molinari deixa poucas dúvidas de que o poeta amava intensamente a cidade, e é possível que, ao incluir Buenos Aires, aludisse a mais de uma experiência. [...] Que história de amor ou quais relações teve Lorca na capital argentina?". Infelizmente Carella falecera dez anos antes dessas pesquisas. Se vivo estivesse, o cultor da franqueza de Diógenes e dos filósofos cínicos não negaria resposta à questão lançada às comunidades literária e teatral.

Além da página de *Cuaderno*, a obra memorialística de Carella inclui outra menção emocionada a Federico. Em *Orgia*, o professor da Escola de Teatro do Recife acompanha um amigo que fizera na cidade – o ator cujo cognome no livro é José Mendonça, integrante da companhia de Procópio Ferreira[16] – até a Biblioteca Municipal, pois esse "deseja ler e copiar um dos poemas de Federico García Lorca". O portenho recorda então o andaluz "tal como o conheceu", bem como os "iridescentes versos" – com reverberações de arco-íris – do "Pranto para Ignacio Sánchez Mejías", incluindo metáfora poética para a anatomia masculina: *"Trompa de lirios por las verdes ingles,/ a las cinco de la tarde"*.[17]

Numa das apresentações de *Bodas de sangue* no Teatro Avenida, ao lado do hotel Castelar, Lorca pronunciou o seguinte testemunho, resumindo a essência de sua visita à Argentina e ao Uruguai, sem faltar a clássica menção ao tango:

> Nos princípios de minha vida de autor, considero importante incentivo esta ajuda atenciosa de Buenos Aires, que correspondo buscando

---

16 O nome *à clef* José Mendonça é composto de duas identidades. A primeira seria de Luiz Mendonça (1931-95), um dos fundadores do Movimento de Cultura Popular e diretor da área teatral desse órgão. Entre 1952 e 1968 atuou como Jesus na *Paixão de Cristo* ao ar livre, espetáculo monumental idealizado para a Fazenda Nova em sua cidade natal, Brejo da Madre de Deus (PE). Na estreia do *Auto da Compadecida* (1956), representou um dos principais papéis. A segunda identidade contida no pseudônimo José Mendonça seria a de um ator da companhia de Procópio Ferreira, com o mesmo prenome e que se tornou amigo do argentino: "É do Rio Grande do Sul. Feio, pequeno, nervoso, moreno, simpático" (*Orgia*, op. cit., p. 107). Carella apreciava Procópio, que em seu livro surge sob o nome "Cipriano Ferreira". Conheceu-o em seu auge artístico dos anos 1940 e em diversos trechos do livro defende-o das críticas aleivosas que passou a receber na velhice: "Passam diante dum teatro de aspecto pobre. Cartazes deploráveis anunciam um espetáculo onde representa Cipriano Ferrara, o velho ator cômico. Pede a Argemiro que espere um momento e entra para cumprimentar Cipriano. Conheceu-o há vinte anos, no Rio [1941], quando Cipriano estava no auge do sucesso e da fama. Lúcio encontra-o fatigado, como se a decadência física se houvesse alojado em seu corpo pequeno. Cipriano não o reconhece, embora depois recorde os velhos tempos felizes. Lúcio promete voltar e se vai com uma pesada melancolia e um sentimento doloroso. Acaba de ver dois cadáveres: o de Cipriano e o de sua própria juventude, quando viajou ao Rio de Janeiro pela primeira vez e descobriu que a doçura de viver não era apenas uma frase".

17 "Tromba de lírio entre verdes virilhas,/ às cinco em ponto da tarde", em livre tradução.

seu perfil mais exato entre seus barcos, seus bandoneones, seus finos cavalos estirados ao vento, a música adormecida de seu castelhano suave e os lares asseados do povo, onde o tango descortina o crepúsculo de seus melhores leques de lágrimas.[18]

Um ano depois do fuzilamento do poeta, em 1937, a comoção gerada entre literatos do mundo inteiro provocou a edição de dezenas de antologias líricas com o propósito de denunciar e lamentar o crime, entre elas uma em Montevidéu que reuniu escritores de língua espanhola, com participação de Carella: *Poeta fusilado. Homenaje lírico a Federico García Lorca* (Ediciones del Pueblo). O livro é aberto com a "Ode a Federico García Lorca", de Pablo Neruda, e Tulio participa com um "Soneto". Também no mesmo ano, a estreia de Carella em livro solo deu-se com um volume de poemas que, embora não grafe o nome Lorca, é claramente dedicado à sua memória, manifestando a dor profunda por sua perda: *Ceniza heroica*, com xilogravuras de Rodolfo Castagna. Tulio também dedicou ao poeta sua estreia como dramaturgo em grande palco: *Don Basilio mal casado*, no Teatro Cervantes, em 4 de outubro de 1940.

---

18 Tradução livre de excerto do discurso "Al público de Buenos Aires", pronunciado por Lorca no Teatro Avenida de Buenos Aires, em 25 out. 1933. Reproduzido em "Ruta de Lorca", evento de homenagem ao poeta organizado pela Diputación de Granada (Espanha), em 30 out. 2008, em Buenos Aires.

5
Sainete, grande palco e teatro independente

JUAN (morrendo): *Vai ver que aquilo que dizem é verdade, e eu não quero ficar longe da tábua da salvação por toda a eternidade.*
LUJANA: *Mas não temos sequer uma cruz.*
JUAN: *Eu sou a cruz. Cada homem é uma cruz, Lujana. Veja! (Abre os braços.) E eu estou nascendo para a eternidade como Deus nasceu para o mundo: no meio do lixo.*

Juan Basura [João do Lixo], Tulio Carella, 1965.

Sobre os anos de formação teatral de Tulio Carella, o historiador Jorge Dubatti sublinha que a *cartelelera* encontrada pelo jovem autor em 1934, em Buenos Aires, incluía temporadas de companhias estrangeiras prestigiosas e "já alguma coisa do teatro independente", ou seja, o circuito de produção nomeado pelos jornais como "independente", iniciado quatro anos antes pelo Teatro del Pueblo, em paralelo aos dos teatros "profissionais", estatais, amadores ou francamente comerciais. Conforme o estudioso, ao tempo da chegada do novo dramaturgo à capital,

> [...] eram oferecidas obras de extração europeia moderna, a exemplo de peças de Brecht [primeira representação na Argentina em 1930, com a *Ópera dos três vinténs*, pelo Teatro Kamerny de Moscou], Ferenc Molnár, Georg Kaiser e Maeterlinck, e também dos modernizadores locais, como Elías Castelnuovo, Leónidas Barletta e Armando Discépolo, num cenário já bastante diverso daquele apresentado em 1924, quando uma enquete realizada pelo jornal *Crítica* junto a vinte intelectuais solicitou respostas à pergunta "Por que o teatro portenho encontra-se tão mal?", e apenas dois mencionaram expressamente o sainete e o grotesco *criollos* como valores teatrais, pois a maioria

considerava essas expressões cênicas riquíssimas como puro lixo, a evidenciar cisão entre "cultura popular" e "alta cultura".[1]

E, apesar de os principais contatos de Carella não contemplarem artistas do âmbito dos sainetes e revistas, sua "amplitude de visão" e "tolerância humanista" – ainda conforme Dubatti – permitiram-lhe valorizar esses gêneros, bem como a cultura dos *bajos fondos* (*bas-fonds*) da metrópole: o tango e o lunfardo. Assim, à parte endossar o "teatro experimental e de arte" dos independentes, Tulio interagiu ocasionalmente com a estirpe teatral herdeira de dramaturgos ligados à cultura tradicional e a política local, como Fray Mocho (1858-1903) e José Gonzalez Castillo (1885-1937).

Após o decisivo encontro com García Lorca em 1933-34, e de experimentar dois entremeses (comédias curtas) em circos na periferia de Buenos Aires, suas farsas *Don Basílio mal casado* e *Doña Clorinda, la descontenta*, encenadas no biênio 1940-41, respectivamente no grandioso Teatro Nacional de Comédia, o Teatro Cervantes, e no Teatro San Martin, tornaram-se sucessos de público e crítica e lhe conferiram aura de prestígio até meados dos anos 1950.

Ambas as peças atestavam a intimidade do autor com a dramaturgia do renovador da Commedia Dell'Arte Carlo Goldoni (1707-93), bem como com os espanhóis do Século de Ouro, em especial Lope de Rueda (1510-65), a ecoar, ainda, os tratamentos dramáticos de Calderón de La Barca (1600-81). *Don Basilio* foi remontada mais de uma dezena de vezes na Argentina até 2007, e *Doña Clorinda* chegou a ser retrabalhada, nos anos 2000, para versões radiofônica e televisiva, segundo registros em jornais da capital argentina.

Para sintetizar sua primeira trajetória teatral, se, por um lado, Carella ingressou na cena portenha "pela porta grande, da frente", como qualificou *La Prensa* na estreia de *Don Basílio*, e não obstante a montagem no Teatro Cervantes contar, entre outros ilustres colaboradores, com o mais importante compositor erudito argentino do século XX, Alberto Ginastera – em sua primeira partitura para teatro sob encomenda –, por outro, o dramaturgo também bateria, ainda nos anos 1940, à "porta dos fundos" do teatro

---

[1] Depoimento ao autor. Buenos Aires, 2017.

local. Assim, nessa segunda fase engajou-se no chamado *teatro independente*, de formas de produção e encenação antípodas às do teatro "oficial" gerido por grandes instituições, bem como avesso ao circuito dito "comercial", das gigantescas salas das avenidas centrais.

A alternativa "independente" com a qual Tulio Carella colaborou surge em Buenos Aires com o Teatro del Pueblo (1930) de Leónidas Barletta – em cuja sede Abdias Nascimento estabeleceu residência artística, em 1941 – e espraia-se na cidade na mesma década, com as aberturas de dezenas de teatros de pequeno e médio porte; muitas vezes, espaços comerciais e armazéns adaptados. Conforme Dubatti, apesar da heterogeneidade de procedimentos artísticos, as companhias *independentes* poderiam ser identificadas por "consciência ideológica", "militância política", "teorias estéticas próprias" e oposição ao *divismo* de ator, entre outras características.[2] Junto às novidades introduzidas, contam-se as estreias dos dramaturgos Roberto Arlt, Raúl González Tuñon e Nicolás Olivari (colaboradores do diário *Crítica* no qual trabalhou Carella), além de Carlos Gorostiza e Osvaldo Dragún, nomes destinados a integrar o cânone teatral argentino.

A partir dos anos 1950, em escrita de peças destinada aos diversos grupos independentes, Carella passou a abordar o universo *arraballero* da cidade, como o cotidiano de trabalhadores de descendência indígena emigrados à capital para prover serviços e indústria, conforme o drama *Cabecita negra* (1953).[3] Já em *Juan Basura* (1965) retratou pequenos comerciantes, catadores dos "lixões" da capital e lúmpens. No drama *Coralina* (1959), sobre o destino trágico de uma cafetina de subúrbio, a dramaturgia coincide com o

---

[2] Conforme depoimento citado de Jorge Dubatti e também seu artigo: "Teatro independiente y pensamiento alternativo; traducción del otro y metáfora de sí en África, de Robert Arlt", in Hugo Edgardo Biagini, Arturo Andrés Roig e Carlos Alemián (orgs.), *El pensamiento alternativo en la Argentina del siglo XX: obrerismo, vanguardia, justicia social, 1930-1960*. Buenos Aires: Editorial Biblos, 2004.

[3] "*Cabecita negra*": expressão racista aplicada pelas classes média e média-alta a indivíduos de tez variante do branco e em geral chegados a Buenos Aires por migração interna, ou seja, o vasto contingente dos "descamisados", "assim nomeados por Eva Perón durante um célebre discurso em praça pública, ao perceber muitos cidadãos de peito nu" (José Luís Romero, 1976, op. cit., p. 340). Também eram chamados de "*pelo duro*" (cabelo duro). Em 1962 ganhou notoriedade um conto homônimo à peça de Carella, de autoria de Germán Rozemacher, publicado pela Editorial Jorge Álvarez.

tratamento psicológico e a alternância de espaços temporais presentes em *Vestido de noiva*, de Nelson Rodrigues (1943), incluindo a figura do homossexual amaneirado "exilado" em arrabalde.

Entre os breves verbetes dedicados a Carella nos principais dicionários do teatro argentino – consequência da invisibilização sofrida após a estada no Brasil –, o do *Diccionario de autores teatrales argentinos, 1950-1990*, da historiadora Perla Zayas de Lima,[4] é o mais generoso, ocupando uma coluna inteira, enquanto o prolífico Nicolás Olivari (1900-66), colega de charlas de Tulio, tem espaço menor. A obra contém uma segunda menção a Carella, no verbete dedicado a Maurício Kartun, um dos mais sólidos dramaturgos argentinos a partir dos anos 1970, autor de *Terrenal* (2004), drama encenado no Brasil entre 2018 e 2021. Em sua apresentação, Zayas de Lima reproduz trecho do prólogo escrito por Kartun para a sua "tragédia da argentinidade" *Pericones* (1987), creditando Carella como grande influência, ao lado de um ilustre teatrólogo brasileiro: "Minhas primeiras obras tinham a clara intenção de agitação propaganda [*agit prop*], tão influenciado que eu estava pela poética de [Augusto] Boal e pelas opiniões e tomadas de posição de gente como Genet e Carella..." – a referir-se, portanto, à *performance callejera* do argentino no Recife.

Apesar da brevidade, o verbete "Carella" na obra de referência lista títulos não mencionados por outros teatrólogos, omitindo, entretanto, o drama *Cabecita negra*.[5] De outro lado, a autora relaciona as peças *Un cuerno en la ventana* (comédia, 1955); *El que espera* (farsa dramática, 1957); *La rama dorada* (farsa dramática, 1958); e *Coralina* (drama, 1959); além da última produção conhecida do autor, *Juan Basura* (1965), que "inclui, num drama suburbano, elementos próprios do sainete *criollo*", em revalorização do gê-

---

[4] Perla Zayas de Lima foi professora de seminários e cursos de teatro em nível de pós-graduação nas principais universidades argentinas, entre elas a Universidade de Buenos Aires, ganhadora do prêmio Armando Discépolo (2001) dessa instituição, professora emérita pelo Conselho Superior de Educação Católica (2004). Autora de dezenas de obras em artes cênicas, entre elas pesquisas sobre o teatro da época peronista e a influência de autores do Século de Ouro espanhol no teatro argentino.

[5] A data citada é mencionada pela revista *Bibliograma*, boletim do Instituto Amigos del Libro Argentino, n. 1, 1953, p. 2: "Tulio Carella volta ao teatro com uma obra em três atos intitulada *Cabecita negra*".

nero então esquecido. Em seu verbete, Zayas de Lima menciona, ainda, a "busca de conciliação do autenticamente popular com uma profunda filosofia da vida" numa das "obras menos conhecidas" de Carella, cujo título ecoa Calderón de la Barca: *El diablo cantando anuncia destrucción* (auto sacramental em um ato, 1941) – representada pelo Teatro Íntimo de la Peña sob direção do próprio Carella, conforme relata a historiadora Beatriz Seibel.[6] Fundado em 1935 no sótão do célebre Café Tortoni, na avenida de Mayo, esse pequeno espaço cênico era frequentado por figuras emblemáticas da cultura portenha, como os poetas Alfonsina Storni e Carlos de la Púa.

Em seu comentário, Zayas de Lima tomou, ainda, palavras do próprio Carella que informam seu gosto pela combinação de tradição e ruptura: "[...] O teatro deve ser uma comunicação total do homem com o universo inteiro e com todo o seu passado. Abarca todas as possibilidades humanas, incluindo igualmente o não harmônico, o não equilibrado".

Como mencionado, além das obras citadas, ainda em 1938, dois anos antes da estreia de Tulio em grande palco, pelo menos uma peça "breve" sua, à maneira de entremês, foi levada num circo do bairro de Barracas. Sabe-se que era um *drama gauchesco*, característico da segunda parte dos espetáculos de picadeiro, e, conforme o obituário de seu autor em *La Prensa*, era uma "peça na qual já se podia vislumbrar, em destaques isolados, inato gênio criador".

Em outra obra de Zayas de Lima, o *Diccionario de directores e escenógrafos del teatro argentino* (1990), Carella é citado por outro luminar do teatro local, Antonio Cunill Cabanellas (1894-1969), diretor do Teatro Cervantes de 1936 a 1941 e, em 1939, encenador do célebre *Ollantay*, de Ricardo Rojas, bem como, no ano seguinte, da comédia de estreia de Carella, *Don Basilio*, por ele creditada como um de seus maiores sucessos: "A cada ano pudemos estrear um novo autor, e esses novos chamaram-se Rega Molina, Tulio Carella, M. López Palmero e Malena Sandor...". Assim, junto ao nome de Tulio foi citada uma apreciada dramaturga de sua convivência, cuja morte precoce impressionou-o em outubro de 1968, conforme carta a Hermilo Borba Filho:

---

[6] Montagem na segunda sede do Teatro Íntimo, no Salón Teatro, conforme a pesquisadora María Fukelman em *El concepto de "Teatro independiente" en Buenos Aires del Teatro del Pueblo al presente teatral – estudio del período 1930-1946*. Tese de Doutorado. Universidade de Buenos Aires, 2017.

> Na semana passada morreu uma autora teatral; não era muito amiga, mas o imprevisto e o repentino dessa morte me comoveram. Malena Sandor era uma mulher ativa, ácida, corrosiva, lutadora, de fina inteligência. Tinha mais ou menos a minha idade. Talvez a comoção tenha sido mais intensa devido à notícia do infarto de [Alberto] D'Aversa. [...] Sei que um infarto não é necessariamente mortal, mas alarma ver como as pessoas desaparecem, morrem. Um velho autor (Discépolo) me dizia: "Quando leio a lista de obras (que trazem certas edições), parece que me encontro no cemitério".

Em 21 de junho de 1969, no auge do período ditatorial brasileiro, o diretor ítalo-brasileiro citado por Tulio nessa missiva, seu amigo em Buenos Aires nos anos 1950, seria acometido de novo infarto, então fatal. Era perseguido pela Divisão de Censura e vigiado pela Polícia do Exército devido a seu engajamento no Partido Comunista Brasileiro.

*

Conforme Jorge Dubatti, *Don Basilio mal casado: farsa en tres actos y nueve quadros*, "ademais dos modelos do Século de Ouro espanhol, agregou muito de García Lorca".[7] A peça foi selecionada, em 1940, em concurso nacional de dramaturgia para o Teatro Nacional de Comédia, o Cervantes, não apenas por Cabanellas, mas por outros nomes consagrados na cultura bonaerense. O êxito de crítica e público ocasionou recondução ao mesmo teatro dois anos depois, já em montagem do Conjunto Teatral La Carreta.

Em torno da fatura de *Don Basilio*, três dias antes da estreia, um Carella de apenas 28 anos concedeu ao *La Nación* uma entrevista com sinais de sua já admirável bagagem de erudição. Inusitadamente, porém, iniciou a conversa com o repórter em tom místico, afirmando um "profundo, fervoroso amor pelo teatro" proveniente de "tempos muito remotos", pois ele, "assim como todo escritor", seria "força cega que obedece a um impulso superior, instrumento de algo ou de alguém que lhe dita, em atividade não regulada pela consciência", como se trabalhasse mediunicamente. O dramaturgo

---

[7] Depoimento citado.

também postulou equilíbrio dramático entre registros interior e exterior das ações, bem como entre componentes dialógicos e plástico-performáticos: "A digressão intelectual deve forçosamente interromper a ação exterior; e a ação pura e mecânica despoja a obra de vida: é preciso haver uma combinação exata das duas coisas", afiançou.

Ao jornal, forneceu, ainda, razões de sua inclinação por modelos da Commedia Dell'Arte e de farsas *à la* Goldoni – sobretudo *Os rústicos* (1760), por ele encenada na década anterior –, obras repletas de reviravoltas em casamentos de conveniência: "Admito que gostaria de voltar um pouco ao espetáculo no qual, se retirassem todas as palavras, se manteriam de pé não apenas os personagens, mas também a intriga, com a plasticidade cênica recuperando seus direitos". Por fim, expôs os contornos de fábula moral de *Don Basilio*, com alternâncias entre verdade e engodo, acarretando punição exemplar para o personagem malévolo da trama, coroada de risos, e, por fim – a partir de modelos ainda mais antigos –, o castigo "também daquele que se atreveu a dizer a verdade".

Quanto aos elementos cenográficos destacados em rubricas, o autor esclareceu ter mesclado três tempos da história argentina, traçando um arco de quase cem anos: "A ação [...] segue trajetória lógica e estrita, ali pelo ano de 1800 na grande aldeia [Buenos Aires], com todo seu encanto velhusco e senhorial, [...] e os tipos são perfeitamente universais", porém informou ter recorrido a anacronismos, "adiantando o ambiente em algumas décadas", a fim de contemplar "certos modismos *criollos*". E, para maior realce na parte visual, "recuou-se ainda mais a ação, para a época do perucão e da meia branca", avisou.

Entre as críticas à estreia, *El Mundo* manifestou alívio pelo público ter escapado de "mais um drama de novo jovem autor a compendiar quanta ideia genial ou transcendental conseguiu colher em cérebros próprios ou alheios no decorrer de curta existência". Comparou Carella a Jean Giraudoux, Jean Cocteau, García Lorca e Rafael Alberti, porém "filiado à tradição de Lope de Rueda, Molière e Goldoni", o que seria uma "maneira de obter nova e segura expressão teatral argentina, uma vez que a originalidade enraíza-se, segundo todos sabem, em regressões e exumações dessa espécie". Por fim, o mesmo crítico anônimo do jornal louvou a "naturalidade" na escrita dos diálogos: "Boa literatura e bom espetáculo".

La Nación saudou a dramaturgia – "Surgiu um autor com verdadeira vocação teatral, [...] que acusa lúcidas condições de homem de teatro e nasce aparelhado dos dons que, à falta de experiência, são concedidos apenas pela mais surpreendente intuição" –, para, em seguida, destacar a chamada "carpintaria teatral": "A trama vai avançado por sendas diversas, sempre imprevistas, [...] e não se percebe jamais as mudanças de episódios, que vão surgindo aos borbotões, ao conjuro da caudalosa fantasia do autor".

Na profusão de diários na capital argentina nos anos 1940 e 1950, houve, ainda, registros positivos de *Libre Palabra* – "Vivaz, dinâmica, desembaraçada, brilhante farsa, imprime rejuvenescimento aos arcaicos modelos de Molière e Lope de Rueda" – e *Crítica*: "Uma revelação. [...] Participamos do estupor – lealmente confessamos – produzido pelo advento de um trabalho da fatura de *Don Basilio mal casado*. E não exageramos quando dizemos estupor. Pessoas experientes na arte cênica [...] coincidiram em reconhecer abertamente que a obra é trabalho excepcional em nosso meio". Já a revista *Criterio* sentenciou: "Vale dizer que a única coisa que fica, em nosso juízo, é a demonstração de que Tulio Carella sabe conceber e levar a cabo – com mão surpreendentemente firme – uma obra de teatro. Tem o potencial e maneja-o bem".

Na área bibliográfica, em *Historia de los argentinos: la literatura, 1800-1920*, o historiador Alvaro Yunque, do chamado Grupo [literário] de Boedo, comentou o fato de *Don Basilio* ter "encontrado, na história menor colonial, elementos temáticos de intenção humorística".

Até a década de 1970 da morte do autor, a obra jamais deixou de ser encenada, tanto na capital como no interior do país; são exemplos a montagem da companhia La Sonrisa, no Teatro Sarmiento de Buenos Aires em 1961, e outra no Teatro Estable de la Provincia, em San Miguel de Tucumán, já em 1972. Em 1966 produziu-se uma versão televisiva da obra, com a veterana estrela Iris Marga, presente no elenco da primeira montagem, como informado por Raul Antelo em "A linguagem que excede as coisas", ensaio sobre o surrealismo como "tensão revolucionária captada como sensação corporal", vanguarda à qual filiou Carella por sua "intervenção tátil" na sociedade recifense.

A ecoar seu grande interesse pela música clássica, no mesmo ano de 1940 Tulio assinou argumento para um balé de trinta minutos, com o título lorquiano *Siete princesas muy desdichadas* [Sete princesas muito infelizes], inspirado em conto tradicional espanhol ambientado no palácio Real Alcázar de Madri. A música para quarteto de flautas doces e orquestra de cordas, em livre transcrição de uma melodia espanhola do século XVI, representou a estreia sul-americana do compositor Guillermo Graetzer (1914-93), aluno de Paul Hindemith em Viena e escapado do nazismo para a Argentina em 1939, vindo a se tornar fundamental na pedagogia musical do país. O balé foi reencenado em outubro de 1963 no Teatro Colón, conforme notícia do *Diário de Pernambuco*, cujo título em três colunas soava como retratação pela prisão do autor no Recife, dois anos antes: "Tulio Carella, ex-professor da EBA [Escola de Belas Artes], na temporada argentina de *ballet*".

No ano seguinte, 1941, Carella conheceu um segundo sucesso de público e crítica, com a comédia *Doña Clorinda, la descontenta*, protagonizada pela estrela Gloria Guzmán (1902-79) no prestigioso Teatro San Martin. Nascida na Espanha e criada em Cuba, a atriz despontou no teatro de revista de Buenos Aires, de picardias políticas e erotismo: dona de pernas célebres, fora uma *bataclana* – denominação da imprensa local para vedetes – após a estrondosa turnê da companhia Bataclan de Paris pela América do Sul em 1923; e, a partir de 1931, tornou-se estrela de musicais cinematográficos e musa do teatro local.

Estreada em 21 de março de 1942, no Teatro Municipal San Martín, *Clorinda* fez subir à cena um texto ambientado em 1900 e, segundo *El Mundo*, "com inspiração num conto de *As mil e uma noites* utilizado por Shakespeare em *A megera domada*, empregado igualmente por Molière e não desdenhado por alguns comediógrafos italianos". De outro lado, quanto à base dramática, a pesquisadora Suzana Arenz, do Instituto Nacional de Estudios del Teatro, afirmou: "É certo que pelo menos dois textos argentinos manifestam explicitamente haver sido realizados como variantes de obras calderonianas: *24 horas dictador*, de Enrique García Velloso (1916), e *Doña Clorinda, la descontenta*, de Tulio Carella".

Além de elogiar o texto e a comunicabilidade da atriz, a crítica destacou os cenários do artista Jorge Larco, o amigo de García Lorca e Carella. *El Mundo* festejou a intérprete e afirmou que o autor "soube encarapitar-se em cima do muro do pátio de uma casa de vizinhança portenha para bisbilhotar seus interiores com espírito burlesco, e então refletir os pitorescos episódios de uma desventura conjugal no ano de 1900". Porém, parte da afiada

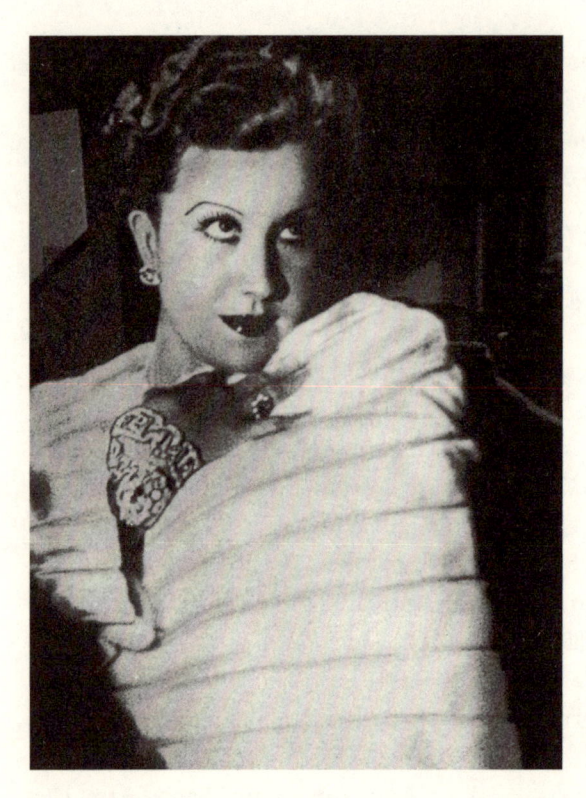

A vedete e atriz hispano-argentina Gloria Guzmán, estrela da segunda farsa de sucesso de Carella, *Doña Clorinda, la descontenta*, no Teatro San Martín de Buenos Aires.

crítica teatral bonaerense dos anos 1940 colocou ressalvas: Carella teria movido "seus títeres entre ingênuos e maliciosos [...] com o mesmo desembaraço, com a mesma graça com que ordenara os episódios de *Don Basilio mal casado*, porém com intenção dispersa e significação menor, [...] em pobreza temática que somente poderia ser neutralizada por grande virtude poética ou considerável caudal cômico", o que não chegava a acontecer, segundo *El Pampero*. Conforme *Notícias Gráficas*, teria havido "sujeição a leituras clássicas e falta de independência na concepção e no desenvolvimento da comédia", e assim destinaram-se elogios apenas a Guzmán, "atriz de comédia capaz, como poucas, de expressar com inteligência matizes de confusão e de clareza tanto nos sentimentos como no pensamento, com transições naturais". Por fim, o jornal de maior circulação, *La Nación*, não obstante alçar a parte inicial de *Clorinda* acima do título de estreia do autor, apontou "malogro" na segunda metade da obra, por problemas de "repetição de si-

Tulio Carella em férias passadas no Rio de Janeiro, no segundo semestre de 1941. A fotografia de autoria desconhecida foi tomada na avenida Atlântica, em Copacabana.

tuações" e "indecisão na linha cênica". Em 1955, o texto integral da peça foi comercializado em bancas de jornal como anexo da revista cultural *Talía*.[8]

As temporadas de mais de dois meses de sucesso de cada uma das farsas garantiram um tempo de "vacas gordas" e alguma notoriedade ao casal Tulio Carella-Tita Durán, citado na imprensa e presente nos eventos culturais mais importantes. "Eles não economizavam e costumavam encomendar iguarias como a *pavita* [peru] *à la* New York à Confitería del Molino da Plaza del Congreso", diz Mário Tesler a partir de suas conversas com o dramaturgo. Assim, ainda no extraordinário ano de 1941, Carella pôde usufruir pródigas férias, sozinho, no Rio de Janeiro, como lembrou a Borba Filho:

---

[8] *Doña Clorinda, la descontenta* foi encenada também em radioteatro argentino, no ano de 1960 em que Carella residiu no Brasil. Foi transmitida na série *Las dos carátulas*, da Radio Nacional, durante os festejos do Sesquicentenário da Revolução de Maio, com a atriz Beatriz Taibo.

Nesse mesmo 1941 fiz minha primeira viagem ao Brasil: vivi gloriosamente quarenta dias no Rio de Janeiro. Gastei tudo o quanto levava, mil pesos. (Mil pesos equivalem a quatro mil cruzeiros do ano 1960: faz o cálculo). E fui pela primeira vez feliz em minha vida, sem preocupações. Deveria ter pensado melhor e ficado, então, a viver ali. Voltei... (jan. 1968)

Nessa viagem, o autor também passou por São Paulo, uma vez que enviou para seu amigo Raoul Veroni um cartão-postal que estampava um ainda bucólico largo do Arouche, no centro da cidade. Em *Orgia* recordou uma possível segunda visita a essa capital, por volta de 1950, e até mesmo nomes de possíveis amantes: "Percorre a avenida São João, a rua São Bento, a rua Direita. Agora as reconhece [...]. E se encontrasse com Jacques, com Max, depois de dez anos?". O diretor teatral Antunes Filho (1929-2019) – em 1951, estreante na *mise-en-scène*, e depois, assistente no mesmo Teatro Brasileiro de Comédia por onde passaria Alberto D'Aversa – mencionou ter conhecido o argentino no início da década de 1950, interessado em sua obra teatral.[9] Em carta a Hermilo, Carella contou ter cumprido compromisso de "trabalho" no Rio de Janeiro, o que não se harmoniza com as suas férias de 1941; e, no consulado brasileiro em Buenos Aires, existe uma primeira ficha de emigração com data posterior a 1945, além de uma segunda já pertinente à viagem de 1960 ao Recife.

Não obstante a perspectiva inicial auspiciosa, apenas cinco anos transcorridos da estreia teatral, Tulio afirmou, em carta ao amigo Veroni, "viver na miséria" e comer apenas onde o convidavam, ou em restaurantes baratos.[10] Nascido em Milão e falecido em Buenos Aires, o gravador e editor de plaquetes foi seu colega na Escola de Belas Artes e socorreu-o em momentos difíceis.

Apesar da penúria econômica atestada em bilhetes manuscritos ao gravador, em meados dos anos 1940 Carella já emendava colaborações seguidas com o chamado teatro independente, de acento antiperonista em seu conjunto, sobretudo devido a sanções do governo a comunistas e ao fecha-

---

9 Segundo conversas com o autor na década de 2000.

10 O acervo Raoul Veroni de fotos, desenhos, cartas e bilhetes, diversas vezes referidos neste livro, foi consultado em 2007, em Buenos Aires, por gentileza de Ral Veroni, filho do artista e gravador.

Exposição no Salón Kraft da rua Florida, em Buenos Aires, 1948, com Tulio Carella ao centro. O terceiro da esquerda para a direita é o gravurista Raoul Veroni, seguido dos artistas Laerte Baldini (de barba) e Alberto Greco.

mento de salas teatrais.[11] Para o Teatro Ateneo, Tulio traduziu, em 1948, comédia do francês Claude-André Puget, *Un angelito cualquiera*, mesmo ano em que aderiu, segundo o historiador Hector Pavón, a um novo órgão de classe peronista, fundado por "católicos nacionalistas de renome", a Junta Nacional de Intelectuales, "com intenção de promover a criação artística e científica", mas, principalmente, para pleitear certas políticas culturais.

Conforme Pavón, ainda que essa associação contasse com nomes fortes da esquerda, como Cátulo Castillo, Homero Manzi, Leopoldo Marechal, César Tiempo, Nicolás Olivari e Elías Castelnuovo, o governo não lhe deu muita atenção, e foi extinta já em 1949, após Perón declarar que "a Revolu-

---

11 Por exemplo, o fechamento do Teatro do Idicher Folks Teater (IFT) da comunidade judaica de Buenos Aires, reaberto somente em 1956 em ato antiperonista – à revelia dos artistas –, com a presença de um dos líderes da "Revolução Libertadora", o vice-presidente almirante Isaac Rojas. Foi mostrado então um espetáculo de títeres de Mane Bernardo e Sarah Bianchi, entre outros números. O IFT e a diretora Mane Bernardo são mencionados adiante neste capítulo.

ção tinha tarefas mais urgentes, como a econômica e a social", segundo a hispanista Flávia Fiorucci em seu artigo "Os marginalizados da Revolução: os intelectuais peronistas (1945-55)", publicado em 2023.

Em 1955, no Festival de Teatro de Mar del Plata – interrompido no ano seguinte devido à deposição de Perón e à reorganização, ou desorganização, da estrutura cultural do país –, registra-se encenação da comédia carelliana *Un cuerno en la ventana*, sob direção de Francisco Javier (1923-2017), importante professor e encenador na capital e em outras cidades da província de Buenos Aires.

O ano de 1956 foi consumido em preparativos e na viagem à Europa geradora de *Cuaderno del delirio*. Já no ano seguinte, em edição da revista *Ficción*, Tulio assinou crítica a *Tupac Amaru*, de Osvaldo Dragún, encenação do Teatro Popular Independente Fray Mocho, texto parcialmente reproduzido em livro do historiador Osvaldo Pelletieri:

> Em *Tupac Amaru* há um desenho claro dos personagens, há intriga, sentido de continuidade dos fatos, interesse nas cenas. Não obstante, a nobre e dolorida emoção humana não é alcançada. Assim, a despedida dos esposos, à beira do suplício, resulta fria e mesquinha. É curioso ver que a raiva, a inveja, a cobiça e toda laia de paixões baixas, apesar de estarem bem descritas, resultam, na cena culminante que deveria constituir eixo e chave do drama, apagadas e sem vibração.

Pelletieri observa "certa distância estética" de Carella em relação a essa dramaturgia, "atribuível, sem dúvida, às novidades cênicas que o grupo Fray Mocho introduziu em seu trabalho".[12] Dubatti, por sua vez, assinala movimento do dramaturgo em direção ao chamado "teatro popular": "Após a eclosão da chamada 'Revolução Libertadora', em 1955, de perseguição a artistas peronistas ou ligados à cultura dita popular, Carella ousou destacar, em sua antologia do sainete de 1957, *Tu cuna fué un conventillo*, de Alberto Vaccarezza, autor perseguido pelos generais a ponto de adoecer e falecer em [19]59".

De outro lado, segundo Dubatti, a maioria das companhias independentes renegava o teatro de burletas e esquetes – equivalente ao teatro de

---

12 Osvaldo Pelletieri, 1990, op. cit., p. 322.

revista brasileiro – e taxava-o de "comercial e antieducativo, de direita". Porém, "Rodolfo Kusch, Leopoldo Marechal e o próprio Carella defenderam esse gêneros desprezados pelos grupos mais áulicos", nota o pesquisador.

Quanto à convergência de temas entre Tulio e o dramaturgo, ensaísta e antropólogo Rodolfo Kusch – também pesquisador do tango, falecido em 1979, porém dez anos mais jovem –, o paralelismo provocou, em 1966, uma acusação de plágio. Conforme queixa de Carella a Borba Filho, Kusch teria se apropriado, para elaborar uma obra em torno da cultura bonaerense, do título *De la mala vida porteña* que ele divulgara antecipadamente entre editores e escritores, obrigando-o, assim, a mudar o nome de sua coletânea ensaística para *Picaresca porteña*. Coincidências com esse escritor verificam-se também no estudo *El pensamiento indígena y popular en América*, publicado por Kusch em 1953.

*

À imprensa pernambucana, o argentino forneceu outros dados sobre sua estreia nos palcos. Em primeiro lugar, teria participado, em 1937, da fundação do grupo *independiente* La Cortina, de notável heterogeneidade de procedimentos e estéticas. Todavia, seu nome não se encontra nas atas de fundação, que propõem sistema colaborativo e alternância em direção geral e citam três mulheres: a escritora, ativista, e cofundadora da revista *Sur* María Rosa Oliver (1898-1977) e as diretoras Mane Bernardo (1913-91) e Irene Lara.

O La Cortina privilegiava autores modernos europeus e norte-americanos – Strindberg, Pirandello, García Lorca (a tragicamente premonitória *Assim que passarem cinco anos*, em primeira representação argentina), Arthur Schnitzler, Eugene O'Neill etc. –, mas também representava argentinos, tais como Enrique Gustavino (*La mujer más honesta del mundo*, em 1943), María Luisa Rubertino (*Está en nosotros*, em 1953) e Nicolás Olivari (*El regreso de Ulises*, em 1955), além de clássicos de Lope de Rueda, Gil Vicente, Tchekhov. Com tal ecletismo e mais de 250 montagens em seus dez primeiros anos, incluindo títulos pouco encenados de autores bem conhecidos, e sempre com acabamento esmerado, como cenários e figurinos da própria Mane Bernardo (também pintora) e do artista Jorge Larco, além da presença notável da atriz Mercedes Sombra, a companhia perseguiu, até os anos 1960, critérios de repertório e excelência semelhantes aos que alimentaram, em São Paulo, o Teatro Brasileiro de Comédia (1948-65). Segundo Tulio recordou ao colunista Joel Pontes, esse "movimento teatral renovador" que "ajudou a criar" representou "pedra fundamental" em sua trajetória.

Em "amável confessionário" obtido à chegada do novo professor, Pontes reportou três trabalhos de direção não registrados em livros argentinos:

> Carella fez amizade com Lorca na visita do espanhol a Buenos Aires, pouco antes do fuzilamento, e desde então resolveu-se por valorizar as formas de teatro mais ligadas ao povo e à tradição. Sempre foi entusiasta dos sainetes portenhos [*criollos*], peças ligeiras (45 minutos, uma hora) à semelhança de entremeses, sem descuidar do repertório europeu clássico e moderno. Assim é que saiu dirigindo esses sainetes pela vida afora, intercalando-os com trabalhos de direção de Giraudoux (*Ondine, O Cântico dos Cânticos*) e Goldoni (*Os rústicos*), autores pelos quais demonstra predileção. Em sua já longa experiência, escreveu e dirigiu obras surrealistas, adaptou [o conto] "A herança", de Maupassant, fez crítica de cinema e teatro nas melhores revistas de seu país [...], trabalhou na Rádio do Estado... (*Diário de Pernambuco*, 29 mar. 1960, Segundo Caderno, p. 3)

Em coluna posterior, o cronista informou, ainda, que na Universidade do Recife o novo professor "fez questão de alterar o ritmo escolar, dando aulas todos os dias, algumas delas em colaboração com outros docentes", além da intenção do argentino de "tornar conhecido, no Recife, o teatro de [Armando] Discépolo [1887-1971], o mais importante autor argentino no momento", cuja peça grotesca *Babilônia* (1925) ele fizera publicar em *El sainete criollo*.

Para Carella, os personagens de Discépolo foram, sempre, "homens expulsos de seu próprio paraíso, que lutam contra um mundo que os vence: sentimento, leis, responsabilidade, outros homens", ou seja, os excluídos que ele também passara a abordar nos anos 1950. Apontou, ainda, que *Babilonia* constituíra "ponte" para o surgimento de dois outros "fundamentos" do teatro argentino: as peças, do mesmo autor, *Stéfano* (1928) e *Relojero* (1934). Sobre esta última, o ensaísta argentino Manuel Maccarini reproduziu trecho de análise de Carella reveladora de um dos motivos de sua admiração pelo colega: o tema das emigrações italianas do século XIX que levaram à Argentina as famílias de ambos os dramaturgos, no caso dos Discépolo, desde Nápoles:

> Armando Discépolo transfundiu incisivamente os dados da realidade argentina num momento de perda das esperanças postas na América, que enganou os homens que vieram ao Novo Mundo com alforjes imensos de ilusões... A família – um dos mais persistentes mitos da burguesia – alquebrava-se, destroçando seus membros mais débeis, talvez porque acreditaram no amor e no respeito àquilo que Deus uniu com vínculos eternos...

Em carta a Borba Filho, o portenho foi ainda mais assertivo sobre sua participação no La Cortina. O registro surge ao longo de uma narrativa sobre encontro havido em abril de 1968 na casa do amigo editor Bernardo Kordon, à qual compareceu outra fundadora daquele grupo teatral:

> Na reunião estava María Rosa Oliver, personagem famoso em todo o mundo; é uma mulher de uns 60 anos, que aos seis ou sete teve paralisia infantil e desde então vive numa cadeira de rodas. Tem uma mentalidade luminosa e é de uma clareza de conceitos que assombra. Eu a conheci há uns 35 anos (ou mais?), mesmo antes de Kordon, pois *estávamos na primeira companhia teatral não profissional de Buenos Aires, que eu criei: reuni um grupo de pessoas e depois fui fazer outra coisa e me afastei*. Claro que à época existiam os quadros filodramáticos finisseculares, mas já esporádicos; e havia o Teatro del Pueblo, porém dedicado à propaganda política e que somente via o teatro como meio de difusão de ideias, e não como arte. Isto é: a arte inclui ideias, mas as ideias nem sempre incluem a arte. A *Física*, de Aristóteles, está cheia de ideias, mas nada tem que ver com o teatro ou com a arte (exceto com a arte de escrever). María Rosa viajou o mundo inteiro; é de família aristocrática (o quão aristocrático se pode ser na Argentina) e admirada; publicou vários livros e escreveu muitos ensaios medulares. É reconhecida como uma Libertadora. (maio 1968, grifos meus)

No entanto, em *Historia del teatro argentino II. 1930-1956* (2002), Beatriz Seibel menciona Carella unicamente como "ator" do La Cortina, e informa como "alma" do grupo a diretora Mane Bernardo, convertida, já em 1947, em referência no teatro de títeres no país, não obstante a perseguição política que sofreu nos anos 1940, como também sua parceira e companheira Sarah Bianchi, ambas incluídas em "listas negras" de artistas "antiperonistas" ou "comunistas" e mais de uma vez detidas para interrogatórios. Em 1944, Tulio colaborou numa das criações do Teatro Nacional de Títeres coordenado por Bianchi e Bernardo e sediado no Teatro Cervantes.

Em biografia de María Rosa Oliver, convidada ao grupo por Bernardo, a historiadora Hebe Clementi informa, sobre o La Cortina: "Com a ativa gestão de Alberto Valla, Quique Lanús, Héctor Basaldúa, Tulio Carella, Enrique Molina e outros, o La Cortina foi marcando terreno com montagens de obras significativas da cultura universal".

Segundo Jorge Dubatti, havia lugar para muitas tendências na suposta homogeneidade do teatro independente bonaerense, e Carella teria manifestado inconformismo e capacidade de transformação "num quadro *normático* e demasiadamente binário, tanto no teatro profissional como no independente":

> Tulio sabia valorizar a história do teatro antigo, mas também tinha capacidade de conectar-se com modernizações e estava informado do contemporâneo. Então lançou *mirada* simultânea para o sainete, Discépolo, o tango e a cultura marginal, num tempo em que as dramaturgias populares, tão originais, eram consideradas muito inferiores às europeias; e essa dupla *mirada*, a incluir a capacidade de enxergar a nós mesmos sem a culpa do "atraso", era capaz de trazer grandes aportes a uma cartografia teatral sul-americana. Assim, para além de modernidades estrangeiras, Carella valorizou os aportes do teatro vernáculo, hoje considerados os mais importantes. Por fim, seu olhar capaz de contemplar ao mesmo tempo o erudito e o popular leva a comparação com Borges, que num único texto era capaz de escrever sobre mitos escandinavos e *compadritos*.

Quanto à identidade bissexual reservada "numa sociedade extremamente conservadora em costumes sexuais", o professor da Universidade de Buenos Aires aponta afinidades de Carella com um diretor, cenógrafo e produtor "igualmente finíssimo e inteligentíssimo": Cecilio Madanes (1921-2000), de família ucraniana emigrada a Buenos Aires e, em 1947, ganhador de bolsa para estudar com o mestre encenador Louis Jouvet em Paris, onde permaneceu por oito anos, a privar da amizade de Jean Cocteau e de outros luminares da cultura francesa no pós-guerra. Dois anos após ser demitido da direção geral do pioneiro canal televisivo argentino Canal 7 e do silenciamento imposto pelo regime que derrubou Perón, Madanes idealizou e fez estrear, em 1957, o Teatro Caminito, ao ar livre, na passagem de mesmo nome no bairro da Boca, frequentado por portuários e pontuado de bares e bordéis. Ali, encenou autores clássicos, modernos e contemporâneos, entre os quais Lorca. Registra-se uma figuração, nesse palco, da jovem Cecília Thumin, futura esposa de Augusto Boal.

Ainda sobre a vida homossexual de Carella, Dubatti perfila sua discrição à do ator Alfredo Alcon (1930-2014), "um grande do palco argentino", formado por Antonio Cunill Cabanellas e de peso comparável, no Brasil, ao de Sérgio Cardoso (1925-72), cuja atividade homossexual foi mantida de maneira relativamente reservada ao longo das décadas de 1940 a 1960.

Com o Caminito, circundado por casas simples de chapas de madeira e zinco, Carella colaborou intensamente ao traduzir e acompanhar a encenação da comédia de Goldoni *Os mexericos das mulheres*, cartaz de sua inauguração. Já a segunda montagem do grupo foi, significativamente, *A sapateira prodigiosa*, de Lorca, farsa a transpirar influências goldonianas. Na edição de número 16 de *Ficción*, o crítico Omar del Carlo elogia a tradução de *Mexericos*:

> A versão é esplêndida, uma vez que nos restitui, num idioma simples e musical, a graça que emana do texto primigênio. A flexibilidade dos solilóquios, a claridade com que manifesta as intenções dos personagens, a maneira de se colocar inteiro a serviço de um texto de tamanhas dificuldades fazem com que essa tradução de Tulio Carella conte-se entre os poucos exemplos atuais de obras clássicas vertidas a nosso idioma que merecem real permanência.

Madanes mereceu admiração irrestrita de Tulio; e, em comentário sobre sua montagem de *As picardias de Scapin*, de Molière, na edição de número 19 de *Ficción*, de maio de 1959, comparou-o ao catalão Cunill Cabanellas, crucial em sua trajetória e em tantas outras na cena portenha da primeira metade do século XX. Paralelamente, elencou qualidades que julgava necessárias num bom diretor:

> Na história do teatro argentino ficam como exemplo retor as temporadas que dirigiu Antonio Cunill Cabanellas. As obras que representava eram motivo de louvor ou discussão; jamais de indiferença. A companhia do Teatro Cervantes havia alcançado essa homogeneidade que é meta universal e que somente se obtém depois de muitos esforços – sem mencionar o talento. Desde então transcorreram quase vinte anos. [...] Quando Cecilio Madanes apresenta na Boca uma obra de Goldoni, a crítica, com excepcional unanimidade, considera-o um diretor extraordinário. Fala-se até mesmo em milagre artístico. Apesar de sua juventude [37 anos], denota uma rara maturidade. Assombra a falta de vacilações nos propósitos, a segurança de sua intuição. Ninguém duvida que Madanes acaba de criar um novo estilo, fundado na mais pura tradição cênica. O feito ultrapassa as fronteiras: comenta-se na Itália, Espanha, França, Estados Unidos, México, Brasil, Chile, Uruguai, onde quer que haja interesse pelo teatro. A cidade, comovida, aplaude-o. Há aqueles que vão ver oito ou dez vezes a obra. [...] Esse público compreendeu que Madanes logrou o que faltava em Buenos Aires há vinte anos: um conjunto teatral coerente e magnífico. Quer dizer, que renova a nossa cena.

Segundo seu obituário em *La Nación*, Tulio teria sido, na verdade, um dos inspiradores do Caminito, "rincão portenho que amou com nostalgia". Diversos grupos teatrais de Buenos Aires recorreram à sua versão para *Mexericos* ao longo dos anos 1960 e 1970; e o próprio Carella dirigiu montagem na Universidade de Cuyo, com o Elenco Universitário de Teatro, durante estada como professor em 1962, assim como, no Recife, os alunos de Interpretação do Curso de Formação de Ator conheceram suas ideias sobre Goldoni, em ato da mesma peça encenado para encerramento de ano letivo.

Cena de montagem de *Os mexericos das mulheres*, peça de Carlo Goldoni com tradução de Tulio Carella, levada em palco ao ar livre pelo Teatro Caminito, no bairro da Boca (Buenos Aires), em 1957, com direção de Cecílio Madanes.

Em fevereiro de 1958, numa página de *Ficción*, Carella comentou *El teatro cómico*, peça de Goldoni apresentada pelo Teatro Carro Verde, observando que esse metateatro *avant la lettre* do século XVIII teria inspirado Pirandello para a criação de *Seis personagens em busca de um autor* (1921).

No mesmo ano de 1958 do sucesso do Teatro Caminito, foi encenada na cidade uma nova dramaturgia carelliana, *La rama dorada*, conforme registro de Omar del Carlo, em *Ficción*,[13] assinalando que o autor estava a "retornar após longo silêncio nos teatros", destinado a "forjar sua nova visão de mundo, deixando conscientemente de lado o colorido e a ligei-

---

13 Omar del Carlo, Sem título. *Revista Ficción*, n. 14, Buenos Aires: Editorial Goyanarte, jul-ago. 1958, p. 135-6.

reza chispante de suas primeiras obras para situar-se inteiro numa realidade que pretende explorar desde os lugares mais diversos". O crítico afirmava, ainda, tratar-se de peça "menor" em comparação com outras do dramaturgo que ainda não haviam chegado aos palcos. O título *O ramo de ouro* alude a mitológico ciclo eterno de morte e renascimento – como consigna o livro homônimo (1890) do inglês James Frazer – e a peça é ambientada no velório de um "figurão" da cultura nacional, transcorrido entre os mais variados comentários da assistência e desembocando na "estética perigosa de uma mescla de naturalismo e grotesco". Porém, em dado momento os presentes assistem, aterrados, à ressurreição do morto, para então repudiarem coletivamente esse "toque" da Graça e do Divino. Del Carlo lamentou a inadequação do espaço do Teatro de Verano da Municipalidade e o mau rendimento do diretor designado, bem como interpretações equivocadas, ressalvando somente uma das atrizes, que teria atingido o "arrebato ilógico" requerido pela sátira ao *mainstream* cultural portenho. O resenhista aproveitou para dar notícia de outra dramaturgia do autor, *Testimonio de Navidad* [Testemunho de Natal] – levada apenas em versão radiofônica –, sobre dois ladrões perseguidos e mortos pela polícia em tetos de Buenos Aires justamente quando os sinos das igrejas anunciam o nascimento de Jesus.

Por sua vez, *La herencia*, montada sete anos antes no Teatro Presidente Alvear e ausente do verbete "Carella" de Zayas de Lima, já fazia ressoar a corda transcendentalista de *O ramo de ouro*. Um convite saído da máquina de escrever do dramaturgo anunciava, em setembro de 1951, a abertura do testamento da viúva Rufina, na presença de "amigos e interessados". Segundo a folha datilografada e carimbada com selos falsos, o "*testamento*, redigido por Tulio Carella", seria "revelado" em cerimônia "presidida" por Marcelo Lavalle, ou seja, o renomado ator de cinema, diretor teatral e professor de atuação, quatro anos mais jovem que Tulio e falecido no mesmo ano de 1979. A chamada para a estreia era feita em nome de EL DUENDE, o grupo de atores liderado por Lavalle, reunido desde 1947 no independente Teatro Libre e integrado também por Marcela Sola, amiga do autor. O termo "duende" refere-se à entidade incorpórea manifestada em momentos de transe ou transporte espiritual durante a função teatral, conceito dileto de García Lorca a partir da mística oriental sufi presente no sul da Espanha até

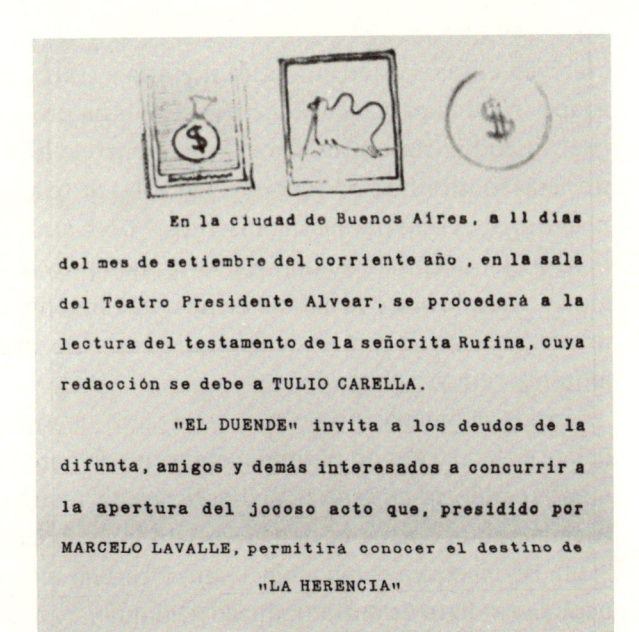

Convite datilografado por Tulio Carella para a estreia da montagem de sua peça *La herencia*, com o grupo El Duende dirigido por Marcelo Lavalle, no Teatro Presidente Alvear, em setembro de 1951.

> En la ciudad de Buenos Aires, a 11 días del mes de setiembre del corriente año, en la sala del Teatro Presidente Alvear, se procederá a la lectura del testamento de la señorita Rufina, cuya redacción se debe a TULIO CARELLA.
>
> "EL DUENDE" invita a los deudos de la difunta, amigos y demás interesados a concurrir a la apertura del jocoso acto que, presidido por MARCELO LAVALLE, permitirá conocer el destino de
>
> "LA HERENCIA"

o século XVIII e que respira, ainda, nas culturas flamenca e cigana.

Já em 1967, Tulio lançaria mão de seus conhecimentos sobre Goldoni em estudo introdutório e quatro traduções de comédias do vêneto. O volume *Teatro de Carlo Goldoni* mereceu entusiástica resenha em *La Nación* e conquistou Faja de Honor da Sociedade Argentina de Escritores. Porém, esse segundo galardão recebido da instituição teria causado "enjoo" ao organizador, uma vez que nenhum de seus trabalhos com temas nacionais "havia recebido esse reconhecimento em seus momentos", segundo confidenciou a Hermilo em maio de 1968. Finalmente, em 1972, o Caminito reencenou *Mexericos*, para novo sucesso.

Como se depreende de tanta atividade, a deportação extraoficial do argentino, em março de 1961 – quando ensaiava com o Teatro de Arena do Recife *A farsa da esposa perfeita*, de Edy Lima, sucesso do núcleo teatral homônimo de São Paulo –, não fez esmorecer sua rotina em Buenos Aires. Além de criar textos dramatúrgicos e líricos, embora na maioria não encenados, e de burilar traduções de Goldoni e de outros dramaturgos italianos e franceses, e à parte exercitar memorialismo em *Las puertas de la vida*, escreveu ensaios, exerceu crítica literária e teatral para jornais e revistas, adaptou textos para locução radiofônica – no programa *Vida artística* de enorme audiência, entre outros –, produziu teledramaturgia, concedeu entrevistas sobre temas portenhos e deu aulas de teatro, além de pintar, desenhar e manter seus diários manuscritos. "Tenho trabalhado como um louco, noite e dia, seja escrevendo, seja corrigindo provas, seja suando sobre originais. E ainda que o resultado de meu trabalho não tenha sido monetariamente frutuoso, fiz com gosto e voltaria a fazer, porque gosto dele", afirmou a Hermilo em dezembro de 1967.

Carlo Goldoni passou a constituir, a partir de 1957, tópico de estudo e trabalho, e as criações do portenho em torno do autor contemplaram, ainda, uma experiência *sui generis*, aparentada à do Teatro Caminito e na qual arriscaria muito. Em março de 1966, o Jardim Botânico da cidade, na avenida Santa Fé, recebia a companhia Teatro Picardía, sob sua direção, para encenação ao ar livre de outra tradução goldoniana: *Los batifondos de Chioggia* [As querelas de Chioggia].[14] Conforme reportado a Borba Filho, a montagem teria sido "grande êxito de crítica, mas péssima de público, por causa do mau tempo" (abr. 1966). Para dedicar-se a ela, abandonara seu emprego de produtor na TV, no Canal 9 local: "E agora não tenho nada. Voltaram a pobreza, o cansaço, a existência cinzenta. Vejo-me frustrado em tudo. Até na religião". Em julho do mesmo ano ofereceram-lhe novamente o Jardim Botânico para reposição do espetáculo, mas recusou, e, em 25 de agosto, a fim de comemorar o Dia do Ator, a prefeitura pediu-lhe para adaptar cenas da peça para tablados sobre caminhões a circularem pelas ruas da capital (ago. 1966). Já no mês seguinte, mostrava-se desiludido, comentando com Hermilo o "baixo nível" da programação teatral na cidade, "uma merda inefável", a incluir "abuso do portenhismo": "*Mea culpa*, eu o inaugurei", notou imodestamente (set. 1966).

A admiração por Goldoni conduzia-o à comparação do autor com seu mais alto modelo da Renascença: "Leio o magnífico *A ressurreição dos deuses*, de [Dimitri] Merezhkowski [1866-1941, romancista, poeta, pensador religioso e crítico russo], que relata romanceadamente a vida de Leonardo da Vinci, com base em seus escritos. Leonardo e Carlo Goldoni são os es-

---

[14] Conforme o *site* argentino *Alternativa Teatral*, consultado pela última vez em 24 jan. 2023, e também em carta a Borba Filho (jan. 1969).

critores italianos de que mais gosto, e ambos terminaram as suas vidas na França [ou seja, no exílio]", escreveu ao pernambucano (jan. 1969).

Sua "Introdução a Goldoni" no livro premiado inicia-se de maneira característica, impondo questionamento ontológico em torno da própria razão de ser da produção dramatúrgica e literária, para concluir iconoclasticamente: "Nietzsche acredita que uma literatura original não pode vicejar sobre a base de outra literatura". Já em comparação do teatro moderno com o drama do século XVIII, fustigou em bloco a literatura do século XX, classificada como pesado "testemunho de três civilizações separadas por duas guerras", a desenvolver de maneira recorrente "os temas da angústia, da dúvida, do pessimismo, do desencanto, os temas 'negros' [na Argentina, 'sem luz'], a liberdade, o absurdo, o nada, a psicanálise". Para ele, a escrita goldoniana teria sido a última capaz do *riso* que constituiria, "sem dúvida, um dos mistérios menos decifráveis do universo humano", a retratar "um mundo elegante, superficial, a um só tempo crente e blasfemo, pervertido, ocioso, com suas diferenças entre classes", porém, "graças a Goldoni, também muito próximo do nosso".

Por fim, o ensaio sublinha a maneira como Veneza conseguia equilibrar, de um lado, em meio à opulência gerada pelo comércio, a capacidade de rir e gozar a vida – expressa no lema "comer, jogar e amar" –, e, de outro, perfídias nas relações entre nobreza e plebe, incluindo-se nesse quadro uma cerrada censura às artes, e em especial ao teatro. "Poucas peças livravam-se da censura", assinalou, não obstante o cotidiano da Sereníssima República pontuar-se de extremos de depravação, em parte propiciados pela célebre máscara veneziana – o antifaz, capa unida a chapéu tricórnio, com véu de seda preta sobre o rosto –, favorecedora de práticas obscenas ("fora da cena"), ou seja, instrumento de anonimato e impunidade admitido em festas públicas e em algumas épocas do ano, como o Carnaval.

A obra teatral de Goldoni e o enclave de Veneza são apontados por Carella como os últimos herdeiros do modo de vida renascentista, já extinto no restante da Europa em meados do século XVIII e ilustrado exemplarmente pela sentença "Os espíritos despertaram e a vida tornou-se prazer" (c. 1514), do latinista, poeta e cavaleiro alemão Ulrich van Hutten, um autor dileto. O portenho sintetizou: "Por volta de 1500 produzem-se na Itália os feitos mais importantes para a literatura teatral: aparecem o teatro e a cenografia, tal como os conhecemos hoje, e o teatro profissional, que irá originar, pelos anos 1570 ou 1580, a Commedia Dell'Arte, e essa será a escola de toda a Europa e, em consequência, da América", tradição com a qual apenas Goldoni teria reatado com sucesso em seu tempo, e depois mais ninguém.

Assim, pelos verões de dezesseis anos consecutivos a partir de 1955, o Teatro Caminito ecoou referências caras a Tulio: o riso da grande tradição italiana, a cultura do tango e da Boca e o sainete *criollo*, num palco a céu aberto evocativo de território livre, acima da moral cambiante dos governos. Nesse interregno, após seu retorno a Buenos Aires, em 1961, sugeriu ao grupo encenar a fábula tragicômica em cinco atos *O corvo*, de Carlo Gozzi – contemporâneo de Goldoni –, e assim foi solicitado mais uma vez para a tradução, a desembocar em novo sucesso, que avançou pelo ano de 1962 na passagem pedestre de casas pintadas com cores vivas para efeito de "cenário", o que ajudou a estabelecer a identidade visual do bairro.

Também em 1961, e apenas um mês após o retorno a seu país, Carella dispôs-se a revelar o teatro de Borba Filho aos conterrâneos, com adaptação radiofônica de *As moscas*, drama inspirado no texto homônimo de estreia teatral de Jean-Paul Sartre (1943). Tulio começara a ensaiar a peça em março daquele ano, pouco antes de seu sequestro. A coluna de Joel Pontes no *Diário de Pernambuco* registrou que a tradução de Tulio intitulou-se *Las moscas de oro* e foi transmitida em 27 de maio de 1961. Já no Recife, esse texto seria encenado somente em 1969.

Dois anos antes, em 1959, no Teatro Parque Lezama, Carella vira uma das últimas encenações de nova peça sua na cidade, por meio de concurso teatral da prefeitura: o "drama em três atos" *Coralina*, transcorrido na periferia da metrópole e com diálogos iniciais trocados entre um vigia ferroviário e um *linyera* – o diarista sazonal dos campos, frequentemente sem trabalho e muitas vezes sem teto. Na sobrecapa de uma cópia datilografada do texto (conservada na Biblioteca do Instituto de Literatura Argentina Ricardo Rojas da Universidade de Buenos Aires), lê-se melancólica observação do autor: "*Coralina* não foi estreada, mas violada em 9 de abril de 1959". A anotação refere-se não à ação da censura, mas à encenação unanimemente reprovada pela crítica.

O exame da peça sugere, de outro lado, o empréstimo de contornos das extraordinárias personagens femininas de Tennessee Williams e García

Lorca à sua protagonista, uma prostituta suicida, bem como é lícito conjeturar ecos da dramaturgia de tintas psicológicas de *Vestido de noiva*. A semelhança pode ser verificada até mesmo em trecho de uma crítica negativa assinada por Noemi Grapho no jornal *El Nacional*:

> A defesa de si mesma que *Coralina* realiza perante um tribunal de sombras – todo o seu passado recuperado num instante – baseia-se numa extensa conversação. [...] As distintas dimensões do tempo; a comprovação de que somos uma imagem na consciência dos demais; a fusão da realidade cronológica com a psicologia – não se sabe onde termina o objetivo e onde começa o subjetivo – são aspectos de uma produção cujos valores começam a caducar.

Sobre o trabalho do encenador Teobaldo Marí, também diretor de elencos da Rádio Nacional, o jornal *Crítica* notou que o profissional se atrapalhara para "introduzir a ordem necessária nas sequências de *Coralina*, cujas antecipações e retrospecções requeriam uma montagem que assinalasse nitidamente as divisões temporais" – à maneira, quiçá, dos palcos simultâneos e da iluminação virtuosística da histórica montagem de *Vestido de noiva* em 1943, a cargo do cenógrafo Santa Rosa e do diretor e *designer* de luz polonês Zbigniew Ziembinski, no Theatro Municipal do Rio de Janeiro. Uma vez que Carella ainda colaborava com o jornal *Crítica*, dias depois este publicava outro parecer sobre a peça, com perspectiva abrangente da trajetória do dramaturgo e a dar conta de sua inquietude em relação a temas e estilos:

> Entre as muitas coisas que sempre nos sugere a proteica personalidade de Tulio Carella, duas convêm mencionar hoje [...]: uma é assinalar, com admiração não isenta de pena, a coragem com que nosso companheiro Carella está de prontidão para, num instante, "queimar" os filhos de sua paixão criadora – a arte dramática – na pira de qualquer estreia-relâmpago. [...] A outra coisa que cremos oportuno dizer hoje de Carella é que cada nova obra sua nos revela um aspecto de sua personalidade cambiante, distinto daquele que nos deu a conhecer na anterior. Seria prematuro – faltando o experimento da reação do público majoritário, imprescindível numa obra como

Coralina, escrita na linguagem direta do drama popular e destinada, evidentemente, a transmitir uma mensagem de profunda transcendência humana ao grande público – discriminar aqui se *Coralina* é superior ou não às cinco peças que a precedem no repertório teatral carelliano.[15]

A amiga Marcela Sola dirigiu a nona e última dramaturgia de Carella vista em palco, *Juan Basura* – com protagonista nascido em meio a um aterro sanitário do subúrbio –, levada no Teatro del Globo em 1965 e recebida com críticas ácidas. Com rubrica inicial a indicar a audição de um tango nostálgico – "Tiempos viejos", de 1926, favorito de Borges –, o drama foi associado pela crítica ao sainete, gênero àquela altura reputado como "ultrapassado". O entrecho avançava em tons sociais, com o patrão a rotular de "comunista" a demanda salarial do empregado Juan. No limite da sobrevivência, o protagonista acaba por se associar a banditismo – trama próxima à de *A semente* (1961), de Gianfrancesco Guarnieri, encenada no Teatro Brasileiro de Comédia (TBC) de São Paulo. Vale lembrar que tanto o comunismo como diversas correntes peronistas à esquerda com votações expressivas nas eleições congressuais argentinas de março de 1965 eram vistos como graves ameaças pela direita e centro-direita; e assim, em 1966, o general de Exército Juan Carlos Onganía depôs o presidente civil para assumir a Casa Rosada, em quatro anos de regime militar inspirado no franquismo espanhol, seguidos de dois anos de idêntica orientação sob o comando de outro general, Alejandro Lanusse.

No prólogo lido antes da peça, o autor apresenta o ano de 1964 da ação como um mosaico falhado de progressismos inúteis, fantasmas globais e antigas mazelas: "Ano de viagens espaciais, concílios ecumênicos, ameaças amarela, negra, branca e vermelha. Era de arranha-céus, máquinas luxuosas, plásticos maravilhosos e crianças famintas, homens desempregados e mulheres violadas, de grandes generais e polícias inteligentes, de povos vencidos e pistoleiros famosos". Apesar desse panorama, os diálogos circunscrevem-se ao perímetro de Villa Miseria portenha, na qual a crítica estranhou as alternâncias entre melodrama e grotesco, e também entre

---

15 "Una luz transcendente en el drama popular *Coralina*, de T. Carella", *Crítica*, 17 abr. 1959. A enumeração de peças do autor pelo jornal é lacunar.

lunfardo e linguagem erudita, além de sublinhar a "pretensão" do autor de transfundir a Paixão de Cristo na saga do trabalhador explorado.

Dois anos depois, o próprio Carella seria classificado como "comunista" por antigos companheiros do diário *Crítica*, reunidos mais uma vez pelo editor Ricardo Mosquera para a criação de uma nova revista, conforme narrado a Borba Filho:

> Contei-te que comecei a trabalhar numa revista com os velhos companheiros de *Crítica*. Fui assaltado de uma grande surpresa ao perceber a mudança operada neles, que agora são oficialistas e alguma coisa mais: nacionalistas com Z [suástica], pertencentes aos grupos agressivos, antissemitas e anticomunistas. Tudo isso me tomou de surpresa. Ademais, como a vida não tem sido fácil para eles, encheram-se de ressentimentos e resulta que agora opinam que não sou nem humorista nem bom escritor. O que irão dizer amanhã? Não é difícil imaginar: que sou comunista, que sou invertido, que sou um rufião, que promovo traição à minha pátria *et cetera*. É preciso estar "embandeirado" ou cair. Prefiro cair. (maio 1967)

Portanto, como apontado pelo próprio Carella, em alguns círculos sua homossexualidade era conhecida um ano antes da publicação de *Orgia*, à parte ser taxado "comunista", como sucedera em 1957 a seu amigo Alberto D'Aversa, provocando seu isolamento profissional e a consequente decisão de migrar para o Brasil, embora o alinhamento do italiano ao Partido Comunista só tenha se verificado de fato em meados dos anos 1960. Além de um longa-metragem com argumento, roteiros e diálogos assinados em parceria com um D'Aversa estreante nos meios artísticos argentinos – *Minha divina pobreza* (1951), do produtor Armando Bo, sob medida para o redentorismo peronista –,[16] Tulio acompanhou de perto a trajetória teatral do colega no país, pontuada

---

[16] Armando Bo tornou-se mundialmente conhecido nos anos 1960 e 1970 por filmes eróticos estrelados por sua amante Isabel Sarlí e por ele dirigidos. Em *Orgia*, esse produtor deveria aparecer sob o cognome "Fernando Mú" (à p. 39 da reedição de 2011), porém, o tradutor Hermilo Borba Filho omitiu esse cognome, fazendo crer em sua redação que D'Aversa fora convidado para trabalhar na Argentina pelo próprio Carella. Num exemplar impresso do livro mantido no Acervo Veroni, o autor apôs de próprio punho o nome fictício.

de encenações brilhantes, segundo muitos registros impressos, incluindo a direção da peça de Hélvio Botana – filho do célebre milionário uruguaio Natálio Botana, proprietário do jornal *Crítica* no qual Carella trabalhou por décadas – *Os fios invisíveis* (1953), encenada no prestigioso Cervantes, porém fracasso de público, que não assimilou o surrealismo do tratamento.

Natural de região pobre da Puglia e formado em Roma, D'Aversa integrou, ainda, outro grupo independente bonaerense notável, o Teatro La Máscara, no qual foi precedido como encenador por Adolfo Celi, que se passou dali diretamente à direção geral do TBC em São Paulo. Para o *ensemble* portenho, D'Aversa forjou os sucessos *Woyzeck*, de Büchner (1953), e *John Gabriel Borkman*, de Ibsen (1954), aclimatando-se à cidade. Sentia-se "muito próximo do teatro independente em seu movimento de renovação, modernização e nacionalização da cena argentina, [...] tendo contribuído para o nascimento de uma dramaturgia nacional pela via de autores como Tulio Carella, César Tiempo, Samuel Eichelbaum, Alfredo Gorostiza e Oswaldo Dragún", segundo seu biógrafo Luigi Marrella. Portanto, de acordo com essa fonte, Alberto teria dirigido ao menos uma peça de Tulio.

Porém, o maior êxito teatral de D'Aversa em terras argentinas – resenhado por Carella numa página quase inteira de *La Prensa* – deu-se em 1953, junto ao grupo amador Idisher Folks Teater (IFT), o Teatro Popular Hebreu da capital, com o qual o italiano colaborou cinco anos, liderando, ainda conforme Marrella, "seu trabalho mais gratificante no país, seja profissionalmente ou humanamente": *Mãe Coragem e seus filhos*, de Brecht. Apenas quatro anos transcorridos da estreia mundial em Berlim, a peça foi representada em iídiche e assistida – mais de uma vez – por um espectador destinado à fama: o recém-formado em medicina Ernesto Guevara de la Serna, o Che Guevara. Após excursionar por todo o país, a versão, classificada pela imprensa peronista como "drama histórico", chegou a ser apresentada em Santiago do Chile, com elogios de Pablo Neruda em jornal. Na página intitulada "Un teatro de arte en Buenos Aires" (7 jun. 1953), Carella revelou conhecer a trajetória europeia de D'Aversa e aproveitou para vazar erudição sobre expressões cênicas associadas à história bíblica:

> Tem-se dito que o teatro hebreu é um fenômeno artificial. Essa afirmação é passível de discussão. Se o teatro é uma essência, existe de

modo intencional: nas danças dos levitas diante da arca; no Livro de Jó, desenvolvido em réplicas; no "Cântico dos Cânticos", diálogo entre esposa e esposo, com intervenção de coro. Mas essa existência, além de ser intencional e potencial é, também, formal. E se os originistas buscam rastros do teatro em formas aproximativas, isso não significa que tais formas constituam o teatro em sua expressão lata, senão uma tendência que se concretizará mais adiante. Formalmente, o teatro hebreu inicia-se com as representações que certas comunidades realizavam para festejar o Purim. Por volta do ano 500 apareceu Leão de Módena, chamado Leão Hebreu, no gueto de Veneza: é considerado o primeiro empresário teatral.[17]

O crítico alinhavou, ainda, indicações históricas em torno da tradição teatral hebraica e justificou a classificação "teatro de arte" no título de sua matéria:

> Em Buenos Aires existe, há vinte anos, um teatro hebreu que soma essas duas tendências (que acabo de discriminar, inventando a classificação) ao repertório universal. [...] Não foi tarefa fácil consolidar uma organização que conta na atualidade com uma Escola de Arte Dramática; com um coro de setenta vozes; com um conjunto disciplinado pelas mais duras tarefas do ofício teatral, e com um teatro com todos os avanços técnicos mais importantes: palco giratório, varas de iluminação sobre a plateia e oficinas próprias. E isso se consolidou pelo entusiasmo dos organizadores e pelo propósito coletivo: rechaçaram toda ambição de ordem comercial para satisfazer uma necessidade artística. David Licht, Armando Discépolo, J. Flapan, Ricardo Pasano, I. Rotbaum dirigiram o grupo. [...] O teatro IFT colocará em cena *Mãe Coragem*, de Bertolt Brecht.
> Brecht é pouco conhecido, em que pese a intensidade alucinante de suas obras. [...] Mas Brecht eleva-se acima das classificações para entrar na ordem particular do genial. Como muitos homens de nosso tempo, Brecht é caracterizado por uma insaciável sede de justiça e

---

[17] Tulio Carella, "Un teatro de arte en Buenos Aires", artigo publicado no suplemento literário dominical de *La Prensa*, 7 jun. 1953.

paz. E luta com as suas armas para conquistá-las. [...] Considera-se Bertolt Brecht o autor mais representativo do moderno teatro alemão, por sua densidade de pensamento, pela pujante vida de seus personagens, pelo violento impacto de seu sarcasmo. Considera-se também *Mãe Coragem* como a obra mais representativa de Brecht. Diz-se que ela "é o modelo ideal da linguagem dramática da atualidade". A atroz existência de Ana Fierling, a cantineira que vive com seus filhos numa carroça, que negocia à margem da guerra e acaba por tornar-se sua vítima, e que, finalmente, perde toda noção dos valores morais e emocionais, está detalhada em doze quadros de um realismo poético que seria impiedoso se não fosse exemplar. De um caso privado Brecht extrai um símbolo da humanidade aniquilada pelas guerras.

Resgatou, ainda, sobre o italiano:

Alberto D'Aversa estudou ao lado de Sílvio D'Amico e ganhou, em 1939, o concurso para diretores da Academia de Arte Dramática de Roma.[18] Dirigiu várias obras importantes e temporadas não menos interessantes. Colaborou em montagens de *Os persas*, de Ésquilo, e de [ilegível], de Eurípedes; dirigiu *Os irmãos*, de Terêncio. Suas atividades teatrais alternaram-se com as cinematográficas. Entre nós, seu trabalho conspícuo provocou um fértil movimento de renovação artística.
Essa experiência não é fácil lograr: somente em Buenos Aires, cidade cosmopolita, é permitida essa liberdade criadora, o que fará alguns dizerem, provavelmente, uma vez mais, que o teatro judeu é um fenômeno artificial. Seria preciso responder: o teatro é um fenômeno, e, como a arte, desde logo artificial. Por que não seria também o teatro hebreu um fenômeno artificial?

---

[18] Justamente, segundo a biografia citada, com montagens de obras de Bertolt Brecht indexadas como "proibidas" pelo regime fascista de Benito Mussolini, dessa maneira desafiado frontalmente pelo diretor.

Naquele elenco da montagem de 1953 do IFT, ao lado da brilhante protagonista Jordana Fain, surgiu a atriz e cantora Cecília Lincovsky (1929-2015), que em 1960 se integraria ao Berliner Ensemble, tornando-se mundialmente conhecida como a performática Cipe Lincovsky.

Quanto à colaboração Carella-D'Aversa, após o decepcionante reencontro de março de 1960 em São Paulo e à parte rápido diálogo numa passagem do italiano por Buenos Aires, já em abril de 1966, houve outras tentativas de reaproximação. Em carta de maio de 1966 para Hermilo, Carella reportou elogios do italiano à *Juan Basura* e encomendou ao pernambucano a tradução da peça para uma encenação pretendida pelo colega. Dois anos antes, em 1964, Alberto o chamara para trabalhar, no Brasil, na dramaturgia de uma série de teleteatro da extinta TV Tupi: "Mas eram tão vagas as propostas – casa, comida e algumas moedas para os cigarros – que precisei pedir-lhe que também conseguisse um trabalho para viver independentemente, já que não podia assegurar-me um salário mínimo fixo". Tal solicitação ficou sem resposta, conforme foi lamentado a Borba Filho.

*

Para além da acusação de "comunismo" mencionada em carta de maio de 1967 a Hermilo, no ostracismo experimentado por Tulio Carella após a circulação, em 1969, de *Orgia* em Buenos Aires, a maioria de seus projetos escritos ou iniciados entre os anos 1960 e 1970 não chegou aos palcos. Em cartas do final dos anos 1960 a Hermilo, Carella referiu-se à escritura de diversas peças, porém jamais encenadas, bem como a conferências teatrais.

Como indicado na correspondência binacional, na produção teatral tardia do portenho encontram-se um "monodrama" de setenta minutos, *Sete noites de alegria* (1967), encomendado pela amiga Tina Helba, atriz de *Juan Basura* e de *As querelas de Chioggia*, estreado em Roma numa turnê europeia da intérprete; uma peça "para a atuação de sete velhas", com o título *As imortais* (1967), a antecipar desse modo *As três velhas* (2003), a farsa do chileno Alejandro Jodorowsky; duas conferências sobre o teatro argentino, uma delas proferida em Rosário; a adaptação de uma comédia de Lope de Vega para ser mesclada a prólogo e epílogo de obra do argentino Ventura de la Vega (1807-65), montada em La Plata pela Comedia de la Província de Buenos Aires; e uma palestra sobre o sainete *criollo* proferida durante o curto período em que o dramaturgo foi alçado a posto de direção – em substituição a Carlos Gorostiza – na tradicional Sociedad General de Autores de la Argentina.

O pronunciamento de tal palestra reflete a importância dos estudos de Carella para o teatro argentino, sustentados sobretudo em seu *El sainete criollo: antología*, cujo alentado estudo introdutório foi republicado de forma avulsa em 1967 (*El sainete*). A influência dessa obra alcança os dias atuais, constituindo, por exemplo, referência para o muito ativo "teatro comunitário" argentino, conforme o estudioso Jorge Dubatti:

> O *teatro comunitário*, gênero especial cada vez mais forte no país, pode ser definido como um "teatro feito por vizinhos para vizinhos", porém a envolver também artistas profissionais. Espelham-se em suas peças o verdureiro, a dona de casa, o desempregado etc., e entre os docentes que orientam seus atores não profissionais muitos citam Carella, uma vez que esse teatro trabalha com a recuperação de culturas populares, com os bairros, a música e a atuação populares, os *payadores* e a cultura das periferias, inclusive o tango e o sainete.

6

Literatura e crítica:
recontracagados

> *Os escritores estão recontracagados,*
> *e sua vida é uma merda fétida e desesperante.*
>
> Carta a Hermilo Borba Filho, janeiro de 1969.

Uma vida a aprimorar a escrita iniciou-se profissionalmente pela poesia em 1936, quando Carella contava apenas 24 anos e compôs *Ceniza heroica* [Cinza heroica], volume que fez imprimir pela via do que hoje se nomeia *crowdfunding* e cujos 150 exemplares ilustrados por xilogravuras, divididos em três lotes de impressões em papéis especiais diversos, foram distribuídos em abril de 1937. Apesar de sua produção literária publicada ter alcançado o ano de 1968 e somado vinte volumes de ensaios, memórias e poesia, o portenho não logrou fisgar completamente o gosto do leitor, e tampouco do espectador teatral após 1941, ou foi mal absorvido em seu ecletismo, saltando entre diversos temas e gêneros, ou, ainda, não alcançou a originalidade ou densidade que projetaram Jorge Luis Borges, Adolfo Bioy Casares, Julio Cortázar e outros conterrâneos para reedições sucessivas e traduções além-fronteiras. De outro lado, por sua ousadia, os memorialísticos *Cuaderno del delirio* e *Orgia* amargaram condição de "malditos" – o primeiro rejeitado pela crítica pela acidez no retrato do ambiente cultural portenho, constituindo um dos motivos para sua transferência ao Brasil; e o segundo visto com horror por seus compatriotas e mantido como espécie de segredo pornográfico, ou "obra *cult*", até os anos 2020.

Composto sob o impacto do fuzilamento de Federico García Lorca, *Ceniza heroica* motivou a inserção do autor na chamada Geração Poética dos 40 – também título de obra de 1981 assinada pelo crítico Luis Soler Cañas, dedicada *in memoriam* a Carella, ao lado de sete outros escritores também falecidos à altura da publicação: "Para Tulio Carella, cujo canto prossegue nas estrelas". Nesse grupo, o portenho é localizado entre poetas que desenvolveram "temáticas urbanas e suburbanas". O livro também aponta certa *cor nacional ou nacionalista* naquela geração, sobretudo ao considerar os

Gravura do artista Rodolfo Castagna para o livro de poemas *Ceniza heroica*, de Carella, em homenagem a García Lorca e publicado em 1936 pelo editor e gravador Raoul Veroni.

parágrafos finais de um manifesto de junho de 1940 publicado na revista-antologia *Canto: Hojas de poesia*, disparadora de tal "movimento": "Que se desmintam aqui tantas celebridades oficiosas, tanto acatamento às retóricas ultramarinas, tanta negação de poesia. Queremos para nosso país uma poética que reúna seu fôlego, seu signo geográfico e espiritual". Quanto às inevitáveis influências estrangeiras nos autores da década de 1940, em *Historia de la literatura argentina* o poeta e ensaísta portenho César Fernández Moreno – ele próprio no bojo da Geração – remeteu a um austríaco e a um chileno de gerações anteriores: "A coincidência temática e espiritual que caracterizou o acento desse grupo é dada pela poderosa influência lírica de Rainer Maria Rilke de um lado e pela subsequente presença de Pablo Neruda de outro".

Já em documento do acervo de Carella, ao qual Soler Cañas teve acesso após a morte do autor, pode-se ler um resumo das intenções da Geração de 1940, solicitado em 1953 a Tulio pelo crítico literário José Hernández Arregui para um programa literário radiofônico. O dramaturgo listou propósitos da revista *Canto* e de seu movimento:

1) Uma revista destinada a descobrir novos valores;
2) Reação contra as cerradas camarilhas excludentes que exercem uma espécie de falso apostolado poético desde certos jornais e revistas, e, nessa ordem de coisas, os tornam inacessíveis aos novos valores;
3) Atividade polêmica fecunda contra tendências e gostos europeizantes – e em tal sentido sua influência foi positiva, já que revelou nomes posteriormente consagrados.

Apesar de o título *Ceniza heroica* sugerir o nacionalismo referido por Cañas, o poema extenso de estreia de Carella, em três partes, trata quase exclusivamente de luto por García Lorca, apenas dois anos após Tulio ter privado da amizade e dos conselhos do poeta espanhol para sua primeira grande peça. E, apesar de em nenhum momento mencionar o nome Federico, ou mesmo "Andaluzia", seu tema é inequívoco, assim como o desenho e as palavras aplicados acima do cólofon: "Descansando en el amor", de autoria do artista Rodolfo Castagna (1910-2009), formado na Escuela de Bellas Artes Ernesto de la Cárcova, a mesma frequentada por Tulio e na qual mais tarde exerceria docência.

Os versos de Carella dedicados ao poeta louvado em Buenos Aires como El Ángel trabalham, para além de metáforas, evocações do relacionamento havido em 1933-34:

> Não sabes que coloco este canto sobre tuas cinzas
> para ver se me vai esta dor, esta perene sede de tê-lo
> em meu sangue e em minha saliva.
> Essa maldita sede que cresce e vai
> subindo com meu grito.
> Mas não posso. Tudo são corvos, não posso
> viver com este pranto
> e morro sem saber se tua lembrança se irá de minhas entranhas
> ou se ficará como um poço infecto em minha voz.[1]

---

[1] À p. 32 de *Ceniza heroica* (Buenos Aires: Gráficos A. Cantiello, com xilogravuras de Rodolfo Castagna, 1937). Livre tradução minha.

Sobre o mesmo tema, conforme já mencionado, ainda em 1937 Carella integrou a antologia-homenagem de escritores de língua espanhola *Poeta fusilado. Homenaje lírico a Federico García Lorca*, publicada em Montevidéu (Ediciones del Pueblo).

O livro de Soler Cañas lista dez obras poéticas e reproduz oito poemas de Tulio, sendo dois inéditos: "Compadrada", sobre o universo do tango e a cidade de Buenos Aires, e "Tacto".[2] De produção madura, a maioria dos versos publicados reafirma o "conhecimento pelos sentidos" e a experiência amorosa no centro da estada recifense, às vezes em paralelo com a poesia sufi dos séculos XIII e XIV na cultura árabe, na qual os arroubos de paixão sensual são análogos ao anseio de comunhão com o Divino. Nesse gênero lírico, o transporte dos sentidos na união carnal – a "pequena morte" – metaforiza o processo místico de dissolução da individualidade egoica em Consciência Superior. O recurso pode ser identificado nos *Tres poemas* carellianos reproduzidos no livro de Cañas – originalmente publicados em 1965 em plaquete da Coleção Olho Secreto impressa por Raoul Veroni, série a "indagar a Presença Sagrada e as causas do êxtase no espaço místico que nos rodeia" –, como se observa nos versos de "Pastor":

> Alguém vive na luz inacessível,
> onde unicamente o olho secreto
> alcança.
> [...] O amor abre portas à chama:
> levanta-nos às torres do futuro,
> transformados em glória simultânea.
> Alguém parte, da luz ou de nós,
> e encontra a si mesmo em meio ao caminho.

---

2 À parte o engano de informar como livro de Carella a coleção Ojo Secreto editada por Raoul Veroni, Soler Cañas elaborou a seguinte lista exaustiva dos títulos de poesia do autor: *Ceniza heroica* (1937); *Soneto* (1951); *Los mendigos* (1954); *Intermedio* (1955); *Preta* (1963); *Roteiro recifense* (1965) – parte de uma coleção mais extensa intitulada *Sombra del Sol*; e *Tres poemas* (1965), este com gravuras de Enrique Tudó. Entretanto, omitiu duas versões de Tulio para a poesia de Gabrielle D'Annunzio, referidas a seguir neste capítulo (*Poemas*, 1945; e *La lluvia en el pinar*, 1954). Também não se encontram nesse rol duas outras plaquetes impessas por Raoul Veroni: *Testigo* (1964, com xilogravuras de Emma Álvarez Piñeiro); e *Sonrisa* (1965, com desenhos a caneta do próprio autor). Chegam a onze, portanto, os títulos de poesia publicados, além de poemas avulsos em jornais e revistas a partir de 1940.

E também nos seguintes versos do inédito "Tacto":

> Os botões convertem-se em murmúrios
> sobre mapas de plácidos prepúcios.
> Tocar-te é o mesmo que cantar
> paraísos-morenos com os dedos;
> e o tocar-me é como sonhar
> um timbre quente e lírios pendentes.[3]

Após *Ceniza heroica*, registra-se um hiato de quatorze anos nas publicações de poesia do autor, retomadas apenas em 1951, ainda no modelo inicial de baixas tiragens artesanais ilustradas por artistas locais. Estas foram produzidas em parceria com o amigo gravador Veroni, à exceção da derradeira lírica, *Roteiro recifense*, surgida em livro da Imprensa Universitária de Pernambuco, por iniciativa de Hermilo Borba Filho. Contudo, nesse intervalo, aparecem duas outras edições nos mesmos moldes, traduções de Carella para obras do poeta italiano Gabriele D'Annunzio (1863-1938), emblema do decadentismo europeu e que, em certa altura, alimentou voluntária e iconoclasticamente especulações, tanto da crítica como de seu próprio círculo social – a grande burguesia italiana –, sobre seu componente de homossexualidade. As poéticas d'annunzianas que interessaram Carella foram, porém, de extração apolínea, produzidas já nas décadas de 1900 e 1910, e, portanto, não partícipes do decadentismo de seus romances *O triunfo da morte* (1894), *O inocente* (1892) etc.

A primeira elaboração sobre o autor italiano, *Gabriel D'Annunzio: poemas*, de 1945, pela editora Urania de Veroni, agrupa os versos de "L'Ipoccampo" e de "L'onda". A segunda, de 1954 (Edición del 60), traz "A chuva no pinhal" ("La pioggia nel pineto"), com 32 páginas, obra escrita em 1902 e publicada originalmente na antologia *Alcyone*, integrando a vertente lírica do *"panismo"*, que tentou recuperar o conceito panteísta da Grécia antiga

---

3 Luis Soler Cañas. *La generación poética del 40. Tomo I.* Buenos Aires: Ediciones Culturales Argentinas, 1981, p. 327. Tradução livre minha para: *"El amor abre las puertas a la llama:/ nos levanta a las torres del futuro,/ transformados en gloria simultánea"*. E para: *"Las yemas se convierten en murmullos/ sobre mapas de plácidos capullos./ El tocarte es lo mismo que cantar/ paraísos-morenos con los dedos;/ el tocarme es lo mismo que soñar/ un tañido caliente y lirios quedos"*.

de fusão do homem com elementos da Natureza, vista como sagrada. Por sua vez, *Alcyone* participa das *Laudi*, os "laudatórios" d'annunzianos a uma vida não contaminada pelo caos e mundanidade das cidades, enquanto "La pioggia nel pineto" celebra a paixão do autor pela diva teatral italiana Eleonora Duse durante uma caminhada vespertina em pinheiral, porém interrompida por temporal causador de atmosfera surreal. Chamada Ermione, a mulher remete à personagem mitológica esposada e abandonada por Orestes, herói no panteão da família Carella, como se viu no capítulo 2, embora, na verdade, Gabriele tenha sido descartado pela Duse.

*

Surpreendentemente, sobretudo para o ano de 1954, o tema escolhido para a terceira lírica publicada de Tulio retrata o *milieu* de encontros homossexuais em desvãos e sombras adjacentes à *féerie* de luzes, atrações artísticas e boemia do centro de Buenos Aires: *Los mendigos* (1954). A opção por linguagem decadentista reflete-se no vocabulário negativo e despiciente de todo o extenso poema já a partir da metáfora do título – mendicantes, porém de sexo –, configurando uma "retórica de segredo aberto", segundo a formulação de Daniel Balderston, professor de literatura hispânica da Universidade de Pittsburgh e estudioso da obra de Jorge Luis Borges.[4] Apesar da velatura do título, o poema anuncia de saída a que vem, com metáforas fálicas e referências evidentes à cópula homossexual:

> Dia e noite os mendigos transitam
> pela desabitada imensidão
> do sexo anônimo.
>
> Essa concavidade de mãos insaciadas,
> insaciáveis, ansiosas,
> que busca, nas virilhas dos ventos,
> o desejado orgasmo azul-celestial;
> esse oco oferecido a cada instante

---

[4] Apud Lucas Eduardo Mertehikian, 2015a, op. cit., p. 78.

para ser preenchido com a sombria espera
e que turbidamente espera;
oco solícito, suado,
ardendo pela tocha encarniçada,
sempre vazio porque solicita
uma força por si só já cansada
em seu exercício compassado.

Dia e noite os mendigos transitam
pela desabitada imensidão
do inimigo sexo.
Em atropelo desejante declaram-se
entre becos, praças e cloacas,
e por remotas enseadas de escórias,
a esfregar-se contra os mamilos rijos da noite:
ali tropeçam com a carne túrgida
– o ardente cilindro, coral e marfim,
de onde se escança o licor sinistro.

Mais adiante, o autor esquadrinha promiscuidades na escuridão de cinemas da avenida Corrientes, mesma condição observada em salas vespertinas do Recife e de tantas grandes cidades de todo o mundo:

A treva do cinema os ampara
e o marinheiro, o soldado, o provinciano,
o esposo imprudente ou fugitivo,
o inocente jovem com seu fogo,
o noivo apaixonado nos saguões
com febre desdenhosa por vezes respondem,
concedendo, negligentes,
à caveira da flor arreganhada,
o pólen nupcial de uma quimera.[5]

---

5 Traduções minhas.

Inescapável enunciar aqui a matriz novecentista da obra: o poema "Mulheres malditas (Delfina e Hipólita)", proscrito nas primeiras edições de *As flores do mal*, de Charles Baudelaire – obra intitulada originalmente *As lésbicas* –, uma vez que a suposta "insaciabilidade" desse gênero de prazer também alimenta os versos do simbolista grafados cem anos antes, como atestam suas tremendas estrofes finais:

> Sombras dementes, ide ao fim de vosso vício;
> não podereis o ódio expulsar dos corações,
> e é do prazer que há de surgir vosso suplício.
>
> Jamais um raio há de clarear vossas cavernas;
> pelas fendas da pedra os miasmas delirantes
> infiltram-se a brilhar, assim como lanternas,
> e os corpos vos penetram de odores nauseantes
>
> [...] Longe dos vivos, erradias, condenadas,
> correi rumo ao deserto e ali uivai a sós;
> cumpri vosso destino, almas desordenadas,
> e fugi do infinito que trazeis em vós![6]

Após Baudelaire, o "tormento infinito" gerado pela sexualidade desviante se tornaria tema central também para Marcel Proust.

Los mendigos utiliza o cólofon à última página para declarar-se "edição íntima" e avisa: "*Procul, o procul este, profani*", versos da *Eneida* de Virgílio que exortam os *não eleitos* a guardar distância do mundo de sombras dos mortos: "Afasta-te, ó vai-te, não iniciado!", exortação observada também nos pórticos de algumas catedrais europeias. A obra traz, ainda, duas outras citações latinas no mesmo diapasão, a primeira já na epígrafe, colhida da "Sátira II" do poeta e retórico romano Juvenal (c. 55-c. 127), que descreveu três tipos de homossexualidade, a inquirir, malevolamente, a respeito da forma exclusivamente passiva: "Mas o que esperam esses que, ao modo de Frígio, há tempos deveriam ter amputado à faca um farrapo de carne que

---

[6] Charles Baudelaire, *As flores do mal*, trad. Ivan Junqueira. Rio de Janeiro: Nova Fronteira, 2015.

Cólofon da plaquete poética *Los mendigos*, lançada por Carella e Raoul Veroni em 1954, em Buenos Aires, em página assinada por ambos.

sobra?"[7]. A segunda citação, impressa no final do volume, também provém da *Eneida* de Virgílio (Livro VI, verso 314), e trata de uma circunstândia da descida de Enéas ao submundo dos condenados à aflição eterna: *"Tendebantque manus ripae ulterioris amore"* ("E estendiam suas mãos, ansiosos pela outra margem").

Em viés psicanalítico, Lucas Mertehikian aponta nesses "mendigos" e em seu "oco" impossível de preencher uma "comunidade de ausentes", ecoando a falta lacaniana, ou seja, a ausência na própria origem da experiência do desejo,[8] ao passo que, segundo Severino Albuquerque, a in-

---

[7] *"Quid tamen expectant, Phrygio quos tempus erat iam/ more supervacuam cultris abrumpere carnum?"* É nomeado nos versos o personagem eunuco Frígio, da tragédia *Orestes*, de Eurípides (408 a.c.).

[8] Lucas Eduardo Mertehikian, 2015a, op. cit.

vestigação sexual do espaço do Recife corresponderia à afirmação de uma presença.⁹

A ousadia de exposição pessoal de *Los mendigos* potencializa-se, ainda, no desenho colocado abaixo de seu cólofon, uma espécie de ourobouros, serpente que contudo não chega a engolir a própria cauda, formando um rugoso e escuro "c": possível abreviatura de *culo* (cu), e ao mesmo tempo a sua figuração, a encimar as assinaturas à mão de Veroni e Carella em cada exemplar. Segundo Mertehikian: "Uma letra 'c', um segredo que acaba por não dizer-se, ainda que alguns eleitos talvez saibam interpretar".

À escatologia metaforizada de *Los mendigos* seguiu-se, um ano depois, uma segunda plaquete de homoerotismo explícito: *Intermedio* (dez. 1955) – desautorizando, mais uma vez, hipóteses de assunção de bissexualidade do autor apenas no Brasil. Nela Carella não se posiciona exteriormente, como simples testemunha, mas dirige-se em primeira pessoa a um amante masculino impossível. Já a epígrafe do poema, um verso das *Bucólicas*, de Virgílio, não admite dúvidas quanto ao objeto de seu cantar: "*Formosum pastor Corydon ardebat Alexin, delicias domini*" ("O pastor Corydon abrasava-se de amor pelo formoso Alexis, delícia de seu senhor"). No clássico, o guia de Dante através do Inferno completa: "*Nec quid speraret habebat*" ("mas ele não conseguia o que esperava obter"), conclusão todavia omitida na epígrafe do portenho.

O nome do pastor virgiliano, Corydon, emprestou título à apologia de André Gide à homossexualidade publicada na década de 1910 – segundo o autor, seu livro mais importante –, e "Alexis" tornou-se, em 1929, nome de obra de Marguerite Yourcenar de influência gideana, confissão de um homem que abandona a mulher para assumir a homossexualidade.

Carella inicia o lamento *Intermedio* com explanação da epígrafe escolhida: "Depois de haver sonhado/ com os versos do Poeta/ que guiou o florentino pelo Eterno,/ e de esgotar a angústia num poema,/ abandono-me à cidade/ exausta de vida;/ percorro ruas insensatas/ como uma ilha de silêncio ferido,/ e dissolvo-me no rumo espesso dos homens".

Já a omissão do segundo verso de Virgílio – indicativo de frustração na união carnal – deve-se, certamente, ao caráter oposto da experiência de Tu-

---

9 Cf. nota 14, cap. 1.

lio junto ao afeiçoado de seu poema, como atestam as últimas estrofes, embora a promessa de continuidade desse amor se anuncie fracassada:

> Vamos, amigo:
> a noite termina.
> A cidade abandona seus tentáculos
> de sombras à porta do novo dia.
> Os sorrisos perdem-se
> na curva do tempo.
> As poças do caminho evaporam-se
> no claro panorama da vida.
> Devemos separar-nos. A ternura desata-se
> no ouro róseo da alvorada.
> Prometo o que quiseres
> se permitires que seja falsa a minha promessa.
> Não peças a verdade.
> Desfruta tua porção de céu claro.
>
> Não penses que o destino da estrela
> é apagar-se um dia.
> Alguma vez, acaso, chegaremos à raiz
> secreta das coisas.
> Mas agora voltas ao trabalho
> e aos versos dolorosos eu volto.

Entre as cinco plaquetes do autor impressas em Buenos Aires após a estada no Brasil, a do poema "Sonrisa" [Sorriso] saúda o primeiro dia de 1965 com a comédia e o riso que fundamentaram suas farsas, bem como as obras de Goldoni por ele traduzidas. Dessa vez, a singelez da composição é epigrafada com o verso "Dolce ridere", de Ovídio (43 a.c.-18 d.c.), o poeta e dramaturgo romano das líricas autobiográficas eróticas. "Sonrisa" mescla o ritual católico ao universo do tango e ao Carnaval:

> Do tempo somente guardamos
> um sorriso que perdura,

uma manhã nublada,
pardais que salpicam a calçada.
Uma milonga que revoluteia
como beija-flor entre *muchachas*;
passam carros e máscaras,
círios e batismos,
cresce a semente do outono
e a acácia oferece seu olor.
Tudo foi alegre e foi triste,
pequeno e eterno
– e já esquecemos.
O sorriso coroa
a obra dos dias.

*

A nostalgia do Recife é manifestada por Carella não apenas na correspondência copiosa com Hermilo Borba Filho, mas também em líricas produzidas após 1961 já em sua terra natal. Assim, em 1963 o autor fez publicar *Preta*, poema escrito no Recife em 1960. Concorde ao tema aquático associado por Carella à cidade nordestina, a epígrafe é emprestada, dessa vez, de um autor contemporâneo, Jorge Luis Borges, porém recuperando o devir filosófico grego do século V a.c. na asserção "Tudo flui como um rio e nada permanece", ou seja, é impossível deter a vida em seu contínuo mudar. Os versos borgeanos: "[...] A água daquele rio/ no qual Heráclito enxergou a nossa loucura".

Em carta a Hermilo de outubro de 1969, Carella aponta *Preta* como chave para a compreensão de *Orgia*: "É de suma importância, porque assinala a intervenção do sentimento, que anula com sua força os amoricos superficiais e momentâneos". Entretanto, deduz-se que tanto o título com gênero feminino, *Preta*, como a ilustração de Raoul Veroni para a edição, uma litogravura com nu próximo ao andrógino, constituíram subterfúgios para driblar a moralidade portenha: o verdadeiro objeto do poema teria sido um jovem negro do Recife, pois, numa segunda missiva ao pernambucano, o autor remete esse amor praiano ao antigo hábito militar espartano de relacionamentos íntimos entre graduados experientes e soldados neófitos.

Litogravura de Raoul Veroni para a plaquete com a poesia *Preta* (1963), sobre o Recife, impressa em Buenos Aires.

Em sua explicação, Carella anuncia ainda que no *Diário segundo* de *Orgia*, então em escrita, utilizaria para esse personagem o nome de dois gêneros Bindu, que também designa o sinal rubro aplicado à testa pelos seguidores do hinduísmo – e, uma vez que o argentino estudou também o sânscrito, registre-se a significação do termo nessa língua: "gota" ou ponto primordial do qual nasceu o Universo. De outro lado, solicita a Hermilo não incluir em seu novo memorialístico o nome verdadeiro do jovem emergido das águas, como moderna Afrodite, citado pelo argentino em outra comunicação do período (não localizada nos arquivos do escritor pernambucano):

> Já que aconselhei o uso do poema *Preta* para o teu *Deus no pasto*, esqueci-me que não podes usar esse nome [citado em carta anterior], que corresponde ao de uma pessoa, que em *Orgia II* figurará (se o livro surgir) como Bindu. Quer dizer, podes falar do poema "Bindu", composto por Lúcio Ginarte e editado luxuosamente *a posteriori*, mas podes manipular um truque e dizer que foi publicado no Recife, pois foi escrito no Recife. Isso com respeito a Bindu; não há razão para identificar alguém sem necessidade, pois poderia acarretar algum conflito com seus parentes ou amizades, ainda que as pessoas não criem demasiados problemas por causa desse tipo de relações, que são consideradas mais bem como honrosas, no estilo espartano. (set. 1969)

De fato, o poema busca prolongar a recordação – ou o "sentimento", como quis o autor – de um efêmero amor litorâneo, além de retroceder à questão da origem das raças:

> E de repente, como chuva inesperada
> que apaga a insensata sede de fogo, surgiste,
> sonho almejado,
> com o mar cálido em tua musculatura; [...]
> E foi por um instante
> uma canção que atravessa o céu
> sem perturbar o azul indiferente;
> [...] Esqueci o teu rosto
> e recordo apenas: era bonito.
> Tenho presente nada mais que teu ar,
> que venturosamente comoveu
> o vazio e presunçoso destino,
> fazendo-me pensar no pó da terra tornado existência
> e que ao negro pertence a felicidade.

Dessa maneira, assexuado, andrógino, nem homem nem mulher, como já sugeria o poema, o Bindu – Preta/Preto – reservado ao segundo volume dos diários brasileiros antecipava a sexualidade *queer* não binária dos anos 2000, assim como questionamento de identificações raciais, sobretudo na pergunta em chave existencial "O que é um negro?", presente em mais de um poema de *Roteiro recifense* em meio a evocações do homem bíblico primordial moldado em argila, de forma a exibir tez escura desde o início dos tempos, como nos versos de "Mitología":

> Aqui se diz que Deus é negro
> e criou a luz para o universo. Porque não necessitava dela.
> E Adão, criado do pó
> à Sua semelhança,
> tinha cor de terra,
> e negue quem puder.
> E não haveria razão de a costela
> ser mais clara que a espádua.
> E se os pais foram escuros, de que cor saíram os filhos a povoar o mundo?
> Tudo era negro no princípio
> e continua sendo assim.
> De onde, então,
> vêm os brancos?

Parte dos poemas do mesmo livro celebra amores fugitivos, em becos recifenses acobertados pela noite, como em "Noivos":

> O dia vira de bruços
> e se põe escuro.
> Os noivos ficaram duros
> de tanto beijar-se
> na rua da Saudade.
> Abraça-os a dilatada
> respiração da noite.

Roteiro recifense é explicado em seu cólofon como "seleção de um livro intitulado *Sombra del sol*, que consta de 235 poemas, [...] e a maioria atém-se a Pernambuco e, sobretudo, ao Recife". Desses, Hermilo mandou imprimir 97, a fim de gravar a passagem do amigo portenho pela cidade.

Para júbilo de Tulio e renovação de suas esperanças de retorno ao Brasil, o livro mereceu resenhas na imprensa pernambucana. No *Diário de Pernambuco*, o poeta, jornalista (editor do "Suplemento Literário") e professor emérito da UFPE César Leal (1924-2013) assinalou a obra ter escapado de "convencionalismos" e "regionalismos" em sua visão da cidade: "Assim, penetro no mundo de Tulio Carella e seu entusiasmo desperta-me emoção ao contemplar essa imagem do Recife que o poeta expressa em termos absolutamente novos" (2 jun. 1965). O jornal publicou, ainda, uma segunda resenha da obra, por Marcus Antônio do Prado, destacando a "visão original do Recife" e "a ambição de fundar imagens e símbolos sobre o terreno arejado e sólido de uma experiência autêntica", o que, em última instância, constituiria a afirmação de uma identidade anômica, "para além dos muros e das leis da cidade", como definiu Émile Durkheim num famoso ensaio sobre o suicídio. Por fim, traduziu-se para o mesmo *Diário* uma nota sobre o livro enviada de Buenos Aires pelo escritor e poeta Guillermo Orce Remis, que alternou resenha literária e comentário poético, a fim de apontar coexistência de dureza e compaixão no olhar do amigo sobre a sociedade pernambucana.

Em julho de 1966, Carella pediu a Borba Filho que enviasse diretamente as duas resenhas de *Roteiro* aos jornais *La Nación*, *La Razón*, *Clarín*, *Crónica* e *El Mundo*, com os quais já colaborara. Solicitou, ainda, a publicação, no "Suplemento Literário" do jornal pernambucano, do penúltimo poema de *Sombra del sol*, "Maremoto" – não incluído na edição brasileira –, que antecipava as trágicas inundações que atingiram a capital do estado no final de maio daquele ano: "Até esse cordão umbilical aquático liga-me à cidade nordestina", concluiu.

No mesmo ano de 1965 da impressão de *Roteiro recifense*, Carella e Veroni publicaram em Buenos Aires a plaquete *Testigo* [Testemunha], poema de apenas quatorze versos a retratar a cena bíblica de Cristo no Jardim das Oliveiras e a dar medida da consciência de seu sacrifício: "O homem se entrega;/ a sombra se apodera de seu corpo./ O suor e o sangue o consolam/ com angústia e com tristeza./ Estamos todos presentes,/ porém adormecidos".

*

Revelam-se múltiplas as colaborações de Tulio Carella para o jornalismo cultural argentino a partir de 1934, ano de seus primeiros comentários sobre música e cinema no diário *Crítica*, no qual aposentou-se no início dos anos 1970 – com salário modesto –, após assinar centenas de textos, senão mais de mil, sobretudo em crítica cinematográfica. Entre inúmeras colaborações para os diários da cidade, contam-se artigos em *La Prensa* entre 1951 e 1955, no governo de Juan Domingo Perón, período em que esse jornal foi expropriado e passou às mãos da Confederación General del Trabajo, com seu suplemento cultural a cargo do escritor e dramaturgo César Tiempo, pseudônimo do ucraniano Israel Zeitlin (1906-80), também diretor do Teatro Cervantes entre 1973 e 1975. É possível que esse convite a Carella ecoasse seu alistamento em novo sindicato de escritores nos anos iniciais do peronismo, porém Mário Tesler observa que "os escritores que acederam à solicitação de Tiempo para figurar em *La Prensa* não eram necessariamente partidários do governo". Com a assinatura de Tulio, apareceram nesse jornal os seguintes textos, refletindo a abrangência de seus interesses: "Hermanito astro" (conto sobre "intervençõcs angélicas", dez. 1951); "Un teatro de arte en Buenos Aires" (sobre o teatro judaico Idicher Folks Teater e o diretor Alberto D'Aversa, jun. 1953); "Por qué el tango se llama tango" (especulação etnográfica e semântica, out. 1953); "El viaje inmóvil" (conto, dez. 1953); "Literatura callejera" (sobre anúncios no comércio portenho, set. 1954); "Cédulas de San Juan" (jul. 1955, sobre festejos juninos e um sainete do início do século XX, do uruguaio Florencio Sánchez); e "Cruzar" (poema, out. 1955).[10]

Em meados da década de 1960, Carella passou a integrar o quadro de colaboradores da revista *Davar*, da comunidade judaica de Buenos Aires, dirigida por Bernardo Koremblit – ex-companheiro do *Crítica*, presidente da Sociedad Argentina de Escritores e diretor da Biblioteca Nacional. Nesse veículo, assinou resenhas na mesma seção literária em que colaboraram medalhões como Borges. Escolhia ele próprio os livros comentados, tais como: *A rebelião dos negros*, de Louis Lomax; *El Páramo* (1965), romance do portenho Pedro Orgambide, exilado no México a partir de 1974; e *Sumario del miedo* (1965), do poeta Marcos Sílber, obra que teria mesclado "autobiografia, combatividade e temas dolorosos", contrapondo certo realismo ao

---

10 Levantamento prévio realizado por Mário Tesler e confirmado em pesquisa de microfilmes na Biblioteca de la Legislatura de Buenos Aires.

escapismo caraterístico do gênero lírico e dando oportunidade para o resenhista refletir sobre o binômio Utopia e Caos:

> Já passou a bela época de poetas que usavam drogas para explorar a alma e arrancar-lhe os seus segredos. O próprio [Henri] Michaux disse, depois de tentar, que as drogas lhe aborreciam com seus paraísos: "Valeria mais que me proporcionassem um pouco de sabedoria; não estamos num século de paraísos". Esta afirmação é discutível, pois se, como quer Hesíodo, o Caos persiste como continente, fonte e término de todas as coisas, o mesmo se poderia dizer do Paraíso.

Já no número 117 (abr.-jun. 1968) da mesma revista, Carella publicou o artigo "O gato de Cheshire", sobre o festejado escritor argentino Enrique Anderson Imbert; e no número 120, de março de 1969, o ensaio "Polos do *malamor*: Sade y Masoch", que incluiu elogio a Freud mais ou menos redentor dos muitos ataques à psicologia desfechados a partir de seus livros:

> A roda do tempo faz com que Sade seja glorificado e considerado um dos precursores da psicanálise. [...] Com ela, toda uma cáfila de psicólogos e pesquisadores entrou em atividade, e essa atividade passou à literatura. [...] A literatura psiquiátrica e psicológica especializada fornece todo tipo de detalhes e algo mais – que não são detalhes – acerca das preferências eróticas e das modalidades escolhidas para se alcançar o difícil prazer. [...] Freud colaborou para que o indivíduo desnudasse sua alma num jogo intelectual supremo. É verdade que Freud também experimentava tentações messiânicas e desejava ser considerado como um deus, mais que como um sábio, tomando qualquer dissidência como uma heresia. Mas pode-se perdoar essas exigências ao indivíduo que renovava com suas teorias acerca dos sonhos, da libido e dos complexos não apenas a perspectiva das ciências, senão das artes, das letras e do conceito amoroso.

Mais adiante, no mesmo texto, o resenhista expandiu verve satírica em torno das relações humanas modernas:

> O destino impôs uma trapaça a Sade e a Masoch, pois os separou no tempo em vez de juntá-los; [...] [Georges] Bataille reduz as possibilidades de Sade a meras mecanicidades, ou vícios de repetição que costumam acontecer nos cárceres, uma vez que os carcereiros não cogitaram colocar juntos homens e mulheres. Falta de imaginação que será, esperemos, sanada em algum futuro não distante, para o bem da raça humana. [...] A existência atual parece um campo sadomasoquista de batalha: basta folhear desapaixonadamente os jornais para experimentar vertigens.

Para *Ficción*, revista criada, como já mencionado, na esteira de *Sur* pelo amigo Juan Goyanarte, Carella resenhou dezenas de montagens teatrais ao longo dos anos 1950, bem como livros. No número 9, de outubro de 1957, surgiram críticas suas para *Tupac Amaru*, de Osvaldo Dragún, encenação do Teatro Popular Independiente Fray Mocho, e para a comédia *Las aguas del mundo*, de Samuel Eichelbaum, com o elenco do Teatro Cervantes. Em 1958 comentou montagem de *El lustrador de manzanas*, comédia de César Tiempo, no Teatro Marconi, indicando a "multiplicidade das aptidões literárias" do autor, que poderiam ser muito bem as do próprio resenhista, excetuado o traço cultural judeu: "O artigo quase improvisado pela urgência periodista; o ensaio que cavouca as raízes do conhecimento humano; a biografia que articula definitivamente uma figura popular; a poesia na qual se amalgamam de modo novo os acentos portenho e hebreu; o roteiro cinematográfico e a peça teatral indicam a variedade de suas criações".

Sua última colaboração para *Ficción* antes da estada brasileira deu-se em meados de 1959, com uma sequência de textos sobre o teatro bonaerense, iniciando por "El repertorio", no qual atacava a tendência local de rendição a estrangeirismos: "Nosso público, é forçoso reconhecer, não está preparado para um repertório de obras nacionais. [...] Será que não temos obras clássicas, ou sequer de valor? Capazes de oferecer material para um aprofundamento interessante? Ou ainda não saímos do mero teatro costumbrista, que interessa apenas como documento?". Em seguida, abordou a encenação de uma obra clássica, *La gringa* (1904), de Florencio Sánchez, pelo Teatro Interamericano de Arte. O último texto da série comenta um concurso teatral promovido pela prefeitura naquele ano no Parque Lezama, "de importância surpreendente" e no qual ele estreara seu drama *Coralina*.

Na *Sur*, entre outras colaborações, ousou reticências críticas – no próprio reduto do autor – a Jorge Luis Borges e seu *O livro dos seres fantásticos*, coassinado por Adolfo Bioy Casares (n. 271, jul.-ago. 1961). O número da revista comemorava, justamente, o prêmio Formentor de las Letras Internacional, conferido por editores, para Borges e Samuel Beckett *ex-aequo*. Era sabida no meio literário bonaerense a familiaridade de Tulio com as literaturas religiosa, mística e esotérica, em oposição à erudição predominantemente secular dos autores do livro. A resenha inicia-se com prólogo neutro sobre a peregrinação de Dante até a chamada *ultratumba*, mas na segunda metade ataca: "Uma obra dessa importância deveria indicar ao [leitor] profano algumas direções. Uma delas acerca da palavra *eternidade*. [...] Mas talvez seja pedir demais ao simples propósito – por si bastante complexo – de concretizar uma antologia com o arriscado tema escolhido".

Dois anos antes, às vésperas de o portenho emigrar para o Brasil, *Sur* publicara seu brilhante estudo sobre uma manifestação cultural argentina próxima de extinguir-se: a *murga*, bloco de músicos-foliões a satirizar costumes e tradições senhoriais no Carnaval e em festas locais, e a soar campainhas de casas abastadas a fim de receber propina, uma vez que "*dar murga*" significa "incomodar, importunar". O artigo "Murguística", em quatro páginas da prestigiosa revista (n. 261), evidencia pesquisa exaustiva sobre esses conjuntos, sua irreverência e pertenças lunfarda e "cocolichesca" (os jargões portenhos), "a meio milímetro do pornográfico":

> Não apenas ocultam muito debilmente a malícia, mas, ao contrário, com esse sistema acentuam-na. [...] Costumam empregar uma picardia muito característica: "*A mi prima Margarita/ se le quemaba el delantal* ["avental"];/ *si no llegan los bomberos,/ se le quema lo principal*". [...] A leviandade que origina esse subproduto literário transforma-o num gênero pouco acessível e menos comunicável. Unicamente com muita paciência se encontra versos que se pode reproduzir sem medo: "*El amor es una cosa/ muy difícil de estudiar;/ unos pierden la cabeza/ y otros se quierem matar*".

Ao longo de três décadas Tulio colaborou, ainda, com as revistas *Cosmorama*, *Fábula*, *Hipocampo*, *Mantrana 7000*, *Canto*, *Hipotenusa* e *Histonium*, além do periódico *Gaceta Literária* (publicação do Centro de Estudios e Investigación en Ciencias Sociales), para o qual escreveu, entre outros textos, resenha do livro *Los amigos lejanos* (Faja de Honor de Sade, 1948), de Julio Ardiles Gray, de tema sobrenatural com o qual guardava afinidade: o personagem Silvestre ouve vozes de mortos, com a cumplicidade de duas crianças igualmente sensitivas.

Em número de março-abril de 1945, *Cosmorama* publicou "Soneto", espécie de réquiem pelas vítimas civis da Segunda Guerra Mundial. Entre os versos, Carella recorreu a um elemento de cor rubra caro à alquimia e do qual deriva o mercúrio, bem como à mística cristã: "Em rubro cinábrio a rua vai aniquilando/ os abraços mais profundos. Como espada/ ele penetra, ah, Senhora! para devastar/ e para transformá-la em parede de sangue".

Em *Historium*, revista editada com grandes cuidados de ilustração e diagramação, assinou, em março de 1955, artigo sobre cômicos da era silenciosa do cinema, "Payasos de celuloide". Uma vez mais, o texto iniciava-se com remissão à Antiguidade greco-latina:

> O destino do ser humano é naturalmente triste. A primeira alegria que tem é a Fé; a segunda, conforme Helvio Botana [escritor e colaborador do jornal *Crítica*], é gozar e amar a Criação. O Riso seria, pois, a terceira alegria do homem. E como não se dispõe dela espontaneamente, é preciso proporcioná-la. Isso [...] já era sabido em Roma, e por isso governou-se ali à base de pão e circo. O riso foi considerado como função social.

E prosseguia com "história do humor" algo fantasiosa:

> *Riso*, esclarece o dicionário, é uma espécie de convulsão mais ou menos passageira, sobre motivos de prazer ou de dor, expressada com gesticulações análogas, ora silenciosamente reproduzidas, ora acompanhadas de certos sons quase articulados, não muito distante de expressar mais de uma voz formada por onomatopeia significante. O riso natural não parece pertencer a todos. É necessário haver aqueles que o provoquem. Dessa necessidade nasce o cômico – criador ou intérprete. Como quase tudo o que depende das formas, e não das es-

sências, o riso torna-se frágil perante o tempo; por isso é transitório. Oscar Wilde estimava 25 anos (ou seja, uma geração) de eficácia para o melhor dos chistes. Tamanha é a demanda de riso nos mercados da melancolia que a demanda produtora quase nunca permite esclarecer as fontes humanas. Sobretudo no cinema, onde o riso transforma-se em melancolia.[11]

Para a revista *Mantrana 7000*, Carella escreveu, em 1973, uma "Utopía crónica", na verdade uma *distopia* situada em futuro próximo, repleta de polarizações políticas e narrativas de controle de poder em grau superlativo – como denunciava à época Michel Foucault –, a ponto de a maioria das pessoas de "certo país" viver em prisões, no interior das quais se constituem universidades, templos, academias esportivas etc., em inversão da costumeira invisibilidade repressiva.[12] O texto é dedicado ao amigo editor Ricardo Mosquera, que após a publicação de *Orgia* atuou como espécie de protetor do autor no meio editorial, conforme já mencionado.

Em 1967 Carella foi convidado a integrar a antologia *Las ciencias ocultas*, ao lado de Ernesto Sabato, Estela Canto, Alicia Jurado, Silvina Ocampo e Haroldo Conti. Entre as minibiografias ao final do volume, informa-se: "Tulio Carella estudou música, química, desenho, ocultismo, parapsicologia, árabe clássico e literatura". De estilo refinado, dosando humor e tragédia na observação do cotidiano de um homem médio tão supersticioso como o próprio autor, o conto "El astrólogo porteño" narra desventuras de um sujeito de classe média em permanente conexão com entidades do "mundo astral" e profundamente versado em egiptologia, técnicas de mumificação, tarô, astrologia, quiromancia e o que mais se possa imaginar em matéria de esoterismos. Já o primeiro parágrafo evidencia o alcance da sátira, dirigida não apenas a um tipo característico, mas a toda a organização social moderna:

> Assim como o Evangelho ordena fazer o bem em segredo, os Grandes Magos aconselham agir publicamente para o mal. E os políticos e os guerreiros acatam essa ordem com obstinada obediência ao Sumo

---

11 *Historium*, ano 16, n. 190, Buenos Aires, mar. 1955, p. 25-32.

12 *Mantrana 7000*, n. 3, Buenos Aires, 1973, p. 53-9.

Inferior. Tais conceitos, com outros não menos curiosos, estavam gravados no cérebro de Hermes Grande, como gostava de pseudonimizar-se Hermenegildo González, que assim equiparava-se, já que não podia fazê-lo de outra maneira, a Hermes Trimegistus, que é Três Vezes Grande, porque é grande nos Céus, grande na Terra e grande nos Infernos.

Um ano antes, porém, surgiu *Picaresca porteña*, que reúne muito citados (em livros e revistas argentinos) ensaios sobre a cultura argentina, atualizando *El tango: mito y esencia*. O primeiro e mais extenso, "Para hombres", discorre sobre os prostíbulos bonaerenses – já nesse texto admitidos como locais de origem do tango – e a legislação moralista que lacrou as portas dessas casas em 1936. Utiliza como epígrafe uma frase do sempre lembrado Santo Agostinho: "Suprimam-se as meretrizes e encherás de confusão a República". O segundo intitula-se "Divagaciones sobre el lunfardo"; e o terceiro, "Humorismo tanguero". O quarto, "Carlos de la Púa", focaliza o jornalista e poeta marginal lunfardista. O quinto, "Las primeras letras", discorre sobre "o senso de humor do *criollo*, do gaucho e do portenho", e portanto, sobre as letras dos primeiros tangos. O sexto, "Erostratismo", trata igualmente da poesia de tangos, porém os de meados do século XX. O sétimo, "El bandoneón", examina o instrumento de origem alemã introduzido na Argentina por emigrantes italianos nas orquestras de tango. O oitavo responde a uma carta de Ernesto Sabato a respeito do pronome "*vos*", a desenvolver o tema da prosódia dita popular. O nono, "Murguística", consiste no texto publicado anteriormente em *Sur*. O décimo e mais divulgado ensaio é "Inscripciones privadas", com pesquisa na Argentina e no Brasil sobre grafites, pornográficos ou não, em portas e paredes de banheiros públicos, cuja epígrafe é emprestada de um milenar muro pompeano: "Admira-me, ó muro, que ainda não caíste sob o peso de todas as imbecilidades com as quais esses idiotas te recobriram". Infelizmente, Carella não topou com uma inscrição do início dos anos 1960 que ele certamente reproduziria, glosa de aviso sanitário grafada no alto de uma latrina da avenida Callao pelo escritor Witold Gombrowicz: "Senhoras e senhores, para o nosso bem,/ não o façam na tampa, mas no buraco".

No décimo primeiro e último texto de *Picaresca*, Carella retoma os textos anteriores sob o título "Caliban", ou seja, o monstruoso servo do mago

Próspero em *A tempestade*, visto por estudiosos da obra shakespeareana como "feixe de ideias e sentimentos" *in bruto* ansioso por assumir forma e estatuto humanos, personificando dessa maneira as linguagens "marginais", abordadas antes no livro, que um dia acabam por se tornar o próprio cerne do idioma.

O ano de 1967 foi o último a registrar publicações de Carella na Argentina. Além dos títulos já mencionados, surgiram *Las puertas de la vida* e *El sainete*, prólogo avulso da antologia de 1957, bem como a antologia de comédias de Goldoni, inclusive seu premiado estudo introdutório. Finalmente, em 1968, Ricardo Mosquera imprimiu, em Editorial Kraft, a tradução de um texto quase técnico sobre pintura clássica, encomendada a Tulio para proporcionar-lhe algum sustento: *Dialogo de la pintura*, obra renascentista do veneziano Paolo Pino, publicada ao mesmo tempo que aparecia, no Brasil, o fatídico *Orgia*, o "Caliban" pessoal do autor.

Extraordinariamente, treze anos após o falecimento de Carella, surgiu em Buenos Aires uma antologia com texto seu, ao lado de trabalhos de pensadores da cultura portenha já citados: Raúl Tuñon, María Rosa Oliver, Fray Mocho, Florencio Sánchez e Alvaro Yunque. Em *Gringos y criollos* (1992), seu ensaio "Tango y patota" lembra os jovens *patoteros* que divulgaram pioneiramente na Europa a apreciada música-dança portenha.

À parte esses trabalhos, Tulio jamais deixou de aplicar-se aos seus diários, cuja totalidade em manuscritos alcançaria, segundo afirma em carta de agosto de 1968 a Borba Filho, 481 400 páginas, contudo, como já se viu, em parte destruídas por sua esposa e sobrinhas em 1979. Há, ainda, uma quantidade de contos, poemas e novelas inéditos, talvez conservados entre seus documentos levados de Buenos Aires à residência da família em Mercedes. Entre esses, Tulio comentou para Hermilo brevemente *El escondido*, novela burlesca e "pornográfica" sobre aspectos do pênis, na Argentina referido às vezes como "o escondido" (a partir de dança folclórica com esse nome), envolvendo ainda "aspectos autobiográficos, documentos, anedotas etc."; obra que foi trabalhada ao longo de 1968 e 1969: "Se faço o que pretendo, terá mil páginas, como *Guerra e paz*" (jan. 1968).

Conforme a correspondência com o pernambucano, constam, ainda, os seguintes itens: prefácio para um novo livro de poemas de Margarita Durán datado de 1966; peça teatral ou conto sobre "um menino que roubou um pês-

de abril de 1979 ★ **CLARIN**

El adiós a Tulio Carella

En la ciudad bonaerense de Mercedes fue sepultado Tulio Carella, hombre de teatro, escritor y periodista de extendida trayectoria.

Italo **Tulio Carella** trascendió a la consideración pública sin su primer nombre. Aunque ligado afectivamente a la ciudad de Mercedes, en cuyo cementerio fueron inhumados sus restos, era porteño del barrio de San Cristóbal, nacido el 14 de mayo de 1912.

La fina sensibilidad de Carella se orientó tempranamente en múltiples disciplinas, finalmente concurrente a la erudición que habría de manifestarse de muchas maneras. Egresado como profesor de dibujo de la Escuela de Bellas Artes Manuel Belgrano, también estudió música, química, psicología y a fondo varios idiomas. De pluma suelta y elegante, abordó el periodismo en el diario "Crítica".

En la ficción o el ensayo, la producción literaria de Tulio Carella abarca no pocos títulos. Permeable a la influencia de Carlo Goldoni, el clásico italiano que mucho admiró, su farsa **Don Basilio mal casado**, puesta en escena por Antonio Cunill Cabanellas en 1940, reveló a un autor teatral cuya tendencia a la ironía seria rubricada enseguida por **Doña Clorinda la descontenta**, que estrenó Gloria Guzmán al decidirse al abandono final de la revista. Otras siete piezas de no tanta repercusión completan el ciclo teatral que Carella cerró en 1965 con **Juan Basura**. Pero también informan esa misma pasión sus innumerables traducciones escénicas, con preponderancia del italiano y de Goldoni, o sus textos dramatizados para la radiofonía. E igualmente el teatro, o el espectáculo en general, acude a su obra ensayística.

La poesía y la narrativa en-prosas se suman al intenso quehacer de Tulio Carella. Ceniza heroica se tituló una primera entrega en verso, editada en 1937; hasta los **Tres poe-**mas conocidos en 1966, serían nueve sus obras poéticas. **Cuaderno del delirio** y **Las puertas de la vida** son contemporáneamente sus ficciones en prosa más conocidas. Todo ello no impidió a Carella el retorno periódico a la tarea periodística, desde dentro o fuera de las redacciones, y hasta el ejercicio circunstancial de la docencia. Dictó cursos de teatro en la Universidad de Cuyo, en Mendoza, y en la de Recife, Pernambuco, Brasil, además de numerosos cursillos sobre temas literarios, pictóricos o de la realidad porteña. Igualmente se acercó a los sets cinematográficos.

Tulio Carella: su obra escrita fue pródiga y calificada en el teatro, la poesía, el periodismo y el ensayo.

Tulio Carella

Efectuóse su sepelio

Con la desaparición de Tulio Carella, cuyos restos recibieron sepultura en su ciudad natal de Mercedes, pierden las letras argentinas a una figura de características muy significativas, tanto en el campo del teatro como en los ámbitos de la prosa y la poesía. Pero sobre todo, se pierde a una figura familiar, cuya cordialidad y campechanía lo transformaron en un amigo, suscitador de simpatías por su personalidad y por su obra polifacética.

Crítico teatral y cinematográfico, cuya agudeza y erudición resbaldaran su autoridad inconfundible, Carella era un ejemplo de la vocación del periodismo y de la pasión por el teatro. Nació en Mercedes, en 1912, y llevó a su terruño entrañablemente en el alma, conforme lo reflejó en "Las puertas de la vida". Estudioso, tenaz —se había doctorado en química, pero cultivó el dibujo, la música, la parapsicología, el latín y el árabe—, enseñó dibujo en la Academia Manuel Belgrano y desempeñó cátedras en las universidades de Cuyo y de Recife. Esta última respaldó su tarea literaria e inclusive editó, en portugués, su obra "Orgía".

Pero Tulio Carella fue, por encima de todo, autor teatral y poeta. Sus obras "Don Basilio mal casado" (tercer premio Nacional en 1940), "Coralina", "Clorinda la descontenta", "Coralina" y "Juan basura" revelaron —entre otras, un asunto de fondo que alternaron el drama, la farsa y la comedia— a un autor de garra popular, donde la búsqueda y el razonamiento de los temas de hondura filosófica ofrecieron el vigor humano y la gracia, a través de personajes perfilados con espontaneidad y fuerza. El teatro de Carella fue sincero, de imaginación, de sentido realista, documentado y atrayente.

Sus traducciones de Goldoni y de D'Annuncio, su cultivo de los clásicos, su apego a todos los géneros escénicos —"El diablo cantando anuncia destrucción", autosacramental en un acto, es un ejemplo de su pluma afinada y sensible— habían hechos de Carella un poco el característico crítico de sí mismo. El fue también inspirador de Caminito y traductor de la primera obra presentada en ese rincón con nostalgia, que él amó con nostalgia. Porque, sobre todo, era un mercedino porteño, sentencioso y conversador.

Asimismo, desde su obra poética "Ceniza heroica" (1937), hasta "Roteiro recifense" y "Tres poemas" (1965), fue amplia su labor en este capítulo, que habría de complementar con la prosa, en cuyo vasto caudal deben destacarse "Tango, mito y esencia", "Picaresca porteña", "Las puertas de la vida", "Cuadernos del delirio" (Faja de la SADE en 1959), "El astrólogo porteño" (libro colectivo) y otros títulos.

Cursos

Taller teatral
En Venezuela 525 funciona el Taller de Creaciones Teatrales, donde se enseñan disciplinas como movimiento del cuerpo, plástica y física, visión metodológica, surrealismo, investigación y montaje de una obra. Informes en la dirección citada al 774—0881 martes y sábados de 19 a 20.

Tras la exhibición en privado de la primera parte del filme —escaso para un juicio definitivo— sólo se puede señalar que los realizadores aprovecharon con oficio los "ganchos" puestos a su disposición por Hailey y lograron un resultado que es el equivalente televisivo de la novela. En la faz interpretativa Lee Remick cumple un buen trabajo, igual que Adele Mara en el papel de la viuda enamoradiza. En cambio, Rock Hudson trasluce algunas de sus carencias para afrontar un compromiso que exigía más energía. Habrá que esperar a ver las otras cuatro quintas partes de "Ruedas", para apreciar cabalmente su actuación en las escenas de mayor peso.

Ralph Bellamy, Scott Brady, John Durren, Anthony Franciosa, James Carroll Jordan, Adele Mara, Tim O'Connor, David Spielberg, Jessica Walter y Fred Willamson, entre muchos otros.

Necrológios do escritor e dramaturgo nos jornais *Clarín* e *La Nación*, de Buenos Aires, publicados em 1º abril de 1979.

sego e foi condenado à morte", conforme entrecho emprestado do noticiário local; a segunda parte do memorialístico *Las puertas de la vida*, para a qual andava a cogitar um título; conferência sobre livros de Ricardo Mosquera; conferência sobre a literatura argentina (out. 1969); e, já em 1972, uma antologia de seus "contos antigos de vinte anos atrás", "coisa belíssimas" retrabalhadas, incluindo um "*cuento chino*" inspirado em *A metamorfose*, de Kafka, bem como novos livros de ensaios e contos: "Agora os editores querem contos como os de García Márquez, que escreve histórias ao estilo dos Irmãos Grimm, porém com detalhes eróticos". Por fim, registrou estar trabalhando as escritas de um ensaio "sobre as relações homem-mulher na Argentina" e de uma "comédia à maneira clássica [...] de rico conteúdo, de personagens tão plenos que o primeiro ato dura quase duas horas; e são três" (fev. 1973).

Para Hermilo, em carta de setembro de 1969, Tulio Carella mencionou, ainda, a elaboração de "uma série de poemas malditos", na qual, a ecoar *Orgia*, dizia revisitar o embate de Agostinho com sua "falta moral", convertida, afinal, em exemplo da elevação do indivíduo acima das existências sem propósito. Já a partir do título, *Selva selvaje* – emprestado da crise de maturidade de Dante, perdido em "selva selvagem" –, e segundo a descrição enviada, essa lírica final ecoaria posturas aparentemente paradoxais tanto do bispo de Hipona – "Dai-me a sabedoria, mas não nesta vida" – como do próprio Messias, evocado por meio de Marcos (2:13-17) e Mateus (21:31): para escândalo de muitos, ambos os evangelistas registraram a preferência de Jesus de comer e beber com personagens odiados ou marginalizados em seu tempo – publicanos e prostitutas –, em vez de frequentar os escribas da lei e os fariseus no poder, infensos à palavra nova e à misericórdia divina tornada carne:

> Escrevo *Selva selvaje* e ignoro se são bons poemas ou uma bazófia saída de minha pena. O que mais me indigna, e agrada-me ao mesmo tempo, é que não se parecem com nada, nem com o que eu próprio fiz antes. [...] Tratam da luta contra o demônio da luxúria e da soberba, que a idade todavia parece não esgotar. Gostaria de ter sido um indivíduo asséptico, sem paixões, indiferente a tudo o que não seja divino. Somente tenho o consolo de Jesus, que veio pelos pecadores e disse que só os enfermos necessitam de um médico, e não os sãos.

posfácio

A laceração Carella

1.

> *De repente, eu vejo, eu gritaria. Como se minha própria força me arrancasse, rio, ofegante. Quando digo que vejo, é um grito de medo que vê...*
>
> Georges Bataille

"Todo leitor, quando lê, é o leitor de si mesmo" (Marcel Proust). "*Al mirar, el ojo ve al que mira*" (Tulio Carella). Toda citação nos coloca num passado que não é o nosso, mas que, por isso mesmo, revela nossas próprias pulsões de forma menos arbitrária. Detenho-me nessa expressão: "*al que mira*" é algo deliberadamente ambíguo. O olho vê o contemplado, mas vê também quem está contemplando. "Quando digo que vejo, é um grito de medo que vê." O olhar é sempre intempestivo. Por isso, a basculação Proust/Carella nos lança, retrospectivamente, em direção a Nietzsche e seus leitores. Não é segredo que Michel Foucault apropriou-se, nos anos 1960, do conceito de transgressão de Georges Bataille (autor já citado por Tulio Carella em texto de 1969),[1] assim como também encontrou, no pensamento do próprio Nietzsche, uma caótica reserva de instrumentos para pensar as relações de poder, uma vez que as categorias de Marx ou de Freud provaram-se, a seu ver, insatisfatórias.[2]

Ao questionar-se sobre o motivo pelo qual a temática do poder tornara-se tão importante em anos recentes, Foucault considerou que teria havido, no Ocidente, uma redistribuição de tarefas que de fato empobreceu uma fração

---

[1] A menção de Carella surge no ensaio "Polos do *malamor*: Sade y Masoch". *Revista Davar*, Buenos Aires, n. 120, mar. 1969.

[2] Michel Foucault, *Nietzsche: Cours, conférences et travaux*, ed. François Ewald e Bernard E. Harcourt. Paris: Seuil/Gallimard, 2024.

da burguesia intelectual, liberal, à qual, precisamente, confiara-se, no século XIX, a custódia desse poder. Muito embora esse poder nunca tenha sido efetivo, permitia, no entanto, a esse setor social usufruir o direito de fazê-lo funcionar, marcando assim três tempos: expansão, autonomização, desvalorização da cultura. Tratava-se agora, contudo, de um novo tipo de poder, denunciado como simples tecnocracia pelos setores deslocados e combatido por estes.

Esse rearranjo de tipos e tarefas, entretanto, trouxe consigo não poucas perplexidades. Quem poderia afirmar, em sã consciência, que a primazia, antes concedida às lutas nacionais emancipatórias, integraria, ou não, um conjunto de táticas provisórias de um processo muito maior, autenticamente revolucionário? O campo era então extremamente lábil e os costumeiros tropeços políticos de Carella ilustram a questão à saciedade.

Na série de conferências desenvolvida na Universidade de São Paulo, em outubro de 1975, interrompida pela morte de Vladimir Herzog, Foucault considerava que a questão dos micropoderes, como a repressão dos "anormais" por parte dos "normais", era simples decorrência do desaparecimento do fascismo formal. Mas o fascismo não acabara, de fato, em 1945, como bem detectara Pasolini nos seus *Escritos corsários*. Porém, se o fascismo sobreviveu tanto tempo à própria morte é porque soube utilizar, no interior do corpo social, toda uma série de estruturas de poder preestabelecidas, ora na medicina ou na psiquiatria, ora na consideração da mulher como reprodutora biológica ou escrava doméstica. O campo de concentração, forma máxima e paroxística do regime, sobreviveu, em consequência, em formas muito mais tênues, como asilos e hospitais, revelando, não raro, o próprio fascismo dos antifascistas.

Todavia, mais do que pelas suas manifestações explícitas, Foucault confessava sua preocupação pelos modos implícitos de sobrevivência autoritária, na acolhedora sujeição que se exerce, silenciosamente, no tecido social mais denso e profundo. Em outras palavras, o desaparecimento do totalitarismo institucional, aquele do grande fascismo histórico, abriu passagem, paradoxalmente, a um conjunto de poderes excessivos, feito de violências infralimiares, que muito se lhe assemelhavam e que consolidaram, portanto, a sua sobrevivência.

Mas, junto ao desaparecimento formal do fascismo, o filósofo francês via um segundo aspecto da questão: a derrota do stalinismo, embora também advertisse, paralelamente, que uma fonte remota, não só do mal-estar contemporâneo, como da simples sobrevivência dos micropoderes, devia-se ao fato de vivermos, desde a idade clássica, uma sexualidade ranzinza (*bougonne*) e gagá (*bégueule*), uma sexualidade de sombras e becos, que só encontrou escapatórias nas metáforas obscuras e densas, na metonímia espacial e sexual ou nos disfarces simbólicos da neurose, que, até Freud, tiveram de esperar para sua efetiva liberação. Tal esquema obedecia, em primeiro lugar, a um princípio metodológico, o direito de, para detonar o processo histórico, poder usar toda uma série de noções, tais como as de proibição, censura, repressão, sublimação ou sequestro. O mito de uma sociedade repressiva trazia consigo a hipótese, mesmo árdua e difícil de admitir, de que os processos de poder e as modalidades do sujeito atuam em continuidade, aqueles com estas. A essa hipótese metodológica seguia-se uma segunda hipótese explicativa: a repressão está vinculada ao desenvolvimento do capitalismo; razão esta pela qual Foucault postulava, nesse regime, certa propensão ao *vitorianismo*, como o da monarquia inglesa do XIX, que se traduzia em padrões de silêncio, regras de discrição ou imperativos de decência, que impediam, de fato, falar.

Já na sua genealogia do discurso ocidental sobre a sexualidade, Foucault dirige o olhar ao tratado dos sonhos de Artemidoro de Daldis.[3] Para a onirocrítica desse filósofo do século II, haveria três tipos de atos sexuais: aqueles conformes à lei; os contrários à lei; e aqueles contrários à natureza. Ou seja, ele usa dois princípios classificatórios que se superpõem, mas são heterogêneos entre si. Em todo caso, o esquema de Artemidoro traduz o ponto de vista masculino, uma vez que tudo gira em torno da penetração, pouco importando o sexo do parceiro, mas sim o seu estatuto social. A questão reduz-se, portanto, a decidir se o parceiro é homem livre ou escravo, rico ou pobre, de sorte que o relevante é saber se, no sonho, o sujeito se concebe ativo ou passivo, penetrando (*perainein*) ou sendo penetrado (*perainesthai*), cabendo a ele, enfim, a disjuntiva. Essa diferença não remete à natureza nem ao corpo de quem sonha, mas aos parceiros e às atitudes que ambos assumem no ato, o que não depende, aliás, da sexualidade, nem mesmo do indivíduo psicológico, mas do esquema de relações sociais entre ambos. Contudo, é bom observar que Artemidoro se vale de certas polissemias da língua grega, tais como *ousia*, que tanto significa riqueza quanto semente; *blabê*, que denota

---

3 Artemidoro, *Sobre a interpretação dos sonhos (Oneirocritica)*. Rio de Janeiro: Zahar, 2009.

prejuízo ou agressão sexual; e mesmo *ergasterion*, que tanto pode ser a oficina quanto o bordel.[4] Dessa maneira, elas abrem um campo de indeterminação que nos permite concluir, à maneira de Lacan, que não há relação sexual.

Numa correspondência de julho de 1966, Tulio Carella admite o paradoxo: "O problema recifense, para mim, era a solidão que me atirava à luxúria, e a luxúria me deixava ainda mais só. Estava num círculo vicioso, na dupla acepção dessa expressão". Ora, na conferência sobre sexualidade e solidão (20 nov. 1980), no New York Institute for the Humanities, Foucault então resgata a figura de um paciente que, por meio de sua confissão de perturbação mental, teria subitamente recuperado a razão, o que é a própria inversão do ato performativo, que não persegue a verdade, senão a felicidade, e traça assim uma divisão entre filosofia e logologia. Poderia também ter lembrado uma passagem de Tulio Carella: "Curar é sair de si mesmo. A saúde perfeita é estar fora de si mesmo, em êxtase".[5]

Mas o que há por trás desse ensimesmamento alterado pela transgressão e pelo excesso? Diante do absurdo das guerras, e dos massacres do despotismo, raciocina Foucault, a filosofia ocidental foi adquirindo feição existencial; porém, a partir do recuo institucional de ideais como o fascismo e o stalinismo, a filosofia foi ensaiando outros caminhos. E não se identificando ele próprio nem com a semiologia nem com o estruturalismo – as duas vias principais desse desdém existencial do pós-guerra –, Foucault opta pela genealogia do sujeito moderno, estudando, em particular, as técnicas de si, por exemplo, em Santo Agostinho, que não as concebe, como Artemidoro, a partir da penetração, mas a partir da ereção (*libido*). Nessa "sociedade falocrática", como Carella a define em *Picaresca porteña*, trata-se, portanto, não exatamente de uma relação com outros, mas de uma relação consigo mesmo, ou a rigor, entre o desejo e a expressão involuntária, o que, em última análise, equivale a postular uma correspondência entre verdade e subjetividade.[6]

---

4 Michel Foucault, *Généalogies de la sexualité*, ed. Henri-Paul Fruchaud e Daniele Lorenzini (com prefácio de ambos e Arnold I. Davidson). Paris: Vrin, 2024.

5 *Cuaderno del delirio*, op. cit., 1959, p. 132. A frase também é destacada como uma das sínteses anímicas do livro, na resenha assinada pelo poeta Joaquín Giannuzzi (*Ficción*, n. 23. Buenos Aires, jan.-fev. 1960, p. 125-6).

6 Michel Foucault, "Sexualidade e solidão", in M. B. da Motta (org.), *Ditos e escritos IX: genealogia da ética, subjetividade e sexualidade*. Rio de Janeiro: Forense Universitária, 2014, p. 92-103.

2.

> Vi fermentarem pântanos imensos, ansas
> Onde apodrecem Leviatãs distantes!
> O desmoronamento da água nas bonanças
> E abismos a se abrir no caos, cataratantes!
>
> Geleiras, sóis de prata, ondas e céus cadentes!
> Náufragos abissais na tumba dos negrumes,
> Onde, pasto de insetos, tombam as serpentes
> Dos curvos cipoais, com pérfidos perfumes!
>
> Arthur Rimbaud, "O barco bêbado". Trad. Augusto de Campos.

Ganha sentido, assim, a epígrafe inicial deste livro, extraída das *Confissões* de Agostinho: "Ó Deus, dá-me castidade e continência, mas não agora", quase paralela à observação de Domingo Sarmiento que Alvaro Machado especula tenha se tornado paradigmática para Carella: "Sob os trópicos, a natureza vive em eterna orgia". É que, paradoxal, porém em sintonia com o próprio caráter aporético da arte, a atitude de Carella em relação à alteridade pode ser assimilada tanto à dos antropólogos enfrentados às celebrações dos diferentes como à de artistas como Proust ou Lezama Lima, uma vez que todos eles assumem, cada um no seu âmbito, o mascaramento, o incógnito e o travestimento em relação ao que lhes é externo, elaborando, assim, simulacros de identidade semelhantes aos dos primitivos, enquanto, em relação ao interno, seja da comunidade nacional ou da própria subjetividade, mostram-se conscientes de uma sensibilidade humana compartilhada, bem como de uma pungente solidariedade, apesar de toda diferença, protegida esta, porém, pela máscara do observador distanciado.

Configura-se, assim, uma "máquina mitológica",[7] limitada por dois tipos de excessos. O primeiro recorta da massa de diferentes aqueles que, perante o observador, permitem-lhe, contudo, usufruir dessa diversidade como alternativa aos homólogos e idênticos; já o segundo, por sua vez, é

---

7 Furio Jesi (ed.), *La festa: antropologia etnologia folklore*. Torino: Rosenberg e Sellier, 1977.

uma situação em que o observador silencia os diferentes para poder deles se servir, com o intuito de reencontrar não só a solidariedade com seus semelhantes, mas também a libertação de si mesmo em relação à tediosa e asfixiante sujeição ao próprio eu.

Em *Compadrio e Orgia: Tulio Carella, drama e revolução na América Latina*, Alvaro Machado desvenda uma época atraente, os anos da guerra e do pós-guerra, através de uma peculiar diáspora latino-americana, em que são evocados não só Carella, mas também outras figuras igualmente fascinantes, além das mais óbvias: Cortázar ou Puig. Com efeito, muitas outras poderiam ser acrescentadas, tais como: Godo Iommi (1917-2001), poeta fissurado por Vicente Huidobro (1893-1948) e que acaba casado com a mulher dele, desbravando a experiência das *falenas* poéticas de Ritoque, no Chile, e mais tarde liderando, com Michel Deguy, a experiência logológica da *Revue de Po&sie*; Héctor A. Murena (1923-75), autor de *El pecado original de América* (1954), atraído como Carella pela força telúrica do mito, e que, após a experiência caótica de Nova York, torna-se pioneiro na tradução de Walter Benjamin, nos anos 1960; F. J. Solero (1920-2008), colega de Murena na edição de uma revista universitária, em 1953, na qual já se questionava "O que é a América?", encontrando a solução para o enigma na ideia de que a América é um simulacro, em que a natureza é tudo, e a população, um mero fantasma. Solero assinaria, por sinal, em 1956, uma resenha de *Raízes do Brasil* na *Ficción*, revista em que tantos textos de Carella ganharam difusão. E, *last but not least*, outro frequentíssimo colega de Carella nas páginas de *Ficción*: Juan Rodolfo Wilcock (1919-78), que é forçado a abandonar a Argentina em 1957 por causa de uma festa com militares. Instalado na Itália, transforma-se não apenas em tradutor de Beckett, Joyce, Woolf ou Shakespeare, mas também em paradigma da ficção contemporânea. Aliás, o acaso reúne-os numa nota da *Ficción*. Em uma resenha de *A Man's World* [Cosas de hombre] (1956), de Douglas Fairbairn, Carella louva os méritos desse romance de estreia:

> Ele compreendeu que o morboso exagero moralizante costuma considerar delito fatos devidos a um excesso de vitalidade ou um excesso de inexperiência. Com muito critério, ao que acrescenta humor refinado, desenvolveu a peripécia do livro. [...] *Cosas de hombre* é uma

história de amor, risonha e comovente. O estilo de Fairbairn é simples, direto, agradável. Recusa todo preciosismo. Exprime-se por meio de uma linguagem quase oral. Linguagem captada com excelente sensibilidade por seu tradutor.[8]

E o tradutor não é outro senão Wilcock, autor de um volume de contos, *Il caos* (1960). Há, portanto, muitas outras redes, além das que vinculam Carella com escritores como Ariano Suassuna, Hermilo Borba Filho ou mesmo Hilda Hilst, abundantemente analisadas neste livro. E essa expansão nos serve para problematizar categorias analíticas tão fracas como "geração de 1940 ou 1945", que nada dizem das autênticas motivações de uma escritura. Alvaro Machado inaugura, assim, a iluminação desse poço em que escritores como Tulio Carella foram jogados. Neste reconhecemos um gesto de dizer adeus à literatura, sintoma de uma crise mais vasta, na qual ainda vivemos. Nasce então, paradoxalmente, dessa maneira agônica e epilogal, uma literatura rebelde, do adeus, de que *Orgia* é um belo exemplo. Toda rebelião, como sabemos, é inatual; ela suspende o tempo do trabalho e do capital para exibir as autênticas condições de opressão, porém desativando todo ranço sacrificial, que só levaria água ao moinho da crueldade fascista. Nesse sentido, ela se instala no entre-lugar de *bios* (o individual intransferível) e *zoé* (o *munus* comunitário). A transgressão das formas que o romance encerra propõe, em suma, métodos dramáticos entre ambos extremos, como esse com o qual, em extenuantes e obstinados ensaios, com variação após variação, Carella martelou seus alunos de teatro, no Recife. Esse método era uma forma de contato (e de contágio) autenticamente perturbador e inquietante. Para evitar essas semelhanças por excesso, sob todas as luzes inconvenientes, uma vez que tocavam e abriam as sensibilidades infinitas do sentido, a ditadura expulsou-o, de tal sorte que sua literatura de esgotamento tornou-se, mesmo sem ele querer, exaustão de sua própria vida.

Raul Antelo

---

8 Tulio Carella, "Douglas Fairbairn; *Cosas de hombre*". *Ficción*, n. 14, Buenos Aires, jul-ago. 1958, p. 160.

Referências

ADELLACH, Alberto. "Que pasó com el teatro?", in *Ensayos Argentinos*. Buenos Aires: Cedal, 1971.

AGUIERRE, Indalecio L. *Bolivarismo y monroísmo*. Colección Alfredo Maneiro – Serie Pensamiento Social. Caracas: Ministerio de la Cultura, Fundación Editorial El Perro y la Rana, 2006.

ALBUQUERQUE, Severino J. "Queering Pan-Americanism: Sexuality, Performance and Politics in Tulio Carella's Recife Diaries, 1960-1961". *Paper* apresentado em abr. 2015 no Institute for Research in the Humanities (Universidade de Wisconsin-Madison).

ALBUQUERQUE, Severino J. "Tulio Carella's Recife Days: Politics, Sexuality and Performance in *Orgia*". *Latin American Theatre Review*, v. 51, n. 2, University of Kansas, p. 7-21, 2018.

AMOROSO, Maria Betânia. Depoimento ao autor, jan. 2023.

ANTELO, Raul. *Objecto textual*. São Paulo: Fundação Memorial da América Latina, 1997.

ANTELO, Raul. "El lenguaje que excede a las cosas", in *El hilo de la fábula*. Santa Fé: Universidad Nacional del Litoral, ano 6, n. 7, 2007.

ANTELO, Raul. *Crítica acéfala*. Buenos Aires: Grumo, 2008.

ANTELO, Raul. "Cerimonial e anacronismo: *Ollantay*". *Revista Qorpus*, n. 2, Universidade Federal de Santa Catarina, 2011. Disponível em: <http://qorpus.paginas.ufsc.br/como-e/edicao-n-002/cerimonial-e-anacronismo- ollantay-raul-antelo/>.

ANTELO, Raul. "Espacios de especies". *Emisférica*, n. 1, v. 10, inverno de 2013. Disponível em: <http://hemisphericinstitute.org/hemi/en/e-misferica-101/antelo>.

ANTELO, Raul. "Nijinski, o salto e o pensamento". *Arteira – Revista de Psicanálise*, n. 10, Florianópolis, out. 2018.

ARAÚJO, Leusa. "A *Orgia* de Carella sai da clandestinidade". *Revista da USP*, n. 93, p. 238-43, São Paulo, 2012.

ARENZ, Suzana. "Algunas notas sobre la presencia de Pedro Calderón de la Barca en

Hispanoamérica". Biblioteca Virtual Miguel de Cervantes. Centro de Humanidades Digitales de la Universidad de Alicante, 2000.

ARQUIVO Público Jordão Emerenciano, Recife. 1961. Acervo Dops. Ficha de sindicância sobre Ítalo Tulio Carella, abr. 1961.

ANCONA LOPES, Telê. "Mário de Andrade leitor e escritor". *Revista Escritos*, Rio de Janeiro: Fundação Casa de Rui Barbosa, 2011.

ANTONINI, Giuseppe. *La Lucania, discorsi*. Nápoles: Apresso Benedetto Gessari, 1745.

APIANO. *História romana I*. Madri: Editorial Gredos, 1985.

BAS, Joaquin Gómez. "Theater in the Street". *Revista Americas*, n. 6, v. 10, p. 12, 1958.

BAZÁN, Osvaldo. *Historia de la homosexualidad en la Argentina: de la conquista de América al siglo XXI*. Buenos Aires: Marea Editorial, 2004.

BAZÁN, Osvaldo. *Representaciones sociales de la homosexualidad masculina en la ficción literaria*. Buenos Aires: Adrián Ediciones, 2011.

BEKENSTEIN, Gabriela Paula. "El circo criollo y el sainete como representaciones simbólicas de la clase baja urbana de principios del siglo XX en Argentina". Ata acadêmica apresentada nas XIV Jornadas Interescuelas/Departamentos de História. Universidad de Cuyo, Mendoza, Argentina, 2013.

BERNARDO, Mane; BIANCHI, Sarah. *Cuatro manos y dos manitas: memorias titiriteras*. Buenos Aires: Ediciones Tu Llave, 1987.

BORBA FILHO, Hermilo. *Margem das lembranças*. Rio de Janeiro: Ed. Civilização Brasileira, 1966.

BORBA FILHO, Hermilo. *A porteira do mundo*. Rio de Janeiro: Ed. Civilização Brasileira, 1967.

BORBA FILHO, Hermilo. *O cavalo da noite*. Rio de Janeiro: Ed. Civilização Brasileira, 1968.

BORBA FILHO, Hermilo. *Deus no pasto*. Rio de Janeiro: Ed. Civilização Brasileira, 1972.

BORDELOIS, Ivonne. "San Martín y Viamonte". *Exlibris, Revista de Literatura da Facultad de Filosofia y Letras de la Universidad de Buenos Aires*, Buenos Aires, 1956.

BORGES, Jorge Luis. "Ascendencia del tango". *Revista Martín Fierro*, ano 4, n. 37, jan. 1927.

BORGES, Jorge Luis. *El tango. Cuatro conferencias*. Buenos Aires: Sudamericana, 2016.

BUENO, Renata. "História da imigração italiana na América do Sul". Disponível em: <http://www.renatabueno.com.br/pt/portal-italia/comunidade-italiana>. Acesso em: 6 set. 2018.

BUTLER, Judith. *Corpos que importam: os limites discursivos do sexo*. São Paulo: Ed. n-1; Crocodilo, 2019.

CAFAGNA, Luciano. *The Industrial Revolution in Italy, 1830-1914*. Trad. Muriel Grindrod. Londres: Harper Collins, 1971.

CAÑAS, Luis Soler. *La generación poética del 40. Tomo I*. Buenos Aires: Ediciones Culturales Argentinas, 1981.

CANDIDO, Antonio. "O mundo-provérbio (Ensaio sobre *I Malavoglia*)", in *Os Malavoglia*. São Paulo: Ateliê Editorial, 1993.
CARELLA, Tulio. *Ceniza heroica*. Buenos Aires: Impr. A. Cantiello, 1937.
CARELLA, Tulio. *Gabriel D'Annunzio: poemas*. Buenos Aires: Ed. Urania, 1945.
CARELLA, Tulio. *Los mendigos*. Buenos Aires: Impr. Colombo/Raoul Veroni, 1954a.
CARELLA, Tulio. *Gabriel D'Annunzio: la lluvia en el pinar*. Buenos Aires: Ed. del 60, 1954b.
CARELLA, Tulio. *El tango: mito y esencia*. Buenos Aires: Ediciones Doble P., 1956.
CARELLA, Tulio. *El sainete criollo: antología*. Buenos Aires: Hachette, 1957.
CARELLA, Tulio. *Cuaderno del delirio*. Buenos Aires: Editorial Goyanarte, 1959a.
CARELLA, Tulio. "Acerca de lo irracional". *Crítica*, Buenos Aires, 29 abr. 1959b.
CARELLA, Tulio. Correspondência ativa, para Hermilo Borba Filho. Acervo Alvaro Machado. IMG 1415 a IMG 1679, Buenos Aires-Recife, 1962-73.
CARELLA, Tulio. *Preta*. Buenos Aires: Impr. RaoulVeroni, 1963.
CARELLA, Tulio. *Roteiro recifense*. Recife: Imprensa Universitária, 1965a.
CARELLA, Tulio. *Tres poemas*. Buenos Aires: Ed. del Agua, 1965b.
CARELLA, Tulio. *Picaresca porteña*. Buenos Aires: Ediciones Siglo Veinte, 1966a.
CARELLA, Tulio. "A Donzela Joana". *Diário de Pernambuco*, Recife, 19 jun. 1966b.
CARELLA, Tulio. *Tango: mito y esencia*. 2ª ed. Buenos Aires: Doble P. – Centro Editor de América Latina, 1966c.
CARELLA, Tulio. *Teatro de Carlo Goldoni*. Buenos Aires: Editorial Kraft, 1967a.
CARELLA, Tulio. *Las puertas de la vida*. Buenos Aires: Editorial Luro, 1967b.
CARELLA, Tulio. *El sainete*. Buenos Aires: Centro Editor de América Latina, 1967c.
CARELLA, Tulio. "El astrólogo porteño", in *Las ciencias ocultas*. Buenos Aires: Ed. Merlin, 1967.
CARELLA, Tulio. *Orgia, diário primeiro*. Rio de Janeiro: José Alvaro Editor, 1968.
CARELLA, Tulio. "Efectuóse su sepelio". *La Nación*, Buenos Aires, 1º abr. 1979.
CARELLA, Tulio. "Sus exequias". *La Prensa*, Buenos Aires, p. 18, 1º abr. 1979.
CARELLA, Tulio. *Orgia: os diários de Tulio Carella, Recife, 1960-61*. 2ª ed. São Paulo: Opera Prima Editorial, 2011.
CARRERA, Nicolás Iñigo. "Alternativas revolucionarias en los 30: la Alianza Obrera Spartacus y el Partido Socialista Obrero", in BIAGINI, Hugo Edgardo; ROIG, Arturo Andrés; ALEMIÁN, Carlos (orgs.). *El pensamiento alternativo en la Argentina del siglo XX: obrerismo, vanguardia, justicia social,1930-1960*. Buenos Aires: Editorial Biblos, 2004.
CARVALHO DA SILVA, V. C. de. *Memória e Ficcionalidade em Deus no pasto de Hermilo Borba Filho*. Dissertação de Mestrado. Universidade Federal de Pernambuco, Recife, 2009.
CASTILLO, Horacio. *Ricardo Rojas*. Buenos Aires: Biblioteca de la Academia Argentina de Letras, 1999.

CASTORIADIS, Cornelius. Série cinematográfica *O legado da coruja*, em 13 capítulos. Episódio "Filosofia". Direção de Chris Marker. França, 1989.

CHAVES, Ernani. *Michel Foucault e a verdade cínica*. Campinas: Editor PHI, 2013.

CHAVES, Ernani. "Foucault e Pasolini ou a coragem da verdade". *Revista Cult*, São Paulo: Editora Bregantini, n. 196, nov. 2014.

CHAVES, Gonzalo Leonidas. *Masacre de Plaza de Mayo: el 16 de junio de 1955*. Buenos Aires: Editora de la Campana, 2003.

CLEMENTI, Hebe. *María Rosa Oliver*. Buenos Aires: Ed. Planeta, 1992.

COHEN-SOLAL, Annie. Quarta capa. in SARTRE, Jean-Paul. *O idiota da família*. Porto Alegre: L&PM Editores, 2004.

CONSTENLA, Tereixa. "Gibson: los documentos demuenstran que no fue un asesinato callejero'". *El País*, Madri, 23 abr. 2015.

CORTÁZAR, Julio. *Papeles inesperados*. Buenos Aires: Alfaguara, 2009.

COSSE, Isabela. "Germán Leopoldo García y Nanina: claves de lectura para una novela de los 60". *Revista de Literatura Hispamerica*, Latin American Studies Center, University of Maryland, n. 96, p. 103-14, 2004.

CRUZ, Juan. "Cortázar, o menino dos 100 anos". *El País*, Suplemento Literário, edição global, 26 ago. 2014. Disponível em: <https://brasil.elpais.com/brasil/2014/08/25/cultura/1408982737_225422.html>.

DON Basilio estrena. Recorte no Arquivo da Biblioteca do Instituto Nacional de Teatro, Buenos Aires, 1940.

DUBATTI, Jorge. "Teatro independiente y pensamiento alternativo; traducción del otro y metáfora de sí en África, de Robert Arlt", in BIAGINI, Hugo Edgardo; ROIG, Arturo Andrés; ALEMIÁN, Carlos (orgs.). *El pensamiento alternativo en la Argentina del siglo XX: Obrerismo, vanguardia, justicia social, 1930-1960*. Buenos Aires: Editorial Biblos, 2004.

DUBATTI, Jorge. Depoimento gravado ao autor. Buenos Aires, 2017.

EL VIERNES se estrenará en el T. N. de Comédia. *La Nación*, ed. 2, out. 1940.

FERNÁNDEZ, Clarisa. *Antecedentes e historia del teatro comunitario argentino contemporáneo. Los inicios de un movimiento*. Santiago do Chile: Ed. Pontificia Universidad Católica de Chile, 2013.

FERRAZ, L. "Autor enfrenta ostracismo em sua terra natal". *Folha de S. Paulo*, p. E-11, 10 maio 2011.

FERRERAS, Norberto O. "A formação da sociedade Argentina contemporânea. Sociedade e trabalho entre 1880 e 1920". *Revista História*, v. 25, n. 1, São Paulo, 2006.

FIORUCCI, Flavia. *Intelectuales y peronismo (1945-1955)*. Buenos Aires: Ed. Biblos, 2011.

FIORUCCI, Flavia. "Os marginalizados da Revolução: os intelectuais peronistas (1945-1955)". Universidade de Londres, 2023.

FOUCAULT, Michel. *El coraje de la verdad – El gobierno de sí y de los otros II*. Cidade do México: Fondo de Cultura Económica, 2017.

FOUCAULT, Michel. *À propos de la généalogie de l'éthique: un aperçu du travel em cours*. Paris: Ed. Gallimard, 1994.

FOPPA, Tito Livio. *Diccionario teatral del Río de la Plata*. Buenos Aires: Ed. Carro de Tespis, 1961.

FRAGA, Maria A. Vasconcelos. *O curso de formação do ator da Universidade do Recife (1958-1966)*. Trabalho de Conclusão de Curso. Universidade Federal de Pernambuco, Recife, 1986.

FUKELMAN, María. *El concepto de 'Teatro independiente' en Buenos Aires, del Teatro del Pueblo al presente teatral – estudio del período 1930-1946*. Tese de Doutorado. Universidade de Buenos Aires, 2017.

FUKELMAN, María. "El concepto de 'teatro independiente' y su relación con otros términos". *Revista Colombiana de las Artes Escénicas*, Manizales: Universidad de Caldas, n. 9, p. 160-71, 2015.

GALLO, Claudio Rodolfo. *Claroscuros de la Historia Argentina*. Buenos Aires: Editorial Dunken, 2014.

GASIÓ, Guillermo. *El viento de las circunstancias: materiales sobre literatura y otras expresiones culturales argentinas en el Buenos Aires de 1926*. Buenos Aires: Editorial Teseo, 2011.

GATTI, José Maria. "Tulio Carella: marginal o marginalizado?". *Revista Abanico*, Biblioteca Nacional de la República Argentina, 2014.

GARULLI, Liliana. *Nomeolvides, memoria de la Resistencia Peronista, 1955-1972*. Buenos Aires: Ed. Biblos, 2000.

GIBSON, IAN. *Federico García Lorca – uma biografia*. São Paulo: Ed. Globo, 1989.

GODIO, Julio. *La semana trágica de enero de 1919*. Buenos Aires: Hyspamérica, 1986.

GOLDAR, Ernesto. *El peronismo en la literatura argentina*. Buenos Aires: Editorial Freeland, 1971.

GOLDONI, Carlo. *Teatro de Carlo Goldoni*. Estudo introdutório e notas de Tulio Carella. Buenos Aires: Kraft, 1967.

HENRÍQUEZ UREÑA, Pedro; RAMA, Ángel. *La utopía de América*. Buenos Aires: Fundación Biblioteca Ayacuch, 1989.

HERRÁEZ, Miguel. *Julio Cortázar: una biografía revisada*. Buenos Aires: Editorial Alrevés, 2015.

HUX, Meinrado. *Caciques puelches pampas y serranos*. Buenos Aires: Marymar Ediciones, 1993.

KEHRIG, Diego. *Didascalias del Teatro Caminito*. Buenos Aires: Diego Kehrig Editor, 2013.

LAFLEUR, Héctor; PROVENZANO, Sergio; ALONSO, Fernando (orgs.). *Las revistas literarias argentinas 1893-1967*. Buenos Aires: El 8vo. Loco Ed., 2006.

LEÓN, Gonzalo. "Cómo volverse un secreto". *Revista La Agenda*, Buenos Aires, 4 set. 2020.

LOZANO, Ezequiel. "Tramas artísticas del exilio sexual, entre Brasil y Argentina". *Revista Badebec*, Facultad de Humanidades y Artes, Centro de Estudios de Teoría y Crítica Literaria, Rosario: Editorial Universidad Nacional de Rosario, 2017.

MACCARINI, Manuel. "Apuntes para una genealogía del espacio escénico en el teatro argentino", in *Concurso nacional de ensayos teatrales Alfredo de la Guardia*. Buenos Aires: Instituto Nacional del Teatro, Colección Premios, 2011.

MARIAL, José. *El teatro independiente*. Buenos Aires: Ed. Alpe, 1955.

MARRELLA, Luigi. *Alberto D'Aversa. Teatro e cinema tra Italia, Argentina e Brasile*. Manduria: Ed. Barbieri, 2014.

LINK, Daniel. "La conquista del centro". *Perfil, Cultura*, 2011. Disponível em: <http://www.perfil.com.ar/ediciones/2011/11/edicion_626/contenidos/noticia_0031.html>.

LUGONES, Leopoldo. *El payador*. Buenos Aires: Ediciones Biblioteca Nacional, 2009.

MACHADO, Alvaro. Entrevista telefônica com Leda Alves, 12 fev. 2011a.

MACHADO, Alvaro. "A trajetória de uma confissão", in CARELLA, Tulio. *Orgia: os diários de Tulio Carella, Recife – 1960-61*. São Paulo: Opera Prima Editorial, 2011b.

MACHADO, Alvaro. Entrevista gravada com Ral Veroni em Buenos Aires, 20 dez. 2017.

MACHADO, Alvaro. "Quando dramaturgos se encontram: Federico García Lorca, Tulio Carella e Hermilo Borba Filho, entre Buenos Aires e o Recife". *Repertório, Periódico do Programa de Pós-Graduação em Artes Cênicas da Universidade Federal da Bahia*, n. 31, 2018.

MACHADO, Alvaro. Entrevista gravada com Mário Tesler em Buenos Aires, 3 jan. 2018.

MACHADO, Alvaro. "Cinquenta anos de banimento para a *performance* de gênero do dramaturgo Tulio Carella nas ruas do Recife", in LOPES, Cássia; SANCHES, João (orgs.). *O drama e suas interfaces*. Salvador: Ed. UFBA, 2020.

MACHADO, Alvaro. *El amigo porteño – García Lorca y Tulio Carella en Buenos Aires*. Buenos Aires: Ed. Urania, 2021.

MACHADO, Alvaro. Entrevista telefônica com Leda Alves, 11 out. 2022.

MACHADO, Alvaro. Entrevista com Maria Betânia Amoroso, 20 jan. 2023a.

MACHADO, Alvaro. Troca de *e-mails* com Gutemberg Medeiros, fev. 2023b.

MERCADO NETO, Antonio. *A crítica teatral de Alberto D'Aversa no Diário de S. Paulo*. Dissertação de Mestrado. Universidade de São Paulo, 1979.

MEO ZILIO, Giovanni. *Estudios hispanoamericanos: temas literarios y estilísticos*. Roma: Bulzoni, Le Edizioni Universitarie d'Italia, 1989.

MERTEHIKIAN, Lucas E. "Imágenes del yo y escritura en Tulio Carella". *Revista Landa*, Florianópolis: UFSC, n. 2, v. 2, 2014.

MERTEHIKIAN, Lucas E. *Tulio Carella: un autor en el closet de la crítica*. Dissertação de Mestrado. Universidade Nacional de Tres de Febrero, Buenos Aires, 2015.

MERTEHIKIAN, Lucas E. "Tulio Carella: del closet de la nación a la salida latinoamericana". *Chuy – Revista de Estudios Literarios Latinoamericanos*, Buenos Aires: Universidad Nacional de Tres de Febrero, n. 2, ano 2, 5 jul. 2015.

MOLLOY, Sylvia. *Poses de fin de siglo: desbordes del género en la modernidad*. Buenos Aires: Eterna Cadencia, 2012.

MUNIZ DE ALBUQUERQUE, Durval. *A invenção do Nordeste*. Recife: Fundação Joaquim Nabuco/Ed. Massangana, 1999.

MUNIZ DE ALBUQUERQUE, Durval. *Nordestino: uma invenção do "falo"*. São Paulo: Ed. Catavento, 2003.

PAIVA, André Luiz dos Santos. "Estética da existência em Michel Foucault, resistências ao poder e a abjeção *queer*". *Periodicus*, n. 8, v. 1, p. 341-56, nov. 2017-abr. 2018.

PAVÓN, Héctor. *Los intelectuales y la política em Argentina*. Buenos Aires: Penguim Random House Editorial, 2012.

PELLETIERI, Osvaldo. *Cien años de teatro argentino, del Moreira a Teatro Abierto*. Buenos Aires: Editorial Galerna/IITCTL, 1990.

PELLETIERI, Osvaldo (org.). *Teatro y teatristas, estudios sobre el teatro iberoamericano y argentino*. Buenos Aires: Ed. Galerna, 1992.

PELLETIERI, Osvaldo. "Escena y poder en el teatro argentino (1945-1955): peronismo y teatro". In *Actes du IV Colloque International sur le théâtre hispanique, hispano-americain et mexicain en France*. Université de Perpignan, França, out. 1998.

PERLONGHER, Néstor. *O negócio do michê – prostituição viril em São Paulo*. São Paulo: Ed. Brasiliense, 1987.

PIMENTEL, Renata. "Atear fogo é queimar a si". *Revista Crioula*, Universidade de São Paulo, dossiê "Gênero e sexualidade nas literaturas de língua portuguesa", n. 24, 2019.

PINO, Paolo. *Dialogo de la pintura*. Versão a partir do italiano e notas de Tulio Carella. Buenos Aires: Ed. Kraft, 1968.

PONTES, Joel. *O teatro moderno em Pernambuco*. Recife: Fundarpe. 1990.

PONTES, Joel. "Diário Artístico". *Diário de Pernambuco*, Recife, mar. 1960-jun. 1961.

PRADO, Marcus Antônio do. "*Señor* Tulio Carella". *Diário de Pernambuco*, 18 jul. 1965.

RAICEVIC, Tatiana. "Videla, Borges, Sábato y Haroldo Conti: los escritores y la dictadura". *El País*, ed. internacional, 24 mar. 2018.

REIS, Luís Augusto da Veiga Pessoa. *Fora de cena, no palco da modernidade – um estudo do pensamento teatral de Hermilo Borba Filho*. Recife: Ed. UFPE, 2009.

RISETTI, Ricardo. *Memorias del teatro independiente argentino, 1930-1970*. Buenos Aires: Ed. Corregidor, 2004.

RODRÍGUEZ MONEGAL, Emir. "Elogio de la censura". *El País*, Montevidéu, p. 17, 19 dez. 1960.

ROJAS, Ricardo. *Un titán de los Andes*. Buenos Aires: Editorial Losada, 1939.

ROJAS, Ricardo. *Ollantay. Tragedia de los Andes*. Buenos Aires: Ed. Losada, 1943.

ROJAS, Ricardo. *Eurindia: ensayo de estética sobre las culturas americanas*. Coleção Obras completas, v. 24. Buenos Aires: Editorial Losada, 1948.

ROMERO, José Luis. *Latinoamérica: las ciudades y las ideas*. México: Siglovinteuno, 1976.

ROSSI, Vicente. *Cosas de negros – Las orígenes del tango y otros aportes al folklore rioplatense*. Buenos Aires: Imprenta Argentina, 1926.

SABATO, Ernesto. *Tango, discusión y clave*. Buenos Aires: Ed. Losada, 1963.
SARRAMONE, Alberto. *Catriel y los indios pampas de Buenos Aires*. Buenos Aires: Editorial Biblos, 1993.
SARTRE, Jean-Paul. *O idiota da família*. Porto Alegre: L&PM Editores, 2004.
SARTRE, Jean-Paul. "Sur *L'Idiot de la famille*". Entrevista para *Le Monde*, 14 maio 1971, reimpressa em SARTRE, Jean-Paul. *Situations X*. Paris: Gallimard, p. 103-4, 1976.
SARTRE, Jean-Paul. "Questão de método", in Jean-Paul *Sartre*. Col. Os Pensadores. São Paulo: Abril Cultural, 1958.
SEIBEL, Beatriz. *Historia del teatro argentino: 1930-1956 crisis y cambios*. Buenos Aires: Corregidor, 2010.
SEIBEL, Beatriz. *História del Teatro Cervantes (1921-2010)*. Buenos Aires: Ed. Inteatro, 2011.
SERVIUS HONORATUS, Maurus. *Commentarii in Vergilii opera*. In *Mauro Servii Honorati*, c. 390. Disponível em: <http://tudigit.ulb.tu-darmstadt.de/show/inc-v-23/0055>. Acesso em: 25 ago. 2018.
SIERRA, Vicente D. *História de la Argentina: Gobierno de Rosas – su caída hacia um nuevo regimen (1840-1852)*. Buenos Aires: Ed. Científica Argentina, 1972.
SILVA, Leandro Soares da. *A ficção do eu e o outro na literatura da homossexualidade*. Tese de Doutorado. Universidade Federal de Minas Gerais, Belo Horizonte, 2016.
SILVA, Stela Maris da. "A vida como obra de arte". *Revista Científica/FAP*, Curitiba, v. 2, p. 191-200, jan.-dez. 2007.
SOB a luz de *Devassos*. *Diário de Pernambuco*, Recife, p. E4-5, 29 maio 2011.
SOUSA, Nomager Fabíolo Nunes de. *Por banheiros, ruas e pontes recifenses: os trajetos homoeróticos do "estrangeiro" Tulio Carella na obra "Orgia"*. Trabalho de Conclusão de Curso. Universidade Federal Rural de Pernambuco, Recife, 2019.
SOUSA, Nomager Fabíolo Nunes de. *Desejo clandestino: o trânsito por corpos e espaços homoeróticos no Recife em* Orgia *de Tulio Carella*. Dissertação de Mestrado. Universidade Federal de Pernambuco, Recife, 2021.
STEINER, George. Minissérie cinematográfica *O legado da coruja*. Episódio "Filosofia". Direção: Chris Marker. França, 1989.
TARICA, Estelle. "Indigenismo". In *Oxford Research Encyclopedias, Latin American History*. 2016. Disponível em: <http://latinamericanhistory.oxfordre.com/view/10.1093/acrefore/9780199366 439.001.0001/acrefore-9780199366439-e-68>. Acesso em: 6 set. 2018.
TESLER, Mario. Entrevista gravada ao pesquisador. Buenos Aires, 2018.
TREVISAN, João Silvério. *Devassos no paraíso*. Rio de Janeiro: Record, 1986.
VALDÉS, Fernán Silva. *Lenguaraz*. Buenos Aires: Ed. Kraft, 1955.
VOZES DO TEATRO PERNAMBUCANO. Entrevista com Leda Alves em vídeo. Disponível em YouTube. Recife: Fundação Joaquim Nabuco, 1988.
WERNECK DE CASTRO, Moacir. *Mário de Andrade: exílio no Rio*. Rio de Janeiro: Rocco, 1989.

YUNQUE, Alvaro. *Historia de los argentinos: la literatura, 1800-1920*. Buenos Aires: Ediciones Anfora, 1968.

ZABALA, José Ramón. Euskal Erbesteen Kultura – La Cultura de los Exilios Vascos. Biografías: Juan Goyanarte Resusta. [s.d.]. Disponível em: <http://www.hamaikabide.eus/biografias/name/juan-goyanarte-resusta/>.

ZAYAS DE LIMA, Perla. *Diccionario de directores y escenografos del teatro argentino*. Buenos Aires: Editorial Galerna, 1990.

ZAYAS DE LIMA, Perla. *Diccionario de autores teatrales argentinos, 1950-1990*. Buenos Aires: Editorial Galerna, 1991.

Créditos das imagens

Imagem de capa *Sombras do frevo*, foto de Alexandre Berzin, Recife, anos 1950. Coleção Alexandre Berzin, Fundação Joaquim Nabuco.

Quarta capa Tulio Carella em foto de autoria desconhecida, durante entrevista à *Revista Qué* (n. 87, Buenos Aires, 12 jun. 1956, p. 36-7). Biblioteca Nacional Mariano Moreno. Departamento de Archivos. Fondo Centro de Estudios Nacionales. Subfondo Archivo de Redacción de *Qué*.

p. 8-9, 12-3 e 20-1 Postais da coleção Josebias Bandeira. Fundação Joaquim Nabuco.
p. 30 Foto: Mário de Carvalho. Acervo Museu da Cidade do Recife.
p. 34-5 Fotos: Mário de Carvalho. Acervo Museu da Cidade do Recife.
p. 37-40 Acervo Instituto Abelardo da Hora.
p. 43 Foto: Mário de Carvalho. Coleção Instituto Miguel Arraes. Acervo Fundação Joaquim Nabuco.
p. 53 Fotos de autoria desconhecida. Coleção Instituto Miguel Arraes. Fundação Joaquim Nabuco.
p. 54 Recorte de jornal no Dossiê Ítalo Tulio Carella no Arquivo Público Estadual Jordão Emerenciano, Recife.
p. 56 Foto: Mário de Carvalho. Acervo Museu da Cidade do Recife.
p. 58 Acervo Companhia Editora de Pernambuco (Cepe).
p. 78 Acervo Instituto Abelardo da Hora.
p. 80-2 Fotos de autoria desconhecida. Acervo Germano Coelho e Norma Coelho.
p. 146 Acervo Mario Tesler.
p. 178-9 Instituto Abelardo da Hora.
p. 193-4 Acervo Teatro Nacional Cervantes.
p. 202 Acervo Ral Veroni.
p. 241 Fotos de autoria desconhecida. Acervo Germano Coelho e Norma Coelho.
p. 293-5 Acervo Ral Veroni.
p. 303 Foto de autoria desconhecida. Acervo Alvaro Machado.
p. 331 Acervo Ral Veroni.

Sobre o autor

Alvaro Machado é jornalista e doutor em Artes Cênicas pela Escola de Comunicações e Artes da Universidade de São Paulo (ECA-USP) em 2023, com a primeira versão desta biografia. De Tulio Carella e sobre esse autor, publicou a reedição crítica *Orgia, os diários do Recife, 1960-61* (Opera Prima Editorial, 2011) e *El amigo porteño – García Lorca y Tulio Carella en Buenos Aires* (Buenos Aires: Ed. Urania, 2021). Em 1987, traduziu e editou o clássico da literatura persa *A linguagem dos pássaros*, de Farid ud-Din Attar (Attar Editorial, 1987). Traduziu e organizou *Os princípios gerais do sufismo*, de Sirdar Ikbal Ali Shah (Attar, 1987). É autor de *A sabedoria dos animais – mitologias* (Ground, 1996), *Teatro Popular do Sesi – 40 anos* (Ed. Sesi, 2004) e *Balagan, companhia de teatro* (Balagan, 2016), bem como do texto de *Claudia Andujar – la danse des images* (Paris: Ed. Marval, 2007). Escreveu *[...] metade é verdade – Ruth Escobar* (Ed. Sesc, 2021), livro indicado ao prêmio Jabuti de melhor biografia e vencedor de melhor capa. Entre 2002 e 2014, na editora Cosac Naify, organizou, coordenou editorialmente e colaborou em mais de vinte títulos nas áreas de cinema, fotografia e moda, entre os quais *A vulnerabilidade do ser*, de Claudia Andujar; *Notas de viagem*, de Thomaz Farkas; *Manoel de Oliveira*; *Abbas Kiarostami*; *Aleksandr Sokúrov*; *Pier Paolo Pasolini, Amos Gitai*; e *O anticinema de Yasujiro Ozu*, de Kiju Yoshida. Organizou os livros *Ideias e formas virais – o modernismo de 1922 em artes cênicas, música e cinema* (Ed. Sesc, 2024) e *TBC – Teatro Brasileiro de Comédia, 80 anos* (Sesc, 2025). Coordenou e preparou as edições de *Medicina Tradicional Chinesa: princípios teóricos, vol. 1*, de Ernesto García González e Rosana Zapala Sbrighi (Pro Salus, 2022), e *A essência do Wu Shu – artes marciais chinesas*, de Huang Yu Wen (Opera Prima, 2023).

Ao longo de mais de trinta anos foi repórter, editor e crítico de artes dos cadernos Ilustrada (*Folha de S.Paulo*) e Caderno 2 (*O Estado de S. Paulo*), e crítico de cinema e de teatro nas revistas *Bravo!* e *CartaCapital*. Em 2017, criou a Associação de Amigos do Teatro Brasileiro de Comédia (AATBC), movimento em defesa desse patrimônio nacional, pelo qual recebeu prêmio especial da Associação Paulista de Críticos de Arte em 2018. Exerceu curadoria de artes cênicas e música erudita na Biblioteca Mário de Andrade de 2017 a 2025, instituição que recebeu, em 2024, o Prêmio Governador de Estado de "melhor centro cultural paulista".

© Alvaro Machado 2025
© Cosac, 2025

Todos os direitos reservados. Nenhuma parte deste livro poderá ser reproduzida ou transmitida de qualquer forma ou por quaisquer meios, eletrônicos ou mecânicos, incluindo fotocópia, gravação ou qualquer sistema de armazenamento e recuperação de informações, sem permissão por escrito do editor.

Nesta edição respeitou-se o novo Acordo Ortográfico da Língua Portuguesa.
1ª edição, 2025.

Todos os esforços foram feitos para reconhecer os direitos morais, autorais e de imagem deste livro. Os editores agradecem qualquer informação relativa à autoria, titularidade e/ou outros dados que estejam incompletos nesta edição e se comprometem a incluí-los em reimpressões futuras.

EDIÇÃO Alvaro Machado
PROJETO GRÁFICO Flávia Castanheira
TRATAMENTO DE IMAGENS Sérgio Afonso/Omnis e Jorge Bastos/Motivo
PREPARAÇÃO Elba Elisa Oliveira
REVISÃO Bruno Rodrigues
PRODUÇÃO GRÁFICA Acássia Correia Silva

Dados Internacionais de Catalogação na Publicação (CIP)
(Câmara Brasileira do Livro, SP, Brasil)

Machado, Alvaro
Orgia e compadrio: Tulio Carella, drama e revolução na América Latina / Alvaro Machado.
São Paulo: Cosac, 2025.
368 p., 56 ilust.

ISBN 978-65-5590-019-4

1. Carella, Tulio, 1912-1979 2. Dramaturgos – Biografia I. Título.

25-261533   CDD-792.092

Índices para catálogo sistemático:
1. Dramaturgos: Biografia 792.092
Eliete Marques da Silva – Bibliotecária – CRB-8/9380

COSAC RANGEL EDIÇÕES LTDA.
ALAMEDA CAMPINAS 463 / 33 JARDIM PAULISTA 01404–902 SÃO PAULO SP
CONTATO@COSACEDICOES.COM.BR / COSACEDICOES.COM.BR

Este livro foi impresso em maio de 2025 na Gráfica Ipsis, no papel Pólen bold 90 g/m². As fontes utilizadas na composição do texto são a Tiempos Text e a Aperçu.